中 国 客 车 行 业 发 展 论 坛

ZHONGGUO
KECHE XUESHU LUNWENJI

2021
中国客车学术论文集

中国公路学会客车分会　主编

人民交通出版社股份有限公司
北 京

内 容 提 要

本论文集收录了中国客车行业发展论坛2021年中国客车学术年会所发表的论文，可供客车行业广大技术人员和管理人员，从事汽车工程研究、设计、生产和管理方面的科技人员，高等院校车辆工程、载运工具运用工程、汽车服务工程和交通运输等专业师生，以及客运部门、维修企业的有关技术和管理人员参考。

图书在版编目(CIP)数据

中国客车学术论文集. 2021 / 中国公路学会客车分会主编. — 北京 : 人民交通出版社股份有限公司, 2022.2

ISBN 978-7-114-17821-4

Ⅰ. ①中… Ⅱ. ①中… Ⅲ. ①客车—汽车工业—技术发展—中国—2021—学术会议—文集 Ⅳ. ①U469.1-12

中国版本图书馆CIP数据核字(2021)第276956号

书　　名：**中国客车学术论文集**(2021)
著 作 者：中国公路学会客车分会
责任编辑：刘　博
责任校对：孙国靖　宋佳时
责任印制：刘高彤
出版发行：人民交通出版社股份有限公司
地　　址：(100011)北京市朝阳区安定门外外馆斜街3号
网　　址：http://www.ccpcl.com.cn
销售电话：(010)59757973
总 经 销：人民交通出版社股份有限公司发行部
经　　销：各地新华书店
印　　刷：北京虎彩文化传播有限公司
开　　本：889×1194　1/16
印　　张：14
字　　数：418千
版　　次：2022年2月　第1版
印　　次：2022年2月　第1次印刷
书　　号：ISBN 978-7-114-17821-4
定　　价：80.00元
(有印刷、装订质量问题的图书由本公司负责调换)

目　录

产品开发与技术发展

客车电气与车身附件

新能源客车与节能减排

车身结构与安全技术

客车底盘与总成开发

客车电气与车身附件

制造工艺与质量管理

法规标准与产品认证

客车检测与实验技术

产品开发
与技术发展

强化车辆技术管理,确保良好技术状况

金柏正,金樟祥,邬冬霞

(杭州长运运输集团有限公司,杭州 310014)

摘　要:良好的车辆技术状况是安全运行的首要条件,为了确保良好的车辆技术状况,必须强化车辆技术管理。本文从典型的由汽车机械故障引发的道路交通事故分析和有关车辆技术管理的法规学习出发,提出了如何做好防范汽车机械故障引发交通事故的相关举措。

关键词:强化管理;确保车况

0　引言

汽车的技术状况不仅与设计制造、配件材料质量有关,而且与驾驶员的操作、车辆的维修和使用环境、装载情况等息息相关。汽车是一个动态的机械,机械在运行中有磨耗、有损耗、有老化、有变形等现象,因此,任何机械都必须正确使用、周期维护(定期强制维护)和及时修理。目前,常说的免维护论,只是维护周期比较长而已。因车辆失保失修或维修、使用不当留下机械安全隐患而导致的道路交通事故时有发生,许多事故案例告知我们,必须强化车辆技术管理,确保良好技术状况,为车辆运行安全做好技术保障。

1　典型事故案例分析

十起典型的汽车机械故障引发的交通事故见表1-1。

十起典型的汽车机械故障引发的交通事故　　表1-1

序号	事　故	原　因
1	2018年8月30日,南宁市一辆轻型客车因制动器失效发生碰撞事故,造成5人死亡,多人受伤(图1-1)	事故车的左前制动器外侧制动摩擦块缺失,非事故造成,在事故前就已缺失,该车在2018年7月5日送某汽车修理厂进行二级维护,汽车修理厂未对涉案车辆制动系统进行检查与维护,涉嫌重大交通事故犯罪。 法院判决汽车修理厂与驾驶员共同承担同等的事故责任
2	2018年11月3日,某重型半挂车,沿兰海高速公路行驶,经17km长下坡路段行驶至距兰州南收费站50m处,与31辆车连续相撞,导致15人死亡,45人受伤(图1-2)	2018年10月21日驾驶员发现制动系统有故障,告知了车主要求修理,但车主一直没有安排修理,导致11月3日发生重大交通事故。 最终驾驶员和车主都以交通肇事罪被逮捕
3	2019年2月21日,上海一公交车在行驶中轮胎飞出,路旁一名3岁男童被轮胎砸中身亡	轮胎工在安装轮胎时未紧固螺栓,工作疏漏导致轮胎飞出。 除承担民事赔偿外,轮胎工被追究刑事责任,判处一年半刑期
4	2019年8月27日,某重型低平板半挂车行驶在G15高速浙江台州猫狸岭隧道内时,先后发生爆胎和起火自燃,造成5人死亡,31人受伤(图1-3)	半挂车第5轴右侧制动器处于拖滞、卡滞状态,导致整个车轮温度升高,轮胎受高温传导后起火,引燃车载合成革,短时间产生大量有毒烟气并迅速蔓延,致使隧道内滞留人员及救援人员因吸入大量烟气窒息伤亡。经鉴定,该半挂车长期不进行维护作业,导致车轮制动器处于拖滞、卡滞状态。车辆没有周期维护,未及时发现并消除安全隐患

续上表

序号	事　故	原　因
5	2019年9月22日,宁波一旅游公司驾驶员徐师傅驾驶大型客车载着53名旅客,从宁海到象山旅游,车辆行驶至宁海北高速公路出口匝道上突然发生转向盘失控,因车速较慢,碰撞护栏后停住。旅客被紧急引导转移到护栏外侧,没有造成人员伤亡(图1-4)	转向拉杆球头脱落,导致方向失控
6	2019年4月4日,浙江一辆客车在行驶中突然发生直拉杆球节脱落、方向失控,幸亏车速较慢没有酿成交通事故。事发前10min,车辆曾有瞬间方向飘动异常感觉,但驾驶员没有停车排除隐患	事发半年前,该车在更换转向直拉杆球节时,修理工安装错误,没有达到紧固要求。汽车在使用中,直拉杆球节与螺管连接处慢慢松动,直至脱落。每天的汽车站安全例检中也没有发现隐患。驾驶员发觉有异常情况,但安全意识不强,失去了最后一次消除隐患的机会
7	2019年5月26日,杭州某公司一辆客车在市区行驶时,突然发生转向直拉杆球头销中间断裂,方向失控,好在及时停车未酿成人员伤亡的后果	转向球头销的球销与球头销座孔磨损后,频繁振动撞击
8	2020年12月10日,G19沈海高速公路温州平阳路××段,一辆客车与一辆停在快车道上的事故车辆相碰撞,客车失控侧翻,一名旅客被甩出车外死亡,驾驶员本人也没有系安全带,导致在碰撞时对车辆失去控制	驾驶员疲劳驾驶,但该公司的车辆动态监控形同虚设,没有专职监控人员,安全生产管理流于形式,因此认定为安全生产责任事故
9	2021年3月11日,浙江某公司一辆客车在高速公路上行驶时,发动机舱内突然起火自燃,车辆后部燃烧、车辆报废	发动机排气管与空气滤清器(塑料材质)之间的隔板缺失,排气波纹管漏气后,尾气烘烤空气滤清器引发自燃
10	2021年7月8日,浙江某公司一辆客车在高速公路上行驶时,客车碰撞中间护栏后侧翻,旅客受伤	下雨时车速过快,驾驶员操作不当,且驱动桥上4条轮胎严重磨损(轮胎花纹深度分别为1.80mm、0.90mm、1.00mm、1.20mm),轮胎与地面摩擦系数下降,引发车辆侧滑

图1-1　事故1现场

图1-2　事故2现场

图1-3　事故4现场

图1-4　事故5现场

上述一件件惊心动魄的汽车机械故障事件,教训深刻。汽车机械故障与设计、制造、材料、运行环境和使用、维修等有关。本文研究的是汽车使用与维修因素造成机械事故的分析和防范。

2 车辆技术管理的法规要求

2.1 《道路运输车辆技术管理规定》(交通运输部令2019年第19号)

第四条 道路运输经营者是道路运输车辆技术管理的责任主体,负责对道路运输车辆实行择优选配、正确使用、周期维护、视情修理、定期检测和适时更新,保证投入道路运输经营的车辆符合技术要求。

第十五条 道路运输经营者应当建立车辆维护制度。

车辆维护分为日常维护、一级维护和二级维护。日常维护由驾驶员实施,一级维护和二级维护由道路运输经营者组织实施,并做好记录。

第十六条 道路运输经营者应当依据国家有关标准和车辆维修手册、使用说明书等,结合车辆类别、车辆运行状况、行驶里程、道路条件、使用年限等因素,自行确定车辆维护周期,确保车辆正常维护。

车辆维护作业项目应当按照国家关于汽车维护的技术规范要求确定。

第十七条 道路运输经营者应当遵循视情修理的原则,根据实际情况对车辆进行及时修理。

2.2 《道路旅客运输企业安全管理规范》(交通运输部2018年第55号文)

第三十一条 客运企业应当建立客运车辆维护制度。

客运企业应当依据国家有关标准和车辆维修手册、使用说明书等,结合车辆运行状况、行驶里程、道路条件、使用年限等因素,科学合理制定客运车辆维护计划,保证客运车辆按照有关规定、技术规范以及企业的相关规定进行维护。

客运车辆日常维护由客运驾驶员实施,一级维护和二级维护由客运企业按照相关规定组织实施,并做好记录。

2.3 《机动车维修管理规定》(交通运输部令2021年第18号)

第三条 机动车维修经营者应当依法经营,诚实信用,公平竞争,优质服务,落实安全生产主体责任和维修质量主体责任。

3 如何防范汽车机械故障引发交通事故

车辆维护是为维持汽车完好技术状况或工作能力而进行的作业,是确保汽车正常运行中必不可少的一种养护措施。

为了防范汽车机械故障引发交通事故,必须强化车辆技术管理,做好以下工作。

3.1 认清车辆技术管理和维修质量的主体责任

道路运输行业是高危行业,尤其是客运承担着旅客运输的任务。车辆技术状况是保障安全运行的首要条件,道路运输经营者应承担车辆技术管理的主体责任,而维修企业应承担维修质量的主体责任。这里的主体责任,也就是"安全生产的第一责任、首要责任和全面责任",包含了民事、刑事和行政责任,尤其是企业主要领导就是第一责任人,并且是党、政同责。

3.2 健全车辆维护制度,并强化落实

汽车在运行中,发动机的润滑油在高温、高压的工况下工作,长期使用后会变质,其性能要下降,不能满足正常的润滑、冷却等需要,如不及时更换,会造成发动机非正常损坏。又如汽车上的制动器和轮胎等摩擦部件,随着使用里程增加,因磨损制动器的制动间隙会增加,制动效能会下降,轮胎会磨耗和胎体变形后产

生疲劳损伤,因此,汽车的周期维护必不可少,及时调整相关部件的间隙,检查制动、转向、轮胎等的技术状况,保持良好的整车技术性能。从车辆的技术特性和道路运输车辆的安全保障和成本管控来说,车辆必须周期维护,也是强制维护,以保持良好的车辆技术状况。"中国好司机"(2014 年中央文明办、公安部、交通运输部等部门组织评比的全国"十佳好司机")杭州长运运输集团有限公司客车驾驶员付强 30 年来安全运行 300 万 km。他曾说:"汽车就像自己的身体,你关爱它,它就听你使唤。如果你不定期精心养护或小病不医,它就会发脾气,故障、抛锚就会随之而来,安全隐患相伴而行。"

交通运输部令 2019 年第 19 号及 2018 年第 55 号文都明确了道路运输经营者必须建立车辆维护制度,车辆维护分为日常维护、一级维护和二级维护。

其维护的具体要求是:日常维护作业由驾驶员执行,分别在出车前、行车中、回场后进行作业;一级维护、二级维护作业由具有相应维修资质的汽车维修企业实施。

车辆技术管理原则中的"周期维护"是指根据车辆类别、车辆运用状况、行驶里程、道路条件、使用年限等因素有规律地组织的维护作业,以保持车辆处于最佳运行技术状况。周期维护体现了"预防为主、技术与经济相结合的原则",也是保持车辆良好的技术状况的本质要求。同时要做好车辆技术档案工作,以便统计、分析相关机务技术问题和佐证车辆技术管理的落实情况。

3.3 强化维修技术规范,确保维修质量

坚持"定期检测、周期维护、视情修理"的维修原则,要强化车辆维护工作,依据国家标准《汽车维护、检测、诊断技术规范》(GB/T 18344—2016)和车辆维修手册、使用说明书等,结合车辆类别、车辆运用状况、行驶里程、道路条件、使用年限等因素,确定车辆维护周期,确保车辆正常维护。维修企业要做好车辆的维修档案记录,以备查验维护工作的实施情况,并统计、分析车辆维护的科学性、合理性,不断完善车辆维护管理制度。

维修企业要落实维修质量的主体责任,强化维修作业规范和汽车维修"三检"制度,把好车辆配件采购质量关,把杜绝车辆抛锚、严防机械事故发生作为技术保障的主要职责。

3.4 加强驾驶员、修理工队伍建设

工欲善其事,必先利其器,干部要担当起提高员工素质的职责和使命。车辆技术管理各项制度和措施最终都要落实到驾驶员和修理工等一线从业人员身上。加强从业人员对车辆使用、维修、安全和节能等方面的业务培训,使从业人员掌握相关业务知识或能力,提升业务素质和技能,从而确保车辆处于良好的技术状况,实现安全、优质、高效的经营目标。

汽车新技术、新装备层出不穷,好的产品必须正确使用才能发挥其效能。因此,要加强客货运输职业驾驶员的机务技术培训学习,学习车辆结构和工作原理,掌握车辆特性和维修基本知识,强化车辆的日常维护工作及跟车维修。日常维护就是驾驶员在出车前、行驶中和回场后对车辆的检查,汽车若有异常情况,应及时维修,不"带病"行驶。如在雨雪路面上行驶时必须谨慎使用中高档客车上配置的缓速器否则会发生侧滑或甩尾现象,危及行车安全。柴油发动机不能突然熄火,否则涡轮增压器易损坏。

加强学习交流,推广先进经验,提升全体驾驶员的综合技能水平,养成良好的驾驶习惯。"中国好司机"付强总结的安全、节能驾驶操作方法是:①关爱车辆勤维护;②轻抬缓踏精用挡;③少刹多滑细观察;④车速车距要适当;⑤和平心态路通达;⑥安全服务记心头。

3.5 加强应急预案演练,提高驾驶员应急处理能力

驾驶员直接操纵车辆,长期在道路上行驶,会遇到各种意外情况,因此,提高驾驶员的应急处理能力非常重要。树立"隐患就是事故"的理念,运用"四不放过"的管理原则,根据车辆运行特性,制定相关的应急预案,并组织模拟实战演练。如:车辆爆胎了怎么驾驶操作?车辆抛锚了怎么办?车辆起火自燃了怎么办?

车辆突然有异常现象了怎么办?

车辆机务技术管理工作的重点是选好车、用好车、修好车,科学选购是前提,正确使用是关键,周期维护是保障,强化管理是根本。强化车辆技术管理,杜绝汽车机械事故的发生,尤其是要强化落实汽车的使用与维修管理。

城市公交客车车内站立密度分布研究

刘　勇,蔡鹏飞,李　永

(招商局检测车辆技术研究院有限公司,重庆　401329)

摘　要:为了研究公交客车车内乘客站立的分布情况,本文建立了对车内站立人数和站立密度的调查方法,并结合调查数据,分析了车内站立人数和站立密度的分布特征。本文通过调查 3 条公交线路的实际运行情况,统计得出了车内 A、B、C3 个站立区域内乘客的实际分布及分布特征成因。最后,根据车内乘客的分布特征,从公交客车底盘总布置和车内座椅布置角度,提出了通过增加 B 区域站立面积来提高公交客车载客量的方法。

关键词:城市公交客车;站立密度;分布特征;载客量

0　引言

公交客车车内站立密度是指单位乘客有效站立面积内的站立人数,这一指标是反映公交客车乘客流量变化的重要指标。欧美国家城市公交客车车内拥挤极限负荷为 5 ~6 人/m^2,根据《机动车运行安全技术条件》(GB 7258—2017)的规定,我国城市公交客车车内站立区域核定 8 人/m^2。城市公交客车在运营各时段中,因乘客流量的不同,往往会出现车内部分区域站立密度超过该限值,其他区域却略显宽松的情况,呈现出站立密度并不均匀的特征。因此,研究站立密度分布特征,对于提升城市公交客车的运营效率、乘客的乘坐舒适性有重要意义。本文为了确定城市公交客车车内站立密度的分布情况,调查了不同城市的几条公交线路的乘客流量情况,并在不同的车内布置模式下,确定车内站立密度,分析站立密度的变化特征及其影响因素,从而确定车内站立密度的峰值及峰值所在区域。

1　车内站立密度调查方法

1.1　车内站立区域划分

根据目前城市公交客车的典型布局方式将车内分为如图 1-1 所示的 A、B、C　3 个区域。前悬部分为 A 区域,后乘客车门往后部分为 C 区域,中间部分为 B 区域。按照《客车装载质量计算方法》(GB/T 12482—2005)的要求,可以计算出车内乘客站立区的面积,但前、后门区域不能作为站立区域。但是实际调查显示,在车辆运行过程中,这两个区域往往均有乘客站立,为了真实有效地反映站立密度,此区域也纳入实际车内站立区域计算。

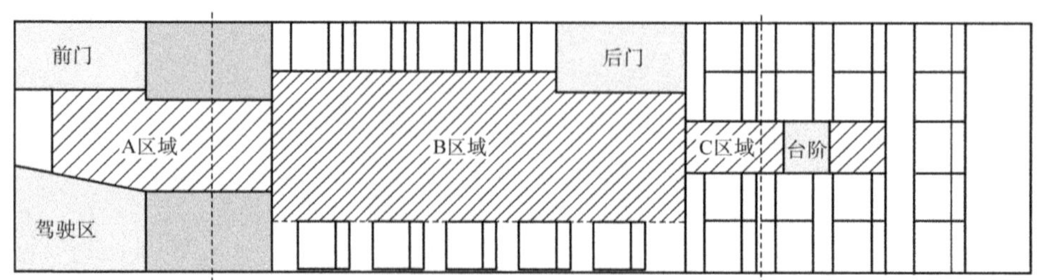

图 1-1　典型车内的站立区域划分

1.2 车内站立密度调查

站立密度可通过调查各站上车人数、下车人数、到站时间、发站时间，以及稳态下各区域的乘客人数等计算获得。前、后车门处乘客流动性大，而轴距间区域乘客容量大，高峰时后通道处又为被迫站立区域，由此产生了明显的站立密度分区域差异。站立乘客流始终在车厢内流动。上车乘客流消散过程始于前门开启时刻，止于下一站间某时，车厢站立密度由剧烈向平缓变化过渡；下车乘客流消散过程始于上一站间某时，止于后门关闭时刻，车厢站立密度由平缓向剧烈变化过渡。选取3条大客流量的公交线路进行调查，每条线路在工作日内调查2次高峰时段和2次平峰时段，统计结果见表1-1。

站立密度调查结果 表1-1

线路	站立面积(m^2)	车内人数峰值(人)	站立密度峰值(人/m^2)	站立密度均值(人/m^2)	最大站立密度出现区域	最大站立人数区域
1	10.76	82	10.27	5.11	A	B
2	10.64	85	7.43	3.29	A	B
3	11.55	72	6.43	2.42	A	B

2 车内站立密度分布特征

2.1 站立区域分布特征

通过表1-1的数据，可以直观得出，在一辆运营的城市公交客车内的站立人数呈现出了明显的不均匀分布特性，B区域的站立人数最多，C区域的站立人数最少。分析1号线路的调查数据可知，A区域的站立人数最多达到21人，B区域的站立人数最多达到32人，而C区域的站立人数最多仅5人，在同一车内，站立人数呈现明显的分化特征。分析乘客站立位置的选择，发现其有规律可循。分析调查数据可以发现，无论是在平峰时段还是在高峰时段，B区域的站立人数要远远高于其他两个区域。当车厢内座椅均有乘客就位，而各站立区域有充足空间时，调查后续乘客上车后第一次驻足区域，可以明确乘客有在各区域内的位置互换习惯。经统计，第一次驻足在B区域的选择倾向性比例占90%以上，表明B区域为乘客趋向站立区域。

2.2 站立密度分布特征

通过计算选取1号线路的各区域站立密度，可以得到整个调研过程中各区域站立密度的分布变化情况，如图2-1所示结果。A区域的站立密度最大值已经达到10.27人/m^2，B区域的站立密度最大值为5.82人/m^2，而C区域的站立密度最大值为1.89人/m^2。在整个运行过程中，车内的站立密度也呈现出了不均匀的分布特征，A区域最为拥挤，C区域相对宽松，B区域密度较为稳定。站立密度的最大值出现在A区域，通过观察发现这是由乘客的乘坐习惯所造成的，当车内站立人数达到某一限定值后，由前门上车的乘客往B区域和C区域移动的意愿降低，更愿意站在拥挤的A区域，因此导致A区域的站立密度高于其他两个区域。

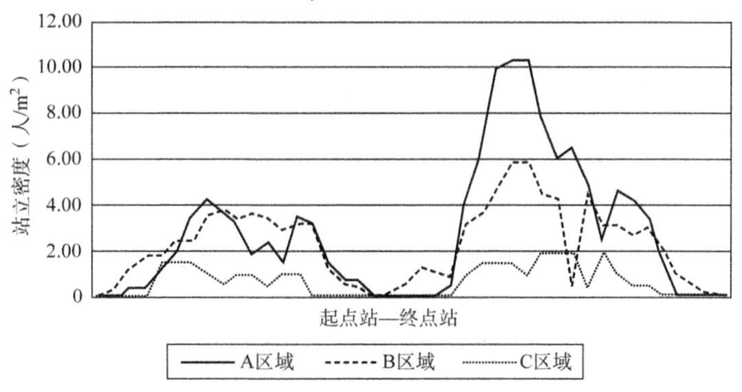

图2-1 各区域站立密度变化图

3 站立分布与载客量

通过分析车内站立人数和站立密度的分布特征,可以得出结论,B 区域的面积大小成为影响城市公交客车载客量的主要因素,因此可以从底盘总布置和车内座椅布置两个角度出发考虑提升 B 区域的面积。

从城市公交客车底盘总布置方面出发,在相同长度的城市公交客车中,减少 C 区域的面积,即可以增加 B 区域的面积,从而可以增加纯电动城市公交客车的最大载客量。B 区域对应底盘轴距区域内的站立面积,C 区域对应后悬区域内的站立面积,因此提出缩短后悬、合理增加轴距的总布置方案。通过此种布置方案,可以有效地提升载客容量。与同等载客容量的车型相比,采用此方案的城市公交客车其整体长度降低,能降低整备质量,提高城市公交客车的操纵方便性和紧凑性。从车内座椅布置角度考虑,合理减少 B 区域座椅布置,能有效提高车内乘客站立区域的面积。目前,主流城市公交客车 B 区域的座椅布置通常采用“1 + 1”“2 + 2”的布置方式,这种布置方式对于 B 区域的站立面积影响较大。通过优化调查车型 B 区域布置方式,采用“1 + 0”的方式后,B 区域站立面积相比于“1 + 1”的方式增加 25% 。

4 结语

(1)划分了典型城市公交客车车内 3 个主要的乘客站立区域,建立了车内站立人数和站立密度的调查方式与方法,通过调查得到了分布数据。

(2)分析了车内各区域站立人数和站立密度的分布特征,明确了乘客选择站立区域的倾向性,以及各区域站立人数和站立密度的成因。

(3)分析了站立分布对载客量的影响,并提出了提高载客量的设计方案。

参 考 文 献

[1] 刘旋. 短后悬纯电动公交客车的总布置及测试分析研究[D]. 西安:长安大学,2015.

[2] 史芮嘉,毛保华,丁勇,等. 地铁车厢内乘客站立位置选择行为研究 [J]. 交通运输系统工程与信息,2017,17(2):142-148.

[3] 闫晟煜,赵转转,白鑫. 公交客车分区域站立密度分布特征[J]. 交通信息与安全,2018,26(2):93-98.

[4] 左毅刚,李文权,陈茜,等. 公交信息条件下的公交出行意愿研究[J]. 交通信息与安全,2014,32(2):57-62.

关于汽车无人驾驶技术的发展探讨

焦登鑫,吴松雪,刘　冬

(成都广通汽车有限公司,成都　611435)

摘　要:近年来,互联网技术、5G 通信和人工智能的迅速发展,给汽车工业带来了深刻的变革,同时也促进了无人驾驶技术的快速发展。本文概述了汽车无人驾驶技术的产生和发展过程,并侧重于探讨和比较国内外无人驾驶的技术路线和发展水平,以及对于今后进一步的发展而带来的一些法律、伦理、道德等层面问题的深刻探讨,为无人驾驶技术的发展提出参考和建议。

关键词:汽车;无人驾驶技术;发展;伦理道德

0　引言

无人驾驶汽车的发展与应用,前景十分广阔,能够创造极高的经济效益与社会效益,更是未来智慧城市发展的重要组成部分。无人驾驶技术在诸多方面的应用和技术在不断地更新,因此很有必要撰写一篇综合性的论文,笔者对无人驾驶技术的前世今生、当下技术水平及方向、未来发展情况等,做一个比较完整系统的概述。

1　无人驾驶技术的产生历史

20 世纪 50 年代起,英国、美国等发达国家就开始涉及无人驾驶汽车领域的研究,并在某些方面取得了很大进展。1950 年,世界上第一辆自主导航汽车由贝瑞特电子公司在美国研制成功,实现了在设定路线上行驶。1987 年,奔驰公司投资赞助了慕尼黑国防大学实验室,独立设计了 VaMoRs 智能车,车速最高达到 96km/h。1994 年,欧洲研制的 VaMP 和 VITA-2 机器人车辆在巴黎进行了测试,并在多车道高速公路上行驶了 1000 多 km,且能自主完成跟踪行驶。后来 Google 和 Tesla 等相继进入自动驾驶汽车领域。到 2015 年,国外主要的大型汽车制造商才开始认真投入自动驾驶技术研究,这一年被认为是自动驾驶技术的爆发之年。无人驾驶技术在我国起步和发展较晚,大约在 20 世纪 80 年代才开始基本的研究。1992 年国防科技大学成功研制出中国第一辆红旗无人驾驶汽车。目前,随着百度、阿里巴巴等企业加大在无人驾驶领域的研发投入,我国无人驾驶汽车技术得到快速的发展。

2　无人驾驶的定义与等级划分

无人驾驶,又称自动驾驶,即以计算机系统为主,通过 5G、人工智能、视觉计算、雷达、监控装置和全球定位系统等先进技术(设备)多方面协同合作,实现汽车的驾驶目的。近年来全球汽车行业达成共识,认为自动驾驶代表了未来汽车行业的发展方向,但要实现完全的自动驾驶是一个渐进的过程。目前,国际广泛采用的自动驾驶标准是美国汽车工程师学会(SAE)对汽车自动化程度划分的 6 个等级,也就是我们常看到的 L 级别。每个级别具体描述如图 2-1 所示。

美国高速公路安全管理局(NHTSA)认为,大于或等于 L3 级别的车辆即可被认为是高级自动化汽车。

3　国内外无人驾驶的技术方向与发展水平

在智能互联网时代,全球很多具备高精尖技术的科技公司已涉足无人驾驶汽车。国外有特斯拉、谷歌(Waymo)、通用 Cruise、苹果等领头羊企业,国内则有百度、腾讯、阿里巴巴等企业奋起直追。重点介绍如下。

SAE级别	名称	描述性定义	转向和加减速操控的执行者	对驾驶环境的监控者	复杂情况下动态驾驶任务的执行者	系统支持的路况和驾驶模式
人类驾驶员监控驾驶环境						
L	非自动化	所有驾驶任务都由人类驾驶员进行操控（即便安装了告警和干预系统）	人类驾驶员	人类驾驶员	人类驾驶员	n/a
L	辅助驾驶	在特定驾驶模式下由一个辅助驾驶系统根据驾驶环境信息控制转向或加减速中的一种，并期望人类驾驶员完成所有其他动态驾驶任务	人类驾驶员和系统	人类驾驶员	人类驾驶员	部分路况和驾驶模式
L	部分自动化	在特定驾驶模式下由一个或多个辅助驾驶系统根据驾驶环境信息控制转向稍加减速，并期望人类驾驶员完成所有其他动态驾驶任务	系统	人类驾驶员	人类驾驶员	部分路况和驾驶模式
自动驾驶系统（简称“系统”）监控驾驶环境						
L	有条件的自动驾驶	在特定驾驶模式下由一个自动驾驶系统完成所有动态驾驶任务，但期望人类驾驶员能正确响应请求并接管操控	系统	系统	人类驾驶员	部分路况和驾驶模式
L	高度自动化	在特定驾驶模式下由一个自动驾驶系统完成所有动态驾驶任务，即便人类驾驶员无法正确响应请求并接管操控	系统	系统	系统	部分路况和驾驶模式
L	全自动化	自动驾驶系统在全部时间、全部路况和环境条件下（可由人类驾驶员管理）完成所有动态驾驶任务	系统	系统	系统	全部路况和驾驶模式

图 2-1 汽车自动化程度等级

3.1 国内头部企业——百度 Apollo

百度在很早就开始了无人驾驶技术的研发，是国内无人驾驶行业的领军者。从 2015 年开始，百度大规模投入到无人驾驶技术研发，其在硬件方面主要还是集成的角色，在软件方面全面自主研发，不管是 robotaxi 这种 L4 高级别无人驾驶还是 L3 下的 ANP 和 AVP 等辅助驾驶均处于国内领先地位。百度 Apollo 主攻激光雷达避障技术路线，主要是用机械旋转激光雷达或者混合固态激光雷达来实现阵列扫描，从而实现构图；视觉系统则属于辅助状态。百度 ANP(Apollo Navigation Pilot)，是百度自主研发的领航辅助驾驶产品，以目前国内唯一的 L4 级纯视觉无人驾驶技术 Apollo Lite 作为技术支持。它的总体传感器方案为“12V6R12S”，也就是 12 个视觉传感器摄像头、6 个毫米波雷达、12 个环视超声波雷达。百度宣称可以提供 L4 级别量产乐高式无人驾驶解决方案。

3.2 国内第二梯队企业

负责小鹏汽车无人驾驶项目的是美国公司 xmotors. ai，依靠小鹏 G3 车上的 12 个超声波雷达、5 个高清摄像头、3 个毫米波雷达，能够实现 L2.5 的无人驾驶。华为无人驾驶于 2020 年 4 月和塞力斯汽车开展深度合作，发布了 HiCar 智能汽车解决方案，正式进入智能驾驶汽车行业。阿里巴巴在无人驾驶方面起步较晚，但是后来居上。最近阿里巴巴直接开始了 L4 级别车辆的路测。其他公司（如文远知行、小马智行、图森未来、滴滴、腾讯等）基本都实现了 L2 级别的无人驾驶，未来发展可期。

3.3 国外的 Tesla 及 Google

国外在无人驾驶技术领域里，美国的实力遥遥领先，一般分为以特斯拉（Tesla）为首的纯视觉识别派和以谷歌(Google)为首的激光雷达派。谷歌旗下的 waymo 作为无人驾驶领域的先驱,其无人驾驶项目从 2009 年就已开始。2012 年 5 月 8 日,美国内华达州机动车辆管理部门(DMV)为谷歌的无人驾驶车颁发了首例驾驶许可证,此后其测试车队已在加州公路上以无人驾驶模式行驶了 500 多万 mile(英里)。谷歌的 Waymo 走的是激光雷达和视觉识别技术结合的路线,传感器和计算平台都是自主研发,是所有无人驾驶企业中的翘楚。Waymo 的无人驾驶系统已能在特定地理区域和特定条件下,完成整个动态驾驶任务,人类驾驶员不需要提供操作,已达到 SAE 评价下的 L4 级。目前,Waymo 在各个方面,都是最早能实现最接近 L5 级别的公司。

特斯拉(Tesla):目前唯一一个把激光雷达从宣传中就抛弃掉的企业,创始人马斯克坚持的是纯视觉路线。除此之外所有硬件包括芯片都是自主研发,实力突出。特斯拉主攻纯视觉的三摄像头视觉避障方案。方案包含一个可以覆盖前方 150m 范围的主摄像头,一个 FOV 达到 120°的鱼眼摄像头,一个可以看到前方 250m 的长焦摄像头。主要的避障原理跟单目避障类似,对算法训练数据有比较大的依赖性,前置的 77GHz 毫米波雷达则属于辅助应用。目前特斯拉的无人驾驶技术基本上处于准 L4 阶段。马斯克一直都不看好激光雷达(成本原因),因此近期特斯拉推出了纯视觉感知无人驾驶的 FSD Beta V9.0 系统,取消了唯一一颗前置毫米波雷达。这么看来,Musk 口中的“full self-driving”应该是指 L5 级别。不过最终的实现情况,我们只能拭目以待。同时他还表示,20 年后汽车将不再有转向盘,驾驶一辆普通汽车的感觉就像骑马一样。

目前无人驾驶技术方向可总结如下:

(1)对比国内外主流无人驾驶企业的技术不难看出,大多数从事无人驾驶工作的技术流派都认为,有必要将几种传感器组合起来确保安全性和可靠性。不过,特斯拉是一个明显的例外:它希望在不使用激光雷达的条件下实现完全无人驾驶。

(2)目前感知所用的传感器各有优缺点,很难找到一种能够适应各种环境的传感器。例如,激光雷达对雨雾的穿透能力受到限制,对黑颜色的汽车反射率有限,并且成本非常高昂;毫米波雷达对动物体的反射不敏感;超声波雷达的感知距离与频率受限;摄像头本身靠可见光成像,在雨雾天、黑夜的情况下,其灵敏度会有所下降且对白色识别度不是很高。这也是当今无人驾驶感知技术亟待突破的瓶颈。

4 无人驾驶技术发展带来的一系列问题的深刻探讨

4.1 相关政策的出台、法律法规及国家(行业)标准颁布

2018 年 3 月 16 日,深圳市交通运输委员会发布了《关于规范智能驾驶车辆道路测试有关工作的指导意见(征求意见稿)》,这让深圳成为继北京、上海、重庆、杭州之后,第五个将开放无人驾驶车辆“道路”测试的城市。这些城市相关指导意见中所称的“道路”,是特指非公众通行和封闭专属道路。而从 2017 年美国、德国相继专项立法比对来看,我国目前只有指导政策,仍没有制定任何法律法规,这会成为制约无人驾驶发展的“头号杀手”。马斯克就说过,法律应当走到科技的前面去,这不无道理。

目前,无人驾驶汽车在我国社会已经引起了一些讨论和争议,主要集中在三点。

(1)如果无人驾驶汽车遭遇交通事故,是由汽车制造商还是无人驾驶系统供应商承担责任?

(2)在无人驾驶汽车出现问题,造成人身或财产损害时,如何在法律上进行责任区分,汽车保险适用何种法律?

(3)和企业不同,个体最关心的问题——无人驾驶的终极目的是为了彻底替代人们的驾驶操作,那么关于驾照,未来还用不用再考取?如果还需要花费大量的精力、财力及时间去考驾证,那发展无人驾驶有何意义?如果不需要考,一旦在无人驾驶汽车出现问题或极端情况下而需要人的操作或干预时,但没掌握基本的驾驶技能又如何应对?这就是一个互相矛盾的地方,需要国家出台新的法律法规来明确解决这些问题。

主要国家无人驾驶立法见表 4-1。

主要国家无人驾驶立法一览 表 4-1

时　间	法规政策名称	单　位	说　明
2016 年 3 月	《维也纳道路交通公约》(Vienna Convention for Road Traffic)修订案	联合国经济社会理事会	修订案通过后,欧洲允许车辆无人驾驶技术可以被应用于交通运输中,驾驶员可以将车辆的驾驶职责交给无人驾驶系统
2016 年 9 月	《联邦无人驾驶汽车政策指南》(FAVP)	美国交通部	该指南将无人驾驶汽车的等级从 0 级到 5 级进行定义,并强调安全性为第一准则,针对无人驾驶汽车的设计和研发提出了 15 项安全规范
2017 年 9 月 6 日	《确保车辆演化的未来部署和研究安全法案》也称《无人驾驶法案》(H. R. 3388)	美国众议院	全球首部无人驾驶汽车法案。旨在顺利实现无人驾驶汽车的安全部署与相关研究,关于无人驾驶的首部重要联邦立法,保证在美国全国范围内建立起一个统一的无人驾驶系统的设计
2017 年 9 月 12 日	《无人驾驶系统 2.0:安全愿景》(Automated Driving Systems 2.0:A Vision for Safety)	美国交通部	无人汽车开发指南。美国交通部和国家公路交通安全局(NHTSA)表示,该指南仅供参考自愿参加,并不具有强制性
2017 年 6 月	道路交通法第八修正案	德国联邦议院	全球第一部无人驾驶道德准则
2017 年 9 月 4 日	《智能网联汽车公共道路适应性验证管理规范(试行)》草案	中国国务院工信部	对智能网联汽车公共道路适应性验证申请及审核流程、验证过程管理、验证期间事故责任认定及处理等作了规定
2017 年 7 月 8 日	第一代人工智能发展规划	中国国务院	自主无人系统的智能技术。重点突破……无人机自主控制以及汽车、船舶和轨道交通无人驾驶等智能

4.2 道路及相关设施建设

无人驾驶汽车不但要依靠整车的电子和机械设备及软硬件,更要依靠道路的重大改造来配合才能完成,需要建设能被智能汽车精确识别的各种高规格交通系统,同时配合“车道级定位精度”的导航需求。总之,与无人驾驶汽车相匹配的智慧交通系统,是未来道路软硬件建设的重要关注点。此外,复杂的路况问题也是无人驾驶汽车所需要考虑和解决的另一个难题。

4.3 社会道德、伦理与风险等

4.3.1 伦理与道德风险

如何直面无人驾驶汽车的终极伦理选择:意外发生时,行人或乘客,智能汽车优先保护谁?如果不优先保护乘客,那谁会愿意去购买无人驾驶汽车?如果优先保护乘客,那行人难道就该遇难?这是一个很难的伦理选择和道德拷问,如图 4-1 所示。

在此情况下,这辆制动失灵的无人驾驶汽车会继续直行并在同车道穿过前方的人行横道。这会导致……死亡:
- 1位孕妇

请注意这些受撞击的行人违反了交通法则,于红灯时行走。

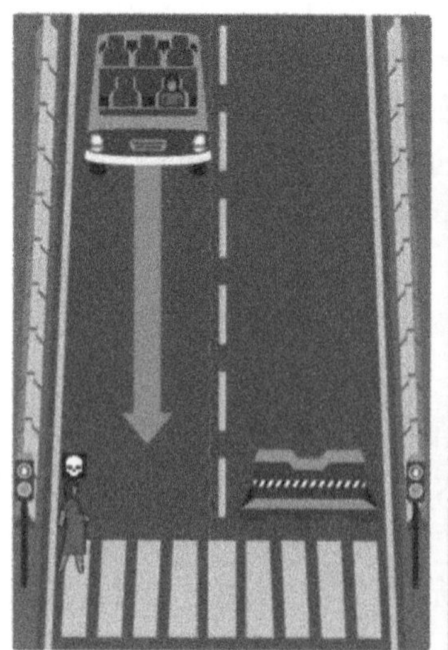

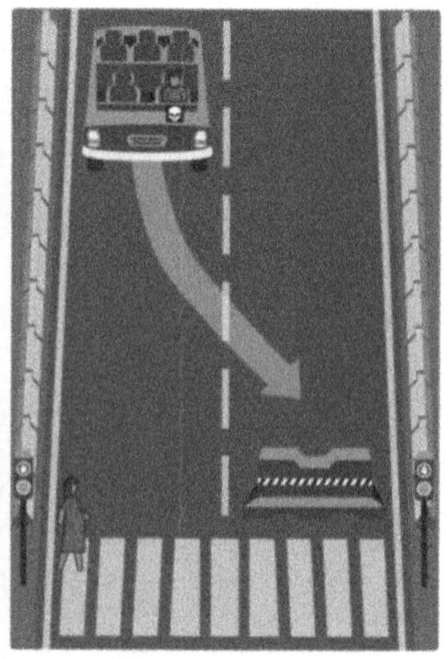

在此情况下,这辆制动失灵的无人驾驶汽车会转弯并撞上前方的混凝土路障。这会导致……死亡:
- 1位男士

图 4-1　无人驾驶汽车该怎么做

德国在无人驾驶的伦理道德方面走在世界前列，在2017年发布了全球第一部《无人驾驶道德准则》，共有20条，以下摘录一些重要道德准则。

(1)对人生命的保护在法律考量上高于一切。

(2)严格禁止将人群属性作为评判标准(年龄、性别、数量等)。

(3)无人驾驶系统产生的损害责任，与其他产品责任适用同样的原则。

(4)在非无人驾驶系统中，对权限的分配，应该被记录和存储下来。

(5)必须在人的生命之间做出损害甚至牺牲一方以拯救其他当事方的选择的极端情况，两难决策不能被标准化和编程化。

这也是将来我国无人驾驶伦理立法时应该考虑的问题。

4.3.2 网络安全风险和隐私问题

如何保护无人驾驶汽车用户的行驶数据，使用户在驾驶过程中不被黑客入侵或者远程控制、网络攻击乃至造成安全危害，同时保障用户行踪等个人隐私是个重要的问题。所以，美国《无人驾驶法案》(H.R. 3388)规定，车辆厂商必须制定网络安全计划，包括如何应对网络攻击、未授权入侵以及虚假或者恶意控制指令等安全策略，用以保护关键的控制、系统和程序，并根据环境的变化对此类系统进行更新，制定内部人员的安全培训和管理制度。同时，制定隐私保护计划，包括对车主以及乘客信息的搜集、保存、使用等方面的保护措施。

5 结语

虽然目前无人驾驶汽车在技术、成本、认知，以及法律、伦理方面还面临着诸多困难和问题，尤其是法律困境和伦理困境未有效解决，也限制着无人驾驶汽车的发展进程和大规模普及，产业化也遇到了某些瓶颈，但是其前景还是被许多国家和企业所看好。但若要L5级的无人驾驶汽车真正走进人们的生活，可能还需要很长一段时间，笔者认为，保守估计至少还需要10~15年，甚至更久……这需要所有的汽车人为之努力。让我们拭目以待，期待着那一天的真正到来！

参考文献

[1] Drew B, Luka P. Assessing the impact of driverless haul trucks in Australian surface mining [J]. Resources Policy, 2011, 36(2): 149-158.

[2] SAE J3016(TM). 标准道路机动车驾驶自动化系统分类与定义[R]. 2016.

[3] 自动驾驶道德准则[R]. 德国交通运输与数字基础建设部道德委员会, 2017.

[4] SELF DRIVE Act(H. R. 3388)[R]. 美国众议院. 2017.

汽车主被动安全技术研究综述

鲁　俊,徐海澜

(招商局检测车辆技术研究院有限公司,重庆　401122)

摘　要:汽车安全是汽车持续健康发展的核心与基础。随着科技的进步,汽车安全面临着更大、更新的挑战。本文介绍了汽车主被动安全技术的研究现状,对当前主动安全技术与主被动安全集成技术的研究现状和发展进行了梳理和总结,并对未来汽车智能安全技术进行了展望。

关键词:主动安全;被动安全;主被动安全集成;智能安全

0　引言

交通安全问题已成为世界性的大问题。根据世界卫生组织发布的《全球道路安全现状报告》显示,每年全球有逾百万人死于道路交通事故。对于影响交通事故的"人、车、路、环境"等因素中,汽车本身是一个非常重要的影响因素。随着科技的发展,尤其是近几年互联网和通信技术在汽车的独立驾驶和智能化方向提供了极大的发展和创新的空间,但也同时暴露出各类安全性能方面的不足。零伤亡愿景一直是汽车安全系统追求的目标,至今无人驾驶的量产与落地始终没有解决,其根本原因在于安全问题。汽车安全通常可分为两类:被动安全和主动安全。为了更好地实现对乘员安全全方位保护,近年来又提出了主被动安全集成技术的概念。

本文将对国内外汽车主被动安全技术发展进行综述,重点介绍主被动安全集成技术的研究进展,并对未来智能安全技术进行展望。

1　主动安全技术

近年来,被动安全技术已经日渐趋于成熟,主动安全技术越来越受到人们的重视。汽车厂商也不断推出了自动紧急制动系统(AEB)、预碰撞系统(PCS)、盲点检测系统(BSD)、车道偏离警示系统(LDW)、前向碰撞预警系统(FCW)、自适应前照灯控制(ACL)、交通标志识别(TSR)、疲劳预警(DDW)、变向辅助系统(LCA)、360全景影像(AVM)等先进主动安全新技术,如图1-1所示。主动安全技术就是提前感知可能发生的碰撞,避免道路交通事故发生的技术。同时主动安全也是集环境感知、驾驶行为分析、控制与决策、执行与操作等多级辅助驾驶功能于一体的综合应用系统。

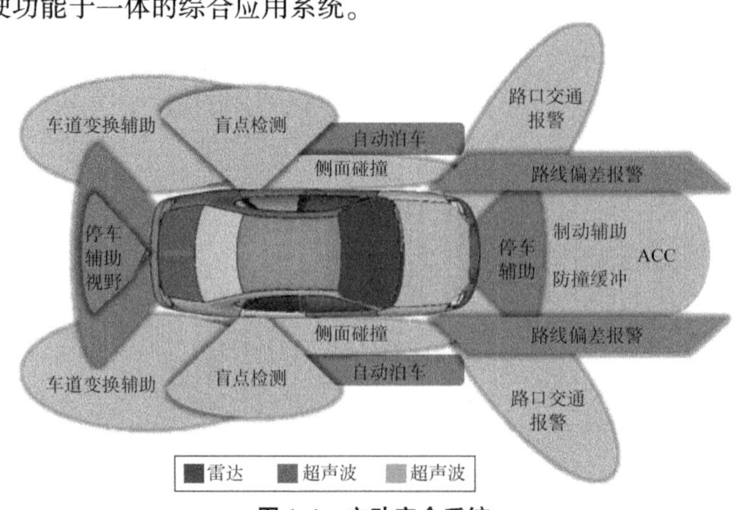

图1-1　主动安全系统

随着消费者对汽车安全性能要求的日益提升,新技术给车辆安全提出了新的挑战。汽车安全技术不再局限于人与车之间的信息交互,同时通过雷达、摄像头等设备将环境信息传输到车辆上,实现人-车-环境三方的信息交互。同时,车辆碰撞过程中,主动安全装置的作用会影响预碰撞环境,如汽车动能以及乘员姿势,这些都会对乘员碰撞损伤风险产生很大的影响。因此人们开始思考:主动安全系统是否可以绝对地降低乘员的伤害;主动安全系统和被动安全系统如何协同发挥最大的保护效果;当主动安全系统加入后,乘员的运动姿态和伤害如何考虑等。

2 主被动安全集成技术

2.1 概念提出

从碰撞事故发生的时间轴看,主动安全与被动安全的关系如图 2-1 所示,它们都存在一定的局限性。被动安全技术从改善车辆碰撞结构、优化乘员约束系统等方面可实现提高车身自身保护能力和减轻对乘员的伤害,但事故发生频率却并未减少。尽管主动安全可以大大地提高汽车的安全性,但受限于雷达、传感器、道路基础设施、天气环境等的影响,也无法完全避免交通事故。为了更好地实现对乘员安全全方位碰撞保护,近年来提出了主被动安全融合技术或主被动安全集成技术的概念。

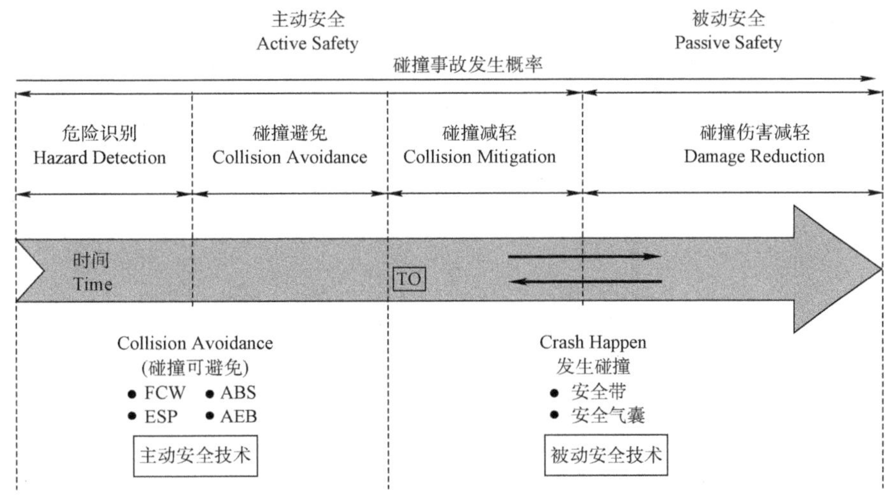

图 2-1 主动安全与被动安全的关系

主被动安全集成,其实是在车辆安全开发中,将主动安全系统和被动安全系统相互融合成一体化开发的技术。主被动安全集成的示意图如图 2-2 所示。需要注意的是,主被动安全集成并不是对主、被动安全装置进行简单的叠加。在主被动安全集成中,一方面,主动安全系统会尽量避免车辆碰撞的发生,在不可避免发生碰撞的情况下,可采取某种控制策略降低乘员的损伤;另一方面,被动安全系统在主被动安全集成系统中,同时也要考虑主动安全系统作用时引起乘员和车辆运动姿态的变化而导致的影响。

图 2-2 主被动安全集成示意图

从汽车主被动安全集成一体化的角度出发,主被动安全集成更多指的是一个"预碰撞安全系统",其中,被动安全执行末端有很多种,如安全气囊点火算法优化、可逆预紧式安全带装置、主动行人保护装置、主动式安全座椅、主动碰撞结构等。集成安全系统需要能够实时感知乘员状态、车辆速度、位置状态等信息,在预碰撞(pre-crash)阶段,控制车辆的执行末端。

2.2 国内外研究进展

随着电子技术、通信技术和传感器技术的快速发展,越来越多的汽车公司以及学者开始研究结合汽车主动安全特性以及被动安全特性的主被动安全集成系统。汽车主被动安全结合的技术在国外已经发展多年,2006 年提出传统被动安全技术将向预碰撞时刻前延,形成自适应约束系统等装置,使其与辅助制动装置共同参与完成碰撞前乘员的位置控制。Tijssens 等提出了一种基于 Prescan 软件、主动人体模型以及 Madymo 软件开发主被动安全集成系统的方法。2009 年奔驰公司在其 2005 年提出的预碰撞系统 PRE-SAFE ®基础上,在 ESF 2009 车型上体现了主被动安全的融合概念。2015 年 TASS 公司提出了如图 2-3 所示的安全集成系统设计方法与工具链。Susumu 等通过志愿者研究了预碰撞前乘员肌肉放松和绷紧状态下的动力学行为,如图 2-4 所示。国内,清华大学李浩等通过台车实验和仿真分析对预紧器对乘员的保护作用进行了分析,发现相比于传统火药预紧方式,兼容于主动制动技术的预紧式安全带对头部的保护效果更好。冯广刚建立了能够反映主被动安全集成系统动态特性的避撞汽车动力学模型,为汽车安全控制系统功能实现及评定奠定了基础。中国一汽集团唐洪斌整理总结了在主被动安全集成下乘员保护的研究方向和进展状态。重庆大学李君明等进行了主被动安全集成的乘员碰撞损伤研究及约束系统优化设计。湖南大学徐哲利用仿真的方法研究了在 AEB 和可逆预紧联合作用下对正常和离位坐姿乘员的保护效果,以及约束系统的参数匹配优化。重庆理工大学胡远志团队对预碰撞阶段乘员离位、乘员损伤以及主动式安全带的影响进行了分析。

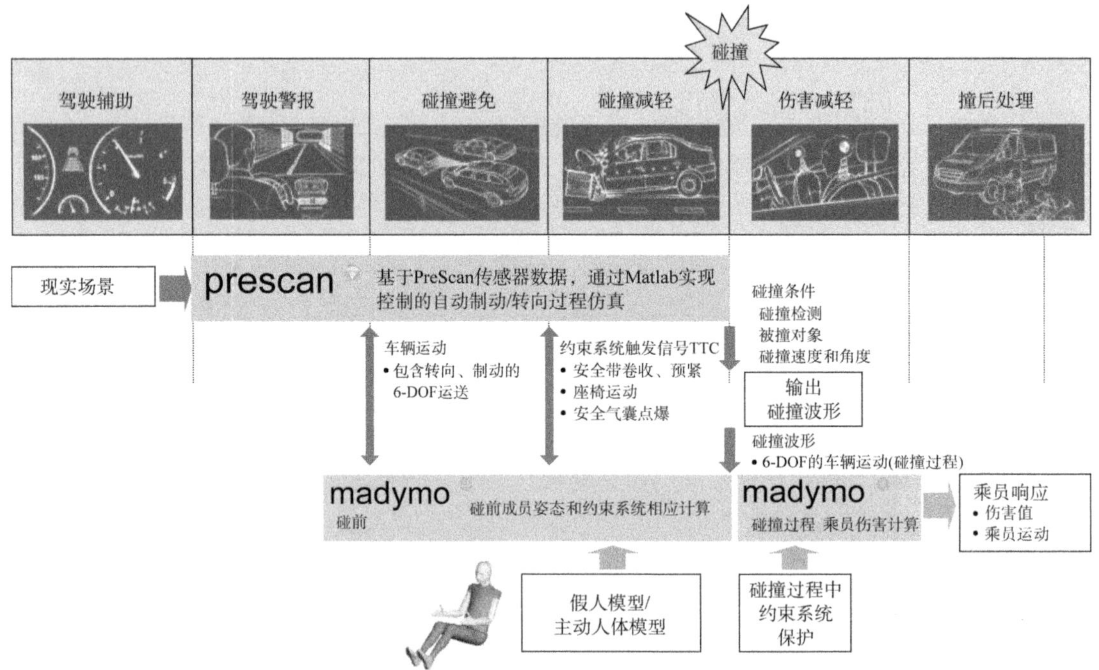

图 2-3 主被动集成设计方法与仿真工具链

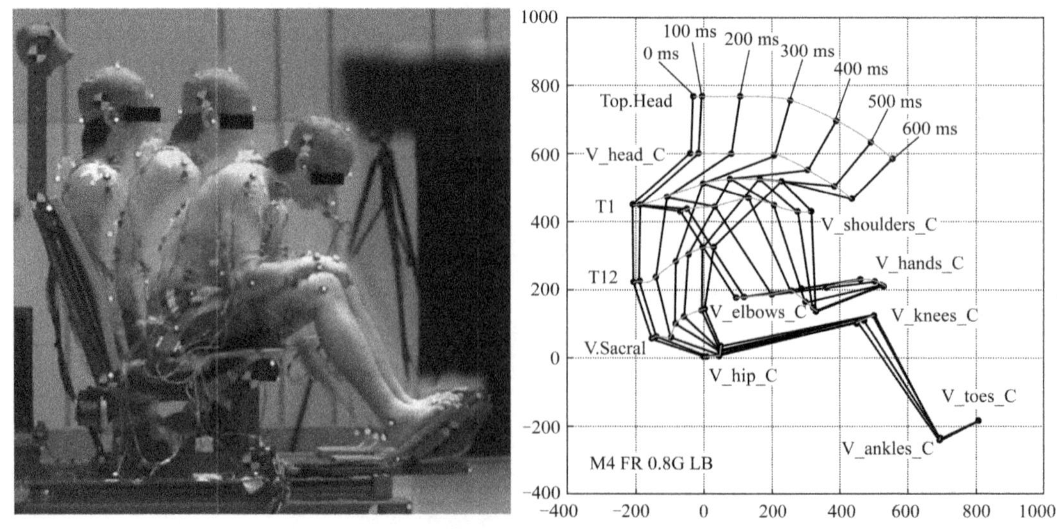

图 2-4 紧急制动过程中志愿者的动力学行为

从文献可以看出,主被动安全技术存在一定的相关性,如何把控两者的参数匹配、耦合程度是主被动安全技术集成的关键。相比发达国家,国内对主被动安全集成的研究较少也不够深入。

2.3 技术难点

主被动安全集成技术的开发路线包括虚拟仿真技术与实验测试技术。但是目前,汽车主被动安全集成还停留在计算机仿真层面,主要通过将 Pre-Scan/Car - SIM 等软件与 Madymo 仿真相结合的方法得到 AEB/AES 等预碰撞系统介入时对车辆状态和乘员姿态的影响。关于主被动安全技术联合对乘员的碰撞保护性能的实车测试研究尚为空白,缺乏统一的测试规范。在测试领域主动安全和被动安全是分开进行测试的。相关测试可以分为实车碰撞和滑台模拟。实车碰撞的难点在于需要在车辆反向控制和轨道长度、牵引系统脱离时机等方面进行优化改进。滑台模拟的难点是很难还原主动安全起作用的车辆制动减速度曲线,同时需要考虑主动安全引起的乘员坐姿的变化和肌肉应激反应等情况。另外,主被动安全融合仿真所使用的主动式人体模型一直没有实体假人,缺少主动安全系统作用下的乘员损伤评价方法。

3 展望

通过总结发现,主被动安全集成是汽车安全未来的发展趋势,其中可逆预紧安全带装置被认为是最容易实现的一个被动安全执行末端装置,AEB 是与被动安全技术融合度最大的技术手段。将 AEB 与可逆预紧安全带预紧装置结合起来,不但可以克服由 AEB 带来的乘员前倾离位的不足,而且可以充分发挥可逆预紧技术的重要作用,有效提高乘员约束系统的保护效果。这种主被动安全系统的结合能有效地预防和降低乘员在碰撞中受到的伤害,成为现阶段汽车智能安全技术重要的发展方向。

但是,目前的研究只考虑了在 AEB 和可逆预紧安全带装置作用下对不同坐姿乘员的保护效果,而未考虑多种碰撞工况以及不同身材、年龄、性别的乘员。今后还需深入开展基于预碰撞作用下主被动安全的预测技术。例如,从综合乘员保护最优的角度,研究预碰撞系统介入下被动安全系统的性能优化,如安全气囊点火时刻的改变和预张紧式安全带的影响分析;研究主动安全环境感知传感器与被动安全系统碰撞传感器的信息融合,探索智能安全时代被动安全技术的全新设计方法和设计理念;研究预碰撞作用下的最优保护策略,减轻对被动安全系统性能的不良影响,最终形成一体化安全解决方案;增加其他复杂工况的主被动安全保护研究,提高乘员、行人以及其他道路交通参与者的安全。通过主被动安全协同发展,逐步实现智能化、集成化、系统化。

4 结语

本文阐述了主被动安全技术结合的发展趋势,重点介绍了主被动安全集成的研究背景、发展现状和技术难点。通过文献综述的方法探索未来主被动安全技术融合的技术路线,为主被动安全的深度融合技术的发展打下基础。

参考文献

[1] Kuttenberger A,Eisele S,Lich T,et al. Improved Occupant Protection through Cooperation of Active and Passive Safety Systems-Combined Active and Passive Safety CAPS. SAE Technical Paper,2006.

[2] Tijssens M,Bosma F,Kietlinski K. A Methodology and Tool Chain to Develop Integrated afety Systems[J]. 2015.

[3] Schoeneburg R,Car M,Mcg G. ENHANCEMENT OF ACTIVE & PASSIVE SAFETY BY FUTURE PRE-SAFE ® SYSTEMS[C]. 2005.

[4] Bogenrieder R,Fehring M,Bachmann R. Pre-Safe ® in rear-end collision situations. In:2009 ESV Conference. Stuttgart,2009.

[5] M. G. A. Tijssens,F Bosama,K Kietlinski. A Methodology And Tool Chain To Design Integrated Safety Systems[C]. JSAE,2015.

[6] Susumu Ejima,Yoshio Zama,Koshiro Ono. Prediction of pre-impact occupant kinematic behavior based on the muscle activity during frontal collision. In:2009 ESV Conference. Stuttgart,2009,09-0913.

[7] 李浩,李杨,罗道,等. 兼容于主动制动技术的预紧式安全带保护策略研究[C]. 中国汽车工程学会,2016.

[8] 冯广刚. 基于主被动集成的汽车安全控制系统建模与仿真[D]. 长沙:湖南大学,2008.

[9] 唐洪斌. 预碰撞下的乘员保护与主被动安全融合技术的发展[J]. 汽车文摘,2020,537(10):5-10.

[10] 李君明. 面向汽车主被动集成安全的乘员碰撞伤害研究及约束系统优化设计[D]. 重庆:重庆大学,2019.

[11] 徐哲. AEB 与可逆预紧安全带联合作用下乘员保护性能研究[D]. 长沙:湖南大学,2016.

[12] 胡远志,朱鸿旭,曾宪菁,等. 制动工况下主动卷收器参数对乘员离位位移影响的分析[J]. 汽车工程,2020,42(5):615-620.

[13] 王珂. 基于 AEB 信号的集成式约束系统仿真与优化分析[D]. 重庆:重庆理工大学,2018.

[14] 胥林立,王振飞,胡远志,等. 制动工况中乘员动态响应分析及主动预紧安全带效能评价[J]. 振动与冲击,2020,39(24):240-246.

[15] 刘东春,王凯,张长江. 基于 AEB 正面碰撞的主被动集成安全系统性能测试方法研究[J]. 汽车与配件,2020,1292(22):62-64.

客车电气
与车身附件

客车领域轻量化的应用现状分析

陈　刚

（招商局检测车辆技术研究院有限公司，重庆　401329）

摘　要：本文通过对客车领域轻量化的应用现状分析，阐述一些轻量化相关的优化方式，为学习和优化轻量化提供参考。

关键词：客车；轻量化；优化方式

0　引言

中国汽车的轻量化真正发展不足10年，可是由于现在汽车的电动化、节能减排、性能提升等多重需求的带动，汽车轻量化制造关键技术研发和整车集成应用技术突破的要求已迫在眉睫。2015年国务院印发的《中国制造2025》已明确，轻量化是汽车行业高质量发展的重点突破方向，我国汽车轻量化技术的发展将从以往的分散化、高端化、单一化的时代迈向集约化、普及化、多元化的时代。

1　应用现状和问题

在目前国家对新能源汽车的大力扶持的背景下，新能源汽车得到了飞速的发展，新能源客车也是其中不可或缺的一部分，很多城市的新能源客车占比在不断提高，新能源客车出行已经成为一种未来必不可少的出行方式。制约新能源客车发展的主要因素在于续驶里程和充电问题，其中续驶里程与轻量化有着极大的关系：轻量化程度越高，续驶里程越长；轻量化程度越低，续驶里程越短，因此客车轻量化具有重要的意义。

由于轻量化是高质量发展的一个方向，但部分企业重视程度没那么高，因此，客车企业轻量化的发展也是参差不齐。有的企业在轻量化制造技术上得到了长足发展，而有的企业因为技术、资金、战略等各方面的原因，在轻量化的应用上并没有太多的进步。长此以往，企业与企业之间的差距也会越来越大。整个汽车行业的轻量化制造普及度还有待提高。

2　轻量化方式

2.1　轻质材料的应用

客车主要质量在车身骨架、底盘、动力部分，它们是优先考虑进行轻量化的地方，也是现在大多数客车生产企业应用轻量化较多的方面，尤其是轻质材料的应用。

例如：2013年，由铝合金制造的储气筒替代了原来的钢制造的储气筒；2015年，铝合金车身骨架、蒙皮的大范围推广，以及镁铝合金轮辋替代钢轮辋；2017年，PVC的铝覆地板替代竹胶地板；2019年起，动力电池技术的提升，使得在续驶里程不降的前提下，动力电池箱数减少，整车质量降低。2020年，某镁合金客车的出现，整车质量下降达26.9%，整车的能耗降低20%，为客车轻量化提出了切实的可能。另外，早在2017年9月，美国Proterra一款12m客车（载电660kW·h）创下一次充电连续行驶1700km的世界纪录，碳纤维复合材料轻量化技术的应用成为创纪录的核心技术之一，颠覆性的全新设计的复合材料车身和全新设计的整车，其寿命周期和综合成本为同级别燃油车的70%。当然，我国也在这方面不断地努力，2021年9月，某碳纤维新能源客车在嘉兴交付使用（图2-1），车体强度比金属材料高10%，质量减轻30%。

图 2-1　碳纤维新能源客车

一个个的实例都印证了轻质材料对于汽车轻量化的重要性。下列是部分轻质材料及其现在应用的一些范围。

(1)高强度钢/超高强度钢。例如:冷轧含磷板、双相钢、相变诱发塑性钢(TRIP 钢),密度为 7.8g/cm^3,广泛应用于汽车车身、底盘、悬架、转向等零部件,可减薄车身用板的厚度和质量、增加安全性。

(2)铝合金。密度为 2.7g/cm^3,可用于制造前后防撞梁、车身骨架等(图 2-2),有效减轻质量。

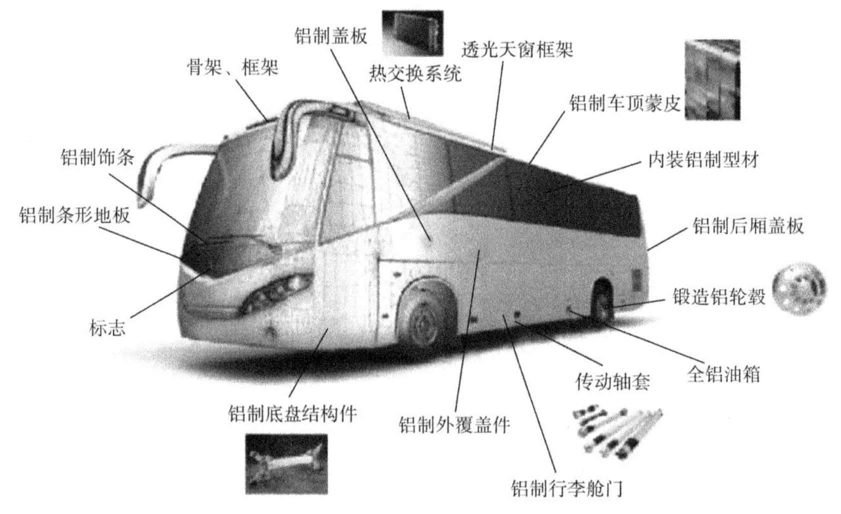

图 2-2　铝合金在汽车上的应用

(3)镁合金。例如:抗蠕变镁合金、高韧性镁合金、高强度镁合金、高耐腐蚀性镁合金,密度只有 1.74g/cm^3,可用于制造车内部件、发动机部件、传动系统部件及骨架、外壳等,有效减轻质量,且导热性好、减振、易回收。

(4)钛合金。20MnTiB、25MnTiBRE、20CrMnTi、30CrMnTi,密度为 4.51g/cm^3,可用于制造稳定器、制动零件、排气管、悬簧、车轮、轮毂、外壳、轮簧、制动活塞、密封圈、动力系统连杆等,比强度高,韧性与钢铁相当,抗蚀性优于钢铁。

(5)复合材料(碳纤维)。例如:碳纤维复合材料(CFRP),密度为 1.5 ~ 2.0g/cm^3,可应用于汽车车身、底盘、悬架、转向等零部件、制动摩擦片、轮毂、传动轴等。轻量化、强度高、刚度高、耐磨、环保。

(6)塑料。PP/PA/长玻纤/PPO/PC/ABS 等,密度为 1.09 ~ 1.57g/cm^3,常用于门板、保险杠、汽车尾门、前端模块、内外饰等的制造。具有密度小、质量轻、易回收、性价比高的优势。

2.2　制造工艺的创新

应用在汽车轻量化中的新型生产工艺主要包括激光拼焊板技术、TRB 轧制板技术、液压成型技术、热成型技术、新型连接技术等。

2.2.1 激光拼焊板技术

激光拼焊板技术是采用激光能源，将若干不同材质、不同厚度、不同涂层的钢材、不锈钢材、铝合金材等进行自动拼合和焊接而形成一块整体板材、型材、夹芯板等，以满足零部件对材料性能的不同要求，用最轻的质量、最优结构和最佳性能实现装备轻量化。激光拼焊工艺流程如图 2-3 所示。

据统计，在汽车制造中采用激光拼焊板材，可使零件数量减少 19%，零件质量相对减轻 24%，焊点下降 49%，生产效率提高 24%。

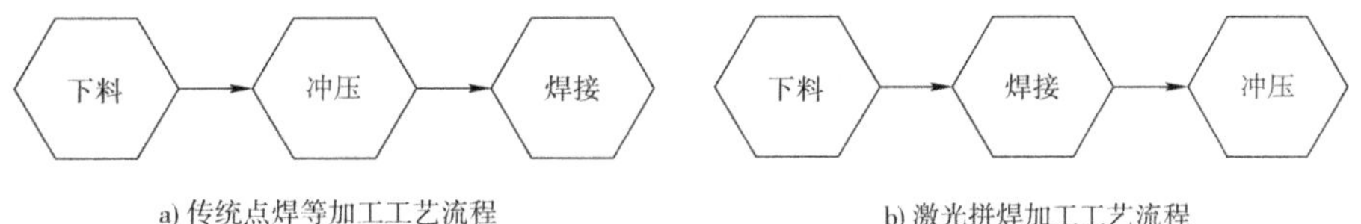

图 2-3 传统点焊等及激光拼焊工艺流程

2.2.2 TRB 轧制板技术

TRB 是通过一种新的轧制工艺——柔性轧制技术而获得的连续变截面薄板（图 2-4）。TRB 轧制板技术的减重效果比激光拼焊更好。

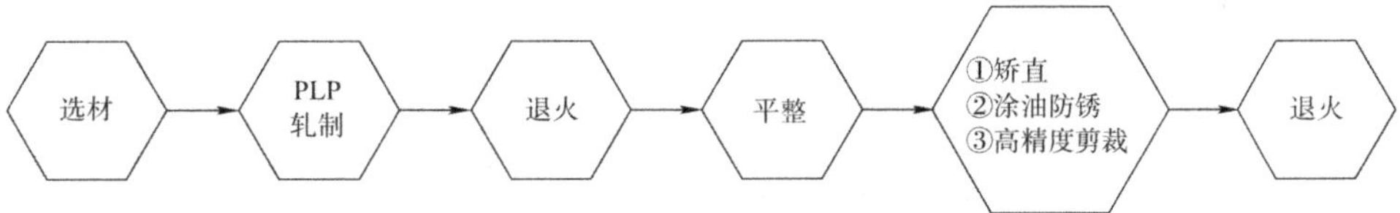

图 2-4 TRB 轧制板工艺流程

2.2.3 液压成型技术

液压成型技术是利用液体或模具使工件成型的一种塑性加工技术，也称液力成型（图 2-5）。仅需要凹模或凸模，液体介质相应地作为凸模或凹模，省去一般模具费用和加工时间，而且液体作为凸模可以成型很多刚性模具无法成型的复杂零件。

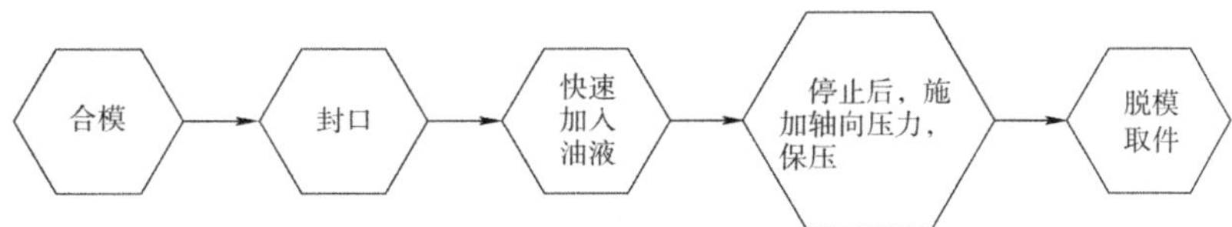

图 2-5 液压成型工艺流程

与传统的液压成型工艺相比能够降低 11% 的零件成本，并能减轻 7.3% 的质量，但液压成型的短板也很明显，效率较低，在大批量生产中，不适用。

2.2.4 热成型技术

为提高主动安全性，在主要安全零件中越来越多地采用超高强度钢。其抗拉强度和屈服强度可分别达到 1500MPa 和 1200MPa，因此，热成型钢在汽车车身中的运用提高了车身整体安全性，在碰撞中对车内人员能够起到很好的保护作用。高强度的热成型钢可以在保证安全性的前提下减少汽车中钢材的使用量，从而降低汽车质量。热成型技术工艺流程如图 2-6 所示。

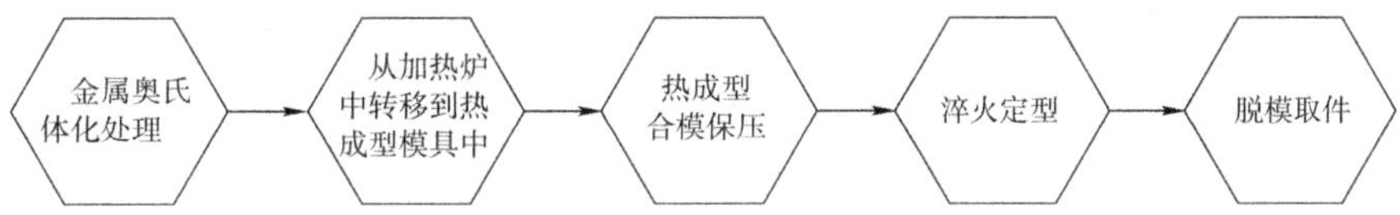

图 2-6 热成型工艺流程

还有一些其他的生产工艺，例如胶接技术，能够取代某些部件的铆接和焊接等工艺，从而达到简化工序、降低质量的效果。

2.3 结构设计优化

结构设计优化主要是基于客车结构的优化分析,在满足各项强度耐久、刚度、碰撞安全和 NVH 等前提下,优化部件结构,如:使零部件中空化、薄壁化、小型化、复合化,更换材料,甚至可以减少一些非必要的零部件,以此来达到轻量化的目的,如图 2-7 所示。

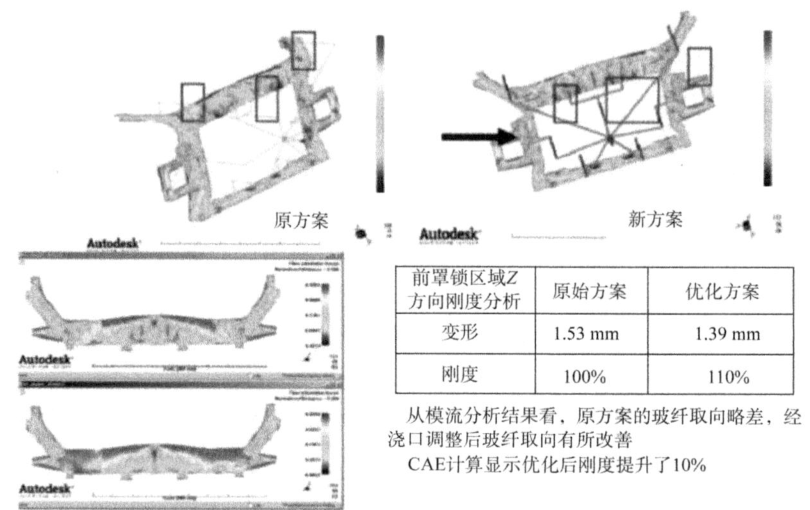

前罩锁区域Z方向刚度分析	原始方案	优化方案
变形	1.53 mm	1.39 mm
刚度	100%	110%

图 2-7 结构设计优化

例如座椅,在客车上由于数量较多,总质量较大,因此成为结构设计优化的重要目标之一。在不影响安全的前提下,优化结构,减小座椅骨架管壁厚度。一个座椅能够从结构上实现轻量化,总的效果会很可观。

现在一些软件(CATIA、PRO/E、UG、Solidworks 等)都已成为辅助汽车设计必不可少的工具,可以快速地搭建车辆数据模型。再利用分析软件,例如:通过 MSC. Nastran、FEMFAT 等软件去作强度、疲劳分析;通过 LS-DYNA、MADYMO 等软件去作碰撞安全仿真的分析;通过 ADAMS、Hypermesh 等软件去做多运动载荷分布的仿真分析。结合分析结构数据和仿真数据,再通过试制样件的试验,得到准确的数据。从而可以快速有效地在结构设计上制订轻量化的方案。

3 结语

由于客车的轻量化涉及节能、环保、经济、技术等多方面,所以,客车轻量化不仅企业在关注,而且国家、用户都很关心,为此还举办过客车轻量化技术展览会。但目前国内车企限于多方面的因素,轻量化的程度还有待提高。社会在发展,技术在进步,需求在提高,未来客车轻量化必将得到广泛的应用,更加普及。

参 考 文 献

[1] 卢建志,杨世文. 汽车座椅结构的轻量化设计[J]. 机械工程与自动化,2011(1):72-74.
[2] 伍杰,李理,毛祖莉,等. 轻量化汽车用拼焊板冲压成型性能研究现状与展望[J]. 焊接技术,2019(10):1-5.
[3] 李红玉. 新车新材料[J]. 轻型汽车技术,1997(2):87-89.
[4] 叶宏. 金属热处理原理与工艺[M]. 北京:化学工业出版社,2011.
[5] 黄忠桥. 结构优化设计在客车车身轻量化的运用[J]. 河北农机,2013(4):51-53.
[6] 王立波. 新能源客车轻量化技术途径研究[J]. 汽车实用技术,2020(10):8-9.
[7] 贝拥,李忠强. 汽车座椅轻量化结构设计及成形工艺优化的探讨[J]. 商品与质量,2019(3):1.
[8] 王同祥,左丽丽,牛晓耕. 客车轻量化材料应用浅析[Z]. 第十六届河南省汽车工程科技学术研讨会,2020:75-77.

客车自动调平系统的研究

高　煜,张劭宁
(中国公路车辆机械有限公司,廊坊　065700)

摘　要:随着现代科学技术的发展,自动调平系统在很多行业都有应用。设计出一种客车车体调平系统,实现快速调平,既要精确又要保证稳定性。

本文通过对客车调平系统的研究,结合车辆的实际情况,设计出调平系统的总体方案,包括机械结构和控制部分的设计。通过对各种调平方法、调平策略的比较,选出适合的调平方法以及调平策略。

关键词:自动调平系统;支腿结构;调平策略;单片机控制系统

1　研究背景

在日常生活中,调平系统的应用很普遍,如应急的移动车辆等。调平系统的性能直接影响这些设备能否胜任工作,尤其是对调平要求较高的车载设备,在某些复杂的情况下,车载设备会处于高速移动中,产生较高的加速度,车身的微微晃动可能会影响客车乘坐的舒适性,所以只有高效、高稳定性的调平系统才能保证其顺利完成任务。

对于传统的调平方法,整个调平过程由高度阀、气囊、减振器等电子控制系统来控制,可当气囊达到极限行程时,加上路况的颠簸,气囊有脱出的风险,加上减振器也有一定的拉伸极限,再加上客车人员的流动、人员座次质量的不均匀、悬架的平衡能力有限,客车的自动平衡系统应运而生(图1-1)。

客车的自动平衡系统根据"软硬"程度和车身高度可以自行调节控制,空气弹簧和减振器令舒适性更好。早期的空气弹簧悬架并未运用于乘用车和商用车,也没有复杂的电子控制设备。在19世纪中期,空气弹簧悬架中的空气弹簧作为一种隔离振动的设备运用于大型机械上,到20世纪40年代,通用汽车在其生产的客车上首次采用了装备空气弹簧的空气弹簧悬架,并由此开始了长达9年的验证,最终于1953年顺利装备到量产车上。和自动平衡系统不同的是,空气弹簧悬架在世界范围内的最大客户为大型客车和商用车,尤其是在大型客车上采用空气弹簧悬架,较传统的钢板弹簧对舒适性有较大改善,当然,出于控制成本的考虑,在这类大型车辆上采用的空气弹簧悬架多半不具备电子控制功能,更谈不上自动平衡系统和传统的液压减振器配螺旋弹簧的悬架相比,空气弹簧悬架利用气体的压缩性实现弹性作用,在ECU的计算下可根据车重和路面情况来调节压缩气体的压力,由此而表现出的特点就是对高频振动和车身平稳控制得很到位。但侧向支撑不足又是空气弹簧悬架最大的软肋。

2　自动调平系统总体方案确定

2.1　驱动系统的分析与选择

按驱动系统分类,自动调平系统主要分为机电调平系统和液压调平系统两种结构。机电调平就是采用电动机作为机械装置运动的原动力,由于电动机容易被控制,机电控制被越来越多的应用。而液压调平则是采用液压泵作为机械装置运动的原动力,由于其有驱动力大的特性,也是目前应用较多的方式之一。

液压调平系统工作平台为一方形的平台,在4个角上分别安装有4个液压平台支腿油缸,用于支撑和调平功能,相邻两边的平面上安装了2个水准器,其轴线分别与两支腿的连线平行,二者轴线互相垂直,用于水平方向的监测。一侧安装了控制台,用于平台的调平控制。其水平检测采用倾角检测仪,为敏感元件,有两组相垂直的测量单元,可以同时自动测量平台的两个垂直方向的倾角。把倾角检测仪的安装位置更换到对角支腿的连线上,分别调整2对对角支腿来完成平台的调平,以减少互相的影响,但受地面限制影响不容易实见调平。如果工作平台比较高,还需要将倾角检测仪的安装位置由平台上平面转移到下平面,为平台上安装仪器腾出空间。

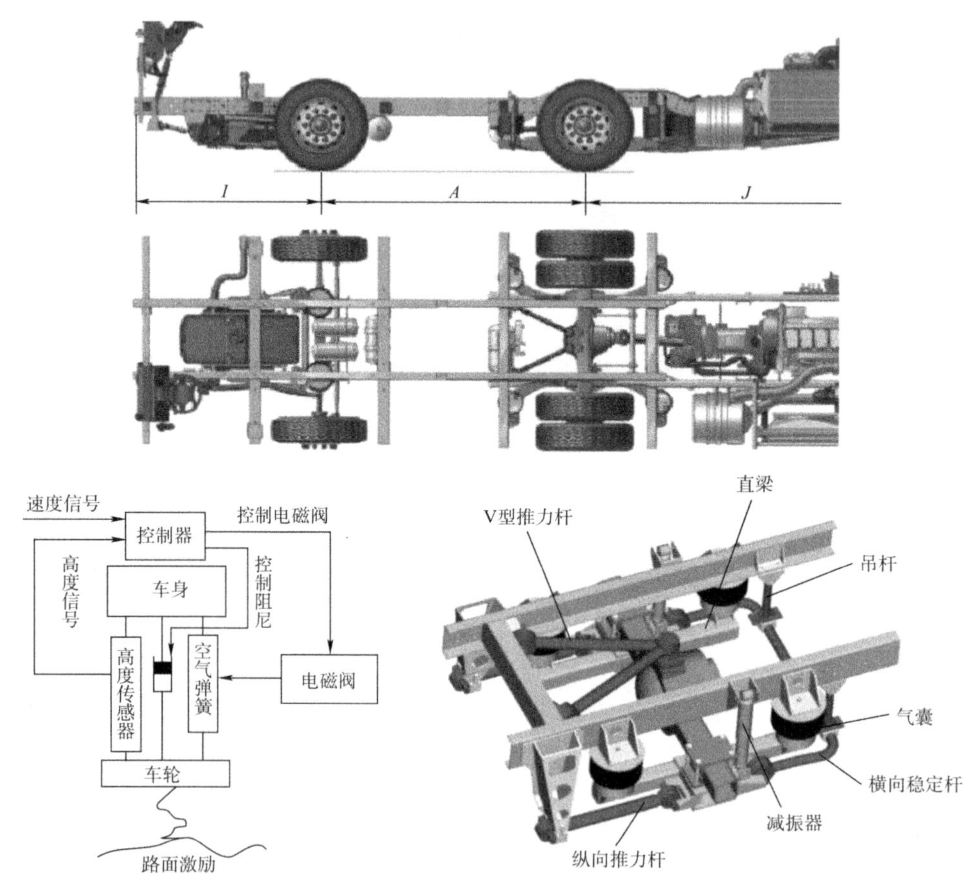

图1-1　客车自动平衡系统

机电调平系统具有诸多优点,如易加工、成本低廉、易维护且费用较低、自锁性强等,并且能够在恶劣的环境下正常工作。机电式调平支腿由很多部分组成,它们之间相互合作完成调平过程。其工作原理为:首先通过齿轮变速器将电动机的速度减速,同时将电动机产生的动力传输到丝杠上,减速的同时也可将电动机的传矩变大,经过丝杠的传动副可将电动机的旋转运动转化为支腿的直线运动,即升降运动,另外在套筒的上下两端都安装一个限位接近开关,通过限位接近开关传感器避免支腿超出行程,起到保护支腿的作用。

机电调平系统相比液压调平系统,结构简单、易加工、易维护和自锁性强。液压调平系统对环境的敏感性造成了其应用范围的局限性。由于一般调平装置的工作环境是复杂多变的,因此,本文研究的调平系统最终选择为机电驱动系统。

2.2　单片机型控制系统

单片机控制系统,是以单片机为核心的微型计算机,优点是体积小、价格比较便宜、抗干扰能力强、能够适应很多场合、可靠性高等,被广泛应用到各种各样的控制系统。单片机控制系统的日益普及,致使很多高科技人才在控制系统的选择研究上都偏向它。越来越多人对单片机的深入研究,使单片机控制系统逐渐传播开来,被容进广大的控制系统。

最终选择单片机控制系统来控制挂车车体的调平,主要考虑到单片机结构简单、体积小、价格便宜,便于自己根据调平策略和方法进行开发,对本课题来说是最好的选择。

2.3 调平策略的选择

调平策略可分为角度误差控制和位置误差控制两种调平方法。位置误差控制调平法被应用于很多调平机构。调平策略可以分为四类：①最高点不动调平法；②最低点不动调平法；③设定点不动调平法；④中心点不动调平法。下面对这几种调平方法进行简要分析，最终选出合适的调平策略。

2.3.1 最高点不动调平法

由于地面不平，或者由于快速升降的原因，车体完成调平之前肯定是有倾角的，所以在这种情况下需要对车体进行调平。最高点不动调平法，就是找出 4 条支腿中最高的那条支腿，保持最高腿不动，剩余 3 条支腿开始上升，直到 4 条腿处于一个水平面内，达到要求的精度范围内即可。最高点不动调平法调平原理如图 2-1所示。

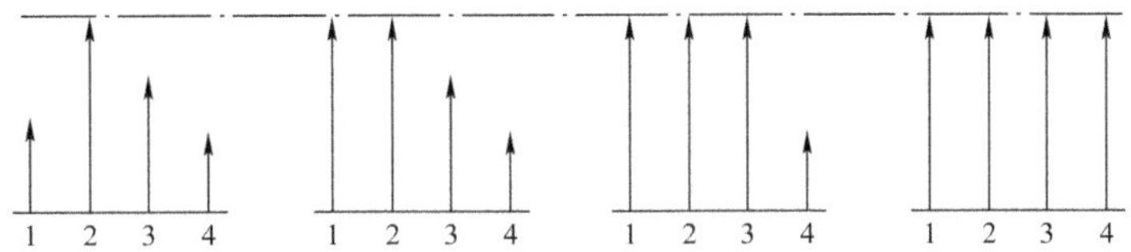

图 2-1 最高点不动调平法

2.3.2 最低点不动调平法

最低点不动调平法的调平原理和最高点不动调平法基本相同，只是支腿运动方向相反而已。因此，无论是调平时间还是调平距离都应该是一样的，当然这是基本情况内(特殊情况排除在外)。最低点不动调平法是比较找出最低的那条支腿，让它保持不动，其余各个支腿向这个最低支腿对齐的方法。

2.3.3 设定点不动调平法

设定点不动调平法就是：从 4 条支腿中任意选出 1 条支腿，保证这条支腿不动，以该支腿为目标，其余支腿向该支腿运动调平，直到 4 条支腿处于同一水平面。这种调平方法是最常用的调平方法，包括了最高点不动调平法和最低点不动调平法。

2.3.4 中心点不动调平法

中心点不动调平法就是：车体的高度保持不变，这里所说的高度是指车体的几何中心的高度。通过控制电动机的启停与正反转，进而控制支腿的运动升降，最终实现调节各个支腿长度，使平台达到水平状态。机电支腿能够实现自锁，进而保证平台的水平角度不发生变化。中心点不动调平法的调平过程如图 2-2 所示。

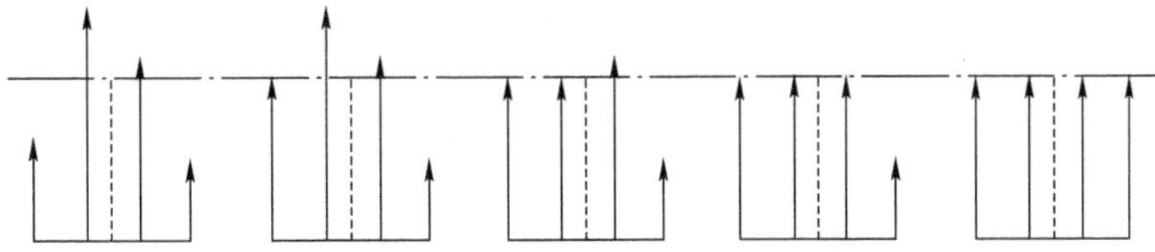

图 2-2 中心点不动调平法的调平过程

本文最终选用了最高点不动调平法，这种方法只升不降，利于调平，能保证精度和稳定性。

2.4 调平方法的分析与选择

2.4.1 多点调节

多点调节，就是两个及两个点一起运动最终实现调平。多点调节最大的特点是速度快，缺点是算法复杂。客车自动调平系统是 4 条支腿调平，由于各个支腿的情况都不太一样，多点调节很容易混乱，给调平带来很大的难度。控制算法非常的复杂，操作也不太容易，这种调节难以实现。

2.4.2 单点调平

单点调平，就是一个点一个点的运动，一条支腿运动结束后另一条支腿再开始运动，一条轴调完再调另一条轴。虽然，调节时间长，但是效果好，也比较稳定，可靠性高。所以选用的是单点调平法，如图 2-3 所示。

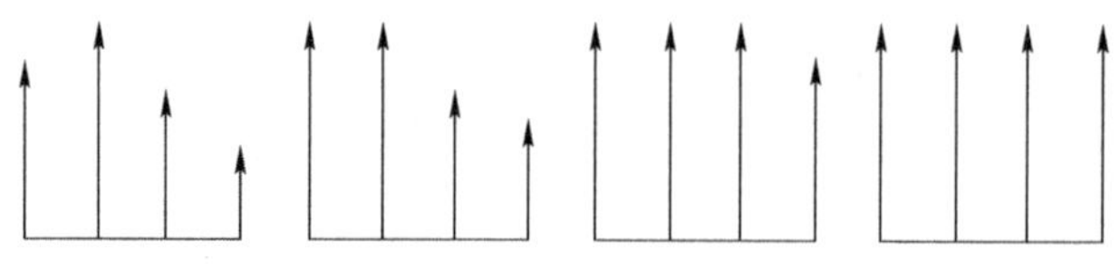

图 2-3 单点调平法

2.5 总体方案的确定

本文主要确定了调平系统的总体方案,分析了机电调平系统的控制部分和驱动部分。简要介绍了机电、液压两种调平系统,对比了机电调平系统、液压调平系统的一些方面,最终选择机电调平系统。分析选择了调平系统的控制方式,对比可编程控制器及单片机控制的优缺点,最终选择了适合车辆调平系统的单片机控制系统。对比了调平策略和调平方法,最终选用了最高点不动调平法和单点调平法。

3 机械结构的设计

自动调平系统的机械设计主要是支腿机械结构的设计,主要包括齿轮传动机构和螺旋传动机构,以及它们所包含的主要零件,下面对机械结构部分进行分析设计。

在机械设计中齿轮传动机构应用比较普遍,齿轮传动可以增大或减小传动比,有的齿轮传动还可以改变传动方向。因为圆柱齿轮传动结构简单,所以很多机电调平系统都应用了圆柱齿轮进行传动,但是它只能改变传动比,并不能改变传动方向。这种传动只需要计算传动比的大小,然后设计出合适的圆柱齿轮。而我们自动调平系统的支腿上边就是车体,这就牵扯到电动机、减速器、联轴器等一些结构的安装。为了方便车体的调平及结构的设计,电动机不能放到整个支腿的上方,因为如果支腿的输入轴是水平的话,电动机安装也很方便。为了实现这样的结构,我们选用了锥齿轮传动。由于要求手动和自动都能实现,我们在结构设计上用了两对锥齿轮传动,一边手动,另一边自动。

关于实现手自动切换的功能,在齿轮传动装置中设计了两对锥齿轮传动机构,一对用于手动,另一对用于自动,手动用得很少,这样设计也比较简单,在实际应用中也比较方便。

4 结语

通过对客车自动调平系统的研究,完成了调平系统的机械结构设计,选择了机电支腿的结构并加以完善,可以实现手动和自动两种方式;然后就调平方法与调平策略,通过分析对比,最终确定了采用最高点不动调平法和单点调平法;最后选用的是单片机控制系统,最终完成了客车自动调平系统的设计。

参 考 文 献

[1] 孙书鹏. 全自动调平实验系统研究[D]. 河北:河北科技大学,2014.
[2] 张增太. 机动式雷达白动架撤系统的结构设计[J]. 雷达科学与技术,2004,2(6):346-348.
[3] 李忠于. 某雷达白动调平机构的设计分析[J]. 火控雷达技术,2002,31(9):43-47.
[4] 邓飘,董江曼. 机动发射系统快速自动调平探讨[J]. 飞航导弹,2003(8):50-53.
[5] 凌轩,朱玉泉. 雷达天线车白动调平系统设计[J]. 液压与气动,2008,4(1):1-4.
[6] 曹民,王义斌. 机械式车高自动调平装置的研制[J]. 中国机械工程,2008,15(26):1883-1889.
[7] 张芳. 高精度平台调平控制系统研究[D]. 太原:中北大学,2008.
[8] 冯仪,陈柏金. 车载雷达机电式自动调平控制系统[J]. 华中科技大学学报,2004,32(6):67-71.
[9] 朱大昌. 基于并联支撑结构的车载雷达天线白动调平系统研究[D]. 北京:北京交通大学,2008.
[10] 韩洋洋. 冷发射装置结构动力学实验平台的调平系统设计与仿真研究[D]. 南京:南京理工大学,2013.
[11] 汤君茂. 带电清扫机器人的液压自动调平系统的设计与研究[D]. 上海:上海交通大学,2009.

新能源客车
与节能减排

车内气味溯源方法研究

赵绍伟[1],周昭露[1],刘　剑[1],朱江华[2],齐园园[2]

(1.招商局检测车辆技术研究院有限公司　节能与排放试验研究部,重庆　401329;
2.保定长安客车制造有限公司　技术部,定州　073000)

摘　要:本文介绍了车内气味来源及危害,开发了车内气味溯源的方法,找出了影响车内气味的物质,梳理了整车和零部件之间的关系。通过对检测结果的分析最终确定了影响车内气味的零部件和物质,为整车企业进行气味管控提供了数据支持。

关键词:气味溯源;气味管控

0　引言

随着消费者对客车内空气质量的关注不断提高,技术实力较强的客车企业也开始强化车内空气质量的管控,客车企业根据《长途客车内空气质量要求》(GB/T 17729—2009)制定了相应的企业标准,用于管控非金属材料的挥发性有机化合物(VOC),进而使客车内的VOC含量水平有明显的降低。但是对消费者有直接感官感受的车内异味,没有好的控制方法和手段,导致“车内有令人不愉悦的气味”连续几年成为消费者投诉最多的问题。因此,如何有效地解决车内异味问题成为客车行业的共性课题。

1　气味来源及危害

车内气味是指由车内非金属材料散发出来的物质总称。驾乘人员通过自己的嗅觉感官进行判断,当车内存在令人不愉悦的气味时,会刺激驾乘人员的嗅觉感官、呼吸系统等,甚至会对驾乘人员产生一定的心理影响和生理危害。

对于新生产下线的车辆,车内气味主要来源于非金属内饰材料。内饰材料主要是由石油化工原料合成加工制成,种类繁多,成分复杂。车内使用的座椅面料、塑料件、橡胶件、保温材料、黏结剂、密封胶等材料中含有大量有机溶剂、添加剂等挥发性物质是车内气味的主要来源。车内挥发性物质较为复杂,包括上百种烃类、醛酮类、脂类、醇类、芳香烃类等物质。

车内的气味物质浓度达到一定程度,会对驾乘人员的身体造成一定的伤害。刺激性气味伤害呼吸系统,妨碍正常的呼吸功能;伤害消化系统,使驾乘人员感觉到恶心,产生呕吐;影响内分泌系统,使内分泌发生紊乱,影响人体的新陈代谢功能;影响神经系统,造成失眠、神经衰弱,影响驾乘人员健康及行车安全。

2　车内气味溯源试验方法

目前,客车生产企业主要依据《汽车内饰材料气味性质》(VDA 270)对整车所用非金属材料进行气味管控,VDA 270是通过气味评价员主观评价确定材料的气味等级,该方法可以从一定程度上对整车选用非金属材料进行有效的横向比较,但是对于消费者投诉较多,整车气味等级较高的问题,则不适用于逆向解决。因此,开发、选用适用于整车气味溯源的方法,是科研机构和企业共同的课题。

气味评价属于主观评价方法,是由气味评价员对样品产生的气味受到的嗅觉刺激程度而作出的评价结论,而评价结果容易受到外界客观因素的影响。因此将车内气味主观评价结果转化为客观量化指标,是气味评价发展的必然方向。

招商车研在拥有整车VOC测试环境舱、零部件VOC测试舱、嗅辨气质联用仪等国外先进设备的基础上开发出车内气味溯源方法,该方法通过找到整车和零部件气味物质散发含量之间的关系,并对气味物质进行量化分析,最终筛选出影响气味结果的高危零部件和物质,为企业进行气味整改提供科学的数据支撑。

整车选用某客车企业 A 车型,整车测试温度为 60℃,保持 4h 后采样。整车测试温度选用 60℃,而不是标准中规定的 25℃,主要有两方面的考虑:一是考虑高温条件下整车释放的物质种类较多,且浓度高;二是 60℃更接近于零部件测试温度 65℃,整车和零部件全谱分析物质更为接近。采用苏玛罐方式采样,而非传统的 Tenax 采样管采样,是因为苏玛罐采样可以不受吸附填料选择性吸附的限制,使车内空气包含的物质全部在总离子色谱图(TIC)显示出来。

分析采用嗅辩-气相色谱-质谱联用法(GC-O-MS),苏玛罐采样后经预浓缩进样器(CIA Advantage - xr)进样后,进入色谱柱,通过色谱柱分离后,一部分进入 MS 检测器,一部分进入嗅辩仪,经嗅辩员测试评价,锁定整车 VOC 中对车内气味产生影响的气味物质,同时对其进行定量分析。

零部件总成试验采用袋子法,将零部件(如座椅)放入 2000L 的聚氟乙烯采样袋中,样品放入采样袋前,需要将采样袋净化 6h,然后用氮气清洗 3 ~5 次,样品放入后用泵将采样袋中的空气抽出,然后向采样袋中充入 1000L(采样袋容积 50%)氮气,之后在 65℃条件中加热 2h。采样及分析同前文所述方法。

3 结果与讨论

表 3-1 列出了在 25℃、40℃、60℃预处理条件下采集的对整车气味贡献较大的前 20 种物质信息。

车内气味物质 表 3-1

车内温度:25℃		车内温度:40℃		车内温度:60℃	
物质名称	占比(%)	物质名称	占比(%)	物质名称	占比(%)
二甲苯	24.6	二甲苯	19.6	二甲苯	19.4
乙酸丁酯	9.2	乙酸丁酯	6.8	乙酸丁酯	8.5
乙苯	5.6	磷酸三乙酯	5.8	乙苯	4.5
甲苯	3.8	乙苯	4.4	磷酸三乙酯	4.3
磷酸三乙酯	3.3	联三甲苯	4.1	均三甲苯	3.5
2 - 甲基癸烷	3.1	2 - 甲基癸烷	3.6	2 - 甲基癸烷	2.9
3 - 甲基癸烷	3.1	3 - 甲基癸烷	3.3	2 - 乙基己醇	2.9
5 - 甲基癸烷	2.7	5 - 甲基癸烷	2.8	3 - 甲基癸烷	2.9
4 - 甲基癸烷	2.5	4 - 甲基癸烷	2.7	丙二醇甲醚醋酸酯	2.8
丙二醇甲醚醋酸酯	2.3	2 - 乙基己醇	2.6	1,2,3,5 - 四甲基苯	2.7
均三甲苯	2.2	甲苯	2.3	1,3 - 二氯丙醇	2.7
联三甲苯	2.1	丙二醇甲醚醋酸酯	2.2	甲苯	2.6
2 - 乙基己醇	2.1	1,2,4,5 - 四甲基苯	2.0	5 - 甲基癸烷	2.5
甲基丙烯酸甲酯	1.9	十一烷	2.0	4 - 甲基癸烷	2.4
癸烷	1.9	癸烷	1.9	癸烷	2.0
1,2,3,4 - 四甲基苯	1.7	1,3 - 二氯丙醇	1.8	十一烷	1.8
十一烷	1.6	1,3 - 二甲基 - 4 - 乙基苯	1.3	3 - 甲氧基丁基乙酸酯	1.3
1,3 - 二氯丙醇	1.6	1,2,3,4 - 四甲基苯	1.3	3 - 乙基甲苯	1.1
正丁醇	1.2	甲基丙烯酸甲酯	1.2	1,3 - 二甲基 - 4 - 乙基苯	1.0
茚	1.1	茚	1.1	甲基丙烯酸甲酯	1.0

(1)从表 3-1 中可以看到车内挥发性有机物主要可以分为 4 类,即芳香烃类、酯类、烷烃类以及醇类。

(2)在 25℃、40℃、60℃温度下对整车气味贡献较大的前 20 种物质的贡献率之和均达到 70%以上。

(3)对整车气味贡献较大的前20种物质中,3种温度下有15种物质是相同的,趋势基本一致,温度对部分物质的散发还是存在一定的影响,如:2-乙基己醇、1,3-二氯丙醇车内温度越高,其占比越高,说明高温更易散发出来。

(4)车内物质含量最高的是芳香烃类物质,主要是二甲苯、乙苯、甲苯,这也是车内挥发性有机物主要管控的物质。

(5)其次是酯类物质,包括:乙酸丁酯、磷酸三乙酯、丙二醇甲醚醋酸酯、甲基丙烯酸甲酯。

(6)烷烃类的物质含量较高的主要是长直烷烃和支链烷烃(C10-C11)。

(7)醇类物质主要是:2-乙基己醇、1,3-二氯丙醇、正丁醇等。

整车试验完成后,实验室对该车型所有非金属零部件进行了气味溯源试验,结合零部件物质检索结果对车内气味物质进行溯源,表3-2列出了各物质主要来源零部件或材料的名称,从物质溯源结果可见:

(1)二甲苯主要来源材料ABS、GMT,以及使用量大的座椅。

(2)乙酸丁酯主要来源于座椅,其次是以GMT为材料的零部件。

(3)乙苯主要来源于材料ABS、GMT,以及仪表台、座椅等零部件总成。

(4)甲苯主要来源于材料ABS,座椅以及行李架等零部件总成。

(5)磷酸三乙酯是座椅中占比最大的物质,车内该物质几乎全部来源于座椅。

(6)烷烃类的物质支链烷烃含量高于直链烷烃,其来源较广泛,PVC、ABS、GMT、PE以及一些黏结剂中都含有该物质。

(7)2-乙基己醇在整车气味贡献中占2%左右,含有2-乙基己醇物质的非金属零部件是最多的,有44个,即大部分材料中均含有该物质,但其含量不高,主要仍是来源于座椅。

(8)除甲苯、二甲苯、乙苯外的芳香烃类的物质主要来源于行李架、风道、仪表台、ABS、GMT、遮阳帘、窗帘等。

(9)25℃和40℃车内中检索到茚,但是从车内零部件物质溯源中未发现该物质,可能来源于整车生产过程中的其他工艺,其占比为1%,对结果影响不大。

气味物质来源 表3-2

物质名称	来源
二甲苯	驾驶员门护板总成、内侧围及前后顶GMT、座椅总成、仪表台总成、窗帘总成、遮阳帘-驾驶、内侧围ABS、地板革、橡胶条、内侧围覆盖件、西卡-218灰色密封胶、海特曼-PU302黑色密封胶
乙酸丁酯	座椅总成、内侧围及前后顶GMT、驾驶员门护板总成、仪表台总成、行李架总成、遮阳帘
乙苯	内侧围及前后顶GMT、驾驶员门护板总成、座椅总成、仪表台总成、窗帘总成、地板革、内侧围覆盖件、橡胶条、遮阳帘-驾驶、线束
甲苯	座椅总成、左行李架总成、内侧围ABS、内侧围及前后顶GMT、窗帘、橡胶条、线束、内侧围覆盖件、地板革、风道体总成
磷酸三乙酯	座椅总成、前顶(皮革包裹)内侧围PVC、内侧围ABS、内侧围及前后顶GMT、整体成型隔热降噪件、转向盘总成、转向盘
2-甲基癸烷	PVC、内顶板PE、西卡-360HC高温胶、行李架总成、杂物箱、地板革焊条、过渡风道等空调件、内侧围覆盖件(5803-22170Y)、橡胶条、龙苑LY-301焊装密封胶、主线束、放水胶管
3-甲基癸烷	座椅总成、内侧围ABS、内侧围及前后顶GMT、地板革焊条、盒式散热器、内侧围覆盖件(5803-22170Y)、整体成型隔热降噪件、转向盘总成、西卡-360HC高温胶、杂物箱及顶板压条、过渡风道、放水胶管、橡胶条
5-甲基癸烷	内侧围及前后顶GMT、西卡-360HC高温胶、整体成型隔热降噪件、盒式散热器、橡胶条、橡胶减振垫、放水胶管、内侧围PVC、内顶板PE、线束、防护小龙骨胶条
4-甲基癸烷	座椅总成、内侧围及前后顶GMT、西卡-360HC高温胶、地板革焊条、橡胶减振垫、过渡风道、转向管柱护罩
丙二醇甲醚醋酸酯	内侧围及前后顶GMT、驾驶员门护板总成、回天8922黑色密封胶、仪表台、标识牌

续上表

物质名称	来　源
均三甲苯	风道体总成、窗帘、内侧围PVC、整体成型隔热降噪件、仪表台、橡胶条、行李架总成、主线束、内侧围及前后顶GMT、放水胶管、标识牌、驾驶员门护板总成、回天8921b灰色密封胶、盒式散热器、内顶板PE、西卡-221黑色密封胶、转向管柱护罩、线束防护小龙骨胶条、前顶(皮革包裹)、出风口、顶窗遮阳帘、西卡-Ultrafast CN、地板革焊条、转向盘总成、高阻燃发泡料、西卡-360HC高温胶、除霜管、膨胀胶带
联三甲苯	正副驾遮阳帘、风道体总成、座椅总成、标识牌、行李架总成、内侧围PVC、前顶(皮革包裹)、PE板、内侧围ABS、橡胶减振垫、橡胶条、线束防护小龙骨胶条、西卡-Ultrafast CN、除霜管、内顶板PE、内侧围覆盖件(5803-22170Y)、盒式散热器、龙苑LY-301焊装密封胶、转向管柱护罩、过渡风道、回天8921密封胶(白色)、杂物箱及顶板压条、窗帘、高阻燃发泡料、竹编地板、内侧围PVC、蒙皮补强胶片
2-乙基己醇 (该物质很多零部件都有该物质)	座椅总成、主线束、PE板、内侧围PVC、前顶(皮革包裹)、内顶板PE、整体成型隔热降噪件、地板革焊条、过渡风道、放水胶管、线束防护小龙骨胶条、转向盘总成、橡胶条、顶窗遮阳帘、内侧围PVC、除霜管、转向管柱护罩、出风口、风道体总成、竹编地板、窗帘、内侧围ABS、橡胶减振垫、蒙皮补强胶片、膨胀胶带、龙苑LY-301焊装密封胶、行李架总成、标识牌、回天8921b灰色密封胶、顶封板-聚氨酯、杂物箱及顶板压条、盒式散热器、驾驶员门护板总成、内侧围覆盖件(5803-22170Y)、回天8922黑色密封胶、回天8921密封胶(白色)、西卡-221黑色密封胶、高阻燃发泡料、西卡-218灰色密封胶、西卡-Ultrafast CN、仪表台、PVC装置罩、回天8922黑色密封胶、MF1706-25双组分结构黏结胶
甲基丙烯酸甲酯	座椅总成、内侧围ABS、行李架总成、风道体总成、内侧围覆盖件(5803-22170Y)、内侧围PVC、内侧围及前后顶GMT、仪表台、转向盘总成、前顶(皮革包裹)、驾驶员门护板总成
癸烷	座椅总成、盒式散热器、竹编地板、过渡风道、行李架总成、窗帘、内侧围PVC、放水胶管、内顶板PE、主线束、PE板、风道体总成、顶窗遮阳帘、杂物箱及顶板压条、橡胶减振垫、驾驶员门护板总成、西卡-360HC高温胶、前顶(皮革包裹)、线束防护小龙骨胶条、转向管柱护罩、正副驾遮阳帘、内侧围ABS、内侧围及前后顶GMT、回天8921b
1,2,3,4-四甲基苯	灰色密封胶、西卡-Ultrafast CN、回天8921密封胶(白色)、西卡-221黑色密封胶、内侧围ABS、整体成型隔热降噪件、标识牌、盒式散热器、内侧围及前后顶GMT、正副驾遮阳帘、除霜管、风道体总成、转向管柱护罩、窗帘、前顶(皮革包裹)、PE板、顶窗遮阳帘、仪表台、主线束
十一烷	座椅总成、仪表台、盒式散热器、竹编地板、过渡风道、内顶板PE、整体成型隔热降噪件、龙苑LY-301焊装密封胶、前顶(皮革包裹)、顶窗遮阳帘、主线束、橡胶条、PE板、转向管柱护罩、橡胶减振垫、内侧围及前后顶GMT、放水胶管、线束防护小龙骨胶条、窗帘、除霜管、内侧围ABS、地板革焊条、内侧围PVC、正副驾遮阳帘、西卡-221黑色密封胶、风道体总成、杂物箱及顶板压条、回天8921b灰色密封胶、西卡-360HC高温胶、西卡-218灰色密封胶、转向盘总成
1,3-二氯丙醇	高阻燃发泡料、主线束、膨胀胶带、PE板、前顶(皮革包裹)
正丁醇	PE板、内顶板PE、转向盘总成、整体成型隔热降噪件、除霜管、竹编地板、窗帘、仪表台、转向管柱护罩、过渡风道、橡胶条、蒙皮补强胶片、放水胶管、龙苑LY-301焊装密封胶、回天8922黑色密封胶、主线束、风道体总成、遮阳帘、线束防护小龙骨胶条、西卡-360HC高温胶、驾驶员门护板总成、盒式散热器、地板革焊条
茚	未发现

4 结语

通过主观加客观的气味溯源方法,对某车型进行气味溯源,找出了影响车内气味的物质清单,以及气味物质来源于哪些零部件,为企业进行零部件气味整改提供了科学的依据。该方法以客观检测数据为基础,使得气味溯源结果更为科学准确,对整车企业进行气味管控具有重要的现实意义。

参考文献

[1] 朱振宇,刘雪峰,刘伟.关于车内气味问题的治理途径探讨[J].环境与可持续发展,2017,42(06):88-90.
[2] 杨超.汽车车内空气质量标准法规现状[J].客车技术与研究,2010,32(1):48-51.
[3] 田永,韦俊.汽车车内散发性气味的危害及评价[J].客车技术与研究,2012(3):55-57.
[4] 何云龙,任玄谱,史颖,等.车内异味溯源成果在某车型车内气味改善中的应用[J].时代汽车杂志,2019(11):99-100.

纯电动客车整车经济性影响因素分析与优化

黄　洋，刘　敏，范佩金，邓　海，李　翔
（成都广通新能源汽车产业技术研究有限公司，成都　610000）

摘　要：本文通过 AVL_CRUISE 仿真以及实车测试，从整车轻量化设计、动力电池选型及热管理、驱动系统选型及控制 、电器负载能耗管理等方面阐述了车身自重、动力电池充放电效率、驱动系统效率对整车经济性的影响，并根据影响因素提出了提升整车经济性的方法及设计过程中选型匹配要点。

关键词：整车经济性；轻量化设计；动力电池充放电效率；驱动系统效率

0　引言

随着纯电动客车产业的发展以及纯电动客车的普及，公交集团对车辆续驶里程的需求不断提升，目前技术环境下，动力电池的能量密度的提升空间已遭遇瓶颈，因此，对于整车厂而言，提升整车经济性迫在眉睫。本文从整车轻量化设计、动力电池串并联方式对内阻的影响，温度对动力电池充放电效率的影响、电控方式对驱动系统效率的影响等方面详细阐述了提升整车经济性的方法。

1　整车因素

汽车在行驶过程中受到滚动阻力、加速阻力、空气阻力和加速阻力，汽车的受力平衡方程为：

$$F_t = F_f + F_w + F_i + F_j = mgf\cos\alpha + \frac{C_D A_D v^2}{21.15} + mg\sin\alpha + \delta m\ d_v/dt$$

式中：F_f——滚动阻力；
F_w——空气阻力；
F_i——坡道阻力；
F_j——加速阻力；
f——滚动阻力系数；
C_D——风阻系数；
A_D——迎风面积；
v——车速；
δ——旋转质量换算系数；
α——道路坡度；
m——整车质量。

1.1　滚动阻力系数影响

由上式可知，车辆在行驶过程中所消耗的功耗，与滚动阻力系数 f 成正比关系，滚动阻力系数越大，行驶中能耗越高。在设计中选用低阻轮胎，可以有效提升纯电动客车的续驶里程，据统计分析，滚动阻力系数下降 0.001，车辆在 NEDC 工况下续驶里程可提升 20km 及以上。

1.2　整车轻量化设计影响

由上式可知，车辆在行驶过程中所消耗的功耗，与整车的质量成正比关系。其自身越重，行驶中消耗的功耗越大。因此,在整车骨架及预埋设计中要充分考虑轻量化设计,减少不必要的矩管,使用高强度矩管,作CAE分析、采用轻量化材料、采用铝封板等措施来降低整车整备质量。如某款12m纯电动城市客车,通过轻量化设计,整备质量由12800kg降低至12400kg,通过仿真计算,NEDC工况下每千米电耗由0.952kW·h降至0.945kW·h,续驶里程由299km提升至305km,即续驶里程可提升2%左右,整车经济性明显提升,仿真结果如图1-1、图1-2所示。

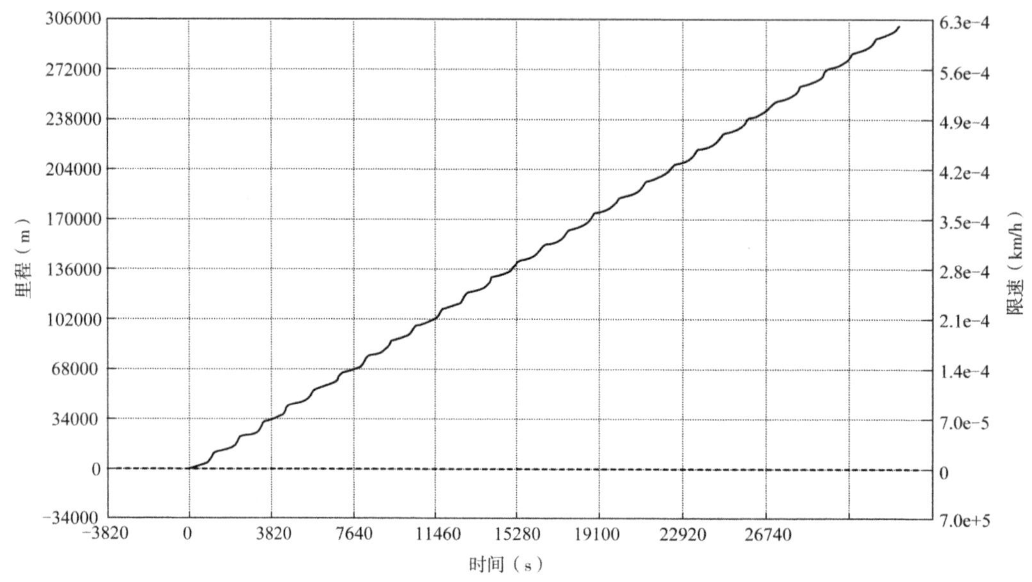

图1-1 整备质量优化前(12800kg)

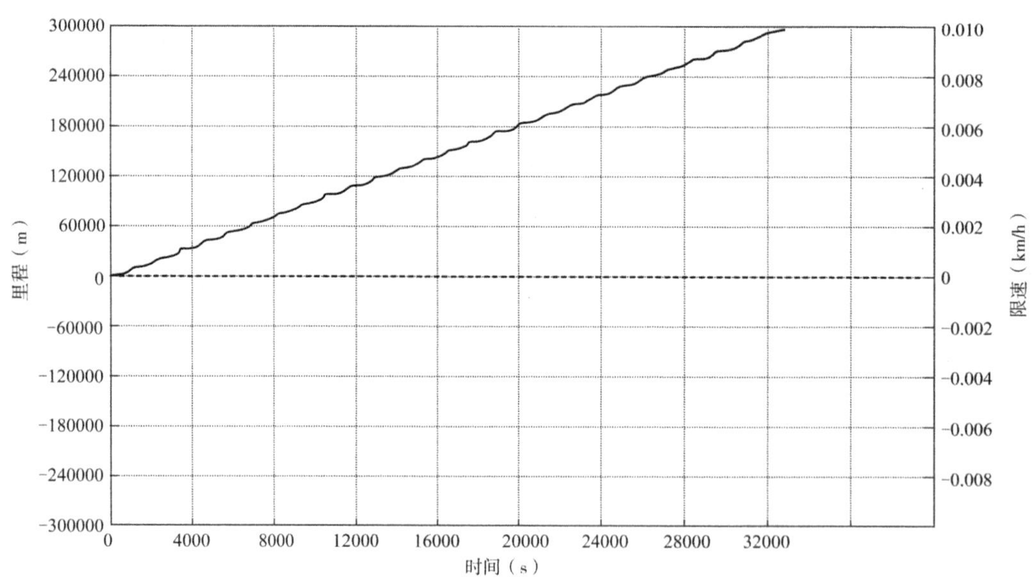

图1-2 整备质量轻量化(12400kg)

2 动力电池效率因素

2.1 电池串并联方式影响

动力电池在充放电过程中因自身内阻会产生一部分损耗,此部分损耗以热量的形式产生,会导致动力电池放电效率降低,影响续驶里程;同样,回馈时充电效率也会降低,使得能量损耗叠加,降低整车经济性能。因此,动力电池自身内阻对整车经济性存在一定影响。在电量相差不大的情况下,匹配选型时尽量选择串联数较少并联数较多的系统。串联数越多,电池组内阻越大,并联数越多,电池组内阻越小,系统损耗随之降低。

2.2 温度影响

温度对动力电池充放电效率、循环寿命有很大的影响,使动力电池持续工作在最适宜温度范围内,可有效提升动力电池充放电效率,降低电池组容量衰减。因此,在动力电池选型匹配时,配备相应的热管理系统,制定合理的控制策略,使其具备行车冷却、行车加热、充电冷却、充电加热功能,始终保证动力电池工作在最适宜温度范围内。

通过实际测试统计,电池组不同串并联方式以及温度对整车能耗均有较大的影响,其中 1 号电池采用 186 串的 202A · h/598.92V 系统,总电量为 241.96kW · h,2 号电池采用 230A · h/528V 系统,总电量为 242.8kW · h,能耗统计情况如图 2-1、图 2-2 所示。

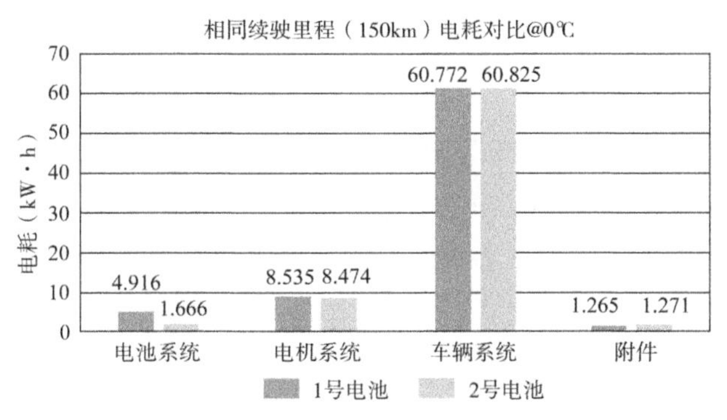

图 2-1 0℃下系统能耗对比分析

图 2-2 25℃下系统能耗对比分析

通过相同条件下对比分析,可得出:

(1)电池系统电压平台对驱动系统效率影响不大。

(2)1 号电池组相比 2 号电池组自损耗明显偏大,即串联数多自损耗大。

(3)25℃下电池组系统自损耗明显低于 0℃,即 25℃下放电效率高于 0℃。

3 驱动系统效率因素

3.1 变载频策略对电机系统效率的影响

电机控制器传统控制方法是固定较高的开关频率,IGBT 开关损耗较大,占控制器损耗 40% 左右,为降低控制器损耗,可根据工况变化自动适应开关频率,减小电机噪声,降低电机热损耗,提高电机控制器效率,增加续驶里程,提升整车经济性。

通过实际测试,普通城市道路下,加入变载频智能控制后,电机控制器综合效率可提升 1.5%,最高可提升 3%,续驶里程每百公里可提升1.3km,如图 3-1 所示。

开关功率(次)	电控效率(%)
2 k	98.3
4 k	97.5
6 k	96.9
8 k	95.3

图 3-1 开关频率对控制器效率影响

3.2 过调制技术对电机系统效率的影响

电机损耗包含铁损和铜损,通常情况下电机发热由电流引起的铜损占比约为 40%,为降低永磁同步电机铜损,在电机弱磁区(高速运行区),采用过调制及方波调制的方法调节输出端电压,在相同功率下,减小输出电流,增加续驶里程,提升整车经济性。有无过调制技术对电机系统效率的影响如图 3-2、图 3-3所示。

通过实际测试,NEDC 工况下,通过过调制技术电机系统全工作区域效率 >90%,占比可提升 1.3%,电机系统全工作区域效率 >85%,占比可提升 1.1%,续驶里程每百公里可提升 1.2km。

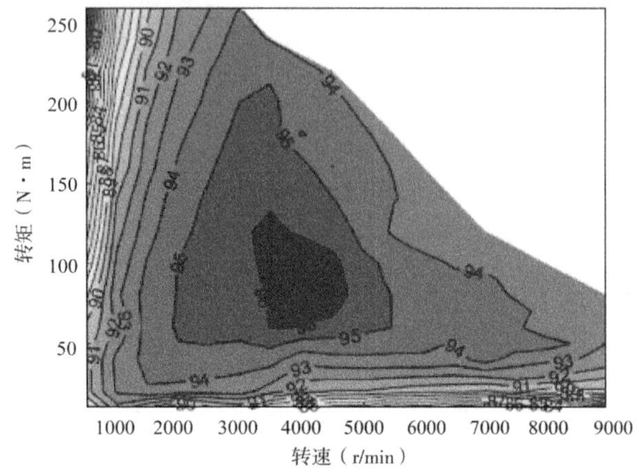

图 3-2　有过调制技术电机效率 MAP

图 3-3　无过调制技术电机效率 MAP

3.3　DPWM 对电机控制器效率的影响

PWM 调制技术在电机控制中十分常用,客车电机控制中多使用 CPWM 调制技术,其 IGBT 开关次数多,损耗过大。为降低 IGBT 开关损耗,可采用 DPWM 调制技术,一个开关周期内,开关次数可由 6 次下降至 4 次,减少 1/3。当调制比在某一区域,CPWM 和 DPWM 调制下的谐波近似相同,此区域内,采用 DPWM 调制技术以实现降低控制器损耗。CPWM 与 DPWM 调制技术一个开关周期内开关次数对比与效率对比如图 3-4 ~ 图 3-6 所示。

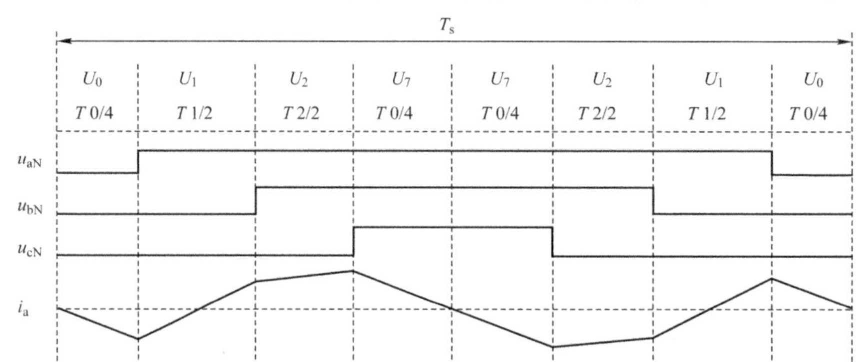

图 3-4　CPWM 一个开关周期内动作 6 次

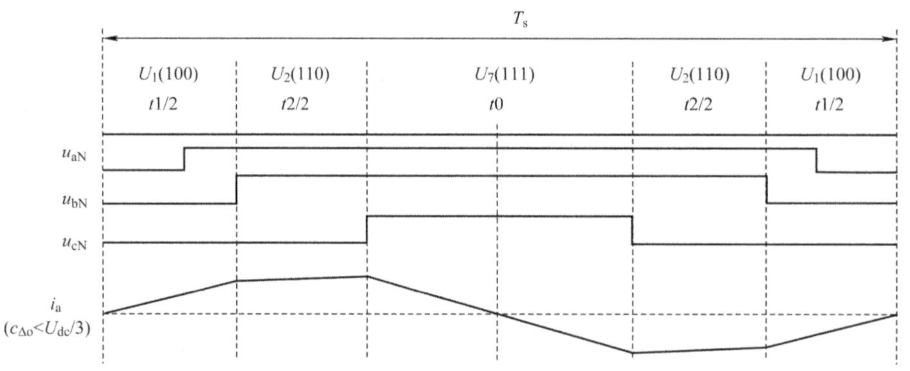

图 3-5　DPWM 一个开关周期内动作 4 次

4　能量回馈及电器负载因素

4.1　能量回馈因素

能量回馈包含滑行回馈与制动回馈,回馈电流与电池荷电状态(SOC)、最大允许回馈电流、后桥最大反拖转矩、车速、制动踏板深度等众多因素相关，在动力电池和后桥最大反拖转矩允许范围内，尽量减少制动摩擦损耗、提升回馈转矩，提升动力电池充电效率，进而提升续驶里程。

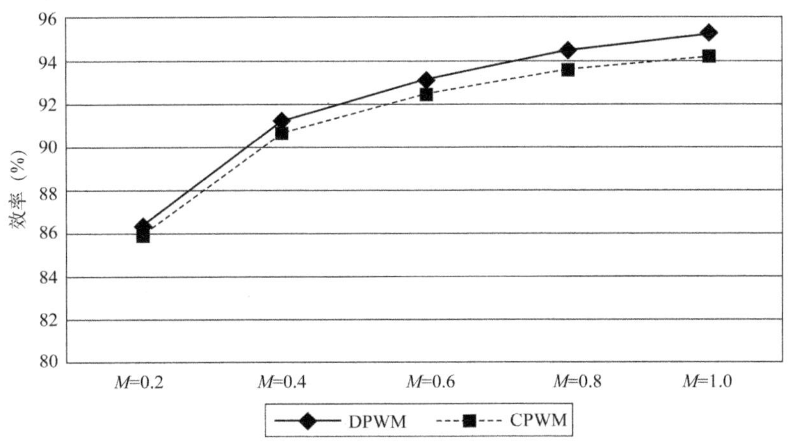

图 3-6　DPWM 与 CPWM 调制效率对比

4.2　电器负载因素

整车电器负载的能耗对整车经济性有着很大的影响，在车辆运行过程中，减少整车电器负载能耗对增加续驶里程有着重大意义。

(1)对整车空调、暖风等耗电量较大的负载，做好能耗管理，例如 SOC 低于 50% 时，空调、暖风降功率运行，SOC 低于 30% 时，空调、暖风停止工作。

(2)在设计选型匹配时，整车电器负载选择效率高的设备，尽量减少损耗。

(3)驾驶中尽量避免急加速或急减速。

(4)转向助力泵工作方式由挂挡后以额定转速(频率)工作调整为根据车辆运行工况(车速)输出频率进行控制，车速低时转向重，可以将转向泵的频率设定为 50Hz，车速高时，转向轻，可以将转向泵的频率设定为 20Hz，使高速运行时的输出频率和电压降至最低，从而降低转向泵能耗。

5　结语

降低纯电动客车能耗，提升整车经济性是整车厂亟须解决的问题。从整车厂角度出发，提升整车经济性主要有以下途径：

(1)整车轻量化设计，降低整备质量，选用低滚阻轮胎，进而降低整车能耗。

(2)动力电池选型匹配时考虑内阻最优方案，增加热管理系统，保证电池系统工作在最适宜温度环境，进而提升电池系统充放电效率。

(3)采用变载频技术、过调制技术、DPWM 调制技术提升驱动系统效率。

(4)降低制动摩擦损耗，提升电机回馈转矩，减少整车负载能耗，进而提升续驶里程。

参 考 文 献

[1] 刘金凤. 电动汽车驱动系统效率优化控制研究[D]. 哈尔滨：哈尔滨工业大学，2013.

[2] 徐艳民. 电动汽车动力电池机电院管理[M]. 北京：机械工业出版社，2014.

[3] 王青龙，刘红亮，汪海涛. 等. 基于 DPWM 算法的三电平光伏逆变器效率提升研究[J]. 自动化技术与应用，2018.

[4] 陈伯时. 电力拖动自动控制系统[M]. 3 版. 北京：机械工业出版社，2003.

[5] 陈晓冰. 纯电动客车能耗分解及降低方法[J]. 客车技术与研究，2015.

纯电动城市客车追尾碰撞安全性研究

吕　洋,刘晶郁,庞　璐,付子扬,李世豪

(长安大学,西安　710001)

摘　要:发展新能源客车是实现我国城市绿色发展的重要举措。相对于传统客车,纯电动城市客车采用高能量密度的动力电池,其布置在客车尾部,这对追尾碰撞安全性要求比较高。本文以某纯电动城市客车为研究对象,建立了车身骨架和电池箱有限元模型以及移动变形壁障模型,完成了不同重叠率追尾碰撞仿真试验,并对不同重叠率下车身骨架和电池箱的变形特点、吸能特性、电池箱加速度进行定量分析。结果表明,在相同车速下,相对于其他不同重叠率,20% 重叠率追尾碰撞工况是危险工况,其车身骨架变形和电池箱变形程度是最大的。

关键词:纯电动城市客车;碰撞安全性;仿真试验;追尾碰撞

0　引言

近年来,在城市客车领域,我国每年新增和更新的城市客车中,纯电动城市客车占比高达 90%,是我国城市交通的重要载体。在纯电动城市客车中,主要由锂离子蓄电池组成能量供给系统,约占整车质量的 15%,且大多分布在车体的后部和两侧,与传统汽车的部件布置和载荷分布有很大差异,这是纯电动城市客车整体强度变差的原因之一。但是在我国的纯电动汽车的研究中,主要集中在纯电动乘用车方面,对应用更加广泛的纯电动城市客车的研究相对较少。因此,本文基于某款纯电动城市客车,参考相关标准法规进行追尾碰撞仿真试验,分析客车骨架变形以及电池箱变形的程度,为实车碰撞试验测试提供理论基础,对纯电动城市客车的结构设计及改进具有现实意义。

1　模型建立

1.1　软件工具要求

有限元模型的建立主要包括几何清理、网格划分、部件连接、材料属性定义、质量加载等步骤。本文采用的有限元软件为 HyperWorks,该软件由前处理(HyperMesh)、后处理(HyperView)、数据分析和图表绘制(HyperGraph)等多个模块组成,满足本文有限元分析的需求。

1.2　纯电动城市客车的结构特点

本文的研究对象为某全承载式纯电动城市客车,其车身结构具有封闭环特点,采用低入口、低地板结构,驱动电机、动力电池组置于车身后部,电机控制器、高压配电箱等高压部件放置在后舱,空调位于车顶前部,采用空气弹簧独立悬架。

1.3　车身骨架有限元模型建立与模态分析

根据某款纯电动城市客车模型,利用 CATIA 软件,建立纯电动城市客车的三维模型并进行简化,并将几何模型导入 HyperMesh 软件进行几何清理。然后选择壳单元进行建模,并将纯电动城市客车处于碰撞区的网格尺寸选择为 10mm,非碰撞区域的网格尺寸选择为 20mm,选择混合单元进行划分,将三角形单元的数量控制在一定范围内。采用弹塑性材料模型即 MAT24 模拟客车骨架结构,最后完成部件连接与质量加载以建立车身骨架的有限元模型,如图 1-1 所示。

图 1-1 纯电动城市客车车身骨架有限元模型

经模态分析可得,该纯电动城市客车的前 12 阶模态的固有频率的范围是 10.61 ~ 29.37Hz,恰好在 6.8 ~ 44Hz 范围内,能够避免发生共振现象,所以该纯电动城市客车的结构设计基本满足要求。

1.4 电池箱有限元模型建立与模态分析

该纯电动城市客车采用的是磷酸铁锂电池,电池串并联组合方式为 3P192S,放置在位于纯电动城市客车后部的电池箱内。电池箱主要由箱体、箱盖、防爆阀等组成。通过对电池箱进行结构分析,建立其几何模型,进一步划分网格、检查质量、定义材料属性和模拟连接,建立了电池箱有限元模型,如图 1-2 所示。

经过模态分析可得,电池箱前 4 阶自由模态的频率在 24.09 ~ 41.33 Hz 范围内,避开了路面等激励频率,能够避免发生共振现象。

1.5 移动变形壁障有限元模型建立

本文遵循《汽车侧面碰撞乘员》(GB 20071—2006)中对移动变形壁障的特性的要求和规定,由碰撞块和移动车组成移动变形壁障,并且碰撞块采用异形结构(金字塔型),其吸能特性符合规定要求且更符合汽车实际结构,如图 1-3 所示。

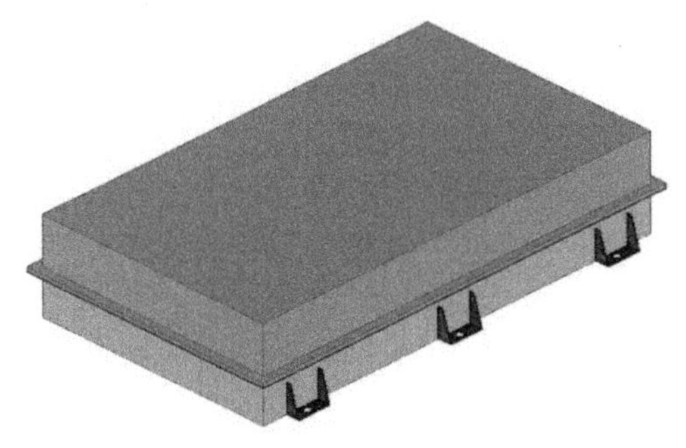

图 1-2 电池箱有限元模型

图 1-3 移动变形壁障

1.6 追尾碰撞有限元模型建立与验证

1.6.1 追尾碰撞有限元模型建立

利用 HyperMesh 软件将纯电动城市客车车身骨架、电池箱和移动变形壁障调入到一个文件进行总装配。本文研究的纯电动城市客车的底层电池箱对称布置在左右两侧,故以 20%、30%、40%、50%、60% 五种重叠率为碰撞条件,调整移动变形壁障的横向位置,同时将移动变形壁障轮胎的最低点与纯电动城市客车轮胎的最低点调整在同一水平面内,在距离该平面 2mm 处建立刚性墙模拟地面。本文遵循《电动客车安全要求》(GB 38032—2020)中的规定,对移动变形壁障施加 50km/h(13.889mm/ms)的初速度。对于纯电动城市客车和移动变形壁障之间的接触通过软件设置为面面接触,移动变形壁障作为主面,纯电动城市客车作为从面,摩擦系数设为 $F_S = F_D = 0.25$,碰撞终止时间设为 160ms。以 40% 重叠率碰撞工况为例,纯电动城市客车追尾碰撞有限元模型如图 1-4 所示。

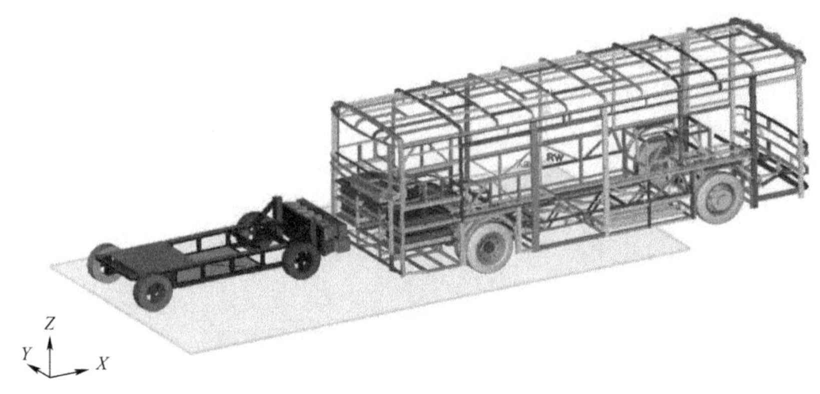

图 1-4 纯电动城市客车追尾碰撞有限元模型

1.6.2 追尾碰撞有限元模型的验证

图 1-5 所示为纯电动城市客车 40% 重叠率追尾碰撞能量变化曲线和质量增加曲线。由能量变化曲线可知,总能量初始值为 87.8kJ,即为移动变形壁障的初始动能,随着撞击到纯电动城市客车,其动能减少,转化为整个模型的内能,在 100ms 之后,系统的动能和内能逐渐趋于稳定,碰撞结束时,沙漏能和界面能分别为 5.1kJ 和 4.1kJ。由质量增加曲线可知,碰撞结束时,整个模型的质量增加了 58.4kg。总体而言,各能量变化趋势稳定,且沙漏能和质量增加均小于 5%,可认为模型合理、可靠。

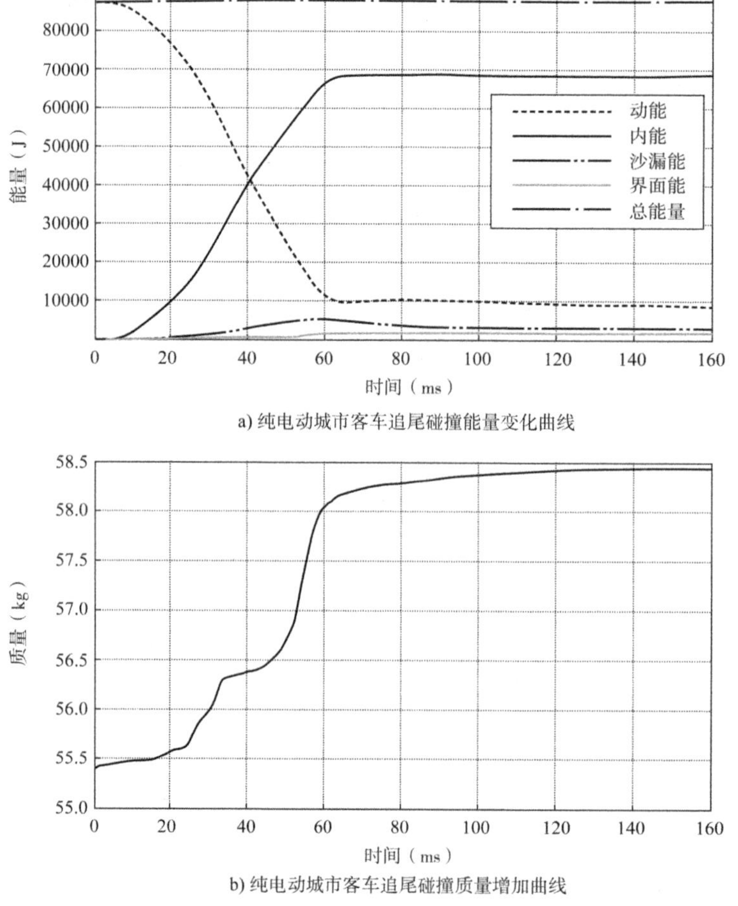

a) 纯电动城市客车追尾碰撞能量变化曲线

b) 纯电动城市客车追尾碰撞质量增加曲线

图 1-5 纯电动城市客车追尾碰撞能量变化和质量增加曲线

2 仿真结果

2.1 车身骨架和电池箱变形分析

图2-1所示为不同重叠率追尾碰撞工况下车身骨架和电池箱变形云图。由图2-1可知,20%重叠率时,后围骨架发生明显变形,侧围立柱下端发生弯曲变形,电池箱下端支撑梁发生溃缩和折弯组合变形,电池箱受到挤压发生明显的内侵变形,并且靠近碰撞位置的一端在 Z 方向上有明显的位移。

30%重叠率时,车身骨架变形程度与20%重叠率相比有所降低,电池箱下端支撑梁发生溃缩变形,电池箱未受到直接挤压,但后围骨架已经入侵到电池系统的布置空间。电池箱体外安装的高压插座距离电池箱表面45mm,碰撞结束时刻后围骨架距离电池箱仅有31.7mm,对高压插座连接造成威胁。

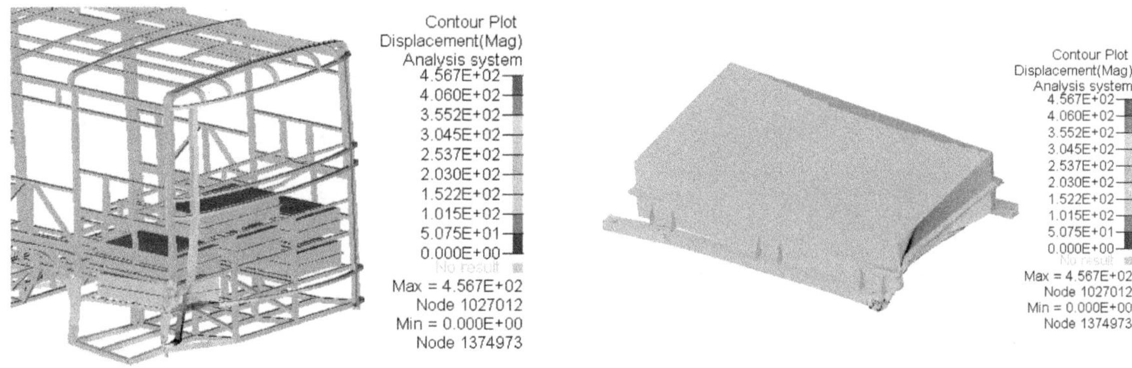

a) 20%重叠率车身骨架及电池箱变形

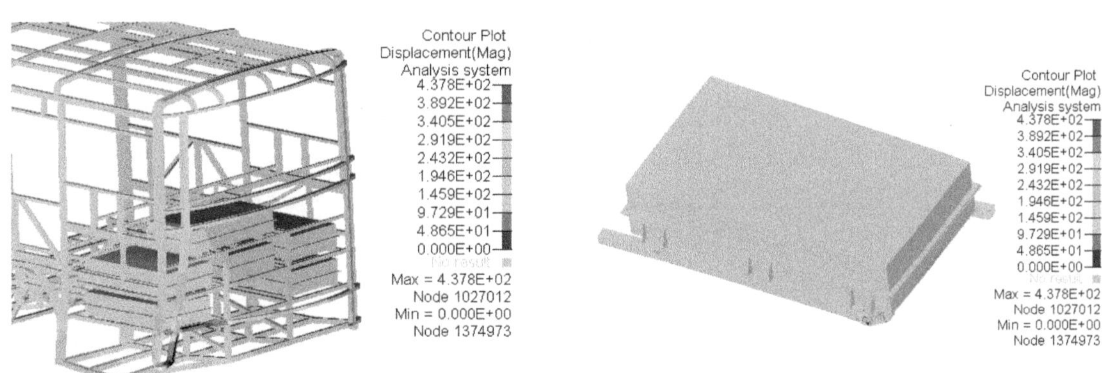

b) 30%重叠率车身骨架及电池箱变形

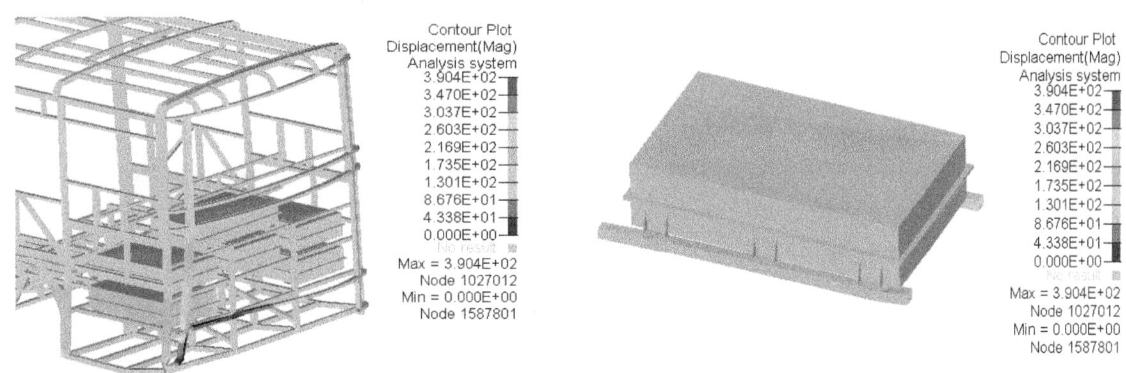

c) 40%重叠率车身骨架及电池箱变形

图 2-1

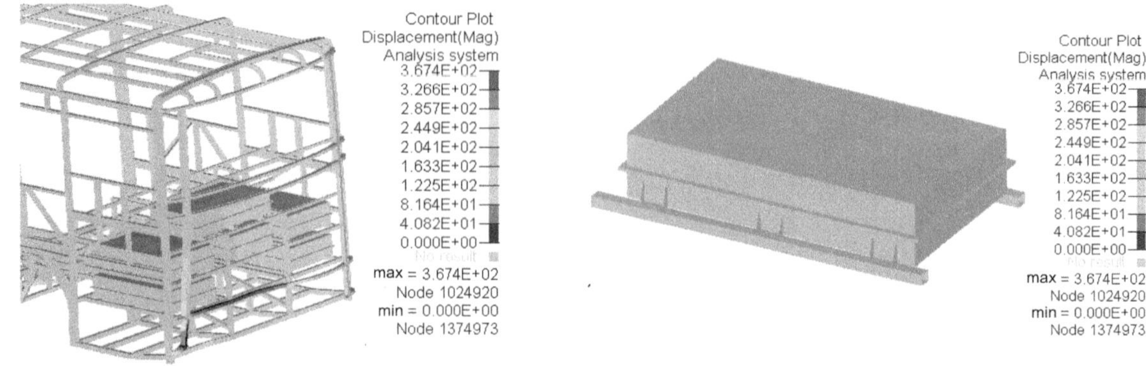

d) 50%重叠率车身骨架及电池箱变形

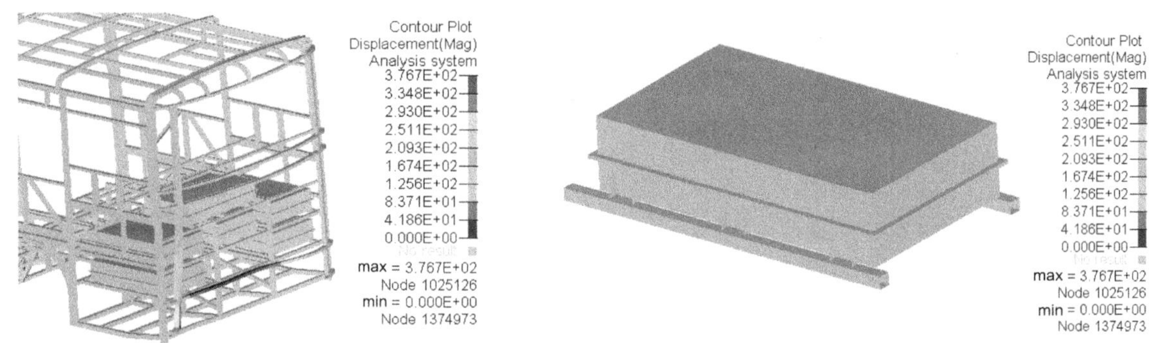

e) 60%重叠率车身骨架及电池箱变形

图 2-1 不同重叠率碰撞工况下车身骨架及电池箱变形云图

40%、50%重叠率时,随着重叠率增加,缓冲吸能部件增多,车身骨架变形程度降低,电池箱下部支撑梁的变形也逐渐减小,电池箱布置空间得到保证。

从碰撞结果可以看出,在20%重叠率追尾碰撞工况下,电池箱体受到挤压发生内侵变形,30%、40%、50%、60%重叠率电池箱均未发生变形。对20%重叠率下电池箱变形量进行分析,根据位移云图选取变形最大的节点,测得其入侵量随时间变化曲线。测量点位置及测量点入侵量曲线如图2-2所示。

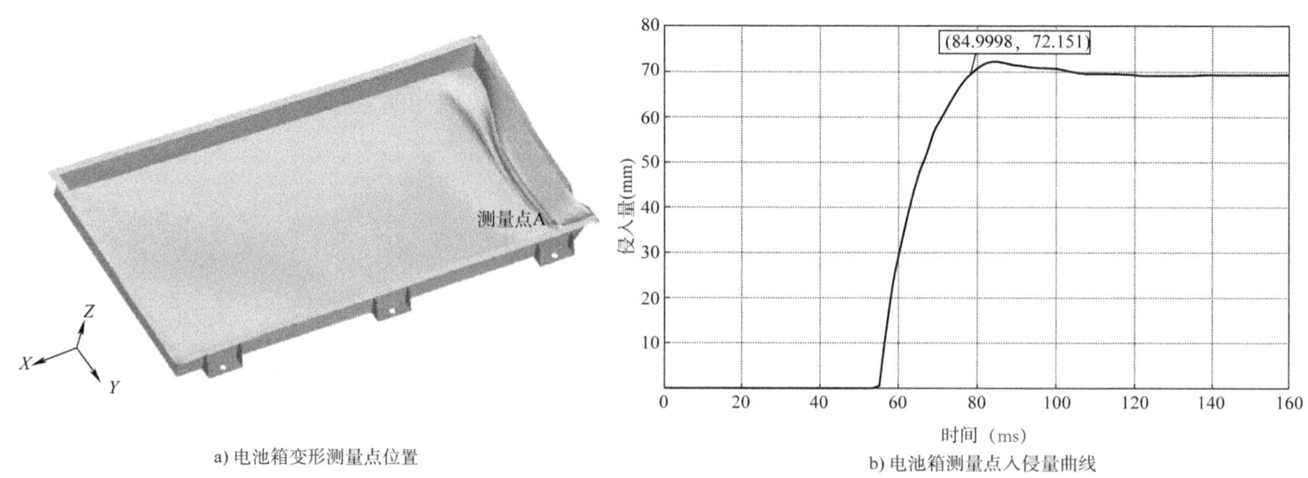

a) 电池箱变形测量点位置

b) 电池箱测量点入侵量曲线

图 2-2 测量点位置及测量点入侵量曲线

由电池箱测量点入侵量曲线可知,电池箱体内侵量最大值高达72.151mm,由于电池箱体内部单体和模组排列紧凑,内侵量较大时可能会损坏单体结构。

2.2 车身骨架和电池箱吸能特性分析

根据碰撞结果可以看出,后围、底架、侧围与电池箱是参与变形吸能的主要部件。表2-1为不同重叠率追尾碰撞工况下电动客车车身骨架和电池箱吸能量对比。

不同重叠率各部件吸能量明细表(单位:J)　　表2-1

部　件	重　叠　率				
	20%	30%	40%	50%	60%
后围	13626	11733	8724	7057	6444
底架	15456	13092	6930	4811	3801
侧围	2756	2371	1707	983	545
电池箱	2792	128	55	38	39

由表2-1可得,每种重叠率碰撞工况下,后围与底架吸能量最多,侧围次之,电池箱最少。重叠率越小,纯电动城市客车变形较为严重,重叠率越高,纯电动城市客车后围变形越小。

2.3 电池箱加速度分析

瞬态加速度是评价动力电池系统碰撞安全性的重要指标。在纯电动城市客车碰撞过程中的运动响应可以看出,电池箱在 X、Z 方向存在窜动现象。因此需要测量电池箱在碰撞过程中 X、Z 向加速度,考虑到电池模组与电池箱体的固定位置,选取下箱体底部4个点作为测量位置,如图2-3所示。

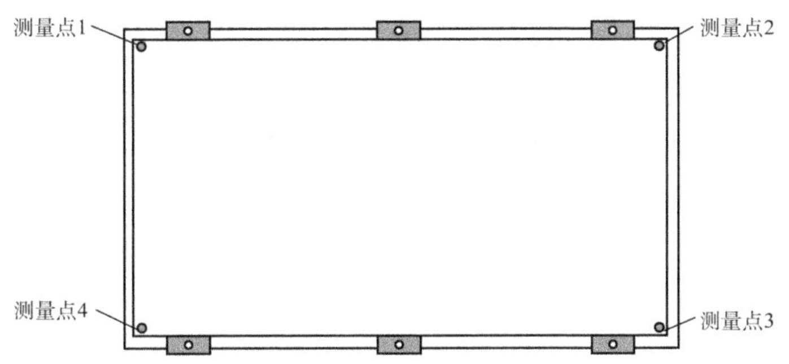

图2-3　电池箱加速度测量点位置

通过加速度传感器对各个测量点进行数据采集、求导、滤波等处理得到电池箱的 X 向和 Z 向加速度曲线。图2-4所示为不同重叠率、不同测量点的 X 向加速度曲线。

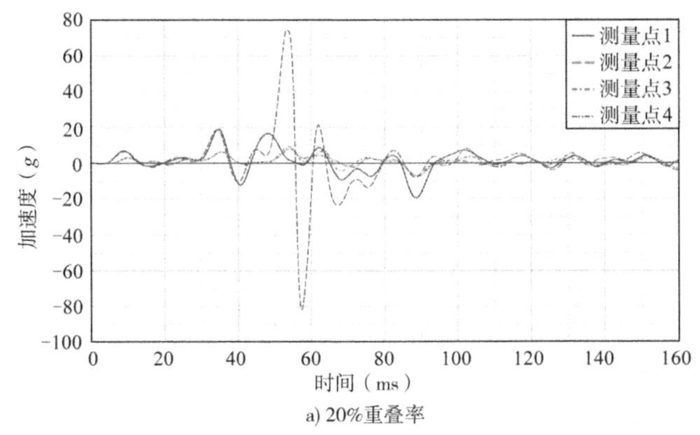

a) 20%重叠率

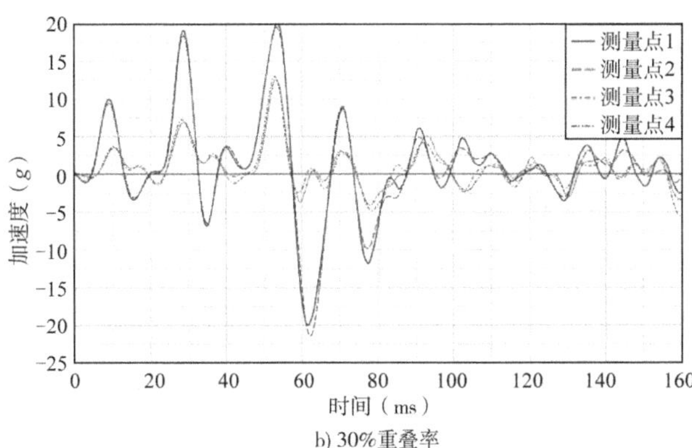

b) 30%重叠率

图　2-4

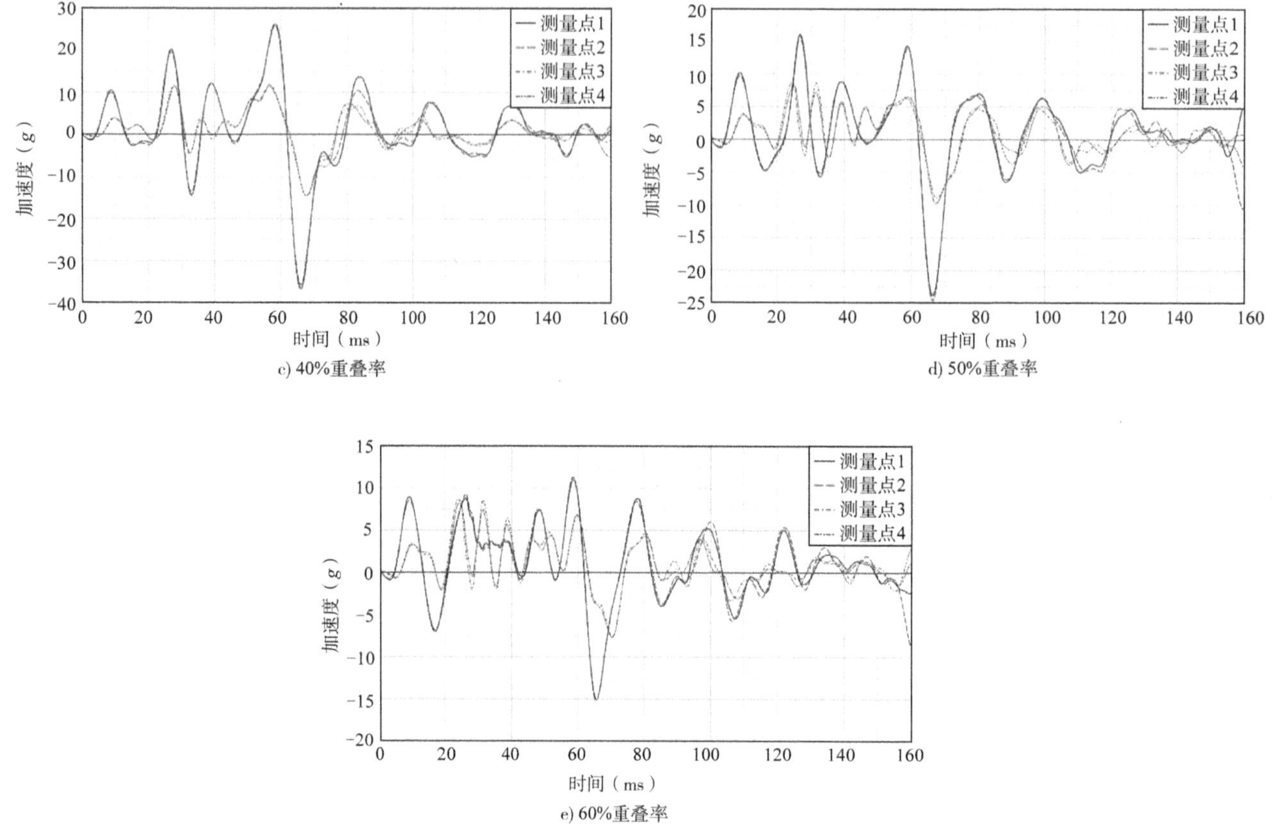

图 2-4　不同重叠率、不同测量点的 X 向加速度曲线

由图 2-4 可知，每种重叠率下同一侧测量点的加速度曲线变化趋势几乎一致，且左侧测量点 1、2 的加速度高于右侧测量点 3、4 的加速度，受到的冲击载荷更大。20% 重叠率较特殊，这是因为测量点 2 处受到挤压发生严重变形，导致其在变形阶段的加速度峰值远大于同一侧测量点 1 的加速度峰值。选取每个测量点的加速度峰值表征其在碰撞过程中的加速度响应，表 2-2 为不同重叠率电池箱不同位置的 X 向加速度峰值。

不同重叠率电池箱不同测量点的 X 向加速度峰值(单位:g)　　表 2-2

重叠率(%)	测量点编号			
	1	2	3	4
20	-19.516	-81.795	9.228	8.132
30	20.005	-21.457	12.892	12.525
40	-36.723	-35.758	-14.742	-14.684
50	-23.851	-24.614	-8.940	-9.825
60	-15.136	-15.097	8.653	8.195

相关试验表明，电池模组仅能承受最大加速度为 $35g$，脉冲持续时间为 51ms 的半正弦波冲击。由表 2-2 可知，20% 重叠率工况的加速度峰值最大为 $81.795g$，远大于 $35g$。40% 重叠率加速度峰值接近 $35g$。

图 2-5 所示为不同重叠率、不同测量点的 Z 向加速度曲线。提取每个测量点在碰撞过程中的加速度峰值，得到不同重叠率、不同位置的 Z 向加速度峰值，见表 2-3。

由表 2-3 可知，20% 重叠率碰撞工况下，加速度峰值高达 $106.926g$，远大于 $35g$。30% 重叠率碰撞工况下，加速度峰值为 $39.730g$，稍高于 $35g$，且都发生于测量点 2 处。

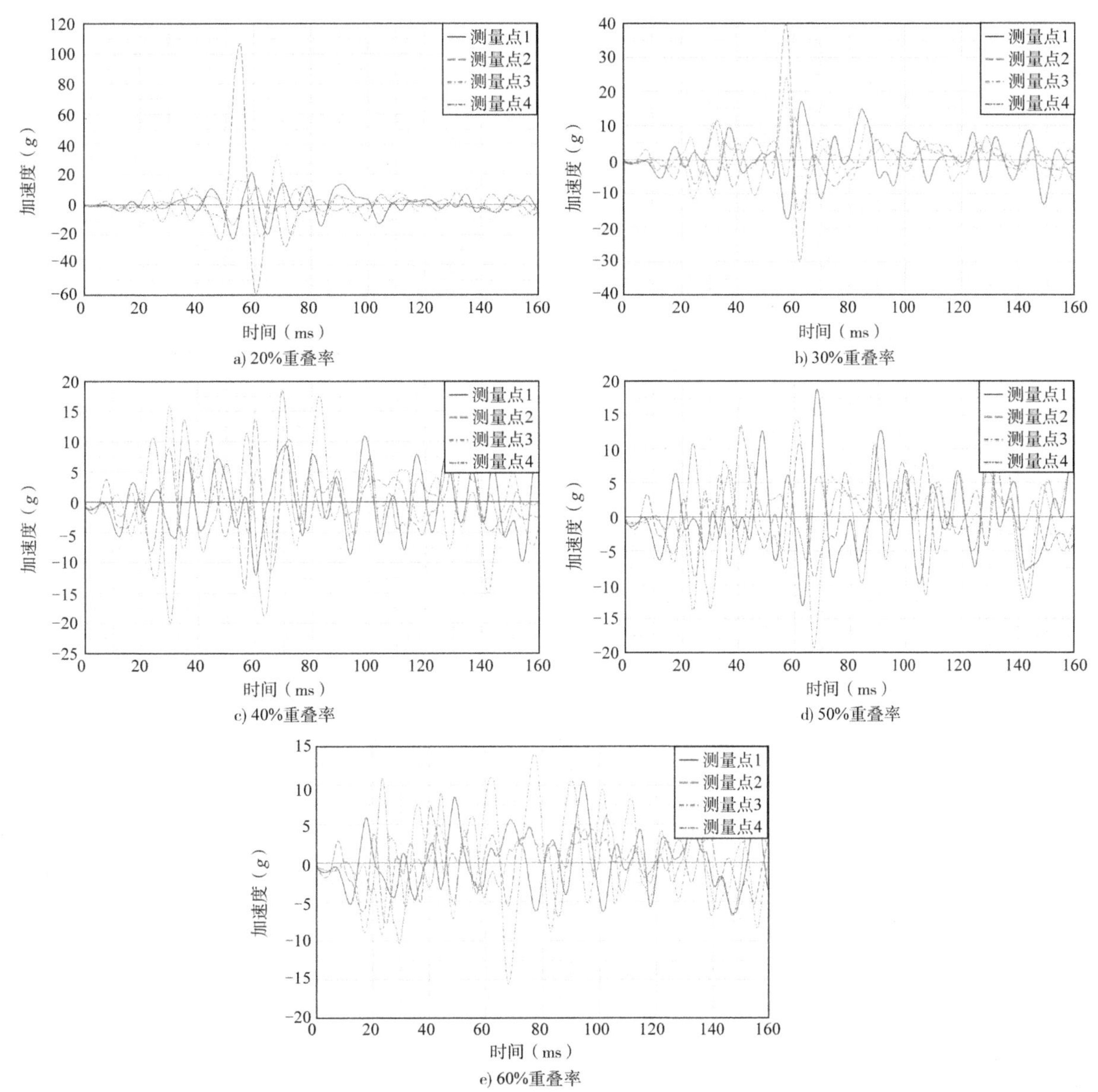

图 2-5　不同重叠率、不同测量点的 Z 向加速度曲线

不同重叠率电池箱不同测量点的 Z 向加速度峰值(单位:g)　　表 2-3

重叠率(%)	测量点编号			
	1	2	3	4
20	-22.986	106.926	31.021	-13.605
30	-17.602	39.730	24.051	12.206
40	-12.068	-14.354	17.504	-20.092
50	18.780	13.478	-19.456	-13.664
60	10.457	-7.879	-15.646	10.855

3　结语

为了研究纯电动城市客车在碰撞过程中的结构安全,本文对某纯电动城市客车进行了不同重叠率的追尾碰撞仿真试验,得到以下结论:

(1)在相同车速条件下,相比于其他重叠率追尾碰撞工况,20%重叠率追尾碰撞工况车身骨架与电池箱变形明显。其电池箱内侵变形量高达 72.151mm,并且 X、Z 向加速度值最大,纵向和垂向加速度峰值分别高达 81.795g 和 106.926g。

(2)在相同车速条件下,30% 重叠率时电池箱下部支撑梁溃缩变形,Z 向冲击较大,峰值为 39.730g。40% 重叠率时电池箱 X 向冲击较大,峰值为 36.723g。两者均稍高于 35g。50% 和 60% 重叠率碰撞工况下车身骨架变形程度较小,电池箱未发生变形。

参考文献

[1] 万达,肖庆华,魏敏,等.纯电动轻型客车正面碰撞结构开发[C].中国汽车工程学会年会,2015.

[2] 姜玥.纯电动汽车碰撞性能仿真分析研究[D].北京:北京理工大学,2016.

[3] 范体强,张维刚.汽车侧碰移动变形壁障仿真模型的开发研究[J].计算机仿真,2007(9):250-254.

[4] 兰凤崇,刘金,陈吉清,等.电动汽车电池包箱体及内部结构碰撞变形与响应分析[J].华南理工大学学报(自然科学版),2017,45(2):1-8.

[5] SIBZ W,BREITFU β C,TOMASCH E,et al. Integration of acrashworthy battery in a fully electric city bus[J]. Interna-tional Journal of Crashworthiness,2012,17(1):105-118.

基于 HFF6100G03FCEV 氢燃料电池客车设计开发

张大伟,王　振,陈傲楠,周志伟

(安徽安凯汽车股份有限公司,合肥　230051)

摘　要:简要介绍 HFF6100G03FCEV 氢燃料电池客车的设计开发,整车设计需求与方案、电驱动系统设计方案以及整车的设计创新点。开发出更高品质、更绿色环保的客车产品,以促进我国客车行业向绿色、高效、高品质的方向不断转型升级。

关键词:HFF6100G03FCEV;氢燃料客车;零污染;高效率

0　引言

由于当前能源供应日益紧张,我国客车行业亟待转型升级,安全、舒适、环保、节能的客车产品已成为发展趋势。随着新一轮科技革命和产业变革兴起,新能源汽车产业进入加速发展新阶段,不仅为各国经济增长注入新动能,也有助于减少温室气体排放,改善全球生态环境。氢被称为“终极能源”,是公认的清洁能源,能储备丰富、可再生且绿色环保,被视为能源转型中不可或缺的重要元素。因此,氢燃料电池技术被全球公认为未来新能源汽车动力的“终极解决方案”之一。

从传统燃油客车到混合动力客车,再到纯电动客车,又到更绿色环保的氢燃料客车,依托行业唯一的国家电动客车整车系统集成工程技术研究中心,以及国家级博士后科研工作站等“智囊团”,安凯 10.5m 氢燃料电池客车基于全承载结构平台打造,其燃料电池系统具有高度集成的定制化设计、优化的系统匹配和极简的系统架构设计等优点,轻量化、集成化的整车设计与宽温域、平台化设计理念实现了完美匹配,能够迅速适应各种自然环境,只需加氢 5 ~ 10min 即可行驶 400km 以上,可以满足国内大范围地区环境使用需求。基于此,本文介绍了 HFF6100G03FCEV 10.5m 氢燃料电池客车的设计开发,整车设计需求与方案、电驱动系统设计方案,为氢燃料系统研究奠定基础。

1　整车设计需求

安凯 10.5m 氢燃料电池客车,全面诠释智慧出行、绿色出行、安全出行的元素,充分展示安凯在新能源领域的领先技术及创新成果。

产品需求:在国家大力推动新能源行业发展的背景下,安徽氢能和安徽安凯合作打造一款 10.5m 氢燃料电池客车并签署了战略合作协议。该 10.5m 氢燃料电池客车外形图如图 1-1 所示。

图 1-1　10.5m 氢燃料电池客车外形

整体方案思路:

(1)外形采用现有下沉式结构下做平整度提升,优化弧度,采用辊压件;优化支撑结构。

(2)结构采用二级踏步,下沉顶结构,顶置气瓶,中置电池。

(3)目标是开发一款高舒适、里程长、可靠性高和安全性好的 10.5m 氢燃料电池客车,适应于公交需求,满足营运使用条件。

其整车设计参数需求见表 1-1。

整车设计参数需求　　表 1-1

整车参数	外形尺寸(mm)	10450×2550×3400
	最高车速(km/h)	69
	轴距(mm)	5200
	轮距(前/后)(mm)	2075/1860
	前悬/后悬(mm)	2570/2680
	整备质量/最大总质量(kg)	11000/16500
整车控制系统	型号	安凯 AKECU-1
燃料电池	型号	功率:51kW;储氢量:7×145L
驱动电机	型号	永磁同步电机,功率 100kW,峰值 2400N·m
动力电池	型号	国轩电池,110.88kW·h
桥	型式	安凯前后桥,前盘后鼓
悬架	型式	前 2 后 4 空气弹簧悬架
一次加氢城市公交工况续驶里程(km)		≥400

2　整车设计方案

作为新能源客车行业的领跑者,安凯客车早在 10 年前开始了氢燃料电池客车的相关技术研发及产品布局。运用最新技术潜心研发的 10.5m 氢燃料电池客车凭借简约大气的外观设计以及绿色环保特质“吸粉”无数。

整车的外形设计尺寸为 10450mm×2550mm×3400mm;轴距为 5200mm,前悬为 2570mm,后悬为 2680mm;二级踏步结构,整车一级踏步高度为 360mm;275/70R22.5 小轮胎,降低轮罩高度,中门后台阶数量减少为 2 级;座椅布置:22+4(母婴座)+1,满足乘客需求。其整车的设计方案如图 2-1 所示。

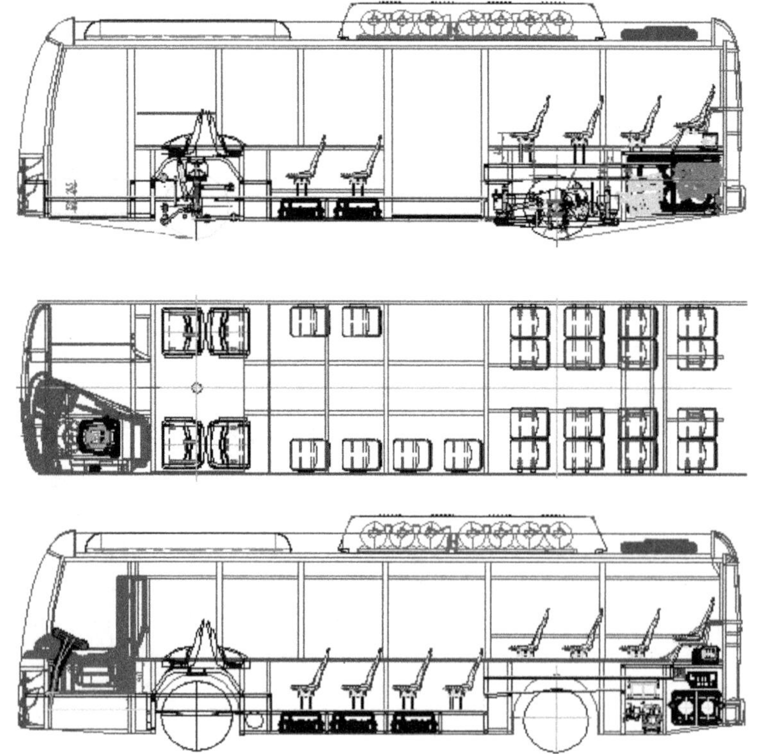

图 2-1　整车设计方案

3 电驱动系统方案

3.1 驱动电机:匹配自主 100kW 自主永磁同步电机

采用 100kW 自主永磁同步电机和五合一集成控制器,既保证整车动力性,又兼顾整车经济性,并且根据公交工况特点,优化整车控制器程序,保证电机工作在高效区。

3.2 燃料电池及储氢系统方案

采用安徽明天氢能科技股份有限公司燃料电池系统,系统额定功率为 51kW,系统质量小于 200kg,系统储存温度范围为 -30 ~60℃,其中燃料电池系统能够在零下 20℃条件下低温起动。

储氢系统 35MPa,共储氢 7 ×145L,氢系统的运行状态分:POWERUP、READY、ENABLE、EXCHANGE、ERROR 共五个状态。整车氢热系统运行状态见表 3-1。

整车氢热系统运行状态　表 3-1

系统状态	含　义	进入条件
POWERUP	氢热系统控制低压上电完成	系统上电完成
READY	氢热系统控制自检完成	系统初始化完成
ENABLE	氢热系统控制器处于使能状态	系统接收到使能指令
EXCHANGE	氢热系统控制器处于置换状态	系统接收到置换使能指令
ERROR	氢热系统控制器处于故障状态	系统一级或二级故障

3.3 高压系统方案

氢燃料电池客车开发中,要充分考虑高压电器布置的合理性及安全性,电器间不能干涉,高压电器主要布置于车身低架尾段,高压电器系统布置图如图 3-1 所示。

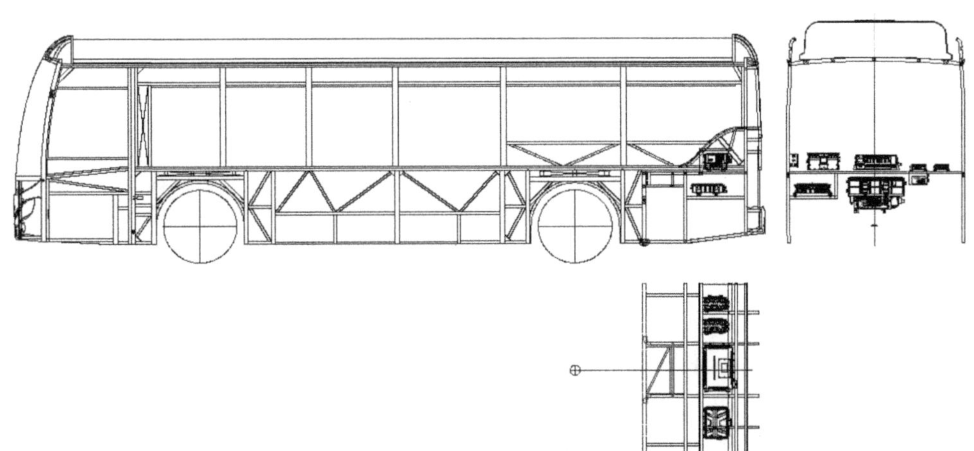

图 3-1　高压电器系统布置图

尾段高压电器包括智能氢燃料高压柜,五合一控制器,双并联 DCDC,氢燃料系统升压器 DCF,氢燃料发动机,电器布置错落有致,提升线束固定及走向的美观度。

优化线束走向,减少线束余量,走向错落有致。采用支架、高压线卡、螺栓以及扎带环固定,提升线束固定及走向的美观度;优化高低压线束及控制线束长度,线束余量控制在 200mm 以内。

3.4 动力电池系统方案

采用国轩高科电池 105A · h/3.2V 电池单体,整车电池系统共 2 并 165 串,5 个标准 B 箱,共 110.88 kW · h,整车标称总压为528V,采用自然风冷方式,其工作环境温度范围达到 -20~55℃。其动力电池系统布置图如图3-2所示。

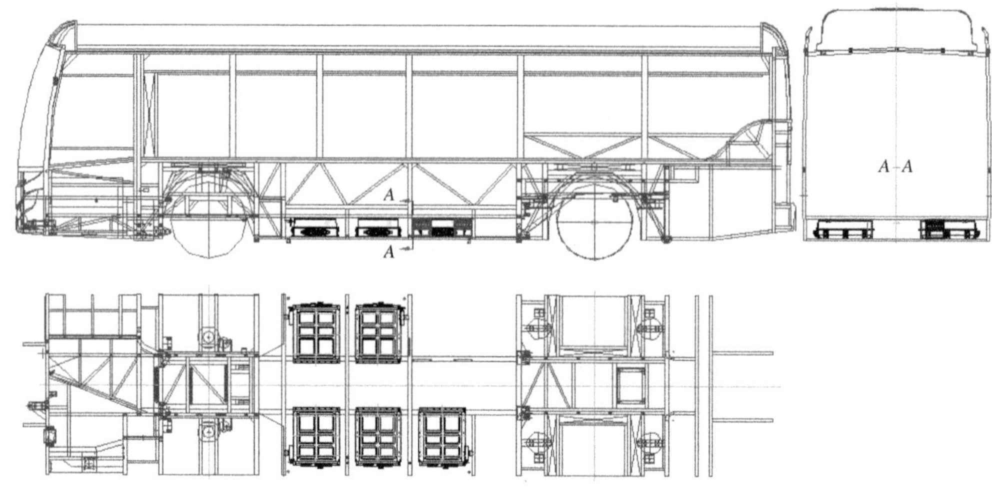

图3-2 动力电池系统布置图

3.5 电控系统技术方案

燃料电池系统主要由燃料供应系统、氧化剂系统、发电系统、水管理系统、热管理系统、电力系统、控制系统及安全系统组成。其氢燃料客车动力系统可由动力电池及氢燃料电池系统分别或单独供电。燃料电池系统客车整车动力系统框图如图3-3所示。

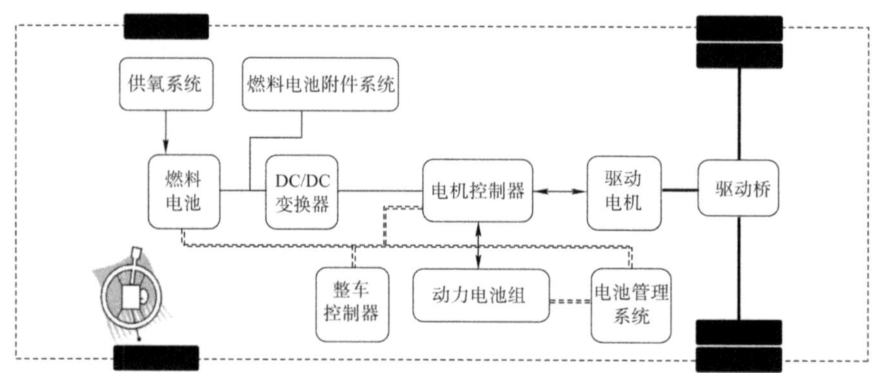

图3-3 燃料电池系统客车整车动力系统框图

整车能量控制管理七种模式:静止模式、纯电模式、纯电回馈模式、混动驱动模式、混动回馈模式、怠速充电模式和行车充电模式。七种模式下的燃料电池动力系统与动力锂电池的能量流动图如图3-4所示。

氢燃料电池客车中,氢燃料电池和动力电池是并联关系,主要的供电方式包括如下几个方面:

(1)如果电机需求功率和氢燃料发电功率相当时,则氢燃料发电只供电机使用。

(2)在氢燃料电池启动时或电机需求功率很大时,氢燃料发电功率不能满足电机需求,则不满足的部分由动力电池提供。

(3)当电机需求功率较小,而氢燃料发电功率又很大,余量部分的则给电池充电。

(4)当电机需求功率较小,而氢燃料发电功率又很大,此时动力电池已经充满了,不能再充,这时就要限制氢燃料的发电功率。

(5)氢燃料电池故障或动力电池 SOC 很高,氢燃料电池不启动时,则由动力电池直接驱动电机。

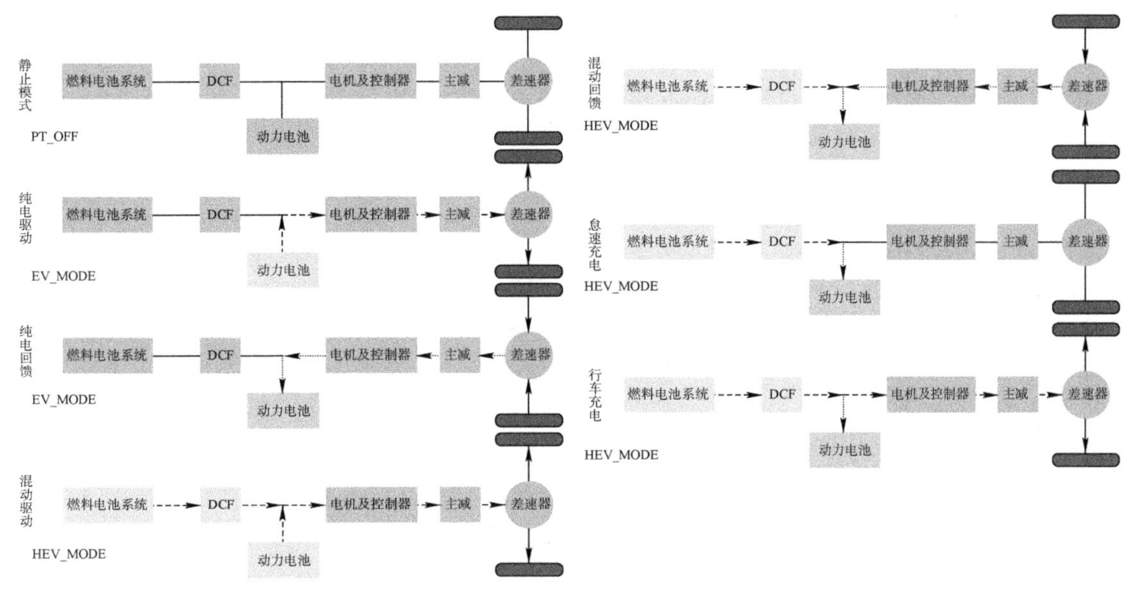

图 3-4　七种模式下的燃料电池动力系统与动力锂电池的能量流动图

3.6　电附件系统技术方案

(1)双源转向泵。在原有单源的基础上增设另外一套电机及控制器,由于油泵是传统机械部件,工作稳定可靠,单源如若电机或控制器以致电池任何一个发生严重故障,整套转向系统都将瘫痪,所以证实双源系统的必要性。双源转向泵保证高压在失去助力后,低压可提供30s以上助力效果。

(2)空气压缩机。型号:采用3.0kW永磁同步电动打气泵,工作效率高,防护等级高;散热:布置在通风性好的位置,打气泵周边无须做蒙皮处理;维护:安装位置易检修维护,空气滤清器位置布置在高压舱内减少更换频次。

(3)空调系统:采用电动冷暖空调。

(4)集成化电源柜应用。原高压舱大座椅斜面布置低压电源柜和八位电器盒两个部件,占用空间大,线束较多,现将低压电源柜和八位电器盒集成到一起,减少故障节点,高低压控制系统配电统一,方便排查检修。

4　结语

未来,安凯客车将继续加大创新和技术研发力度,打造绿色交通的“最佳方案”,从而推动我国城市绿色交通建设。此氢燃料电池客车在行驶过程中,不仅实现零污染,而且具备低氢耗、低成本、续驶里程长、加注时间短、环境适应性强等优势。同时此款所开发10.5m氢燃料电池客车具有如下创新点:

(1)通用化设计,即前悬长度与12m氢燃料客车一致,采用全承载式车身,增加驾驶员围后一排座椅,结构设计通用化。

(2)结构优化,即气瓶顶置,顶盖下沉情况下,二级踏步采用275/70R22.5小轮胎设计,降低轮罩高度,后门后内高达到1900mm以上,并减少后门后一级台阶。

(3)智能化,即采用ADAS系统和驾驶员疲劳监控系统。

(4)舒适性,即安装按摩功能驾驶员座椅。

参 考 文 献

[1] 王立波.我国氢燃料电池客车产业发展现况及趋势[J].内燃机与配件,2020(05):180-181.

[2] 郜昊强,宋业建.氢燃料电池汽车发展趋势分析[J].汽车零部件,2018(12):75-77.

[3] 郭苏明.安凯G6型纯电动客车设计开发[J].客车技术与研究,2020,42(01):23-25+30.

[4] 朱鹤.12m 高性能纯电动公路大客车开发与性能仿真[J].客车技术,2020(01):7-9+13.
[5] 陈小评.某型纯电动微循环城市客车的开发[J].客车技术,2020(01):44-46+49.
[6] 张红,郑泽亮.基于公交循环工况的 LCK6105HGN 动力系统匹配研究[J].客车技术与研究,2016,38(04):4-8.
[7] 徐林峰,董虹麟.10.5m 纯电动低地板城市客车底盘设计[J].客车技术,2020(01):33-37.
[8] 姜伟,赵洪波,刘孝艳.一种低地板氢燃料电池电电混合城市客车设计方案[J].客车技术与研究,2020,42(01):1-3.
[9] 朱鹤.12 m 氢燃料电池城市客车电电混合动力系统设计方案[J].客车技术与研究,2020,42(01):4-6+9.
[10] 吴顺秋.8.5m 二级踏步氢燃料城市客车开发设计[J].机电技术,2020(01):81-84.
[11] 张炳力,程啸宇,方涛,等.基于行驶工况的燃料电池客车匹配及验证[J].客车技术,2019(06):11-16.
[12] 李兵,戴蕤睿,丁延军.8.5m 氢燃料电池城市客车动力电池匹配方案设计[J].客车技术,2018(05):21-23.
[13] 李玉鹏,李进,李飞强,等.燃料电池城市客车电电混合动力系统研究[J].客车技术与研究,2014,36(06):21-23+30.

锂离子电池健康状态估计方法综述

周亚鹏

（招商局检测车辆技术研究院有限公司，重庆 401122）

摘　要：作为电池管理系统的重要技术，锂离子电池的健康状态估计是纯电动汽车续驶里程估计和预测性维修的基础，也是辅助纠正与提升电池荷电状态估计精度的重要条件。本文列举了用于健康状态估计的健康因子，并评价了健康因子实用性；对健康状态估计方法进行分类介绍，对比不同估计方法的优缺点；最后指出，健康状态估计方法需要具备车载应用的实用性，同时确保多温度下的准确性。

关键词：锂离子电池；健康状态估计；健康因子

0　引言

目前世界各国积极致力于新能源汽车的研究及推广。近五年中国新能源汽车销量激增，纯电动汽车占比最大。由于锂离子电池比能量高、使用寿命长，目前纯电动汽车主要采用锂离子电池作为动力源。

随着纯电动汽车锂离子电池的长期使用，电池内部发生部分不可逆转的化学反应，电极产生裂缝，正负极活性材料损耗，致使电池老化、容量下降，表现为纯电动汽车续驶里程不断降低；伴随电池老化，其内阻不断增大，更容易产生热失控、自燃乃至爆炸等现象。因此，开发智能电池管理系统，对电动汽车动力电池健康状态（State of Health，SOH）实时估计，对电池故障实时诊断，具有重要的工程价值。

1　锂离子电池健康状态估计研究

SOH表示电池健康水平，容量和内阻是表征SOH的常用健康因子（Health Indicator，HI），其他健康因子称为间接健康因子。满电电池恒流完全放电，放出的电荷量为当前容量。用容量和内阻计算SOH分别如下：

$$\mathrm{SOH}=C_{\mathrm{now}}/C_{\mathrm{rated}}\times 100\% \tag{1-1}$$

其中，C_{now}是当前容量，C_{rated}是额定容量。

$$\mathrm{SOH}=\frac{R_{\mathrm{EOL}}-R_{\mathrm{now}}}{R_{\mathrm{EOL}}-R_{\mathrm{new}}} \tag{1-2}$$

其中，R_{now}是电池当前内阻，R_{EOL}是电池寿命终止（End of Life，EOL）时刻的内阻，R_{new}是电池初始内阻。

电池SOH范围为100%～0%。根据式（1-1），可由额定容量和当前容量计算电池SOH；R_{EOL}由经验给出，并且R_{now}已知，只需要估计电池当前内阻，即可由式（1-2）计算SOH，因此，电池SOH估计包括容量估计和内阻估计。

Waag等将电池容量估计方法分为三类：荷电状态（State of Charge，SOC）—开路电压（Open Circuit Voltage，OCV）法、曲线分析法和模型法。其中曲线分析法包括容量增量分析（Incremental Capacity Analysis，ICA）和差分电压分析（Differential Voltage Analysis，DVA），模型法又包括电化学模型法和基于电池衰退模型的物理模型法。内阻估计方法分为三类：基于阻抗谱、电池等效电路模型和电化学模型的方法。Berecibar等将SOH估计方法分为两类：基于试验法和自适应模型法，其中基于试验法分为直接测量法和基于测量的模型法。直接测量法通过测量获取电池健康因子，而基于测量的模型法基于电信号提取间接健康因子，继而估计SOH。自适应模型法应用电池等效电路模型计算间接健康因子，继而估计SOH。

综合阅读文献，SOH估计大体分为两类：直接方法和间接方法。直接方法运用测量数据（或经简单处理)直接计算容量与SOH,而间接方法由测量数据首先提取间接健康因子,然后估计SOH。两种方法区别如图1-1所示。

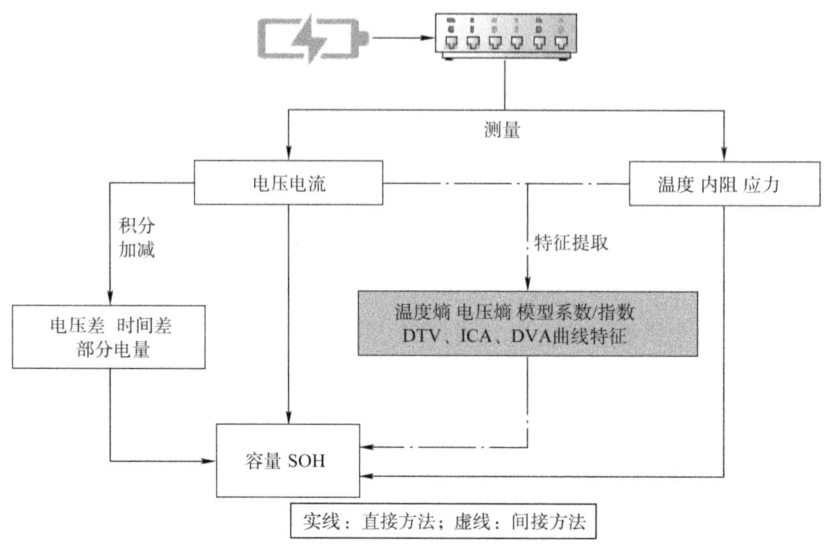

图1-1 健康状态估计方法分类

1.1 直接方法

电池内阻、电池包单体电池之间的机械应力、安时积分法可用来估计SOH。电化学阻抗谱测试需要专门的仪器,测量电池堆栈之间的应力需要在每个电池上粘贴应变片,安时积分法积分容易积累测量误差,因此这三种方法不宜车载应用。

基于电流、电压提取健康因子是估计SOH的重要方法之一。刘大同提取固定电压区间的放电时间(TIEDVD)与固定时间的放电电压差(DVD_ETI),基于线性模型估计电池SOH。虽然TIEDVD、DVD_ETI与SOH线性关系强,但是在SOH较大和较低区间,线性关系弱,因此,Zhao和杨金星分别利用非线性拟合函数SVM与递归神经网络计算SOH。特征变量数量提升,可提高估计准确度,因此,Zhang提取包含时间和电池表面温度的五个变量,用多核RVM估计电池SOH;Lin等用概率神经网络,以电池恒流充电时间(Constant Current Charge Time,CCCT)、放电初始时刻的电压降、放电结束电压作为输入信号计算SOH。上述方法的变量部分或全部取自恒流放电阶段,方法不具备普遍性,由于纯电动汽车放电电流剧烈波动,上述方法并不能车载应用。

利用充电阶段提取健康因子估计SOH,可提升方法的适用性。Feng等提取充电电压采样点的概率分布函数,用某电压区间采样点数量估计SOH,然而SOH精度受采样精度、噪声和数据平滑技术影响。Chen等提取固定电压区间的充电时间、能量和电量作为SVM的输入信号估计SOH,并没有考虑温度的影响。Hu等将充电起始电压、充电截止电压、充电截止电流、充电截止电压、恒流充电电量、恒压充电电量输入K近邻回归和相关向量机(Relevance Vector Machine,RVM)估计容量,然而该方法需要电池完全充电和放电,不能车载应用。

电池等效电路模型可识别电池内阻,将容量纳入状态空间方程可直接估计容量。Kim基于一阶RC电池等效电路模型,用双滑膜观测器估计电池容量。Remmlingera等建立二阶RC等效电路模型,采取汽车起动时的电流与电压,用线性最小二乘法估计电池内阻。为提升参数估计的动态性能,Goh等用带有遗忘因子的递归最小二乘法(Recursive Least Square Method with Forgetting Factor,LSMFF)识别电池内阻。Lee和Sepasi利用扩展卡尔曼滤波(Extended Kalman Filter,EKF)估计电池容量;Andre等用卡尔曼滤波(Kalman Filter,KF)和无迹卡尔曼滤波(Unscented Kalman Filter,UKF)联合估计电池内阻和SOC。粒子滤波与卡尔曼滤波和UKF相比,并不受线性或高斯分布的约束,且粒子滤波可靠性强,精度稳定,然而却存在粒子退化的缺点。结合容量—SOC—OCV三维曲面和戴维南电池模型,熊瑞等用双重自适应KF估计电池SOC和容量;郭辉利用容量—SOC—OCV 三维曲面和使用粒子滤波估计电池 SOC 和 SOH。电池等效电路模型参数识别依赖 SOC—OCV 曲线,SOC—OCV 曲线随温度变化而漂移,因此基于电池等效电路模型的 SOH 估计方法仅能在特定温度下实施,车载使用时不具备鲁棒性。

考虑到温度对 SOC—OCV 的影响,Remmlinger 建立线性变参数状态空间模型,然后用中心差分卡尔曼滤波识别电池内阻;Chaoui 基于自适应控制理论识别戴维南电池等效电路模型参数,并引入温度补偿项纠正非室温下的内阻估计值。Remmlinger 和 Chaoui 虽然考虑了环境温度,但是基于电池等效电路模型的方法需要在整个数据采集阶段时刻更新参数,计算量过大。

1.2 间接方法

可由电池正常工作时的电压、电流提取间接健康因子估计 SOH。Widodo 等提取放电电压样本熵,用支持向量机(Support Vector Machine,SVM)和 RVM 量化样本熵与容量的映射关系,SVM 对参数调节和函数选择敏感,RVM 具备较大的稀疏性,但是训练时间大大增加。Eddahech 等用指数函数拟合恒压充电阶段的电流,He 等用幂函数拟合完全充电后的电压,两函数的指数与 SOH 线性相关,然而这两种方法都需要电池完全充电。Li 等以多项式拟合充电阶段电池表面温度样本熵、放电电压熵与电池 SOH 的关系,该方法仅能在测试温度下应用并且要求电池恒流放电。Lu 等以 CCCT、恒压充电电压最大曲率、恒压充电电量和放电电压降作为拉普拉斯特征映射的输入估计电池 SOH,该方法要求电池完全充电。徐莹从放电阶段提取 DVD_ETI、电压样本熵和电压峭度输入 SVM 估计 SOH;豆金昌提取 CCCT、恒压充电时间以及 TIEDVD,用高斯混合模型估计电池 SOH,然而该方法要求电池恒流放电,不能车载应用。

对电池施加特殊工况,亦可提取间接健康因子。Cai 等用快速离散小波变换提取 Hotel Pulse 测试下电压、电流的动态特征,并用交叉 D-Markov 机器估计 SOH。胡晓松对电池进行混合脉冲功率特性(Hybrid Pulse Power Characteristic,HPPC)测试,发现电压样本熵与容量展现三次函数关系,为扩大应用场景,将电压样本熵和环境温度作为 RVM 输入估计 SOH。Piao 采集 ECE(Economic Commission for Europe)和 EUDC(Extra Urban Driving Cycle)循环工况下电池数据,基于角分布异常值检测方法确定数据中的异常点,用异常点数量估计电池 SOH。上述方法都采用了特定的测试工况,纯电动汽车运行中并不存在该测试条件,因此不能车载应用。

差热伏安法(Differential Thermal Voltammetry,DTV)和 ICA、DVA 曲线是估计 SOH 的重要技术手段。Wu 等发现 DTV 曲线峰值及其位置随电池老化线性移动,采用 Savitzky-Golay 平滑温度曲线,用峰值距离估计 SOH。Goh 依据 DVA 曲线首个峰值与恒流充电结束的时间差和容量之间的线性关系估计 SOH。Weng 等研究磷酸铁锂电池充电 ICA 曲线,基于 SVM 用 ICA 曲线峰顶大小、位置估计 SOH。Li 等用洛伦兹和高斯函数拟合 ICA 曲线,然后对拟合函数积分求取电池容量。郭琦沛等从 ICA 曲线提取六个特征量,并用多元线性回归估计 SOH。Wang 等用 Daubechies 小波变换平滑处理 ICA 曲线,将 ICA 曲线的峰值作为高斯过程回归(Gaussian Process Regression,GPR)的输入实现对 SOH 的估计。Wang 等用中心距最小二乘法和数据对称法优化 DVA 曲线,之后根据曲线两个拐点间的距离与容量的线性关系估计 SOH。DTV、DVA、ICA 曲线平滑处理一致性差,平滑方法、采样频率不同,则曲线不同,可见三种方法性能并不稳定,并且三种方法需要电池恒流放电,因此不能车载应用。

可由电池电化学模型提取间接健康因子估计 SOH。Prasad 等基于电化学模型推导电池模型传递函数,应用最小二乘法识别传递函数的参数,基于扩散时间和容量的线性关系估计 SOH。Lee 等发现电池电化学模型中的固相扩散系数单调衰退,利用固相扩散系数估计电池容量。电化学模型涉及化学反应,理论上不可能毫无差错地表示电池内部的所有反应,且模型参数识别过程依旧复杂耗时,不能车载应用。

电池等效电路模型可提取间接健康因子估计 SOH。Attidekou 等对静置 9h 的电池施加激励并计算等效电路模型时间常数,依据时间常数与电池容量的线性关系估计容量,方法耗时长。Yang 等利用戴维南电池等效电路模型时间常数与容量的线性关系实现 SOH 估计;Zhang 等建立包含两个电容和三个电阻的电池等效电路模型,发现大容量的电容与电池容量线性相关。温度影响电池等效电路模型的参数估计精度,上述三种方法使用中并未考虑温度,因此应用范围有限。

上述部分 SOH 估计方法优势及缺点见表 1-1。

部分 SOH 估计方法优缺点

表 1-1

估计方法	健康因子或方法	涉及的算法或函数	优　势	缺　点
直接方法	电化学阻抗谱测量内阻	线性函数	计算简单	需要专门的测试设备
	电池堆栈应力	线性函数	计算简单	较多应变片,增加额外成本
	充电起始电压、充电截止电压与电流、恒流充电电量、恒压充电电量	K 近邻回归	结果较为精确	需要完全充放电
	通过电池等效电路模型识别内阻或容量	带有遗忘因子的递归最小二乘法 卡尔曼滤波	SOC 与 SOH 估计可同步进行	迭代更新,计算量大
	固定电压区间放电时间	线性函数 递归神经网络 支持向量机	计算较为简单	需要恒流放电
	固定时间的放电电压差			
	固定电压区间的充/放电时间、恒流充电结束到预设电流的充电时间、充放电平均表面温度、放电截止电压	相关向量机	计算较为简单,精度较高	需要完全放电、恒流放电、需要大量的训练数据
	固定电压区间的充电时间、能量、电量	支持向量机	计算较为简单	训练复杂,没考虑温度
间接方法	放电电压的样本熵	支持向量机	计算较为简单	需要恒流放电
	指数函数拟合恒压充电阶段的电流	线性函数	计算较为简单	需要完全充电
	幂函数拟合完全充电后的电压		计算较为简单	
	DTV 曲线、DVA 曲线、ICA 曲线	线性函数 支持向量机	计算较为简单	没考虑温度,恒流放电
	电化学模型的时间常数和电池内阻	线性函数	基于机理,理论上能够实现较高的精度	计算复杂,计算量大
	电化学模型的固相扩散系数	线性函数		
	充电阶段电池表面温度的样本熵	多项式函数	计算较为简单	环境温度对结果影响较大
	恒流充电时间、恒压充电电压最大曲率、恒压充电电量和放电电压降	Laplacian Eigenmap	精度适中	需要大量训练数据,计算复杂
	混合脉冲功率特性测试的电压样本熵	三次函数	计算简单	需要特定的测试方法

2　结语

本文总结了国内外锂离子动力电池的 SOH 估计方法,并剖析不同技术的优缺点。目前 SOH 估计方法层出不穷,估计精度逐渐提高,但是仍存在以下四个问题:

(1)部分健康因子不具备实用性,SOH 估计方法不能车载应用。由于纯电动汽车动力电池并非恒流放电,因此从恒流放电工况提取的间接健康因子,如固定电压区间的放电时间,不能车载应用。虽然纯电动汽车充电策略固定,但是从充电过程提取的恒流充电时间、恒压充电时间需要电池完全充放电才能获得,方法不能车载实施。因此,SOH 估计方法应充分考虑电池放电深度及使用工况,能适用于纯电动汽车动力电池复杂的充放电工况。

(2)温度自适应的 SOH 估计方法的准确性及鲁棒性有待进一步提升。虽然部分方法已经将温度融入 SOH 估计中,然而众多方法仅能在特定温度下应用,且能够应用的温度区间较窄,当电池温度过高或过低,SOH 估计精度严重下降。因此,可采用分段法在不同温度区间对 SOH 估计,或提出一种能适应于宽泛温度区间的 SOH 估计方法。

(3)纯电动汽车动力电池数据库有待完善。虽然工业和信息化部要求企业将电动汽车运行数据实时传输导入数据库,然而动力电池数据传输并不完整,电池电压方面,仅传输电池包电压和最高、最低单体电压,并没有单体电池电压的连续数据,因此电池系统中单体电池健康状态估计具有一定挑战性。

(4)电池系统健康状态估计难度较大。目前对电池系统 SOH 估计的研究较少,且电池系统 SOH 定义较为模糊,并没有一致认同的定义。电池系统由上百单体组成,由于单体电池的不一致性,电池系统的健康状态估计难度更大。实际应用中,电池系统所处环境复杂,工况多变,因此目前急需开发一种鲁棒性、适应性强的电池系统 SOH 估计方法。

锂离子电池老化过程缓慢,SOH 估计时效性要求较低,因此未来研究可以基于系统性的物理化学模型实现 SOH 估计,虽然计算复杂,但是 SOH 估计精度却能得到保障。此外,随着大数据、云计算的兴起与发展,可以基于云计算提升复杂算法的运行速率,同时保证 SOH 估计结果的时效性与准确性。

参考文献

[1] 中国汽车工业协会. 2019 年汽车工业经济运行情况[EB/OL]. [2020-01-13]. http://www.caam.org.cn/chn/4/cate_39/con_5228367.html.

[2] Waag W, Fleischer C, Sauer D U. Critical review of the methods for monitoring of Lithium-ion batteries in electric and hybrid vehicles[J]. Journal of Power Sources, 2014, 258: 321-339.

[3] Farmann A, Waag W, Marongiu A, et al. Critical review of on-board capacity estimation techniques for Lithium-ion batteries in electric and hybrid electric vehicles[J]. Journal of Power Sources, 2015, 281: 114-130.

[4] Berecibar M, Gandiaga I, Villarreal I, et al. Critical review of state of health estimation methods of Li-ion batteries for real applications[J]. Renewable and Sustainable Energy Reviews, 2016, 56: 572-587.

[5] Saha B, Poll S, Goebel K, et al. An integrated approach to battery health monitoring using bayesian regression and state estimation: 2007 IEEE Autotestcon, Baltimore, 2007[C]. Piscataway: IEEE, 646-653.

[6] Shabbir H, Dunford W, Shoa T. State of health estimation of Li-ion batteries using electrochemical impedance spectroscopy: 2017 IEEE Transportation Electrification Conference and Expo (ITEC), Chicago, 2017[C]. Piscataway: IEEE, 108-112.

[7] Harting N, Schenkendorf R, Wolff N, et al. State-of-health identification of Lithium-ion batteries based on nonlinear frequency response analysis: first steps with machine learning[J]. Applied Sciences, 2018, 8(5): 821.

[8] Bao Y, Dong W, Wang D. Online Internal resistance measurement application in Lithium ion battery capacity and state of charge estimation[J]. Energies, 2018, 11(5): 1073.

[9] Cannarella J, Arnold C B. State of health and charge measurements in Lithium-ion batteries using mechanical stress[J]. Journal of Power Sources, 2014, 269: 7-14.

[10] Ng K S, Moo C S, Chen Y P, et al. Enhanced coulomb counting method for estimating state-of-charge and state-of-health of Lithium-ion batteries[J]. Applied Energy, 2009, 86(9): 1506-1511.

[11] Liu D T, Wang H, Peng Y, et al. Satellite Lithium-ion battery remaining cycle life prediction with novel indirect health indicator extraction[J]. Energies, 2013, 6(8): 3654-3668.

[12] Liu D T, Zhou J B, Liao H T, et al. A health indicator extraction and optimization framework for Lithium-ion battery degradation modeling and prognostics[J]. IEEE Transactions on Systems Man Cybernetics-Systems, 2015, 45(6): 915-928.

[13] Zhao Q, Qin X, Zhao H, et al. A novel prediction method based on the support vector regression for the remaining useful life of Lithium-ion batteries[J]. Microelectronics Reliability, 2018, 85: 99-108.

[14] 杨金星. 锂离子电池退化状态识别与寿命预测方法研究[D]. 哈尔滨: 哈尔滨工业大学, 2017.

[15] Zhang Y, Guo B. Online capacity estimation of Lithium-ion batteries based on novel feature extraction and adaptive multi-kernel relevance vector machine[J]. Energies, 2015, 8(11): 12439-12457.

[16] Lin H T, Liang T J, Chen S M. Estimation of battery state of health using probabilistic neural network[J]. IEEE Transactions on Industrial Informatics, 2013, 9(2): 679-685.

[17] Feng X, Li J, Ouyang M G, et al. Using probability density function to evaluate the state of health of Lithium-ion batteries[J]. Journal of Power Sources, 2013, 232: 209-218.

[18] Chen Z,Sun M,Shu X,et al. Online State of Health Estimation for Lithium-Ion Batteries Based on Support Vector Machine[J]. Applied Sciences,2018,8(6):925.

[19] Hu C,Jain G,Zhang P,et al. Data-driven method based on particle swarm optimization and k-nearest neighbor regression for estimating capacity of Lithium-ion battery[J]. Applied Energy,2014,129:49-55.

[20] Hu C,Jain G,Schmidt C,et al. Online estimation of Lithium-ion battery capacity using sparse Bayesian learning[J]. Journal of Power Sources,2015,289:105-113.

[21] Kim S. A technique for estimating the state of health of Lithium batteries through a dual-sliding-mode observer[J]. IEEE Transactions on Power Electronics,2010,25(4):1013-1022.

[22] Remmlinger J,Buchholz M,Meiler M,et al. State-of-health monitoring of Lithium-ion batteries in electric vehicles by on-board internal resistance estimation[J]. Journal of Power Sources,2011,196(12):5357-5363.

[23] Guo Z,Qiu X,Hou G,et al. State of health estimation for Lithium ion batteries based on charging curves[J]. Journal of Power Sources,2014,249:457-462.

[24] Goh T,Park M,Koo G,et al. State-of-health estimation algorithm of Li-ion battery using impedance at low sampling rate:2016 IEEE PES Asia-Pacific Power and Energy Engineering Conference (Appeec),Xi'an,2016[C]. Piscataway:IEEE,146-150.

[25] 王天鸶. 锂离子电池容量损失预测及健康状态估计研究[D]. 哈尔滨:哈尔滨工业大学,2017.

[26] Bi J,Zhang T,Yu H,et al. State-of-health estimation of Lithium-ion battery packs in electric vehicles based on genetic resampling particle filter[J]. Applied Energy,2016,182:558-568.

[27] Chen L,Lu Z,Lin W,et al. A new state-of-health estimation method for Lithium-ion batteries through the intrinsic relationship between ohmic internal resistance and capacity[J]. Measurement,2018,116:586-595.

[28] Lee S,Kim J,Lee J,et al. State-of-charge and capacity estimation of Lithium-ion battery using a new open-circuit voltage versus state-of-charge[J]. Journal of Power Sources,2008,185(2):1367-1373.

[29] Sepasi S,Ghorbani R,Liaw B. Y. Inline state of health estimation of Lithium-ion batteries using state of charge calculation[J]. Journal of Power Sources,2015,299:246-254.

[30] Hu C,Youn B D,Chung J. A multiscale framework with extended Kalman filter for Lithium-ion battery SOC and capacity estimation[J]. Applied Energy,2012,92:694-704.

[31] Andre D,Appel C,Soczka-Guth T,et al. Advanced mathematical methods of SOC and SOH estimation for Lithium-ion batteries [J]. Journal of Power Sources,2013,224:20-27.

[32] 熊刚. 车用锂离子电池 SOC 和电池容量估算研究[D]. 长沙:中南大学,2014.

[33] Xiong R,Sun F C,He H W. Model-based health condition monitoring method for multi-cell series-connected battery pack:2016 IEEE Transportation Electrification Conference and Expo (Itec),Dearborn,2016[C]. Piscataway:IEEE,1-5.

[34] 郭辉. 基于自适应粒子滤波的车用锂电池 SOC 与容量联合估计研究[D]. 西安:长安大学,2017.

[35] 陈铖. 车用锂离子电池容量和荷电状态的多尺度联合估计研究[D]. 北京:北京理工大学,2016.

[36] Yang R,Xiong R,He H,et al. A novel method on estimating the degradation and state of charge of Lithium-ion batteries used for electrical vehicles[J]. Applied Energy,2017.

[37] Remmlinger J,Buchholz M,Soczka-Guth T,et al. On-board state-of-health monitoring of Lithium-ion batteries using linear parameter-varying models[J]. Journal of Power Sources,2013,239:689-695.

[38] Chaoui H,Gualous H. Online parameter and state estimation of Lithium-ion batteries under temperature effects[J]. Electric Power Systems Research,2017,145:73-82.

[39] Widodo A,Shim M C,Caesarendra W,et al. Intelligent prognostics for battery health monitoring based on sample entropy[J]. Expert Systems with Applications,2011,38(9):11763-11769.

[40] Eddahech A,Briat O,Vinassa J M. Determination of Lithium-ion battery state-of-health based on constant-voltage charge phase [J]. Journal of Power Sources,2014,258:218-227.

[41] He L,Kim E,Shin K G,et al. Battery state-of-health estimation for mobile devices:2017 ACM/IEEE 8th International Conference on Cyber-Physical Systems (ICCPS),Pittsburgh,2017[C]. Piscataway:IEEE,51-60.

[42] Li Y,Chattopadhyay P,Ray A,et al. Identification of the battery state-of-health parameter from input-output pairs of time series data[J]. Journal of Power Sources,2015,285:235-246.

[43] Li J,Lyu C,Wang L,et al. Remaining capacity estimation of Li-ion batteries based on temperature sample entropy and particle filter[J]. Journal of Power Sources,2014,268:895-903.

[44] Li J, Wang L, Lyu C, et al. A method of remaining capacity estimation for Lithium-ion battery[J]. Advances in Mechanical Engineering, 2015, 5(0): 154831-154831.

[45] Lu C, Tao L, Fan H. Li-ion battery capacity estimation: A geometrical approach[J]. Journal of Power Sources, 2014, 261: 141-147.

[46] 徐莹. 纯电动汽车锂离子电池剩余寿命预测研究[D]. 南京:南京林业大学, 2017.

[47] 豆金昌. 锂离子电池健康评估及剩余使用寿命预测方法研究[D]. 南京:南京航空航天大学, 2013.

[48] Cai Y, Yang L, Deng Z, et al. Online identification of Lithium-ion battery state-of-health based on fast wavelet transform and cross D-Markov machine[J]. Energy, 2018, 147: 621-635.

[49] Hu X, Li S E, Jia Z, et al. Enhanced sample entropy-based health management of Li-ion battery for electrified vehicles[J]. Energy, 2014, 64: 953-960.

[50] Hu X S, Jiang J C, Cao D P, et al. Battery health prognosis for electric vehicles using sample entropy and sparse Bayesian predictive modeling[J]. IEEE Transactions on Industrial Electronics, 2016, 63(4): 2645-2656.

[51] Piao C H, Hu Z H, Su L, et al. A novel battery state of health estimation method based on outlier detection algorithm[J]. Journal of Electrical Engineering & Technology, 2016, 11(6): 1802-1811.

[52] Wu B, Yufit V, Merla Y, et al. Differential thermal voltammetry for tracking of degradation in Lithium-ion batteries[J]. Journal of Power Sources, 2015, 273: 495-501.

[53] Merla Y, Wu B, Yufit V, et al. Novel application of differential thermal voltammetry as an in-depth state-of-health diagnosis method for Lithium-ion batteries[J]. Journal of Power Sources, 2016, 307: 308-319.

[54] Shibagaki T, Merla Y, Offer G. J. Tracking degradation in Lithium iron phosphate batteries using differential thermal voltammetry [J]. Journal of Power Sources, 2018, 374: 188-195.

[55] Goh T, Park M, Seo M, et al. Capacity estimation algorithm with a second-order differential voltage curve for Li-ion batteries with NMC cathodes[J]. Energy, 2017, 135: 257-268.

[56] Weng C, Cui Y, Sun J, et al. On-board state of health monitoring of Lithium-ion batteries using incremental capacity analysis with support vector regression[J]. Journal of Power Sources, 2013, 235: 36-44.

[57] Weng C, Sun J, Peng H. A unified open-circuit-voltage model of Lithium-ion batteries for state-of-charge estimation and state-of-health monitoring[J]. Journal of Power Sources, 2014, 258: 228-237.

[58] Li X, Jiang J, Ju Q, et al. Analytical charged capacity expression of Lithium-ion battery for soh estimation based on constant current charging curves[J]. ECS Transactions, 2016, 73(1): 305-318.

[59] Li X, Jiang J, Wang L Y, et al. A capacity model based on charging process for state of health estimation of Lithium ion batteries [J]. Applied Energy, 2016, 177: 537-543.

[60] 郭琦沛, 张彩萍, 高洋, 等. 基于容量增量曲线的三元锂离子电池健康状态估计方法[J]. 全球能源互联网, 2018, 1(02): 180-187.

[61] Wang Z P, Ma J, Zhang L. State-of-health estimation for Lithium-ion batteries based on the multi-island genetic algorithm and the gaussian process regression[J]. IEEE Access, 2017, 5: 21286-21295.

[62] Wang L, Pan C, Liu L, et al. On-board state of health estimation of $LiFePO_4$ battery pack through differential voltage analysis[J]. Applied Energy, 2016, 168: 465-472.

[63] Wang L, Zhao X, Liu L, et al. State of health estimation of battery modules via differential voltage analysis with local data symmetry method[J]. Electrochimica Acta, 2017, 256: 81-89.

[64] Prasad G. K, Rahn C D. Model based identification of aging parameters in Lithium ion batteries[J]. Journal of Power Sources, 2013, 232: 79-85.

[65] Lee J, Sung W, Choi J H. Metamodel for efficient estimation of capacity-fade uncertainty in Li-ion batteries for electric vehicles [J]. Energies, 2015, 8(6): 5538-5554.

[66] Attidekou P S, Wang C, Armstrong M, et al. A new time constant approach to online capacity monitoring and lifetime prediction of Lithium ion batteries for electric vehicles (EV)[J]. Journal of the Electrochemical Society, 2017, 164(9): A1792-A1801.

[67] Yang J F, Xia B, Huang W X, et al. On-board state-of-health estimation based on charging current analysis for $LiFePO_4$ batteries: 2017 IEEE Energy Conversion Congress and Exposition (Ecce), Cincinnati, 2017[C]. Piscataway: IEEE, 5229-5233.

[68] Zhang C, Zhang Y, Li Y. A novel battery state-of-health estimation method for hybrid electric vehicles[J]. IEEE/ASME Transactions on Mechatronics, 2015, 20(5): 2604-2612.

某新能源客车 8 自由度动力学建模及验证

吴　攀[1,2],刘德兴[1,2]
(1. 招商局检测车辆技术研究院有限公司;2. 国家客车质量监督检验中心,重庆　401122)

摘　要:稳定性是客车产品开发中至关重要的环节,在设计研发阶段,能较为准确表征汽车稳定性的仿真模型能够极大地减少开发成本。基于此,本文以新能源客车为研究对象,在 Simulink 中建立整车 8 自由度动力学模型,并在 TruckSim 中建立模型进行仿真对比,验证 8 自由度模型的准确性。

关键词:新能源客车; 8 自由度; 动力学建模; Simulink

0　引言

近年来,随着国家政策扶持、新能源技术的快速迭代进步,新能源客车得到了飞速发展,同时新能源客车的安全也越来越受到行业部门以及消费者的关注。其中行驶稳定性也是新能源客车的重要安全指标,行业有关部门也相继出台相关政策对稳定性提出越来越严格的要求,如《营运客车安全技术条件》(JT/T 1094—2016)第 4.1.4 条规定营运客车应装备电子稳定性控制系统(ESC),《机动车运行安全技术条件》(GB 7258—2017)第 4.17.4 条规定车高大于或等于 3.7m 的未设置乘客站立区的客车应装备 ESC 功能。

在进行新能源客车稳定性开发时,仿真分析是必不可少的环节,能够有效缩短开发周期,减少开发成本。本文以某纯电动客车为研究对象,在 Simulink 中建立能够表征车辆稳定性的车身纵向、侧向、横摆、侧倾运动以及车轮旋转运动 8 自由度模型,利用商业化软件 TruckSim 对所建模型的正确性进行验证,为后续稳定性研究提供模型基础。

1　整车动力学建模

图 1-1 所示是某国产纯电动客车 45°外观照片,拍摄于重庆机动车强检试验场,总长为 12m,驱动型式为 4×2 后驱,前轴转向。

图 1-1　纯电动客车外观照片

根据新能源客车稳定性研究的特点,在建立模型时进行适当简化,由于纯电动客车的质心高度相对较高,车身侧向运动对于车辆稳定性有重要影响,因此模型中有必要考虑车身的侧倾运动。图 1-2 所示为该车 8 自由度简化模型,模型自由度包括车身纵向、侧向、横摆运动以及 4 个车轮转动自由度。

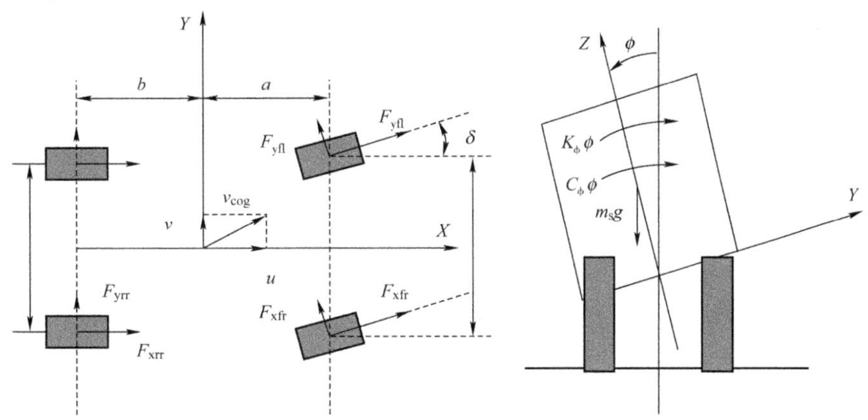

图 1-2　8 自由度简化模型

模型各自由度的动力学方程如下。

（1）纵向力平衡方程：

$$m(\dot{u} - rv) = \sum_{i=1}^{4} F_{xi} - F_f - \frac{1}{2}C_D A\rho u^2 \tag{1-1}$$

$$F_f = mg\sin\alpha + mgf\cos\alpha \tag{1-2}$$

$$\sum_{i=1}^{4} F_{xi} = (F_{xfl} + F_{xfr})\cos\delta - (F_{yfl} + F_{yfr})\sin\delta + F_{xfl} + F_{xrr} \tag{1-3}$$

式中：u、v——纵、横向车速；

r——横摆角速度；

F_f——滚动阻力；

F_{xi}——轮胎纵向力；

C_D——风阻系数；

A——迎风面积；

α——坡度角；

δ——转向轮转角。

（2）侧向运动方程：

$$m(\dot{v} + ru) = \sum_{i=1}^{4} F_{yi} \tag{1-4}$$

$$\sum_{i=1}^{4} F_{yi} = (F_{xfl} + F_{xfr})\sin\delta + (F_{yfl} + F_{yfr})\cos\delta + F_{yrl} + F_{yrr} \tag{1-5}$$

（3）横摆运动方程：

$$\begin{aligned} I_z r = &[(F_{xfl} + F_{xfr})\sin\delta + (F_{yfl} + F_{yfr})\cos\delta]a + [(F_{xfr} - F_{xfl})\cos\delta + \\ &(F_{yfl} - F_{yfr})\sin\delta]\frac{t_{w1}}{2} + (F_{xrr} - F_{xrl})\frac{t_{w2}}{2} - (F_{yrl} + F_{yrr})b \end{aligned} \tag{1-6}$$

式中：a、b——质心距前后轴距离；

t_{w1}、t_{w2}——轮距。

（4）侧倾运动方程：

$$J_{sx}\ddot{\phi} = -m_s h_s(\dot{v} + ru) + m_s h_s g\tan\phi - K_\phi\phi - C_\phi\dot{\phi} \tag{1-7}$$

式中：J_{sx}——车身绕 x 轴转动惯量；

m_s——簧上质量；

h_s——簧上质量质心高；

ϕ——车身侧倾角；

K_ϕ、C_ϕ——分别为侧倾角刚度和阻尼。

(5)车轮旋转运动方程：

$$I_{tw}\dot{\omega}_t = -F_{xi}R - T_{bi} + T_{di} \tag{1-8}$$

式中：I_{tw}——车轮转动惯量；

ω——车轮角速度；

R——车轮半径；

T_{bi}——制动力矩；

T_{di}——驱动力矩。

运动过程中，各轮胎垂向载荷为：

$$\begin{aligned}
F_{zfl} &= mg\frac{b}{2l} - m(\dot{u} - rv)\frac{h_g}{2l} - m(\dot{v} + ru)\frac{bh_g}{lt_{w1}} \\
F_{zfr} &= mg\frac{b}{2l} - m(\dot{u} - rv)\frac{h_g}{2l} + m(\dot{v} + ru)\frac{bh_g}{lt_{w1}} \\
F_{zrl} &= mg\frac{a}{2l} + m(\dot{u} - rv)\frac{h_g}{2l} - m(\dot{v} + ru)\frac{ah_g}{lt_{w1}} \\
F_{zrr} &= mg\frac{b}{2l} + m(\dot{u} - rv)\frac{h_g}{2l} + m(\dot{v} + ru)\frac{ah_g}{lt_{w1}}
\end{aligned} \tag{1-9}$$

轮胎侧偏角：

$$\begin{aligned}
\alpha_{fl} &= \delta - \arctan\left(\frac{v + ar}{u - \frac{t_{w1}}{2}r}\right) \\
\alpha_{fr} &= \delta - \arctan\left(\frac{v + ar}{u + \frac{t_{w1}}{2}r}\right) \\
\alpha_{rl} &= -\arctan\left(\frac{v - br}{u - \frac{t_{w2}}{2}r}\right) \\
\alpha_{rr} &= -\arctan\left(\frac{v - br}{u + \frac{t_{w2}}{2}r}\right)
\end{aligned} \tag{1-10}$$

各车轮轮心在轮胎坐标系下的纵向速度：

$$\begin{aligned}
V_{tfl} &= \left(u - \frac{t_{w1}}{2}r\right)\cos\delta + (v + ar)\sin\delta \\
V_{tfr} &= \left(u + \frac{t_{w1}}{2}r\right)\cos\delta + (v + ar)\sin\delta \\
V_{trl} &= u - \frac{t_{w1}}{2}r, V_{trr} = u + \frac{t_{w2}}{2}r
\end{aligned} \tag{1-11}$$

轮胎滑移率：

$$\begin{aligned}
\lambda_{fl} &= \frac{\omega_{fl}R - V_{tfl}}{\max(V_{tfl}, \omega_{fl}R)} \\
\lambda_{fr} &= \frac{\omega_{fr}R - V_{tfr}}{\max(V_{tfr}, \omega_{fr}R)} \\
\lambda_{rl} &= \frac{\omega_{rl}R - V_{trl}}{\max(V_{trl}, \omega_{rl}R)} \\
\lambda_{rr} &= \frac{\omega_{rr}R - V_{trr}}{\max(V_{trr}, \omega_{rr}R)}
\end{aligned} \tag{1-12}$$

上述公式表征了车辆在纵向、横向、横摆、侧倾与车轮运动的关系，其他运动状态的表达可通过这些公式进行推导，如质心侧偏角 β、纵向加速度 a_x 及侧向加速度 a_y 表示为：

$$\begin{aligned} \beta &= \arctan \frac{v}{u} \\ a_x &= \dot{u} - rv \\ a_y &= \dot{v} + ru \end{aligned} \tag{1-13}$$

根据上述方程以及整车相关参数，在 Simulink 中建立该车 8 自由度动力学模型，轮胎特性采用经典的 Magic Formula 模型进行模拟[3-4]，Simulink 模型如图 1-3 所示。模型的输入为电机驱动力矩、转向轮转角。

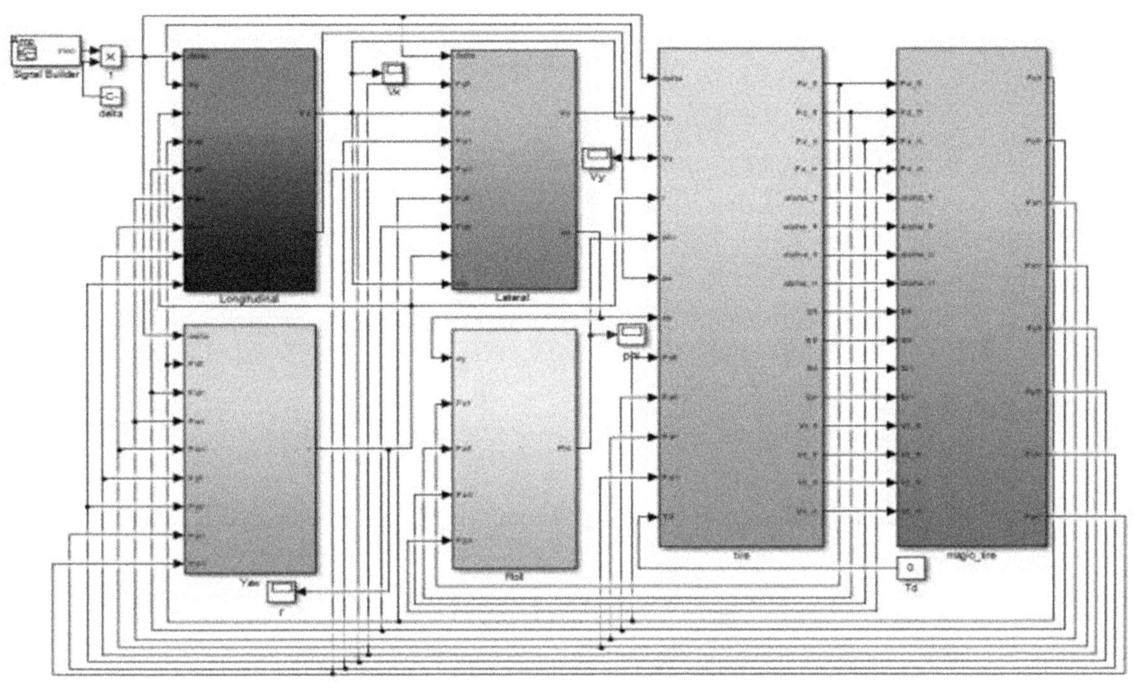

图 1-3 8 自由度整车 Simulink 模型

2 仿真验证

为了验证上述模型正确性，在 TruckSim 中搭建整车仿真模型，对两种模型进行同一工况的仿真，对比两种模型的仿真结果。以转向盘角阶跃输入工况为例，转向盘角阶跃输入曲线如图 2-1 所示。

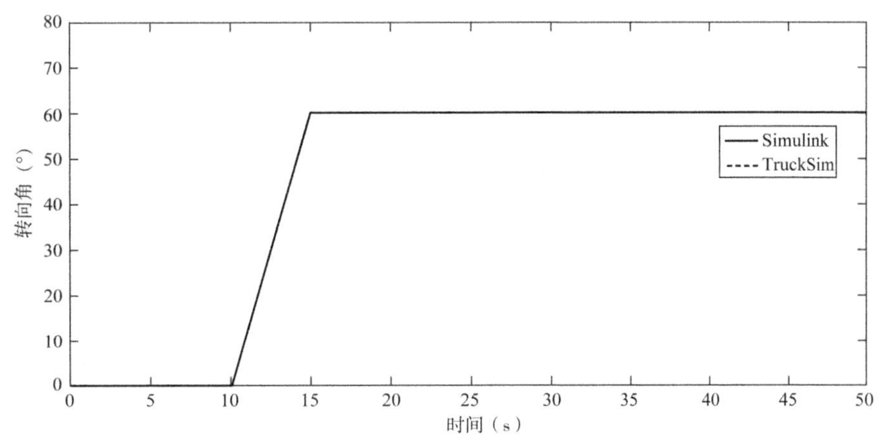

图 2-1 转向盘角阶跃输入曲线

对两种模型仿真得到的横摆角速度对比曲线和侧向加速度对比曲线，如图 2-2、图 2-3 所示。

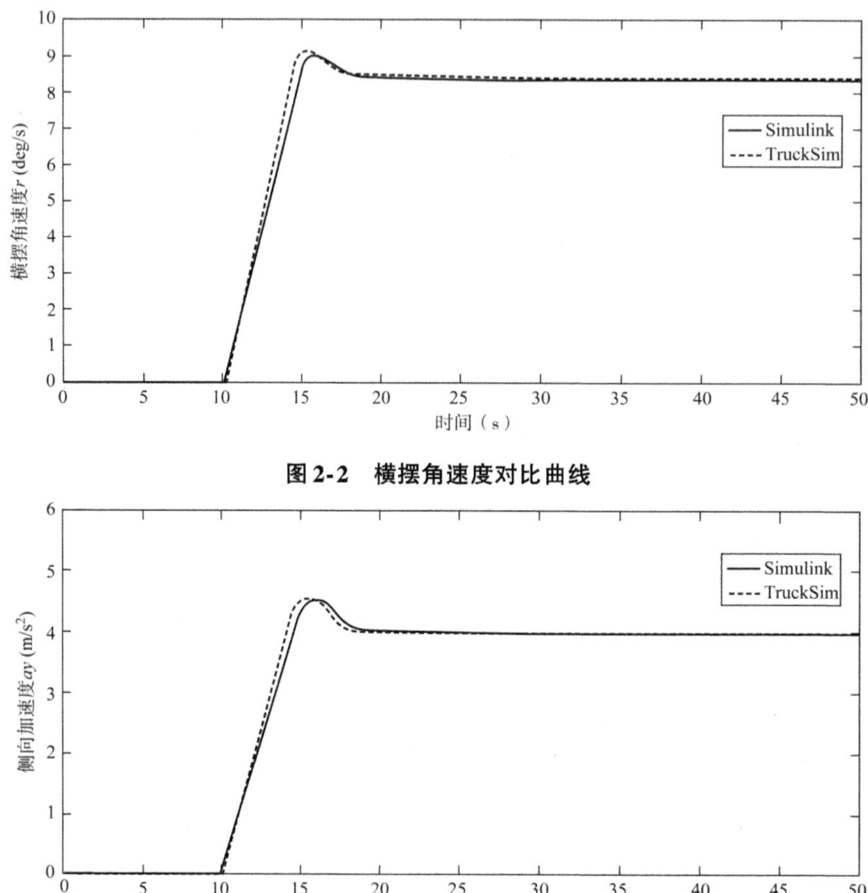

图 2-2　横摆角速度对比曲线

图 2-3　侧向加速度对比曲线

从仿真结果可以看到,8 自由度 Simulink 模型计算得到的横摆角速度、侧向加速度与 TruckSim 模型的输出结果具有较高的一致性,虽然在响应上有一定的差异,但在幅值上非常接近,因此证明了本文所建立的 8 自由度模型具有一定的准确性。

3　结语

本文以某国产纯电动客车为对象,建立了能够表征车辆稳定性的 8 自由度数学模型,并利用成熟的仿真软件验证了模型的准确性,为后续稳定性研究提供模型基础,同时能够为实车试验提供一定的参考。

参 考 文 献

[1] 中华人民共和国交通运输行业标准. 营运客车安全技术条件:JT/T 1094—2016[S]. 北京:人民交通出版社股份有限公司,2016.

[2] 中华人民共和国国家标准. 机动车运行安全技术条件:GB 7258—2017[S]. 北京:中国标准出版社,2017.

[3] 林志超. 多轴分布式电驱动车辆动力学建模与状态估计研究[D]. 武汉:武汉理工大学,2018.

[4] 褚文博. 分布式电驱动车辆动力学状态参数观测及驱动力协调控制[D]. 北京:清华大学,2013.

新能源电动汽车电驱系统辐射发射测试与整改

张　帅，刘青松，覃延明，翟建鹏，曹　钟，张　静，谭路生

（招商局检测车辆技术研究院有限公司　国家客车质量检验检测中心
重庆市电磁兼容工程技术研究中心，重庆　401122）

摘　要：电驱系统作为新能源电动汽车的核心部件，是新能源电动汽车产生电磁干扰的主要干扰源。基于某型号电驱系统电磁辐射发射超标的问题，分析其超标原因，并给出相应的整改方案。经过测试验证，整改后的电驱系统辐射发射符合 GB/T 18655—2018 限值等级 3 的要求。

关键词：电驱系统；电磁兼容；辐射发射；屏蔽

0　引言

电驱系统（电机、电机控制器、变速器等）作为新能源电动汽车的核心部件，也是新能源电动汽车产生电磁干扰的主要干扰源，受到零部件厂商和主机厂的重点关注。为了更真实模拟电驱系统在电动汽车上的工作性能，须在加载工况下进行电磁兼容测试。与《车辆、船和内燃机 无线电骚扰特性用于保护车载接收机的限值和测量方法》（GB/T 18655—2010）相比，新版 GB/T 18655—2018 增加了新能源汽车高压部件的电磁兼容测试方法和要求，其中包括新能源汽车电驱加载状态的电磁兼容测试方法：传导发射电流法、传导发射电压法和辐射发射。本文研究了某型号电驱系统在加载工况下的电磁辐射发射性能，针对测试中的超标情况，详细分析了超标原因，并给出整改措施。经测试验证，整改后的电驱系统加载下的电磁辐射发射指标符合 GB/T 18655—2018 中规定的辐射发射限值等级 3 的要求。

1　电驱系统辐射发射测试

按照 GB/T 18655—2018 关于零部件辐射发射的 ALSE（Absorber Lined Shielded Enclosure）测试方法，在国家客车质量检验检测中心 5m 法半电波暗室对某型号电驱系统进行加载下的辐射发射测试。

辐射发射测试的频率范围为 150k～2.5GHz，分别使用棒天线、双锥天线、对数周期天线和喇叭天线进行测试。依据《电动汽车用驱动电机系统电磁兼容性和试验方法》（GB/T 36282—2018）中对 EUT 试验状态的要求，EUT 处于正常工作状态，且转速为额定转速的 50%，转矩为额定转矩的 50%，机械输出负载达到持续功率的 25%。基于某型号电驱系统性能参数指标，测试时的转速设置为 2600r/min，转矩为 210N·m。进行试验布置，电机控制器的低压供电端口连接 24V 蓄电池、电机控制器的高压直流供电端口连接 DC 500V，电机的供电端口连接电机控制器三相电的输出端口，电机的传动轴与测功机相连，电机控制器通过旋变线控制电机的加载工况；所有测试线束放置在低相对介电常数材料上，距接地平面上方（50±5）mm 的位置；高压线束与低压线束相距 100mm。辐射发射测试布置示意图如图 1-1 所示。测试时，待电机控制器通信正常后，由测功机带动电机转动，操作上位机的转矩指令，通过 CAN 线将指令下达给电机控制器，再由电机控制器将转矩指令传达到驱动电机。辐射发射实物测试照片如图 1-2 所示。

辐射发射测试结果显示：仅在 30～200MHz 频率范围处，当用双锥天线对电驱系统进行辐射发射测试时，其垂直极化方向测试结果超出了标准 GB/T 18655—2018 所规定的限值等级 3 的要求。垂直极化方向测试数据，如图 1-3 所示。

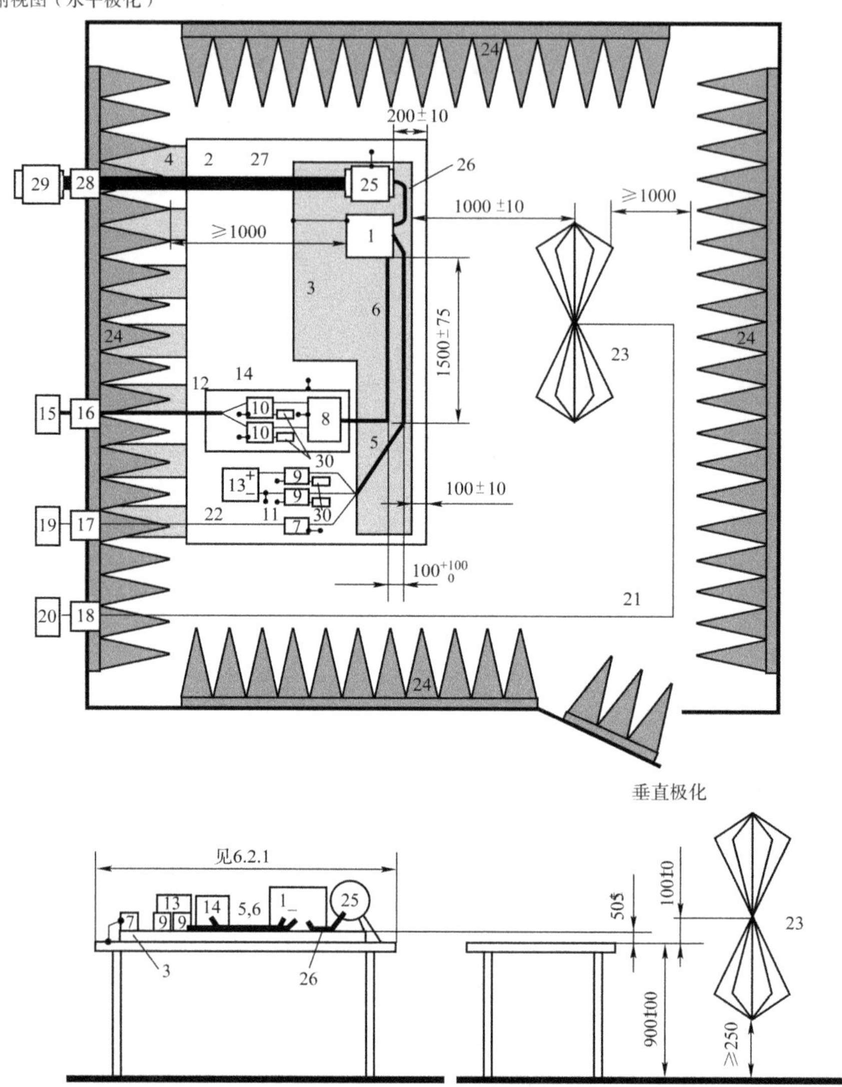

图1-1　辐射发射测试布置示意图(单位:mm)

1-被测件;2-接地平面;3-材料支撑($\varepsilon_r \leqslant 1.4$,厚度50mm);4-接地带;5-LV线束;6-HV线束(HV+、HV-);7-LV负载模拟器;8-阻抗匹配网络(可选);9-LV AN;10-HV AN;11-LV电源线;12-HV电源线;13-LV电源12V/24V/48V;14-附加屏蔽盒;15-屏蔽HV电源;16-电源线滤波器;17-光纤馈通;18-壁板连接器;19-激励和监测系统;20-测量设备;21-优质同轴电缆(50Ω);22-光纤;23-双锥天线;24-RF吸波材料;25-电机;26-电机三相线;27-机械连接(例如绝缘连接);28-过滤的机械轴承;29-制动或驱动电机;30-50Ω负载

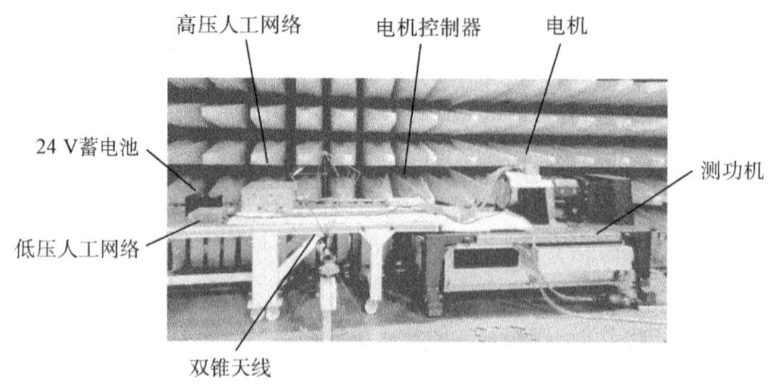

图1-2　辐射发射实物测试照片

从图 1-3 可以看出：在 30 ~ 200MHz 频率范围内，垂直极化方向测试时，电驱系统出现较严重的超标现象。

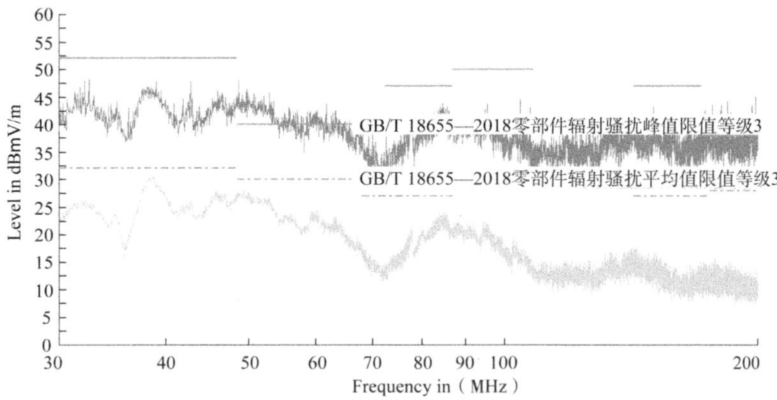

图 1-3　双锥天线辐射发射测试数据(垂直极化)

2　辐射发射超标原因分析

对于电驱系统辐射发射在 30 ~ 200MHz 超标的问题，首先要定位出辐射发射超标的源头，再采取有效的抑制措施，才能使产品满足标准要求。通常需要从干扰源和干扰的耦合路径上去分析。

驱动系统供电部分为低压部件和高压部件。采用分开供电的试验方法来定位出辐射发射超标源头。先断开高压供电，仅有低压部件工作，连接 CAN 线，使上位机通信正常。若此状态下的测试曲线依然超标，那么至少可确定低压部件是导致辐射发射超标的源头之一。若测试曲线明显降低，那么可以排除低压部件及 CAN 通信线路上带来的超标问题。再接通高压电，使电机控制器供电正常，控制驱动电机使其处于待机状态。若此状态下的测试曲线不超标，那么便能确定超标问题与电机加载工作有关。若测试曲线超标，那么可确定高压供电部分也是导致辐射发射超标的源头。基于以上思路，分别进行了两组对比试验，图 2-1 所示为断开高压供电，仅有低压部件工作下的测试曲线，图 2-2 所示为接通高压电后，电驱系统处于待机状态下的测试曲线。

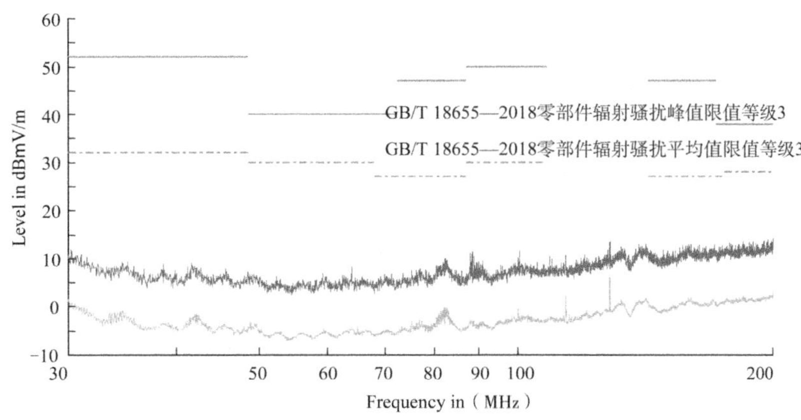

图 2-1　断开高压供电，仅有低压部件工作下的测试曲线(垂直极化)

对比图 2-1 和图 2-2，可以看出：断开高压供电后，辐射发射测试曲线明显降低且平均值和峰值均低于标准规定限值要求；接通高压电后，电驱系统处于待机状态下的辐射发射测试曲线有所降低，但是仍有超标现象。对比图 1-3 和图 2-2，可以看出：电驱系统在加载测试下的测试曲线也比其在待机状态下的测试曲线高。因此，可以得出以下结论：高压部件是辐射发射超标的主要原因，且电机加载工作测试对辐射发射超标有一定的贡献。

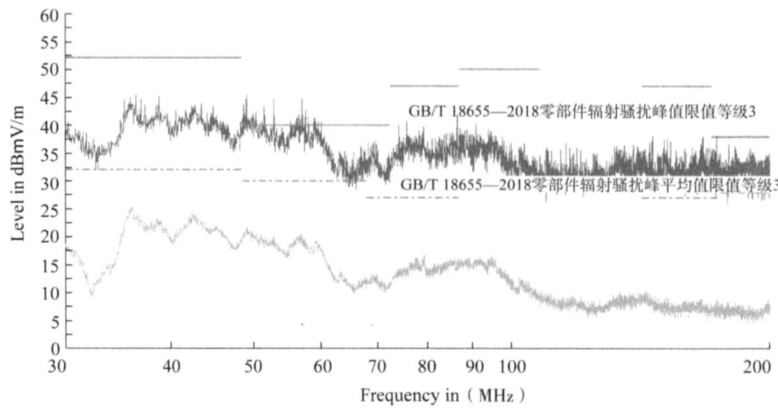

图 2-2　接通高压电,电驱系统处于待机状态下的测试曲线(垂直极化)

3　电磁兼容整改

对于电驱系统高压部件和电机加载工况辐射发射超标的问题,结合高压部件电路结构和高压线束的屏蔽效能,进行了以下整改:

(1)增加电机控制器输入和输出端口的高压滤波电路。分别在母线正负端口增加 470nF 和 10nF 的 Y 电容,三相交流电源线套铁氧体磁环。

(2)在电机控制器 DC/AC 控制板每个引脚处添加去耦电容,滤除旁路外部高频信号,将干扰源的耦合路径切断在后级电路的输入端口前。

(3)通过软件设置以降低 IGBT 开关频率。

(4)重新对高压线束和壳体缝隙加屏蔽。由于高压正负母线和三相交流电源线屏蔽效果有限,需重新加屏蔽层,且必须就近接地良好。如果接地不充分,线束的屏蔽层会吸收内部原有的电磁干扰信号,再次传导后向外辐射。屏蔽层与机壳金属连接器之间尽可能 360°搭接,为降低搭接阻抗,应避免出现“猪尾巴”的搭接方式。电机及控制器壳体接缝处粘贴铜箔,以减少孔缝的电磁泄漏。

4　测试验证

经过上面的整改后,其辐射发射是否能达到标准限值的要求,还必须再次测试验证。测试结果显示:整改后的电驱系统辐射发射符合标准要求,且辐射发射测试数据明显降低,高压部件的谐波发射被有效抑制。整改后的双锥天线辐射发射测试曲线如图 4-1 所示。

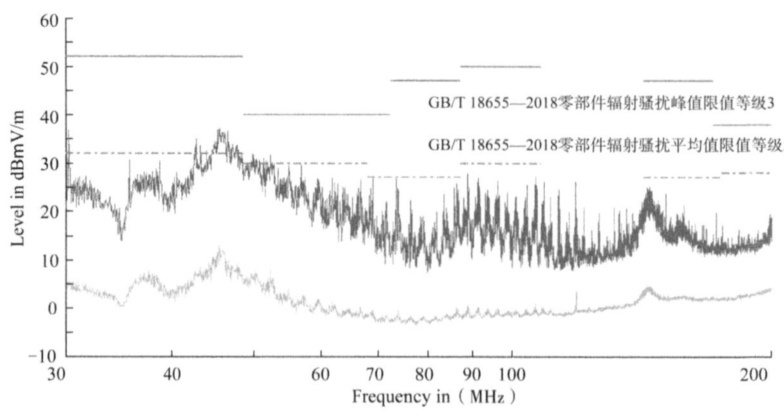

图 4-1　整改后的双锥天线辐射发射测试数据(垂直极化)

5 结语

本文结合某型号电驱加载系统辐射发射测试超标问题,对其超标问题分析定位干扰源,并进行了整改。经过试验验证,整改措施简单有效,为企业在研发设计电动汽车的电驱系统电磁兼容问题提供了参考。同时,结合电磁兼容测试经验,给出以下建议:在产品的前期研发阶段,就要融入电磁兼容设计理念,将电磁兼容设计思路落实到每个电路中。尤其是 PCB 可采用多层设计,如数字信号和模拟信号可分层布局,且每个信号层都有与之对应的接地层,以保证低阻抗回流路径和缩小电路环路面积。控制器电源采用隔离的供电电源,以确保不同信号彼此不会因电源而相互影响。

参 考 文 献

[1] 孟庆思,陈川,李宏伟. 电驱动系统产业发展现状和趋势研究[J]. 汽车实用技术,2021(09):222-224.

[2] 陈建明,冯勤龙,沈丁建,等. 乘用汽车电驱系统 NVH 综合性能研究[J]. 公路与汽运,2021(03):7-11.

[3] 刘欣,王传琪,张旭,等. GB/T 18655 的创新与修订[J]. 安全与电磁兼容,2018(04):26-30+77.

[4] 杨杰,刘青松,覃延明,等. 电动汽车智能高压配电箱电磁兼容性能研究[J]. 汽车零部件,2018(07):66-69.

[5] 许响林,刘青松,覃延明,等. 纯电动城市客车电磁兼容性试验[J]. 上海计量测试,2014(04):4-7.

一种6m全承载大电量纯电动客车总体布置设计

苗小锋,陈 啸

[金龙联合汽车工业(苏州)有限公司,江苏苏州 215026]

摘 要:介绍KLQ6602EV纯电动客车底盘的总体布置设计,着重论述其具有电池舱容量大、安全性高的全承载底架的结构形式和特点。

关键词:纯电动客车;大容量;底架设计

0 引言

近年来随着国家大力发展汽车新能源产业和客运市场对于纯电动客车的深度应用,整车电池容量小、电耗大等问题造成了不少客户对于纯电动客车产生了"里程焦虑"和"充电焦虑",严重地制约了纯电动客车的进一步推广和深度应用。如何实现在相同米段车型中匹配更大电量的动力电池成为企业在市场上制胜的关键。谁解决了客户的"里程焦虑",谁就更能赢得市场的青睐。

KLQ6602EV纯电动客车定位于国内公路营运及团体出行客运市场,以短途客运为主。主要针对乡村旅游客运、航站高铁接驳用车。主打小身段、大电量、长续驶、低成本、高安全性。整车配置状态多元,底盘各大总成零部件技术成熟,技术安全可靠,极大地满足了城乡间及市区内综合路面工况要求。

1 底盘总体布置设计

KLQ6602EV车型的底盘布置如图1-1所示。整车采用前后盘式车桥,电子风扇冷却模块,双回路气制动,耐磨降噪板簧悬架,后置永磁同步驱动电机,中段采用四箱大电量电池横向布置结构,续驶里程可达

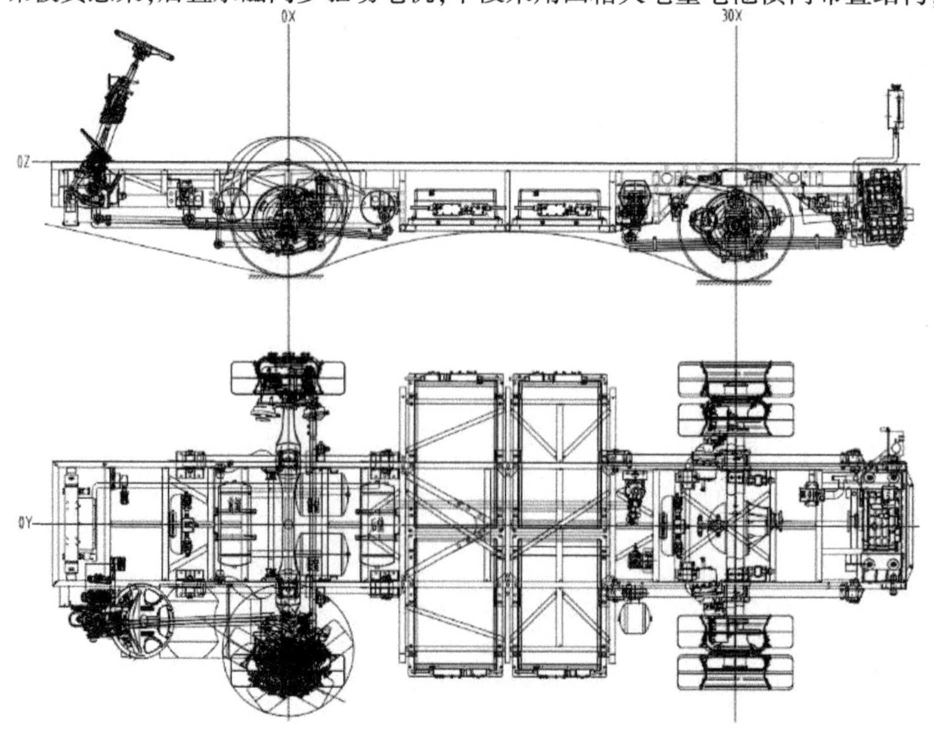

图1-1 KLQ6602EV底盘总布置图

425km,布置合理可靠,安装检修方便。整车采用了全承载底架结构,相比于传统大梁式结构车架优点在于车架布置形式多变,布置安装空间充裕,制作周期短,开发成本低。整个底架材料采用 QST700 矩形钢管,底架横截面梁与车身侧围通过横梁焊接相连,底架与车身骨架共同承受载荷,结构上形成了封闭的“应力流”,有利于提高整车的结构强度及刚度,整车安全性能大大提升。

2 全承载底架结构设计

全承载底架结构的设计遵循模块化、通用化原则,各大零部件总成结构在设计阶段可快速选用,在保证可靠性和安全性的前提下,实现了设计效率的提升,同时也在一定程度上提高了底架总成的生产效率。KLQ6602EV 车型的底架总成包含底架前段模块、底架中段模块和底架后段模块三大模块,如图 2-1 所示。

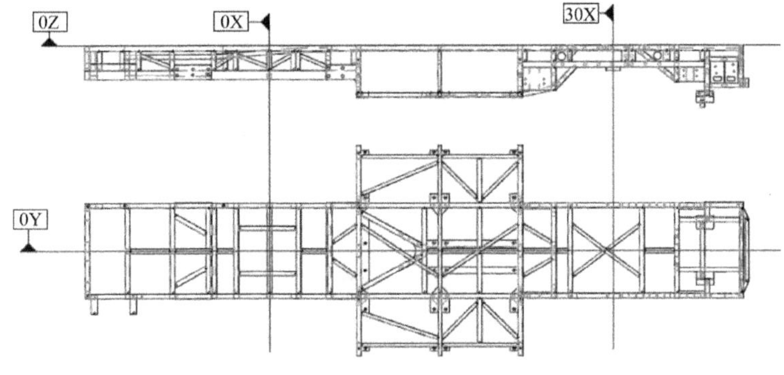

图 2-1 全承载底架结构

2.1 底架前段模块设计

底架前段模块下纵梁采用高强度钢,截面尺寸为 80mm × 40mm,中间由横梁与侧面立柱形成完整的截面,确保了横向车架强度。侧面有若干斜撑与立柱相互支撑,保证前段模块成为一个整体。前悬架安装支座均采用焊接,在车架侧面贴有 4mm 连接板,用于保证安装支座焊接时不破坏侧面方钢,确保骨架结构的强度不受影响。底架前段模块还预埋有电助力转向泵安装支架和电子风扇冷却模块安装支架,此结构通用化强,方便了支架焊接,且后期维修方便快捷。底架前段模块与车身地板骨架、车身左右侧围骨架连接成全承载结构,能够提高强度和刚度。底架前段模块结构如图 2-2 所示。

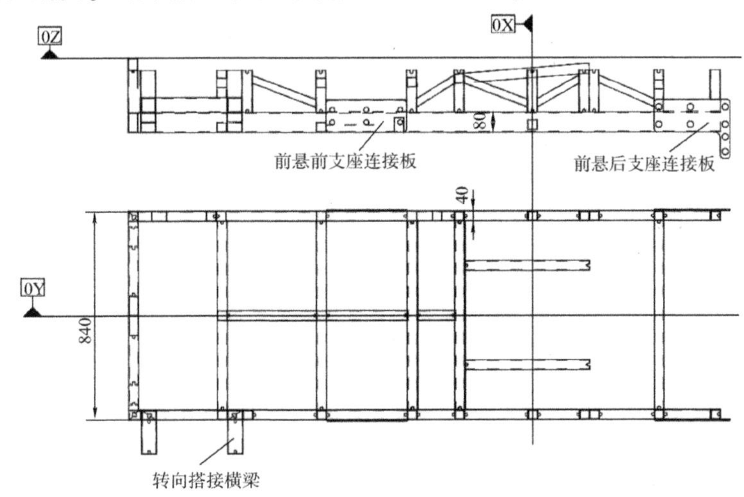

图 2-2 底架前段模块结构

2.2 底架中段模块设计

底架中段模块在设计时由于受到空间尺寸限制,从模块化和通用化的角度出发将底架中段模块分成三部分,即底架中段模块由中段上片、中段下片和电池舱立柱组成,这样做的优点在于方便了现场焊接制作,缩短了制作周期,保证了上、下片平面度,减小了焊接时电池舱的宽度尺寸相对误差,避免后期电池安装问题。同时,采用模块化设计的中段上片和中段下片两个模块可根据不同的车内布置以及不同的动力电池配置状态快速进行更换组合,提高了设计开发效率。上片中包含前后贯通梁,此梁连接了前段、中段、后段模块,保证三段整体受力,可实现力的迅速传导消散。下片中包含了电池安装预埋,可保证电池安装时方便快捷。车架侧面与车身侧围横梁骨架搭接形成一个整体结构,出于结构强度方面的考虑,底架中段模块采用纵向贯通梁、横梁及斜撑加强件组成,同时横向截面采用封闭环结构,此种连接方式符合“应力流”走向。底架中段模块结构如图 2-3 所示。底架中段模块是实现该车型大电量布置的关键所在。布置在前后轴之间的两个贯通式行李舱可容纳四块动力电池的安装,整车电池容量可达 127kW · h。

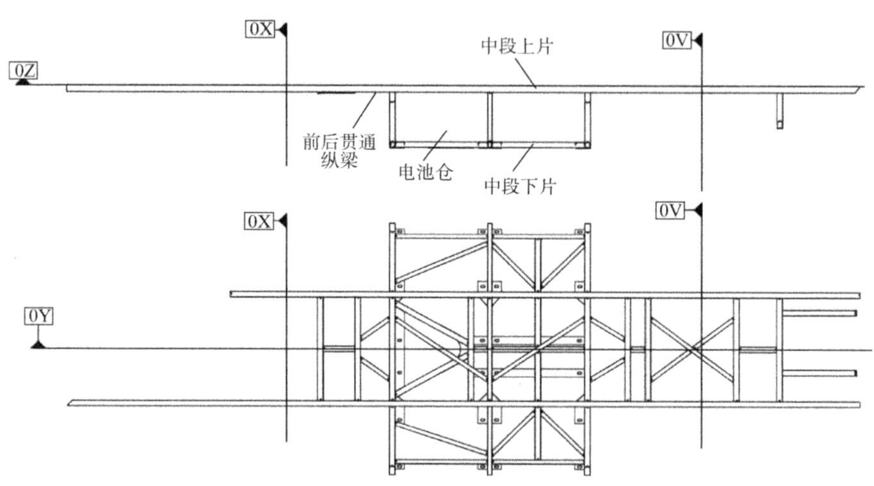

图 2-3　底架中段模块结构

2.3　底架后段模块设计

底架后段模块主要由后悬板簧支架、电机悬置支架、车架左右片、加强连接板组成,如图 2-4 所示。后段整体分成左右片设计,左右对称,极大地方便现场制作。后面电机安装处采用螺栓连接的下沉式活动梁结构,安装电机时,先拆下活动梁,再安装电机,节省空间的同时保证车架截面的完整。最后截面下方设计有防撞梁,保护电机。后段整体焊接完成后,再和中段贯通纵梁相互连接,保证整体截面完整。

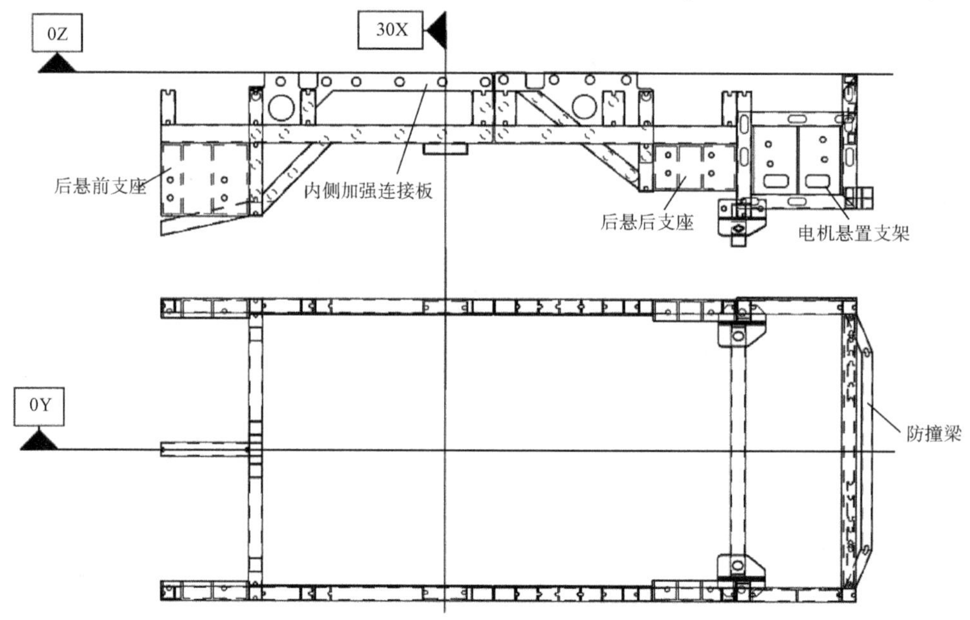

图 2-4　底架后段模块结构

3 整车骨架强度分析

将KLQ6602EV车型的三维模型转化建立CAE有限元模型,全承载底架总成和车身六大片骨架采用壳单元,网格公称尺寸设置为12mm;少片簧悬架、前后桥、车轮和轮胎、电机悬置软垫等采用梁单元进行模拟,公称尺寸设置为100mm。分析弯曲、转向、制动和依次抬起左前轮、右前轮、左后轮和右后轮工况。各工况的约束与加载设置见表3-1。

各工况的约束与加载设置 表3-1

工　况	约　束	加　载
弯曲	约束右前轮和右后随动轮的 Y、Z 方向的自由度;约束左前轮和左后随动轮的 Z 方向自由度;约束右后轮的 X、Y、Z 方向自由度,约束左后轮的 X、Z 方向自由度	在整车 Z 方向施加 $-1g$ 加速度
制动		在整车 X 方向施加 $-0.7g$、Z 方向施加 $-1g$ 加速度
转向		在整车 Y 方向施加 $\pm0.3g$、Z 方向施加 $-1g$ 加速度
扭转	扭转工况在前面约束的基础上,分别释放前轮和后轮的 X、Y、Z 方向自由度	在整车 Z 方向施加 $-1g$ 加速度

通过对各个工况下的应变和应力云图对比分析,最大应力和最大形变均未超过QST700矩形钢管的性能指标,全承载底架结构的力学性能满足设计要求。

4 结语

本文主要介绍了一种6m大电量纯电动客车的底盘布置方案,以及实现这种底盘布置方案所设计的全承载底架结构。该整车设计方案为目前纯电动客车广泛存在的“里程焦虑”提供了一种较为可行的解决方案,同时也为国内客运市场提供了一个富有竞争力的大电量纯电动客车产品。

参考文献

[1] 刘开春.客车车身设计[M].北京:机械工业出版社,2013.
[2] 刘鸿文.材料力学[M].北京:高等教育出版社,2002.
[3] 陈乐强,路斌,周孟生,等.全承载客车封闭环结构对整车的影响[J].客车技术与研究,2015,37(2):42-44.
[4] 田芳,王涛.全承载客车车身结构有限元分析[J].客车技术与研究,2012,34(1):17-19.
[5] 林银聚.客车底盘平台化技术[J].客车技术与研究,2014,36(6):31-33.
[6] 韩锋钢,陈都,苏海浪.基于Top-down设计方法的客车底盘开发技术[J].客车技术与研究,2014,36(6):24-26.
[7] 陈啸.一种具有贯通式行李舱的发动机前置中型客车底架设计[J].客车技术与研究,2019,41(4):48.
[8] 徐金泉.动力系统横向布置的双层城市客车全承载底架设计[J].客车技术与研究,2018,40(6):35-36.
[9] 姚成,朱銘.全承载式客车车身结构设计[J].客车技术与研究,2008,30(2):13-16.
[10] 张炎,姚成.客车车身骨架结构优化设计与先进技术应用[J].客车技术与研究,2007,29(2):22-24.
[11] 苗小锋,陈啸.前置发动机气簧悬架中型客车的桁架式底架设计[J].客车技术与研究,2020,42(1):26-27.

浅谈单踏板驾驶模式在新能源公交车上的应用

孟 彦
(石家庄市公共交通总公司,石家庄 050000)

摘 要:本文主要介绍了单踏板驾驶模式的技术工作原理及应用前景,从多角度分析其在公交车上应用的可行性。

关键词:单踏板;电门;Autohold;新能源城市公交车;节能

0 引言

近年来,随着汽车保有量的持续增加,全球面临着能源短缺、空气变差等诸多问题与挑战,汽车技术也不断发展与提升,各类电动汽车和燃料电池汽车应运而生。其中,纯电动汽车凭借具有环保、节能及可持续发展等优势在汽车领域具有广阔发展前景,尤其是在城市公交车领域,市场占有率逐年提升。

新能源城市公交车的电门踏板也从传统单一类型的驱动踏板特性,向随驱动模式进行标定的踏板型式转变,并随着消费者对汽车性能指标的要求的进一步提高,踏板类型不断优化迭代。其中,单踏板(One-Pedal)是最典型的代表,这是汽车踏板研发的一大进步,也充分体现了人车协同的人性化与科技化。

1 单踏板驾驶模式的技术研究

1.1 单踏板技术概述

"单踏板"顾名思义就是集加速踏板和制动踏板功能为一体的一种踏板,既可以控制车辆的加速,也可以控制车辆的减速。简单来说,只需要控制电门踏板,就可以实现车辆的起步、加减速、制动、滑行等多种功能动作,改变了传统的加速、减速双踏板的布置形式。单踏板的逻辑完全放弃了怠速蠕行,要走就给电,要制动就松开踏板。在低速的城市拥挤路况下,单踏板即可完成各项操作,非常适合电动车的逻辑。

根据单踏板的功能原理,其对新能源公交车电门的控制分为三个阶段:

(1)减速阶段。收电门,但未收到底,也就是电门没有回到0,根据速度介入一个线性制动力,直至车速稳定在电门开度对应的车速上,电机持续稳定的输出驱动力。

电门收到底,根据车速介入一个下抛物线型的线性滑行制动力,这里要注意滑行制动力开始阶段不要一下子上很大的制动力,如果制动力很大,车辆会出现剧烈的点头现象,制动力要如抛物线一般,逐步加大。

当车速低于一定速度后,由于可回收能量过少,滑行回收减弱,机械制动开始介入补偿制动力,直至车辆停止。

车速为零后自动起动自动驻车(Autohold)。

(2)重新起动加速阶段。踩电门,Autohold 自动解除,车辆根据电门开度来提供不同的驱动力来加速。

(3)倒车阶段。当车速为零时,Autohold 为起动状态,驾驶员踩制动踏板从前进挡或空挡切入倒挡。驾驶员踩电门,Autohold 自动解除,车辆移动,也可在这个阶段加入蠕行,个人觉得在这个阶段加入蠕行更好,便于驾驶员用制动踏板来精准控制车辆位置,而踩电门来控制倒车车速,毕竟还要转换到制动踏板上来停车,这中间会有一定延时停车。

1.2 单踏板技术的优劣点

1.2.1 优势

(1)驾驶更安全。由于采用了单踏板操作模式,驾驶更加简单,驾驶员可以将更多的精力用于驾驶行为本身,使驾驶员"更专注于驾驶",带来更安全的驾驶,但也需要驾驶员尽快熟悉新的驾驶模式。

(2)简化驾驶。单踏板操作可以大幅降低右脚左右移动的频率,减少误操作的概率,用一个踏板基本上满足日常驾驶需求。

(3)回收率更高。由于在整个踏板抬起过程中会随着车速不同有线性回收制动力介入到制动中,增加了动能回收的总时间和持续回收时间,总电能回收率得到提高。

(4)平均制动力更小。在踏板抬起过程中加入了一个线性制动力,大幅提高了踏板回位后的滑行回收力矩(500~600N·m),减少了踩制动踏板的制动回收过程(1100~1800N·m),使得总平均回收力矩大幅度降低,对后桥的高力矩冲击明显减小,有效延长了后桥传动部件的寿命。

(5)可有效减轻晕车感。电动汽车由于能量转换速率较快,并且能够在制动过程中利用电机反转进行能量回收,所以相对于内燃机汽车加速度和减速度均剧烈的多,很容易造成乘客乘坐时产生晕车的感觉。而要解决这一问题,需要降低加速曲线的平均斜度,减小制动能量回收的峰值转矩。单踏板控制模式可以大幅增加滑行阶段的回收力矩,而大多数情况下用不到制动踏板,大幅降低了制动峰值转矩,可以说是用时间换得了峰值转矩的降低,进而在总体驾乘感受上提升了舒适度。

(6)降低机械制动系统的磨损。盘式制动器的寿命一直是城市公交车行业的一个难题,平均寿命在5年以内;要想延长盘式制动器的寿命,一方面通过提高综合耐用性来实现,另一方面通过减少盘式制动器的使用量和强度来实现。而单踏板模式在城市公交车上的应用,由于在控制逻辑上大量的用电制动来实现减速和停车,在紧急制动等极少的情况下才使用机械制动,有效减少了机械制动系统的磨损和冲击,延长了制动器等制动部件的工作寿命。

(7)驾驶员的培养更加简单。电动车本身具有操作简单的特性,如使用单踏板功能,操作更加简单,驾驶员对车辆也更容易上手。同时,由于更容易操作,也使得换车的公交车驾驶员更容易的操作陌生车辆,减少因临时换车,对车辆性能不熟悉造成的不安全因素。

1.2.2 劣势

(1)与原有驾驶方式存在本质不同,需要驾驶员拿出一定时间来适应,特别是制动点的改变。根据公交部门对采用了单踏板的城市公交车制动滑行数据的统计分析,原来需要在40m前后就开始利用滑行来回收能量,采用单踏板驾驶后,制动点可以迁移到20m左右。

(2)踩电门倒车,这可能是驾驶员最难以适应的操控方式。对于采用蠕行功能的车辆不存在此问题。

(3)由于Atuohodle解除需要0.2s左右,对于追求驾驶感的驾驶员来说,每次起步需要一点时间缓冲。

(4)城市公交车大多采用的是后轮驱动方式,单踏板模式会将更多的制动能力作用在后轮上,后轮承担了更多的制动,轮胎磨损可能会加剧。

2 结语

单踏板模式是一种根据电动车特性而产生的一种新的驱动方式,其改变了传统的驾驶模式和驾驶方式,能有效地提高操作效率和能量回收效率,节能与便利一体化。在当今能源短缺的大环境下,城市公交车采用单踏板模式可以有效节能提高环境友好性,具有一定可行性,但也需要驾驶员拿出一定时间来积极适应新的驾驶习惯,确保驾乘安全。

车身结构
与安全技术

基于功能安全的电子机械制动系统制动力分配单元开发

刘宗剑,李　涛,郭潇然,黄　琨,彭金雷,夏天星
(宇通客车股份有限公司,郑州　450000)

摘　要:功能安全为车辆控制系统的开发过程提供了有效的指导方法,促进了车辆控制安全性的不断提升。详细阐述了功能安全概念阶段的内容和要求,介绍了电子机械制动系统制动力分配单元的功能安全开发具体过程,包括控制系统的相关项定义、安全生命周期启动、危害分析和风险评估、功能安全概念,通过分析使电子机械制动系统制动力分配单元的开发能够满足 ISO 26262 功能安全的要求。

关键词:车辆;电子机械制动系统;制动力分配单元;ISO 26262 功能安全

0　引言

随着汽车电子技术的迅猛发展,车辆朝着电动化、智能化、网联化的方向不断迈进,伴随汽车电子电气系统复杂性和集成度的不断提升,以及功能创新和需求的几何增加,使其硬件、软件和控制策略越来越复杂,其本身可能存在的系统性失效和随机硬件失效的风险也随之增大,汽车电子技术带来的安全问题也日益突出。为保证车辆电控系统功能的安全性,防止功能失效带来不可接受的安全风险,国际标准组织于 2011 年制定出专门针对汽车电子电气系统的功能安全标准(ISO 26262),并与 2018 年修订后加入载货汽车和客车的相关要求和章节,可见功能安全已在汽车行业得到广泛关注。

本文参照 ISO 26262 功能安全标准第三部分:功能安全概念,介绍了电子机械制动系统(Electromechanical Brake,EMB)制动力分配单元开发过程中的相关项定义、安全生命周期启动、危害分析和风险评估、功能安全概念。概念阶段作为功能安全开发的顶层设计,其意义在于为整车厂提供一种给零部件供应商提需求的方法,概念阶段的分析成果为供应商的项目需求输入,同时也是评判供应商输出物的是否满足需求的标准。概念阶段的成果,也是功能安全开发后续的产品开发的系统层面阶段、硬件层面阶段和软件层面阶段的过程依据。

1　EMB 制动系统制动力分配单元的相关项定义

EMB 制动系统彻底抛弃了传统的气压或液压制动管路,采用响应快、效率高的电动机作为驱动末端制动的执行机构,通过电路作为信号和能量的传输媒介,使用电子制动踏板作为驾驶员制动意图的检测装置,利用电能作为制动系统的能量来源,具有体积小、质量轻、清洁环保、布置灵活等优点,已经成为线控制动系统的发展趋势。

EMB 制动系统主要包括:车载电源、电子制动踏板、制动力分配单元、车载计算机网络、制动执行单元与制动力控制单元。车载能源作为系统能量来源,为系统提供稳定的电压,驱动执行电动机并为传感器提供电源。电子制动踏板通过制动踏板上的传感器,将驾驶员制动意图导入电子控制单元。车载计算机网络为制动力分配单元、制动力控制单元提供通信。制动力控制单元和制动执行单元组合成完整的制动模块,制动执行单元常由驱动电动机、减速增扭机构、运动转换装置和钳体组成。

1.1　功能逻辑

制动力分配单元为 EMB 的重要组成部分,其控制系统的功能定义为准确识别驾驶意图,结合车辆状态

分配制动力,使车辆实现符合驾驶员预期的制动减速度。系统的边界接口包括系统的输入和输出,输入的信息包括制动踏板行程、制动踏板速度、车速、前轴后轴载荷、制动减速度等参数,输出的信息为前轴后轴制动力。图 1-1 所示为包括制动力分配单元边界的系统框图。

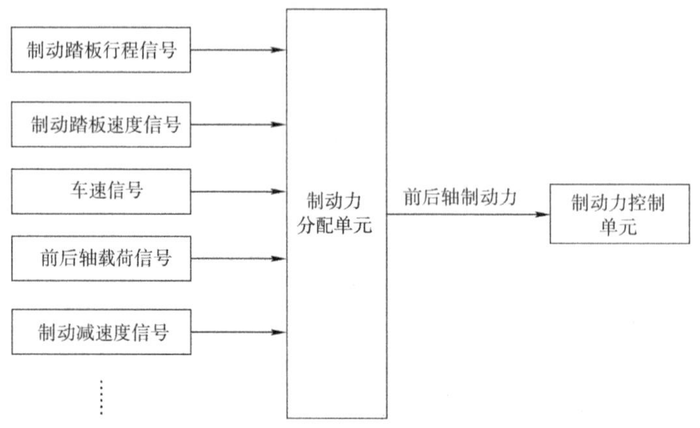

图 1-1 制动力分配单元系统框图

1.2 边界接口

如图 1-1 所示,制动力分配单元与其他相关项、车辆状态之间的交互作用和相互影响,通过边界线将系统的组件和外部要素划分开来,外部的输入要素如车速信号,会对制动力分配单元的判断产生影响;外部的输出要素如前后轴制动力,直接影响制动力控制单元的计算和执行。

连接接口类型包括硬线连接和 CAN 总线连接,硬线为传感器等信号线直接接到控制器的情况,CAN 总线为通过总线通信协议将各种信号以固定格式在同一线路上进行传输,不同的接口类型存在不同的失效模式,需要采用不同的安全措施。

2 启动安全生命周期

安全生命周期启动需要确定本相关项系统是新的开发还是对现有相关项系统进行修改,或是对现有相关项系统的重用。新的相关项开发需要继续进行下一步危害分析和风险评估,对现有相关项进行修改需要评估修改部分对相关项的影响并进行影响分析,对现有相关项系统的重用需要集成和沿用与现有相关项安全相关的文档。

分析 EMB 制动系统制动力分配单元为新开发的相关项,需要开展危害分析和风险评估,对于修改相关项、重用相关项的内容可参考 ISO 26262 相关章节。

3 制动力分配单元的危害分析和风险评估

危害分析和风险评估(Hazard Analysis and Risk Assessment,HARA)的主要作用是识别系统中因失效而引起的危害事件,并对危害事件进行分类,结合具体危害事件确定功能安全目标,并依据安全目标制定出相应的安全措施,以降低危害事件发生概率或减轻危害程度,以避免不合理的风险。

HARA 的分析流程如图 3-1 所示,根据相关项定义中的功能逻辑,采用特定分析方法得出危害事件及不同纬度的危害等级,根据危害等级查表确定功能安全等级 ASIL,最后确定不同危害事件的安全目标,并结合安全目标输出功能安全概念。

3.1 分析危害事件

危害事件的分析方法中使用较多的有危害和可操作性分析(Hazard and Operability Analysis,HAZOP)、头脑风暴、预先危害性分析(preliminary hazard analysis,PHA)等,而 HAZOP 方法的系统性、结构性较好,对于制动力分配单元的 HARA 分析采用 HAZOP 方法。

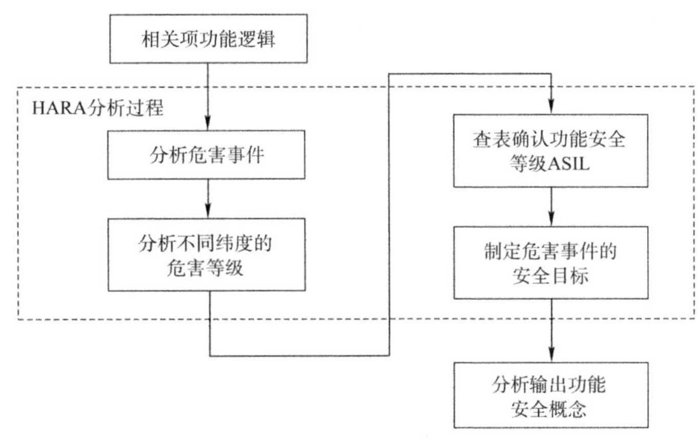

图3-1 HARA 分析流程

HAZOP 提供了 12 种失效模式,通过对每种失效模式的分析准确全面地找出潜在危害,包括过度、不足、失效、衰减、间歇性、无规律、振荡、错误、相反、延时、无响应。以失效模式关键词“过度”为例对危害事件进行分析,分析结果见表 3-1。

制动力分配单元的 HAZOP 分析 表 3-1

功能	失效关键词	失效模式	失效原因	运行场景	造成的整车危害	是否属于危害事件
制动力分配单元	过度	前轴制动力分配过大	(1)踏板行程信号异常过大; (2)控制器计算错误 ……	(1)车辆静止状态; (2)车辆低速行驶; (3)车辆高速行驶在湿滑路面上 ……	(1)无影响; (2)车辆制动不平顺; (3)车辆失稳侧翻 ……	否 是 是 ……
		后轴制动力分配过大 ……	(1)踏板行程信号异常过大 (2)控制器计算错误 ……	(1)车辆静止状态; (2)车辆低速行驶; (3)车辆高速行驶在湿滑路面上 ……	(1)无影响; (2)车辆制动不平顺; (3)车辆甩尾 ……	否 是 是 ……

3.2 危害事件的危害等级

危害事件的危害等级包括暴露度、严重度和可控性三个维度,这三个维度也是确定汽车安全完整性等级(automobile safety integrity levers,ASIL)的三个影响因子,每个影响因子的不同等级在标准中均有定量描述,以下对其进行简单描述。

(1)暴露度(exposure level,E)。针对危害事件所处的车辆运行工况和驾驶环境的评估,可以为驾驶场景占车辆全生命周期运营场景的比例或在车辆运营过程中发生的频率。

(2)严重度(severity,S)。危害事件在特定场景下所造成的人员伤害的严重程度,驾乘人员、车外行人等所有相关人员均在严重度的评估范围内。

(3)可控性(controllability,C)。危害事件发生时驾驶员或者周边人员对危险情况的可控制程度,可避免伤害或降低伤害程度的概率。

3.3 功能安全等级确定

功能安全等级 ASIL 共分为 ASIL A、ASIL B、ASIL C、ASIL D 四个等级,每个等级定义了在 ISO 26262 中对相关项或要素的必要要求和安全措施,以避免不合理的残余风险,D 代表最高严格等级,A 代表最低严格等级,另外 QM 等级属于质量管理范畴,不在功能安全考虑之内。每个危害事件给出的严重程度(S)、暴露概率(E)和可控程度(C)的分级,经查表后可得到相应的 ASIL 等级,S、E、C 值与 ASIL 的对应关系见表 3-2。

ASIL 等级对应关系 表 3-2

严重程度等级	暴露概率等级	可控程度等级		
		C1	C2	C3
S1	E1	QM	QM	QM
	E2	QM	QM	QM
	E3	QM	QM	A
	E4	QM	A	B
S2	E1	QM	QM	QM
	E2	QM	QM	A
	E3	QM	A	B
	E4	A	B	C
S3	E1	QM	QM	A
	E2	QM	A	B
	E3	A	B	C
	E4	B	C	D

结合危害事件三个维度的危害等级,通过 ASIL 等级对应关系表,对通过 HAZOP 方法分析出的危害事件,确定其 ASIL 等级见表 3-3。

危害事件的 ASIL 等级确定 表 3-3

危害事件	场 景	E	分级描述	S	分级描述	C	分级描述	ASIL 等级
制动不平顺	车辆低速行驶	4	平均运行时间大于 10%	1	轻度和中度人员受伤	1	驾驶员或其他交通参与者通常不能避免损害的比例小于 1%	QM
	……	……	……	……	……	……	……	……
车辆甩尾	车辆高速行驶在湿滑路面上	3	驾驶员平均每月发生一次或更多	2	车辆甩尾后可能发生碰撞,产生严重和危及生命的受伤	3	湿滑路面制动发生甩尾的情况下,驾驶员通常不能避免损害的比例超过 10%	B
	……	……	……	……	……	……	……	……
车辆失稳侧翻	车辆高速行驶在湿滑路面上	3	驾驶员平均每月发生一次或更多	3	车辆侧翻后,产生危及生命的受伤或可能致命	3	湿滑路面制动发生侧翻时,驾驶员或其他交通参与者通常不能避免损害的比例超过 10%	C
	……	……	……	……	……	……	……	……
……	……	……	……	……	……	……	……	……

3.4 制定安全目标

结合危害事件分析后确定的 ASIL 等级,表 3-4 为 EMB 系统的制动力分配单元制定了安全目标,作为功能安全开发的顶层需求,为系统开发阶段提供输入。

制动力分配单元的安全目标　表3-4

功　能	安全等级	安全目标
制动力分配单元	QM	通过质量管理体系管控,无须制定安全目标
	ASIL B	避免前轴制动力分配过大
	ASIL C	避免后轴制动力分配过大
	…	……

4　制动力分配单元功能安全概念

以安全目标作为输入进行功能安全概念设计,具体包括安全状态的提出、安全需求的提出以及安全需求在系统要素的分解。通过功能安全概念提出具体的功能安全需求(FSR),为系统开发阶段提供输入,表4-1为基于制动力分配单元安全目标提出的功能安全需求。

基于制动力分配单元的安全目标提出的功能安全需求　表4-1

FSR	安全等级	需求定义
FSR 1	ASIL B	要求制动踏板信号信息能够正确获取
FSR 1.1	ASIL A	要求制动踏板信号信息能够正确获取
FSR 1.2	ASIL A	要求采用诊断和安全机制对信号校验
…	…	……
FSR 2	ASIL C	要求制动力分配算法满足需求定义
…	…	……

5　结语

本文以EMB系统制动力分配单元的开发为基础,依据ISO 26262标准中的要求,重点对第三部分概念阶段的相关项定义、安全生命周期启动、危害分析和风险评估、功能安全概念进行了分析和设计,概念阶段的输出物可作为开发需求提给供应商,也是系统开发阶段的输入,为硬件开发和软件开发提供上层目标,为系统功能安全的实现奠定基础。

参考文献

[1] 张金良,张慧忠,唐君华,等.基于ISO 26262的新能源电动车电机驱动系统概要设计[J].机电工程技术,2017(07):105-107.

[2] 王俊明,周宏伟.基于ISO 26262的车道保持辅助的功能安全概念设计[J].重庆交通大学学报,2019(03):135-142.

[3] LEE K J,LEE K H,MOON C,et al. Design and development of a functional safety compliant electric power steering system [J]. Journal of Electrical Engineering & Technology. 2015,10(4):1915-1920.

[4] Marion Suerken,Thomas Peikenkamp. Model-based Application of ISO 26262:The Hazard Analysis and Risk Assessment [J]. SAE Int,J. Passeng. Car - Electron,Electr,Syst. 2013,6(1):114-125.

[5] 何杰,陈慧.符合ISO 26262的EPS扭矩传感器故障容错时间间隔确定方法[C].2015中国汽车工程学会年会论文集. 2015:818-821.

[6] 葛鹏,陈勇,罗大国.基于道路车辆功能安全标准ISO 26262的7DCT电控系统设计[J].汽车技术,2014(9):21-23.

解析大型客车车轮安全性与轻量化新技术

陈志龙

[金龙联合汽车工业(苏州)有限公司,江苏苏州　215026]

摘　要:全面介绍大型客车车轮安全性现状,分析车轮现行技术标准与国外先进技术标准的差异,阐述客车车轮的减重、加强方向和轻合金车轮优势,为客车车轮的匹配研发工作提供参考。

关键词:车轮;动态弯曲疲劳强度;动态径向疲劳强度;高强度;轻量化

0　引言

根据公安部的统计数据,截至2017年年底,中国汽车保有量已经达到2.17亿辆,已经成为名副其实的车轮上的国家,车轮的安全性能直接影响3.42亿驾驶员的生命财产安全。尤其是载客量大的大型客车,一次事故将影响几十个家庭的生活幸福,车辆安全更是重中之重。东部地区的主要路网干线沪宁高速,开通100天内由于车轮轮胎故障导致的交通事故占比高达37%,车轮的性能优劣对整车的安全性能贡献甚大。

1　车轮安全性能技术现状

目前,我国大型客车车轮技术要求主要依据为《商用车辆车轮性能要求和试验方法》(GB/T 5909—2009)、《车轮轮辋与轮辐焊接强度要求及试验方法》(QC/T 259—2011)、《道路车辆 轻合金车轮 冲击试验方法》(GB/T 15704—2012)等国家标准和行业标准,基本满足了大型客车的安全性的基础要求。但与发达国家相关标准要求相差较大,主要体现在动态弯曲疲劳强度、动态径向疲劳强度等强度指标上,表1-1、表1-2就这两个指标对比国家标准和欧洲、美国、日本等国发达国家标准。

钢制车轮国家标准与欧洲、美国、日本等发达国家安全性能指标对比表　　表1-1

国家	标准号及名称	弯曲疲劳循环次数要求	径向疲劳循环最低次数要求
中国	GB/T 5909—2009 《商用车辆车轮性能要求和试验方法》	单个样品,不低于300000次	单个样品,不低于1000000次
美国	SAE J267—2014 Wheels/Rims-Truck and Bus-Performance Requirements and Test Procedures for Radial and Cornering Fatigue	7个样品,威布尔统计法,60000~113000次	7个样品,威布尔统计法,1000000~1875000次
德国	§ 30StVZO NO. 287—1998 Guidelines for the testing and inspection of custom wheels for motor vihecls and their trailers	公用车辆禁止使用	公用车辆禁止使用

轻合金车轮国家标准与欧洲、美国、日本等发达国家安全性能指标对比表　　表1-2

国家	弯曲疲劳试验				径向弯曲疲劳试验			
	安全系数	弯曲力矩(N·m)	循环次数(转)	执行标准	安全系数	载荷(kg)	循环次数(转)	执行标准
德国	2.73×0.5	28704	≥5000000	TUV	2	8250	≥4000000	TUV
欧洲	2×0.5	20394	≥2000000	ES 3.11	2.2	9075	≥500000	ES 3.11
日本	1.35	27511	≥250000	VIA	2	8250	≥1000000	VIA
美国	1.35	27824	≥250000	SAE J267—2007	2	8250	1000000~1875000	SAE J267—2014
中国	1.35	27549	≥300000	GB/T 5909—2009	2	8250	≥1000000	GB/T 5909—2009

从表1-1表1-2可以看出,在钢制车轮方面,我国和发达国家标准差距不大,但德国为提高安全性能,降低能耗,从20世纪开始就已禁止在公用车辆(即大型客车)匹配钢制车轮,而国内大型客车上钢制车轮匹配程度依然大于80%,占据绝对主力。另一方面,国内轻合金车轮技术标准虽然与美国、日本等发达国家接近,但与德国等欧洲工业强国的技术标准差距依然很大。随着社会发展,国内车轮制造企业也在奋起直追,在高强度、轻量化等方面作出了很多创新。

2 钢制车轮轻量化方向

由于我国汽车行业起步较晚,整体发展水平与欧洲、美国发达国家相比依然有一定差距,再加上购买力限制等原因,钢制车轮依然是我国大型客车的匹配主流。为适应日益增长的使用需求,钢制车轮在以下几个方面进行了技术创新。

2.1 材料使用

为满足新能源客车质量增加的需求,在不加大车轮保持车高不变的基础上,需要提高车轮的负荷能力以满足整车的安全性能需求,部分厂家车轮材质从380CL提高到420CL直至590CL,通过材料性能的提升,负荷能力提升到大一个规格型号;另一方面,通过模拟分析(图2-1),在车轮提高负荷时,仅有局部结构不能满足负荷要求,主要集中在轮辐风孔附近和轮缘处,业内知名企业通过旋压加强筋和采用不等厚型钢,强化之后车轮整体负荷能力均得到提升,如图2-2所示。

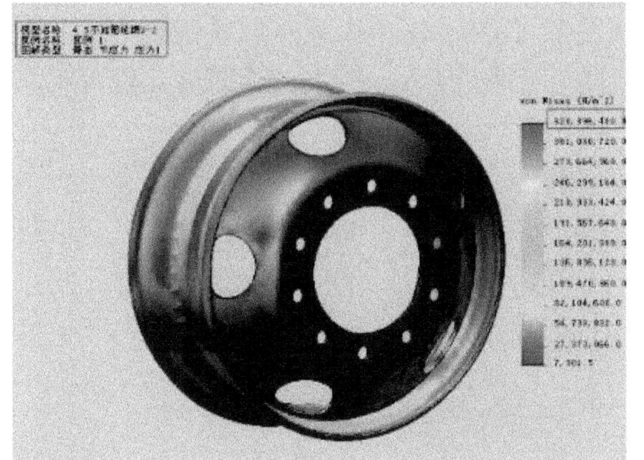

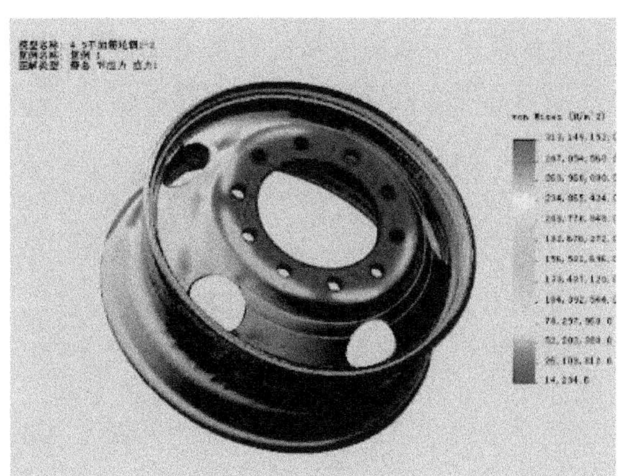

图2-1 通过采用轮辐旋压加强筋,应力分析从328降低至313

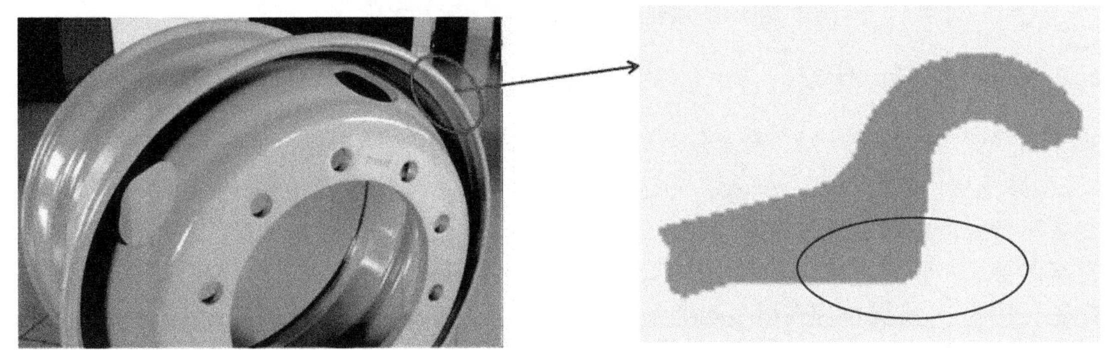

图2-2 通过采用不等厚截面专用型钢提高轮缘强度

2.2 结构优化

车辆的自重,在汽车工作中消耗了大量的无用功率,根据一般测算,汽车质量每下降10%,油耗下降8%,排放下降4%,尤其是簧下质量的下降,可提升操纵性能(如更易起步、制动)。因此在不降低安全性能的基础上降低车轮质量,成为很多厂家的开发方向。上文提到的材料提升也在轻量化方面得到广泛应用,同时部分厂家也在整体减小车轮壁厚的情况下,优化风孔等局部结构,既降低了耗材质量,安全性能也得到了充分的满足。典型的几种优化结构如图 2-3、图 2-4 所示。

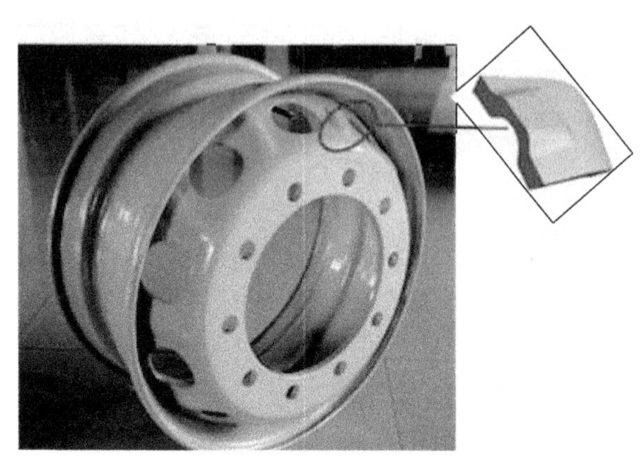

图 2-3　在风孔之间压出加强凸筋增加强度

图 2-4　在风孔周边加厚材料提高强度

2.3　X-ONE 技术

大型客车一般后轮负荷较重,尤其是后置发动机车辆,后轴负荷一般达到整车质量的 55% ~70%,后轴车轮需要承担接近前轴车轮的双倍负荷,因此后轴大多数采用单侧双胎结构,双胎双车轮也同步增加了整车自重。为减轻由于双胎导致的自重增加,部分厂家了开发了 X-ONE 连体车轮匹配单宽胎结构(图 2-5),在保证负荷的基础上通过减少车轮和轮胎数量,整车单侧自重可减重 65kg 左右,减重效果比较可观。

a) 双胎结构

b) X-ONE结构

图 2-5　双胎结构与 X-ONE 结构的对比

3　轻合金车轮的几大优势

轻合金车轮行业主要有锻造铝合金车轮及铸造铝合金车轮两种,铸造铝合金车轮主要应用于轻型客车和乘用车,大型客车由于轴荷较大一般采用 6061-T6 或更高材料的锻造铝合金车轮。2017—2019 年是汽车行业尤其是客车行业的标准更新高峰期,随着国家标准对整车尤其是大型客车安全性能要求日益提高,以及新能源汽车的推广不断深入,整车对车轮的安全性、经济性要求也在不断提升。在这些方面轻合金车轮相比钢制车轮优势明显,主要体现在以下几个方面。

3.1　安全性

由于制造工艺的特殊性,锻造铝合金车轮是整体锻造而成,珠光体间距均匀,在外力作用下,不容易引起不均匀塑性变形,导致应力集中,材料的强度得到有效保证;同时由于是单一铝锭整体成型,没有焊接等钢制车轮必需工序,产品整体没有砂孔、应力集中等内伤,车轮的强度相比钢轮有很大优势。在径向压力测试中,8.25 的铝合金车轮能承受的压力达到 70000kgf 以上(1kgf = 9.80665N),超过了钢制车轮能承受的压力的 5 倍。在 JAPAN LIGHT ALLOY WHEEL 撞击安全测试中,目前也只有锻造铝合金车轮可以通过测试。

另一个方面,由于铝的比热容是钢的2倍,导热系数是钢的3倍,导致铝合金车轮散热能力大大优于钢制车轮。根据使用效果统计,同规格的铝合金车轮相同使用条件下,温度可以比钢制车轮低5℃左右,而车轮温度每降低1℃,轮胎的使用寿命大致可以增加5000km,有效地降低了车辆爆胎的风险。铝材的熔点低的特点,决定了发生故障铝合金车轮与钢材摩擦时不会产生火花,消除了引燃车辆其他部件的隐患。

3.2 经济性

上文2.2中曾经提到车辆自重降低可以降低能耗,同规格的铝合金车轮的质量大概只有钢制车轮的一半,以大型客车每车6个车轮计算,整车可以减重150kg左右。据欧洲原子能委员会报告,车辆自重减轻100kg,可使百公里油耗节省0.5~0.7L,这样每辆车每百公里就可节约0.77~1.08L燃油,全年粗略估计可节省燃油费用13000元左右,再加上匹配铝合金车轮后轮胎磨损的降低,一年总共可预计降低费用16000元左右,经济效益非常可观。

我们经常可以看到钢制车轮一旦表面涂层受损,铁锈就会一层一层的剥落,不久之后车轮就会报废,维护成本较高。这是由于钢材与氧气反应,形成的铁锈层非常松散,会加剧吸潮吸水,从而加速内部的氧化速度。而铝与氧气快速反应,形成的氧化铝层性质很稳定,不易被腐蚀,这层氧化铝会充当致密保护层,阻止里面的铝进一步发生反应或被腐蚀。经过浸泡抗氧化膜的锻造铝合金车轮,甚至可以在车辆全生命周期内免于维护,降低了使用者的材料和时间成本。

3.3 环保性

铝合金车轮的经济性的特征同时伴随着环保性能的优越。车辆在降低油耗的同时也降低了废气的排放。同样是欧洲原子能委员会报告,车辆自重减轻100kg,每千米可减少7.5~10g碳的排放量,折合到大型客车每百公里可减少碳排放11.55~15.4g,大约为整车排放的4%,环保性能可观。

由于氧化铝的稳定性,铝被环保界称之为"永不消逝的金属"。从铝锭加工成车轮再到车轮报废回收加工成铝锭,材料的消耗比例大概只有5%,真正做到节能环保。

4 新技术的应用推广

由于国家标准中要求的车轮承载能力性能要求较低,所有厂商的车轮均能达到国家标准要求,但不一定能满足实际高强度使用要求,为提高整车性能,引导车轮制造企业提升配套件质量,笔者组织修订企业标准时,参考美国和德国车轮标准中对车轮强度的规定,对车轮弯曲疲劳强度和车轮径向疲劳强度进行分级,由高到低分为A、B、C三级(表4-1、表4-2)。其中C级标准均为国家标准要求,所有车轮均应能满足C级的性能要求;铁质车轮A、B级要求数值分别参考美国SAE J267—2014标准最高和中间要求;铝合金车轮B级要求数值参考美国SAE J267—2014标准最高要求,A级要求数值参考德国§30StVZO NO. 287-1998标准要求。在不提高门槛的基础上,通过企业内部的质量评价体系和品质奖惩制度,促进车轮企业自我提高要求,追求技术进步。目前已有国产配套企业能够全部按照德国标准提供配套,为我公司整车安全性、经济性提升作出贡献。

车轮弯曲疲劳寿命分级数值范围表 表4-1

<table>
<tr><th colspan="2">车轮特征</th><th>强化系数</th><th></th><th>A级</th><th>B级</th><th>C级</th></tr>
<tr><td rowspan="2">钢质车轮</td><td>内偏距小于101.6mm</td><td>1.6</td><td rowspan="5">循环次数</td><td>大于80000</td><td>70000~80000</td><td>60000~70000</td></tr>
<tr><td>内偏距不小于101.6mm</td><td>1.1</td><td>大于468000</td><td>380000~468000</td><td>300000~380000</td></tr>
<tr><td rowspan="3">铝合金车轮</td><td rowspan="2">轮辋名义直径小于17.5#</td><td>1.35</td><td>大于5000000</td><td>468000~5000000</td><td>300000~468000</td></tr>
<tr><td>1.63</td><td>大于1000000</td><td>135000~1000000</td><td>120000~135000</td></tr>
<tr><td>轮辋名义直径不小于17.5#</td><td>1.35</td><td>大于5000000</td><td>468000~5000000</td><td>300000~468000</td></tr>
</table>

车轮径向疲劳寿命分级数值范围表 表4-2

车轮特征		强化系数	摩擦系数		A级	B级	C级
铁质车轮	5°DC	2.2	0.7	循环次数	大于900000	700000~900000	500000~700000
	5°FB	2			大于900000	700000~900000	500000~700000
	15°DC	1.6			大于1800000	1400000~1800000	1000000~1400000
铝合金车轮	所有	2			大于4000000	1800000~4000000	1000000~1800000

5 结语

虽然我国汽车行业起步较晚,整体水平与发达国家相比仍有一定差距,但随着改革开放40年的发展,尤其是基础工业的全面发展和新能源汽车技术水平的不断进步,汽车整车和零部件行业都取得了长足的发展。随着汽车零部件的各种新技术、新材料的推广应用,汽车行业的明天必将更蓝、更亮。

参考文献

[1]《从沪宁高速公路的交通事故谈对轮胎管理的几点建议》.《翻胎工业》. 1997 第三期.

[2] 中华人民共和国国家标准. 商用车辆车轮性能要求和试验方法:GB/T 5909—2009[S]. 北京:中国标准出版社,2009.

[3] 中华人民共和国汽车行业标准. 车轮轮辋与轮辐焊接强度要求及试验方法:QC/T 259—2011[S]. 北京:中国计划出版社,2011.

[4] 中华人民共和国国家标准. 道路车辆 轻合金车轮 冲击试验方法:GB/T 15704—2012[S]. 北京:中国标准出版社,2012.

[5] 陈家瑞. 汽车构造[M]. 北京:机械工业出版社,2000.

[6] 陈志龙. 车轮技术条件:Q/KLQ 31-01—2017[S]. 苏州:金龙联合汽车工业(苏州)有限公司,2017.

浅论大型客车顶盖骨架和顶盖蒙皮的优化设计

姚 晗

（北汽福田汽车股份有限公司欧辉客车事业部 技术研究院车身所，北京 102200）

摘 要：本文根据公司服务于2022年北京冬奥会项目的BJ6116某款客车车顶的强度要求、质量要求、外观要求及工艺制造要求，对顶盖骨架和顶盖蒙皮进行了结构设计，合理地确定了顶盖骨架梁的间距大小和位置以及蒙皮的厚度和结构，并进行了有限元分析和实际验证，结果表明顶盖骨架及蒙皮结构的改进设计有一些进步。

关键词：大型客车；顶盖骨架和顶盖蒙皮；结构设计；实际验证

0 引言

顶盖骨架和顶盖蒙皮的设计看似简单容易，实际上并非如此。顶盖骨架和顶盖蒙皮作为客车车身结构的重要组成部分，它本身是作为空调及一些电器组件的承载载体；也是空调安装、逃生天窗、顶灯安装等的载体；同时也作为客车整车的顶部安全屏障，这三点就决定了顶盖骨架和顶盖蒙皮设计可靠的重要性，我个人总结其设计要求应当满足以下三点：顶盖自身的轻量化、顶盖的承载强度可靠化、整车的抗翻变形安全性能。顶盖骨架和顶盖蒙皮的作用和相互关系：顶盖骨架就如同人的骨骼，顶盖蒙皮就如同人的皮肤，由此可见得，顶盖骨架和顶盖蒙皮的设计的重要意义。二者设计的好坏，往往就在于车身设计技术人员能否从车顶的强度要求、质量要求、外观要求及工艺制造要求寻求一个最大公约数，实车越接近这个最大公约数，则结构设计得越好。

1 BJ6116某款客车顶盖骨架改进设计

在设计上，主要依据《客车结构安全要求》（GB 13094—2017）、《客车上部结构强度要求及试验方法》（GB 17578—2013）、全国客车标准化技术委员会客车分技术委员会归口的标准《营运客车安全技术条件》（JT/T 1094—2016）和项目要求。

该款客车顶盖骨架设计如图1-1和图1-2所示，由13道横梁、左右侧各2道边纵梁、中间2道纵梁组成。顶盖骨架的材料主要为2.0mm厚40mm×40mm的Q345C方管。

在设计上：

（1）强度方面，将顶横梁做成顶盖主要的承载结构件，同时为保证整车的抗翻变形安全性能，顶横梁的材料规格由30mm×30mm的方管改为40mm×40mm的方管，厚度由1.5mm改为2mm，顶骨架曲线的弧度减少120，设计得更平直，经过有限元分析后，抗翻变形性能提高39%，同时将顶盖左右两侧与侧围对接的转角处的小圆弧过渡采用更大的圆弧过渡，既保证了圆润饱满的造型又改善了顶盖的受力状况。

（2）减重方面，将顶蒙皮的搭接梁、内行李架固定板的焊接梁、中顶板的边固定梁合并为一根，为确保做到这一点，要求将蒙皮、空调、内饰的安装协调一致化设计，因内饰顶板采用的三合板或者宝丽板需严格执行国家标准1220mm×2440mm，所以顶盖骨架的两道纵梁按1220mm宽度布置，顶蒙皮搭接宽度和内行李架固定板焊接梁也采用1220mm纵梁宽度设计，在结构上减少了两道纵梁，同时将内行李架固定板优化设计成一个尺寸缩小的角铁件，保证了悬臂结构的强度也减轻了骨架质量。

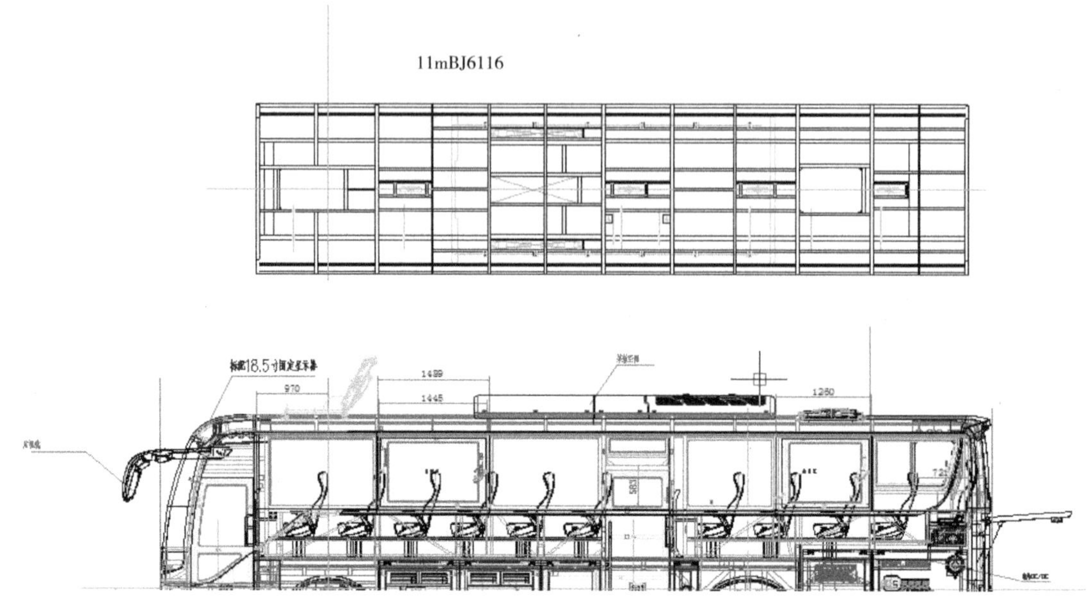

图1-1　BJ6116客车顶盖骨架(一)(尺寸单位:mm)

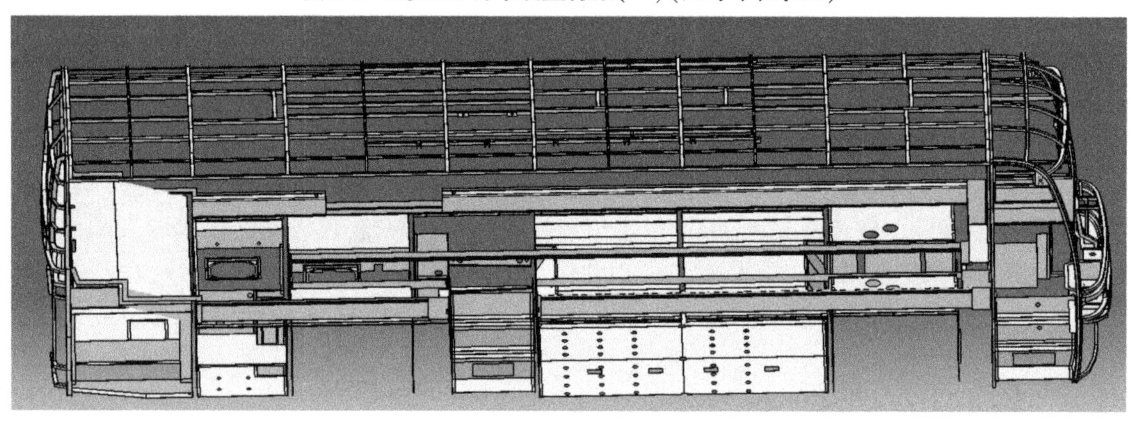

图1-2　BJ6116客车顶盖骨架(二)

2　BJ6116某款客车顶盖蒙皮的结构设计

在顶盖蒙皮设计上,如图2-1所示采用三块式设计,即顶中蒙皮和两侧蒙皮。此款车的顶盖蒙皮有以下几个方面的优化:

(1)为了提高蒙皮的平整度,采用蒙皮张拉工艺;

(2)为达到项目要求的防水密封性,采用了顶中蒙皮压在两侧蒙皮上,与两侧蒙皮搭接采用了新的方式,粘接+铆接结构,铆钉定位在13道横梁上,经防水密封性能测试,较焊接结构密封性能提升25%;

(3)为满足轻量化需求,经CAE对顶盖蒙皮承载强度分析后,将顶中蒙皮由1.0mm厚的Q235冷轧镀锌钢板改为1.5mm厚的铝合金板,在1270mm宽的顶中蒙皮设计出五道辊压成型的筋,两侧大过渡圆弧蒙皮改用1.0mm厚Q345镀锌钢板,分析结果显示该款车顶盖蒙皮自身质量减轻54.8kg,在车顶盖空调受到垂直3g冲击载荷工况下,顶盖蒙皮的TOP面和Bottom面的最大vonMises应力分别为266MPa和278MPa,此时顶盖蒙皮最小安全系数为1.21>1.15,满足强度要求。在车顶盖空调受到垂直-3g冲击载荷工况下,顶盖蒙皮的TOP面和Bottom面的最大vonMises应力分别为271MPa和283MPa,此时顶盖蒙皮最小安全系数为1.18>1.15,满足强度要求。在随后的倾翻试验中也表明,顶盖的抗承载弯曲刚度和抗侧翻形变强度得到显著改善。

对于顶盖侧蒙皮与侧窗玻璃的连接处结构,如图2-2(右边为笔者改进设计后)所示也作了优化设计,将顶盖侧纵梁与侧围纵梁宽度保持一致,顶侧蒙皮结构截面设计成直Z型,采用辊压成型工艺,侧窗玻璃打密封胶粘接压在顶侧蒙皮下沿,这使得蒙皮结构不露毛边,简洁美观,也保证了顶盖骨架力流传递的连续性。此外对于安全顶窗开洞和空调出风口回风口的大小尺寸和位置尺寸设计,在设计上结合了骨架梁的结构设计和相应的标准要求(GB 13094 规定乘员数大于50人的车辆,安全顶侧数量不能小于2个,安装间距不小于2m。单个面积不小于400000mm^2),故将前天窗置前280mm,尺寸定为885mm×545mm,后天窗置后360mm,尺寸定为825mm×600mm,达到了综合满足骨架结构设计要求和标准要求的预期目的。

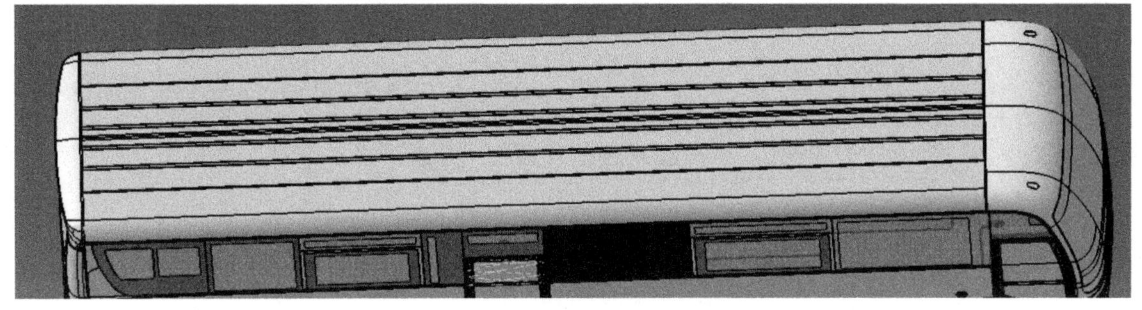

图2-1 BJ6116客车顶盖蒙皮

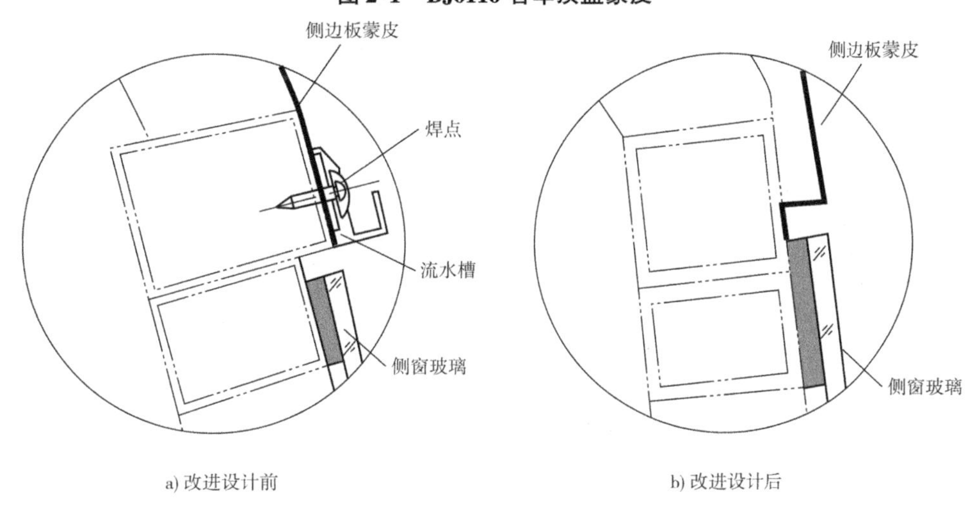

图2-2 顶盖侧蒙皮与侧窗玻璃的连接

3 结语

本文简要阐述了该款客车的顶盖骨架和顶盖蒙皮的设计思路和制造实施方案,在样车生产完成后实车跟踪验证得出此优化设计达到了预期设计目的,具有满足项目要求可靠性、轻量化的优点。总而言之,客车的顶盖骨架和顶盖蒙皮绝不仅仅只是一个简单的独立模块,而是一个需要综合考量、系统设计的车身模块,往往需要设计人员在标准要求和现实情况之间寻求一个平衡点,很多时候要顾及结构设计可靠性也要顾及外观造型、工艺制作可行性等,这就需要在设计过程中总体把控认真考量。

参考文献

[1] 黄天泽. 大客车车身[M]. 长沙:湖南大学出版社,1988.
[2] 曾正明. 机械工程材料手册[M]. 北京:机械工业出版社,2004.
[3] 黄金陵. 汽车车身设计[M]. 北京:机械工业出版社,2007.
[4] 孙凌玉. 车身结构轻量化设计理论、方法与工程实践[M]. 北京:国防工业出版社,2011.
[5] 顾柏良. 汽车工程手册[M]. 北京:北京理工大学出版社,2005.

中型增程式电动客车的半承载底架设计

曾小乔

[金龙联合汽车工业(苏州)有限公司,江苏苏州 215000]

摘 要:介绍中型增程式电动客车的半承载底架结构的设计特点。

关键词:中型客车;增程式电动客车;半承载底架

0 引言

目前国内客车市场常见的客车为纯电动客车及传统燃油客车,我公司开发了一款7.5m前置增程式电动客车。增程式电动客车的最大的优点就是很好地缓解了里程焦虑问题,解决了纯电动客车的最大短板,同时缺点也是非常明显,涉及系统复杂,设计困难。针对此车型全新设计了一种半承载式底架,前段采用大梁式结构,中后段采用桁架化结构。

1 半承载式底架设计思路

我公司纯电动客车的底架一般为桁架化结构,空间框架结构由矩形或异型薄壁钢管焊接组成,与车身共同承载载荷,不需大型冲压设备,可实现多样化、系列化设计及生产;传统前置燃油客车一般为大梁式结构,采用扣合车身的方式,此种结构不能很好地利用客车车身骨架承载载荷,相对桁架化结构质量大,油耗也较高,需要开发模具,费用较高。

7.5m前置增程式电动客车的布置简图如图1-1所示。为方便增程器日常维护,将增程器总成布置于底架前段中间,置于发动机舱内,底架前段横向截面被增程器隔断,若采用桁架化结构,设计上会比较困难,强度也难以保证,因此前段采用保守的大梁式结构。中后段采用桁架化结构,主体结构采用高强钢,局部采用普通钢,可根据不同配置要求灵活设计。该底架结合了两者的优点,既保证了底架强度又可灵活设计,只需要开发前段模具,节省了一定的成本。

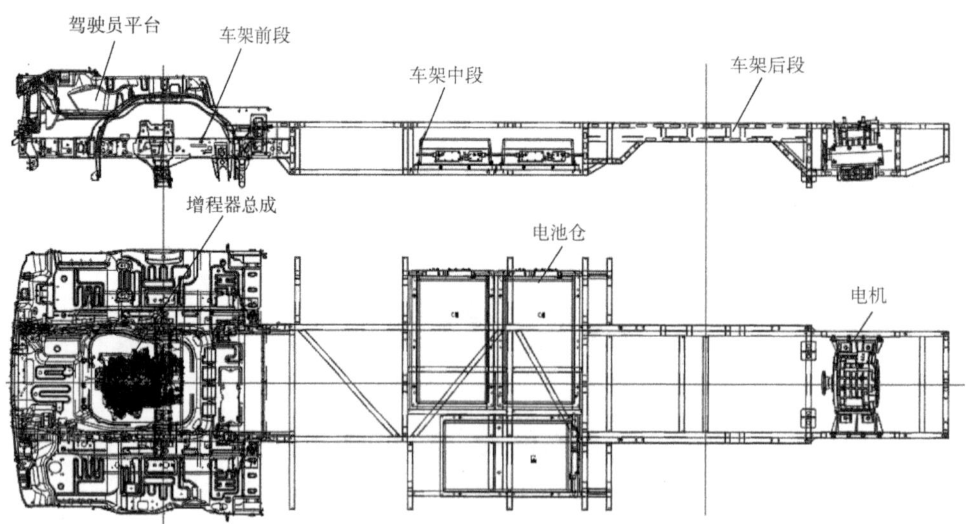

图1-1 7.5m前置增程式电动客车布置简图

2 底架具体设计

2.1 前段设计

底架前段主要由纵梁、横梁、牛腿及加强梁等组成，均采用汽车大梁专用材料 B510L，是在已有车型平台基础上借用了前部的一段，结构如图 2-1 所示，与驾驶区平台采用牛腿连接，根据驾驶区平台的尺寸定义前段大梁的高度及长度，为加强底架的强度采用合字梁形式的大梁结构。此结构薄弱处在大梁与中段的连接，为保证连接处的刚度和强度，并立两根 40mm × 40mm 的方钢与纵梁截面相连，与大梁连接的截面设计成一个完整的截面，截面内斜撑加强，下方伸出斜撑支撑，两侧连接外附一层 L 形加强板，起到加强作用，该连接板开有塞焊孔，既增加了龙骨的强度，又降低了整车质量。另外与驾驶区平台不干涉的情况下，中段的纵向贯通直梁外伸出一部分承载部分力，减少应力集中。

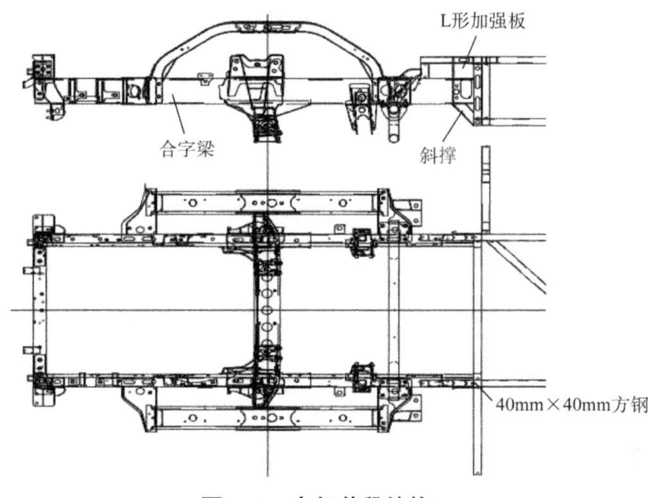

图 2-1 底架前段结构

2.2 中段设计

底架中段结构如图 2-2 所示，采用纵向贯通直梁与多个封闭环横向截面结构及斜撑加强件焊接，此种连接方式符合“应力流”走向截面左右侧伸出方钢与车身侧围搭接，纵向贯通直梁、横向方钢均采用 40mm × 40mm 的高强钢，斜撑采用 40mm × 40mm 的普通钢。

电池仓前需布置后处理、空调冷凝器、压缩机等部件，右侧有中门，后有空气弹簧悬架支座，电池仓空间非常有限，为保证动力电池能够放入舱内，按照电池与截面的最小距离 30mm 设计电池安装支架。电池的安装支架结构，是由若干个槽钢及方钢拼焊组成，槽钢上分别设计有 25mm 长的长腰孔，便于电池的调整。电池底部补焊一层 1mm 封板，防止泥水进入舱内，电池舱的第一及第三截面也需要补焊封板与底盘其他部件隔离。电池舱截面加强采用“八字形结构”斜撑，整车骨架强度有限元分析表明，“八字形结构”能够提高抗扭刚度。

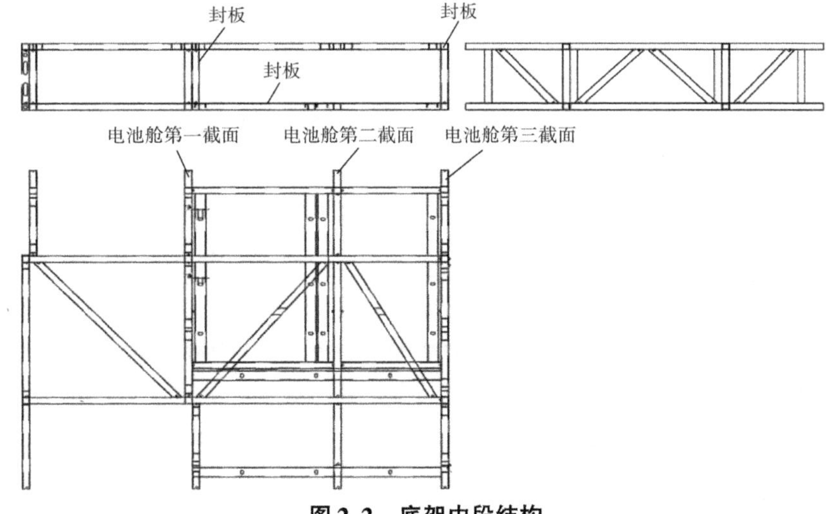

图 2-2 底架中段结构

2.3 后段设计

底架后段主要布置悬架、驱动后桥、传动轴、驱动电机等底盘零部件，具体结构如图 2-3 所示。后段的后

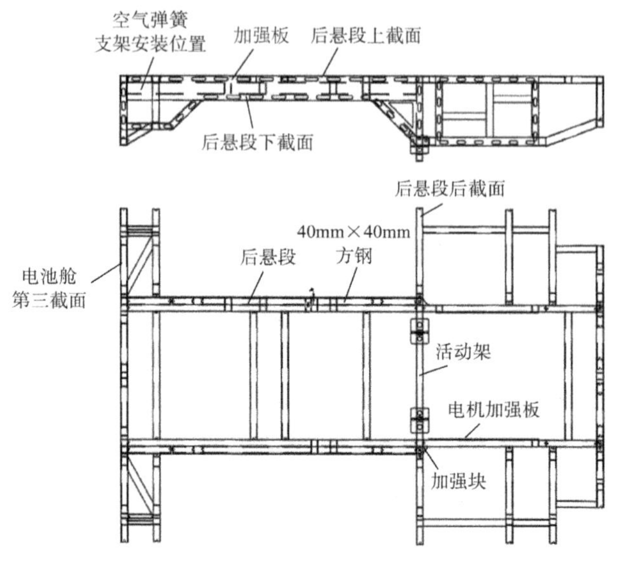

图 2-3 底架后段结构

悬段为受力集中点,必须保证其刚度和强度,在驱动后桥上跳极限情况下,后悬段上下截面高度只能做到147mm,且底架中间的桥壳是高于下截面的,无法保证成横截面的完整性,为加强此段强度采用了两根40mm×40mm方钢横向叠加,且在外侧面塞焊5mm连接板,连接板从中段的电池舱第三截面延伸至后悬段后截面处。

后悬段后截面后安装驱动电机,在保证驱动电机空间足够情况下,采用变截面方式增大两侧行李舱的空间,变截面处的两侧塞焊加强块。为避让传动轴,后悬段后截面处设计了一个 C 型活动梁结构。将原来的横梁下沉,变为 C 型梁结构,和左右大梁采用螺栓连接,设计成半开放式结构,截面处分别增加了斜撑,进一步提高了截面强度,这种结构的优点是既保证了横截面的完整性,又满足了在拆装传动轴时的方便性。

3 整车骨架 CAE 分析

根据车型的结构设计建立有限元建模,共分成四个工况:弯曲、转向、制动、扭转工况。各工况约束与加载设置如下:

(1)弯曲、转向、制动工况采用相同的约束条件,即在 4 个轮胎接地点限制 X、Y、Z 3 个方向的平移自由度;在整车 Z 向施加 $-1g$ 加速度分析弯曲工况;在整车 X 向施加 $-0.6g$、Z 向施加 $-1g$ 加速度分析制动工况;在整车 Y 向施加 $0.3g$、Z 向施加 $-1g$ 加速度分析转向工况。

(2)左/右扭转工况采用相同的加载条件,即在整车 Z 向施加 $-1g$ 加速度;分别释放左前轮和右后轮的 X、Y、Z 方向平移及转动自由度,分析左/右扭转工况。

通过以上工况的 CAE 分析,各工况下模态、刚度、强度均能满足要求。

4 结语

本文主要介绍了 7.5m 前置增程式电动客车底架结构的设计方法,为底架的设计提供了一种思路。

参考文献

[1] 林凯. 全承载式客车车身两种新结构型式的探索与研究[D]. 长春:吉林大学,2007.
[2] 刘开春. 客车车身设计[M]. 北京:机械工业出版社,2013.
[3] 刘鸿文. 材料力学[M]. 北京:高等教育出版社,2002.
[4] 陈乐强,路斌,周孟生,等. 全承载客车封闭环结构对整车的影响[J]. 客车技术与研究,2015(2):42-44.
[5] 姚成,朱銘. 全承载式客车车身结构设计[J]. 客车技术与研究,2008(2):13-16.
[6] 洪风涛. 某公路客车半承载式车身的设计与研究[D]. 长春:吉林大学,2012.
[7] 陈啸. 一种具有贯通式行李舱的发动机前置中型客车底架设计[J]. 客车技术与研究,2019(4):47-49.
[8] 徐金泉. 一种动力电池底部布置的新型全承载式底架设计[J]. 客车技术与研究,2018(6):35-36.
[9] 苗小峰. 前置发动机气簧悬架中型客车的桁架式底架设计[J]. 客车技术与研究,2019(1):26-27.

客车底盘
与总成开发

KLQ6909K 中型客车转向盘摆振的原因分析及处理措施

周　斌

[金龙联合汽车工业(苏州)有限公司,江苏苏州　215000]

摘　要: 转向盘摆振是客车常见故障之一,其影响因素也十分综合复杂。针对 KLQ6909K 中型客车出现的不同状态的转向盘摆振,通过理论分析、试验数据以及效果试验来处理此类问题。解决该类问题的思路主要是从控制转向盘摆振的激励源与传递路径,来获得较好的最终响应。

关键词: 客车;摆振;激励源;传递路径

0　引言

客车转向盘摆振对客车的操纵稳定性、舒适性以及相关部件的疲劳寿命都有着较大的影响,此外对驾驶员的驾驶感受也有很大的影响,从而影响车辆的行驶安全。该文针对 KLQ6909K 中型客车出现转向盘行摆后进行的原因分析及处理方案进行了总结描述,主要采用试验分析法进行。

1　故障描述

KLQ6909K 中型客车在完成整车装配、四轮定位后,进行路试检验过程中发现车辆在中高速行驶时出现转向盘摆动的现象,根据摆动程度不同,分为轻微摆振、严重摆振。该订单总计 15 辆,其中有 5 辆出现了转向盘摆振,出现摆振现象对应的车速为 70 ~ 100km/h 不等。该订单所配置的车桥是新引入我公司供应体系品牌,该订单也是作为该品牌车桥与我公司车型匹配的批量验证。该车型使用原标配品牌车桥时,未出现过明显的转向盘摆振。

2　原因分析

2.1　转向盘摆振的分类

引起转向盘摆振主要有两种情况:一种是系统由于受到外界周期性干扰力而产生的同频振动现象,称为强迫摆振;另一种是系统受到某一作用力后,虽然外界作用力立刻消失,但由于系统自身特性而引起的伴随性振动,称为自激摆振。

2.2　转向盘摆振的传递路径

转向盘摆振的激励源主要分为两类:一类是由于路面不平导致;另一类是由于车轮系统不平衡量产生。路面不平产生的转向盘摆振又分为两个传递路径,分析如图 2-1 所示。

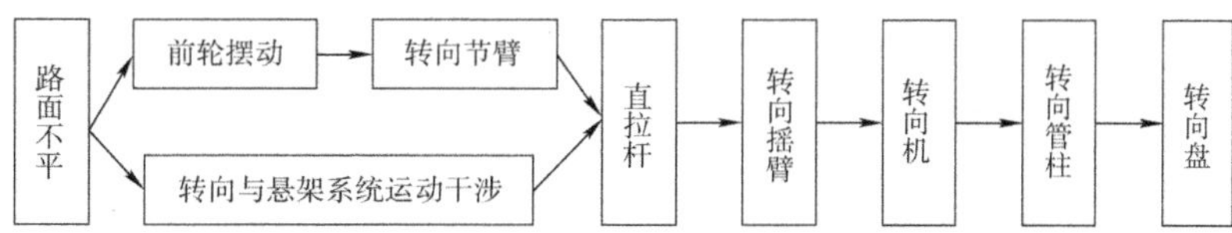

图 2-1　路面不平产生转向盘摆振的传递路径

车轮系统不平衡量产生的转向盘摆振传递路径,分析如图 2-2 所示。

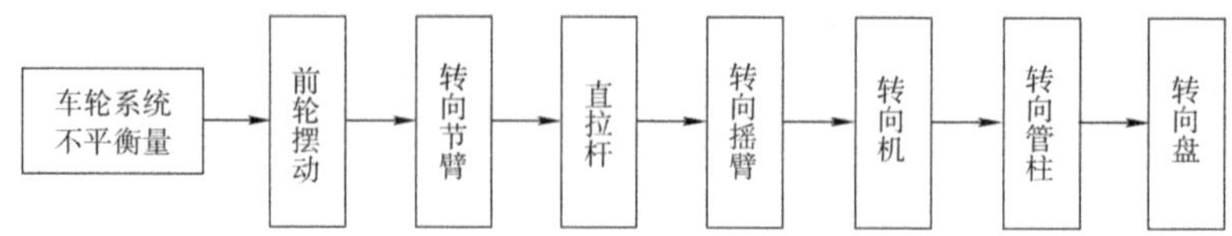

图 2-2 车轮系统不平衡量产生转向盘摆振的传递路径

2.3 转向盘摆振的影响因素

发生转向盘摆振的因素有很多,主要有以下几个方面:

(1)车轮系统的动不平衡量。车轮系统由车轮和轮胎组成,其动不平衡量也与两个组成部件的静不平衡量紧密相关。

(2)路面的平整度。

(3)轮胎的侧偏刚度。

(4)转向系统与悬架的运动干涉。

(5)转向系统部件的刚度。

(6)转向系统部件间的装配力矩。

(7)转向系统部件间的配合间隙。

(8)前桥主销定位参数。

2.4 KLQ6909K 中型客车转向盘摆振的处理

2.4.1 初步解决措施与效果统计

针对出现转向盘摆振的 5 辆客车,首先采用了定性分析和试验分析法来处理问题,采取了相关措施,见表 2-1。

中型客车(9m)摆振初步处理方法及试验结果 表 2-1

车号	摆振描述	摆振车速(km/h)	处理措施	试验效果
1 号	轻微	90 ~ 100	车轮重新做动平衡	无改善
2 号	严重	70 ~ 100	更换不同品牌转向机	无改善
			更换不同品牌轮胎	无改善
			更换车轮 + 轮胎(从无行摆车辆调换)	无改善
3 号	严重	80 ~ 100	车轮重新做动平衡	稍有改善
			更换同品牌车桥	无改善
4 号	严重	75 ~ 100	车轮重新做动平衡	无改善
			更换不同品牌前桥	有改善,轻微摆振
5 号	轻微	80 ~ 100	车轮重新做动平衡	改善,无行摆

2.4.2 问题分析及处理结果

原该车型同配置,使用原标配车桥,出现转向盘摆振频次极低,程度较轻,进行车轮二次动平衡校准后都有所改善。结合表 2-1 分析可知,该批车辆出现转向盘行摆与车轮动不平衡量以及使用不同品牌的车桥有着较强相关性。

从力学角度分析,如图 2-3 所示,车轮在运动过程中,本身存在车轮自转角速度 Ω。由于车轮的动不平衡量会在轴向产生一个分力,高速旋转的车轮动量矩的方向发生改变,使得车轮围绕主销产生公转角度 ω,产生陀螺力矩 M_k,陀螺效应就此产生,继而通过转向系统传递到转向盘,导致转向盘发生行摆。转向盘摆动的幅度随着车轮的动不平衡量的增加而变大。除了车轮的动不平衡量，路面的不平也会造成车轮的陀螺效应。

从表2-1的结果来看，车轮重新做动平衡校准，部分对改善转向盘行摆有效，部分无效。通过对车轮动平衡设备的检验发现，动平衡设备内部部件存在缺陷，且固定车轮的夹具部件配合精度误差超差，导致动平衡精度较差，影响设备校准能力，因此出现了表2-1的情况，一致性较差。对动平衡设备更换缺陷部件，提高夹具部件的配合精度，通过对车轮系统进行二次装夹复检证明，车轮动平衡设备的精度和稳定性恢复到正常状态。

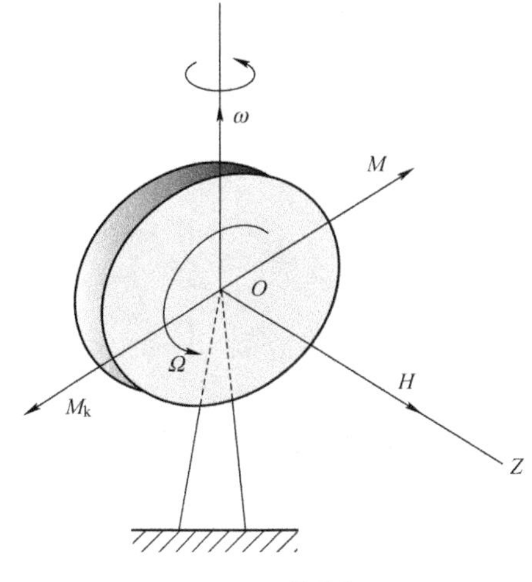

图2-3 力学分析

此外，由表2-1分析可知，使用新引进品牌的车桥对出现此批转向盘摆振有着重要影响。通过比对不同品牌车桥结构发现，两者前桥转向主销轴承形式不同。原标配车桥采用上下衬套结构，而新引进车桥采用上衬套下滚针结构。从理论分析和测量数据来看，上衬套下滚针结构阻尼小于上下衬套结构，即上衬套下滚针结构转向阻滞力偏小。当车轮受到地面不平以及动不平衡影响后，产生一定的侧向力，这个力通过转向系统传递到转向盘。然而，在不考虑其他因素影响的情况下，在相同激励源作用下，主销轴承阻尼的大小直接影响了转向盘最终的响应。因此，对该批次前桥主销轴承全部进行更换为上下衬套结构，并进行验证，转向盘摆振情况得到有效改善。

技术人员通过使用LSM数采系统对该品牌车桥使用不同主销轴承结构的车辆进行了传递路径上的多点加速度能量测试，具体数值及现象见表2-2。

传递路径各点能量测试及效果 表2-2

车辆代号	轴承状态	制动底板 Z 向(m/s^2)	下垂臂 X 向(m/s^2)	转向机 Y 向(m/s^2)	转向盘 Y 向(m/s^2)	路试现象
1号	上衬套下滚针	0.24	0.03	0.01	0.19	轻微摆振
1号	上下衬套	0.24	0.005	0.008	0.09	无摆振
2号	上衬套下滚针	0.26	0.02	0.02	0.37	严重摆振
2号	上下衬套	0.22	0.009	0.008	0.06	无摆振

2号车辆不同主销轴承状态测得各点的colormap图如图2-4、图2-5所示。

分析图2-4可得，各测点故障频率约为7.42Hz，按照车速 $v\approx80$km/h、轮胎滚动半径 $r=0.495$m计算，车轮转频 $f_w=v\times1000/60\times60\times2\pi r\approx7.42$(Hz)。

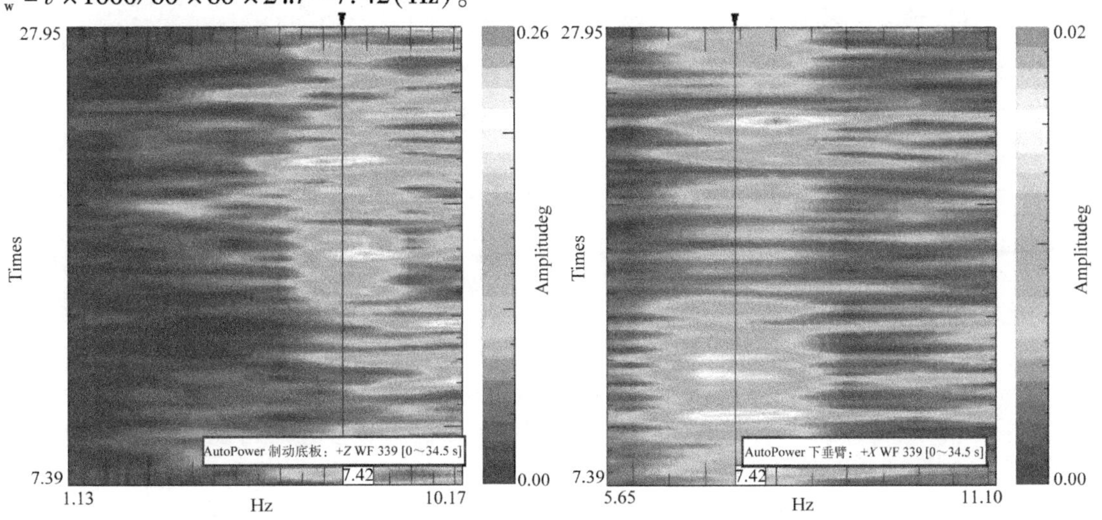

图 2-4

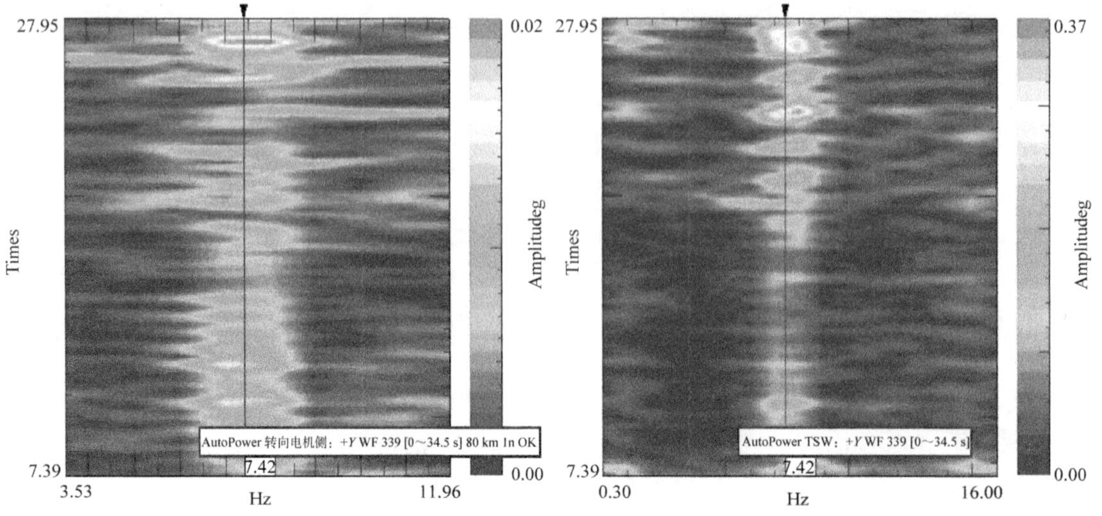

图 2-4　2 号车 80km/h 附近匀速行驶(上衬套下滚针)

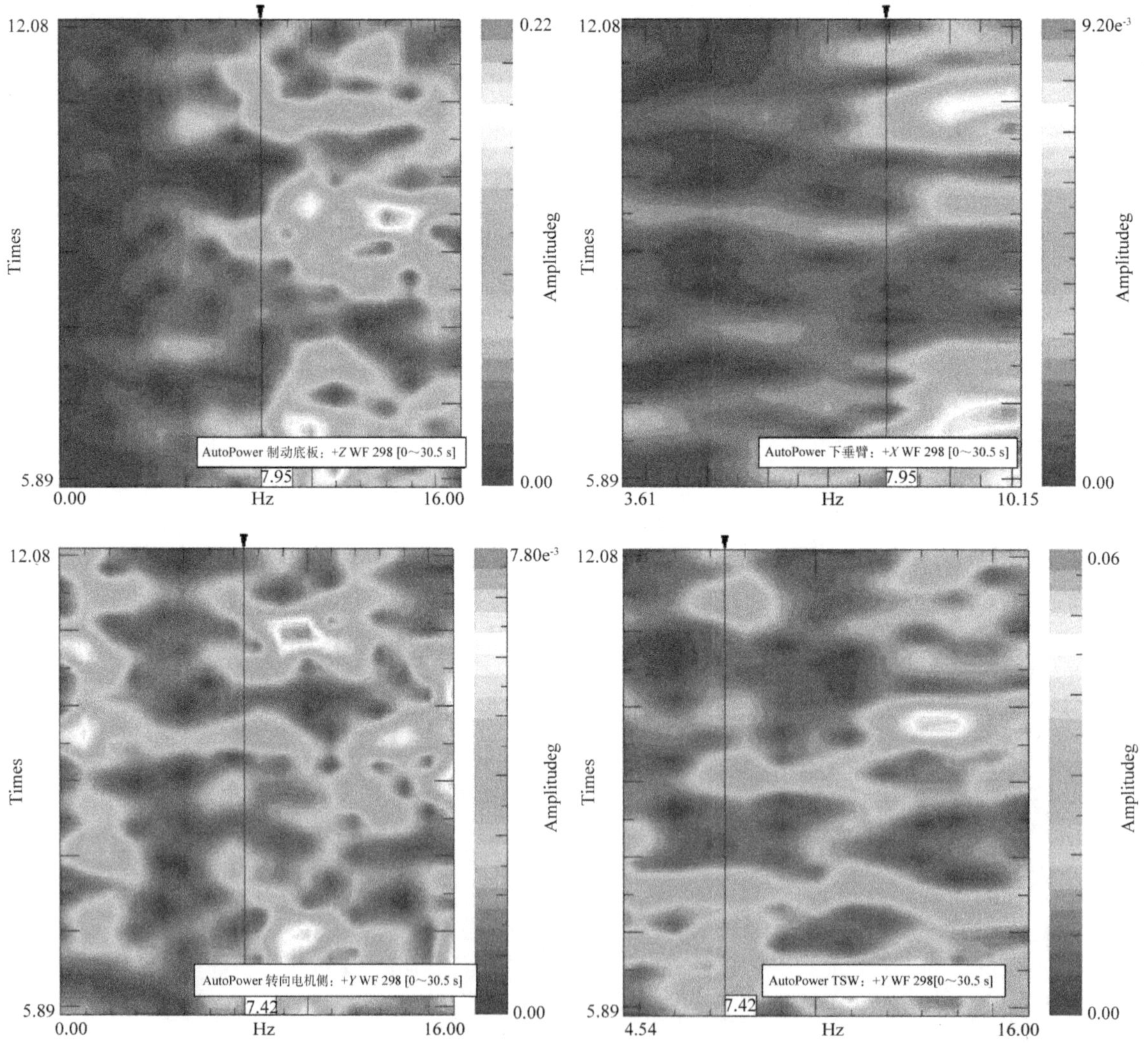

图 2-5　2 号车 80km/h 附近匀速行驶(上下衬套)

为排除摆振是由于车轮转频与传递系统上的部件固有频率的共振导致的可能,技术人员对相关部件进行了模态分析。数据表明,相关部件的最小一阶模态频率约为 14.3Hz,与车轮转频相差较大。因此,可得出结论,转向盘故障频率的激励源为车轮转频,即车轮动不平衡量是引起转向盘摆振的主要激励源。

分析图 2-5 可得,主销轴承结构由上衬套下滚针改为上下衬套后,测得转向盘加速度能量大大减小。在 7.42Hz(车轮转频)附近,各测点均未出现最大能量集中,车辆路试也未出现转向盘摆振现象。

表 2-4 中 1 号、2 号搭载上衬套下滚针主销轴承状态下,从转向盘 Y 向加速度值可以看出,能量值越大,转向盘摆振幅度越大,摆振现象越明显。后续可以结合更多的试验数据以及主观评价来制定转向盘摆振的合理加速度能量范围。

3 改进措施

针对 KLQ6909K 中型客车转向盘摆振案例,对车轮动不平衡量进行了控制,加强对设备可靠性和稳定性的检查和监督,保证车轮动不平衡量在使用要求范围内。

对于新引进品牌的车桥,所有车型主销轴承结构全部改为上下衬套结构,增加转向阻滞力。

4 结语

处理转向盘摆振现象的处理思路,一般可分为两个方向:一是控制激励源能量大小;二是在能量传递路径上增加隔振或阻尼。

客车转向盘摆振故障是一个综合复杂的问题,除本文所提到的一些因素外,还有其他系统对其产生影响,其中的一些定性及定量分析还需要进一步研究和探索。

参 考 文 献

[1] 王望予. 汽车设计[M]. 4 版. 北京:机械工业出版社,2004.

[2] 韩同群,邹汉华. EQ210 越野汽车前轮摆振影响因素试验分析及改进措施[J]. 试验 · 测试,2007(1).

[3] 余志生. 汽车理论[M]. 4 版. 北京:机械工业出版社,2006.

[4] 李慧彬. 振动理论与工程应用[M]. 北京:北京理工大学出版社,2006.

板簧悬架端部卷耳处异响问题分析与改进

张少乐,吕盛贤,唐　烨,李　论,张乐乐
(珠海广通汽车有限公司　技术中心,广东珠海　519000)

摘　要:本文通过对本公司内现有的几种板簧悬架匹配方案进行跟踪、验证,以及投放到市场后客户的反馈,专门针对悬架异响,尤其是板簧悬架卷耳端部异响问题进行深度分析与研究,经过不断改进,利用简单、有效的方案,力争大幅度降低悬架异响情况,进而提高舒适性。

关键词:板簧异响;整车舒适性;复合衬套;免维护

0　引言

随着纯电动客车产业的发展以及纯电动客车的普及,公交集团对车辆舒适性需求不断提升,对车辆的运行维护成本控制更加精益。目前技术环境下,钢板弹簧悬架所引起的感官性异响问题,以及后续的维护问题尤为突出,改善这一现状迫在眉睫。本文从板簧卷耳内部衬套结构出发,具体阐述了解决上述问题的方法。

1　板簧悬架异响问题具体探讨与分析

1.1　钢板弹簧悬架噪声来源分析

钢板弹簧悬架系统一般是由减振器、钢板弹簧本体、缓冲块、板簧座及吊耳等主要零件组成。在行车过程中,悬架的异响主要来自于钢板弹簧本体噪声、减振器噪声、跳动时限位块的撞击噪声,以及板簧端部卷耳处围绕固定座旋转运动时的摩擦噪声。

钢板弹簧本体是由若干片弹簧钢,通过一系列调质处理后使用弹簧夹或卡箍、中心螺栓等方式组合成一体的弹性梁。为了减小钢板弹簧叶片之间的摩擦声响和接触疲劳,在叶片两端及中间部位安装有衬垫或者镶块,其材料是摩擦系数很小的青铜或者塑料等,故钢板弹簧本体叶片之间的噪声已经得到有效解决。

客车减振器一般选用的是双向液压筒式减振器,在没有减振器护罩与油缸臂干涉以及减振器失效的情况下,基本也没有明显噪声。

缓冲块材质一般均为橡胶材质,且只在车桥极限跳动时才作用到限位装置上,整车在良好路况,尤其像是城市公交路面行驶中基本不会发出噪声。

综上,可得出初步结论,钢板弹簧悬架噪声主要来源于板簧两端卷耳处与相应固定座之间的摩擦运动所致。

我公司 2018 年生产的 GTQ6858BEV 纯电动公交车遭客户投诉,发出“吱吱吱吱”的声响。经对所有部件拆卸后,发现板簧端部卷耳、包儿两外侧、板簧及吊耳支座两内侧接触的部位均出现磨损现象,如图 1-1、图 1-2 所示更加验证了上述结论。

1.2　板簧端部卷耳处异响问题分析

板簧是通过板簧销、板簧端部卷耳衬套孔与相应支座装配起来的,行车中板簧卷耳通过衬套围绕着板簧销进行旋转,进而卷耳两端直接与支座铁碰铁接触,故而产生摩擦异响。常规消除此处异响的方案都是给销轴内部加注黄油进行润滑,同时给卷耳两端接触位置加耐磨铜片或者尼龙片,如图 1-3 所示方案。但此方案只能起到短时间效果,治标不治本。

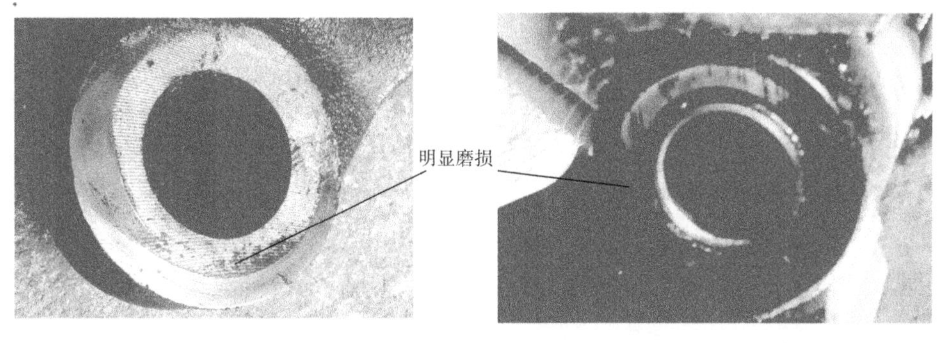

图 1-1　吊耳磨损情况　　**图 1-2　板簧卷耳外侧磨损情况**

上述图 1-3 所示方案在整车上应用后，运行一段时间后（两个月左右），均再次出现异响，客户加注黄油频次一度调整为一天加注一次。故而在后续整改中以及后续新开发 GTQ6800BEV 车型中，专门针对此异响及维护问题进行结构开发，如图 1-4 所示方案，板簧卷耳内部将传统钢衬套更换为橡胶复合衬套，且板簧卷耳两侧与支座两侧预留一定的间隙，衬套靠橡胶的扭转变形来形成卷耳对弹簧销的转动，因此无磨损，也无需润滑。

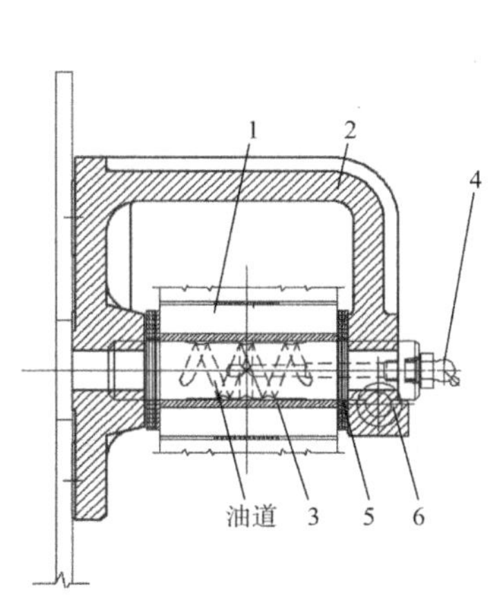

图 1-3　GTQ6858BEV 卷耳处安装结构（传统结构）

1-钢板弹簧（端部）；2-板簧支座；3-卷耳内部钢衬套；4-黄油嘴；5-耐磨片（铜片）；6-楔形销

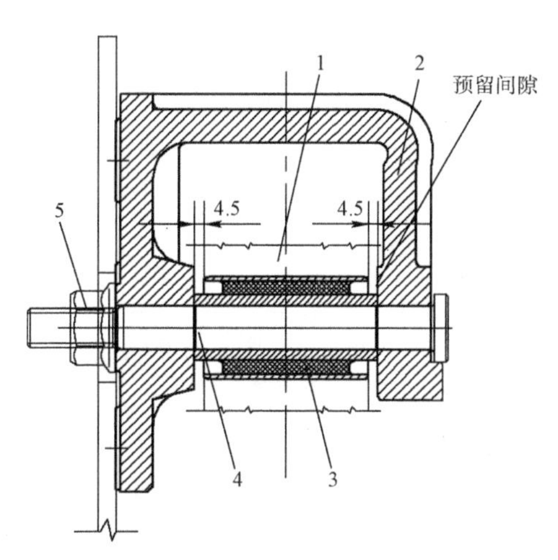

图 1-4　GTQ6800BEV 卷耳处安装结构（衬套结构）

1-钢板弹簧（端部）；2-板簧支座；3-板簧内部复合衬套；4-中心螺栓；5-六角法兰锁紧螺母

上述图 1-4 所示方案在整车应用中效果良好，客户也比较满意。我公司 GTQ6800 车型从开发起一直沿用此结构，直到某批次订单售往山川地带，路况十分恶劣，运行一段时间后，反馈卷耳处又出现"吱吱吱吱"的声响。现场拆卸后，板簧卷耳内部衬套沿轴向方向向一侧位移，导致设计之初预留的间隙被消化掉，进而卷耳、包儿侧壁又与支座内侧磨损，导致异响。图 1-5 所示为实际情况。初步分析为山区路况恶劣，拐弯多，坡度多，行车中板簧受力大，衬套容易出现向一侧滑移现象，故上述方案可能不太适合在坡道陡、转弯多的路况。

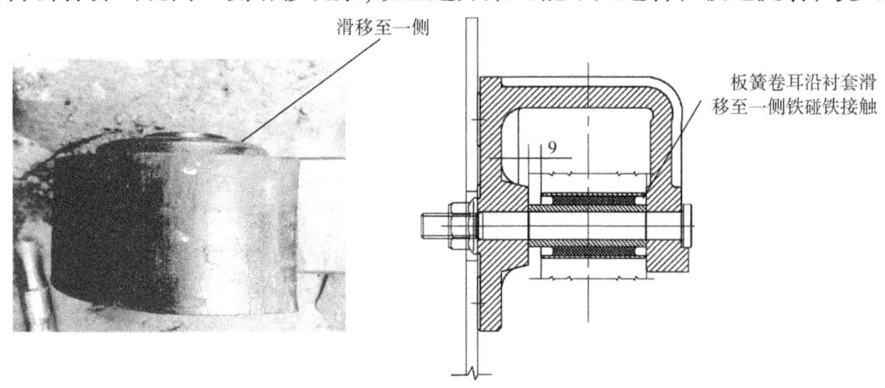

图 1-5　GTQ6800BEV 卷耳处相对滑移情况及分析

2 板簧端部卷耳处异响问题改进方案

针对板簧悬架端部卷耳处异响问题的解决方案，目前技术手段下，行业里常规方案即上述图 1-3、图 1-4 方案，但是通过市场验证反馈，效果均不明显。故本次专门探讨分析的是图 2-1 所示的解决方案，旨在彻底改善板簧悬架端部卷耳处异响问题。

上述图 2-1 所示方案，板簧卷耳内部两侧与另一种结构(图 2-2)复合衬套过盈压铆在一起，且因衬套结构原因，两端各需压铆一个。此复合衬套的弹性基体采用天然橡胶制成，基体与内部套管硫化成型为一体式，弹性橡胶基体与支座两侧接触，故而避免了刚性硬碰硬接触，进而消除此处异响，同时消除了图 1-4 所示方案中因受力问题衬套滑移问题。且后续不需要像传统结构那样定期加注黄油维护，基本做到了寿命期内免维护，安装及更换非常方便。

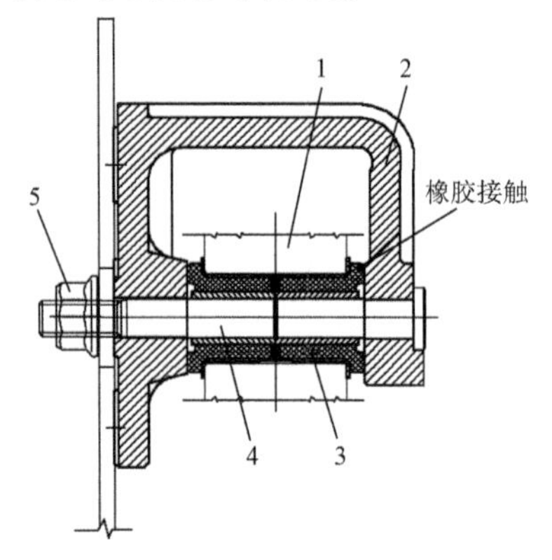

图 2-1 卷耳处安装结构(全新解决方案)

1-钢板弹簧(端部)；2-板簧支座；3-板簧内部复合衬套；4-中心螺栓；5-六角法兰锁紧螺母

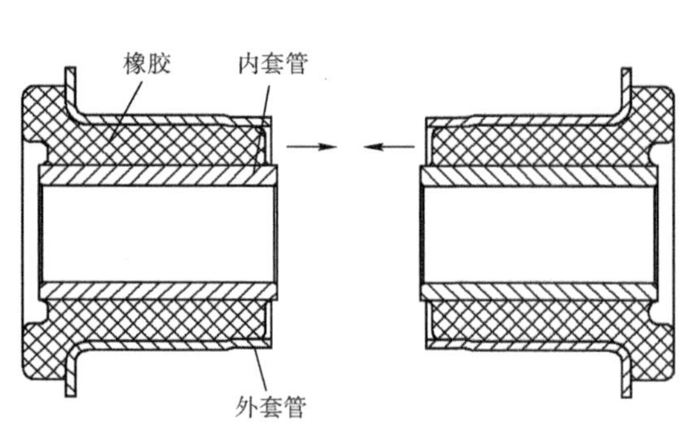

图 2-2 新方案所使用复合衬套

且图 2-1 中的零件 2 弹簧支座不局限于图 2-1 所示结构，可根据实际情况进行调整，比如图 2-3 效果图里所示两侧夹板结构。当行车中板簧跳动时，板簧端部卷耳通过内部复合衬套绕着中心螺栓旋转，传递的力均被复合衬套内部橡胶通过自身铰接形变所消化，从而实现了整个运动过程无异响的效果。

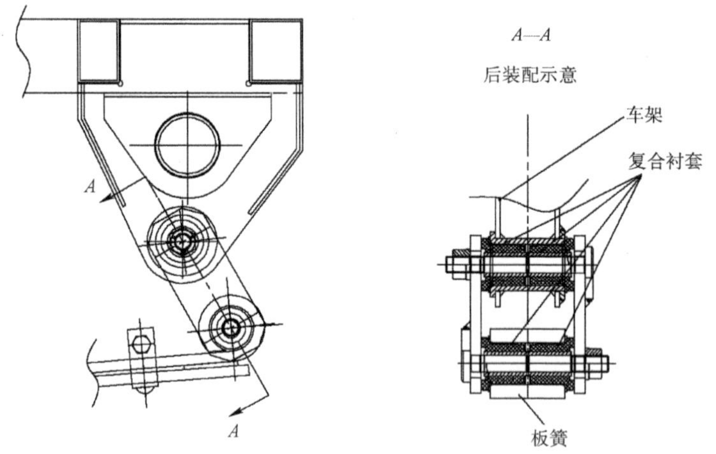

图 2-3 应用效果图

至此，我公司所生产的板簧车此处异响问题均已得到妥善解决。

3 结语

在板簧悬架两端卷耳处压铆复合衬套能有效避免因受力问题卷耳沿衬套轴向滑移问题。同时也达到了此处免加注黄油的效果。是解决卷耳此处噪声的有效方案。该方案可以为解决板簧悬架系统异响以及后续维护问题提供一些参考。

参 考 文 献

[1] 陈家瑞. 汽车构造[M]. 3 版. 北京:机械工业出版社,2009.
[2] 王望予. 机械设计[M]. 4 版. 北京:机械工业出版社,2004.
[3] 张振. 客车钢板弹簧悬架异响问题改进方案[J]. 客车技术与研究,2017.

车辆操作便利性三维动画设计

赵　龙，高　祥，田祎楠，唐　琦
[潍柴(扬州)亚星新能源商用车有限公司，扬州　225000]

摘　要：介绍一种在 CATIA 中进行车辆操作便利性三维动画设计的方法，实现通过人体姿势变化快速显现各姿态不同部位舒适状态及舒适状态范围的功能，并通过动画演示，主导乘客按推荐姿态操作，提升工作效率及舒适性，同时为车辆操作区设计改进提供指导意见，使改进后的车辆操作区更加适合目标人群的尺寸特征和动作习惯。

关键词：CATIA；车辆操作便利性；三维动画设计

0　引言

随着社会的发展和科技的进步，客车逐渐向高档化、电子化、现代化方向迈进，人们对车辆操作舒适性的要求越来越高，整车布置还要按照人体生物力学进行评价，操作舒适性好的车辆是广大用户购买车辆首要考虑的重要因素之一。本文结合实际案例，介绍一种轻型客车后行李舱装卸操作舒适性校核方法。该方法可直接显现不同人体在存取行李过程中不同身体部位的舒适状态，并通过动画演示，主导乘客按推荐姿态操作，提升工作效率及舒适性，同时为行李舱设计改进提供指导意见，使改进后的车辆行李舱更加适合目标人群的尺寸特征和动作习惯。

1　基于车辆操作便利性三维动画制作方法

基于车辆操作便利性三维动画设计制作方法包括 4 个步骤，如图 1-1 所示。

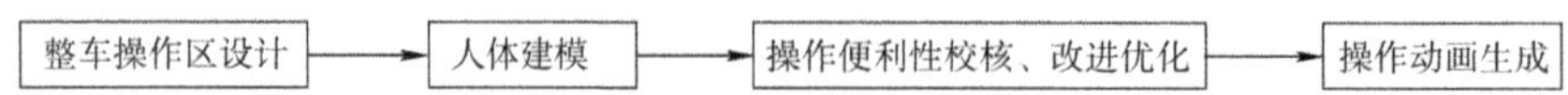

图 1-1　基于操作便利性动画设计过程

(1)整车操作区设计。基于操作便利思想，在 CATIA 三维环境下，结合整车布置状态，确定初步操作空间。

(2)人体建模。基于使用场景常见人群，运用 CATIA 软件建立相应人体模型。

(3)操作便利性校核、改进优化。基于操作过程，建立人体各动作库文件，跟踪关键位置人体姿态舒适度分析，评价方案可行性，对无法操作部分做整改指导。

(4)操作动画生成。通过关键动作保存为关键帧，运用 CATIA 软件将关键帧生成动画。

2　关键技术

2.1　人体生成及个姿势人体库文件的建立

CATIA 提供人机模块，能自动生成简单的站立、正坐姿势，手臂、肢体能通过相应命令拖曳更换人体姿态，但运用于整车舒适性校核，该功能明显不尽人意，而且一个人体只能保存成一个姿势，无法连续动作，更无法生成动画。为此，本文提出基于 CATIA 建立人体姿势库的方案，保存人体各个状态时的姿态。

2.2 人体舒适度评价

通过 CATIA 人体拖曳各肢体，考虑使用者是否可以通过舒适的状态触及和易于操作，相应部位舒适状态能够通过颜色显现。同时，在有限空间内对装置合理布置，良好的手伸截面起着非常重要的作用，CATIA 中，以人体肩关节为转动中心，手臂长为转动半径得到一个近似半球面的手伸界面，通过调整各部位达到舒适或满足操作触及界面，是目前在汽车设计领域最直观有效的设计方法。

2.3 人体便利性操作动画生成

通过调动已生成的人体库文件，模拟动画关键帧，生成动画，调整动作速度，包括播放至最前、向前单步播放、向前播放、停止、向后播放、向后单步播放、播放至最后等按钮，直观显现整个过程。

3 应用实例

基于上述设计方法，利用 CATIA 人机模块及库文件功能调节校核某款轻型客车加大行李舱装卸行李便利性，具体操作如下。

3.1 整车加大行李舱布置设计

按整车总布置规定加大行李舱布置，行李在行李舱内可能出现排布状况，分为前层、后上层、后中层、后下层（该布置仅为各位置装卸便利性校核示意）如图 3-1 所示。

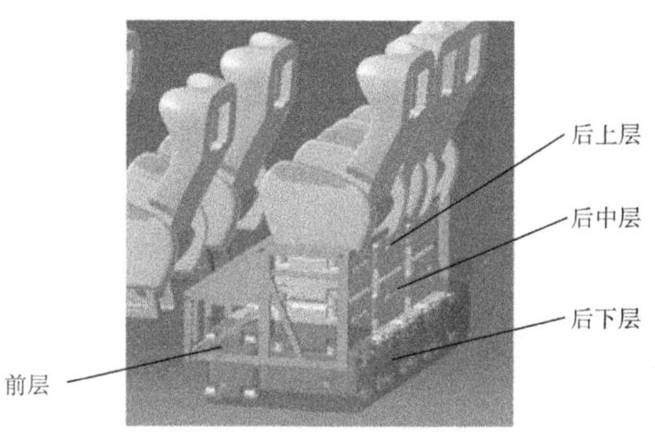

图 3-1 某轻型客车加大行李舱内行李排布

3.2 人体建模

因该轻型客车主要使用场景为国内机场至火车站接送旅客，CATIA 人体建模时按照 2020 年中国成年男子各体位特征尺寸修改模型身高、坐高、腰围等关键参数，如图 3-2 所示。

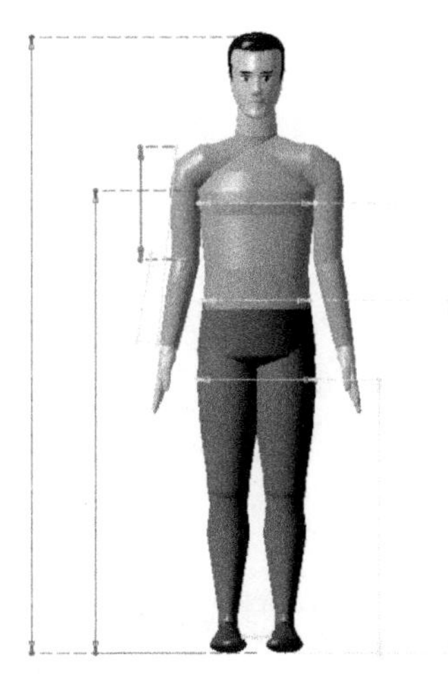

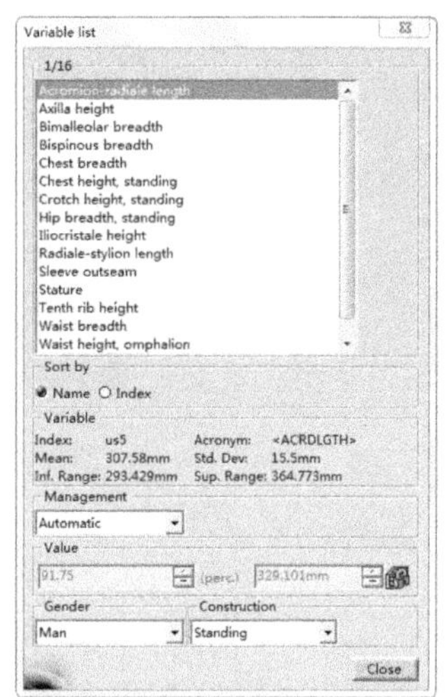

图 3-2 2020 年中国成年男子模型

3.3 操作便利性校核、改进优化

按整车加大行李舱行李分层放置调节人体在装卸各层行李时的姿态，如图 3-3 所示，并制作相信人体库文件，如图 3-4 所示。

说明：人体绿色表示舒适，黄色表示可接受，红色表示不舒适，人体左右部分对称，图片颜色显示一半，另一半等同对待。

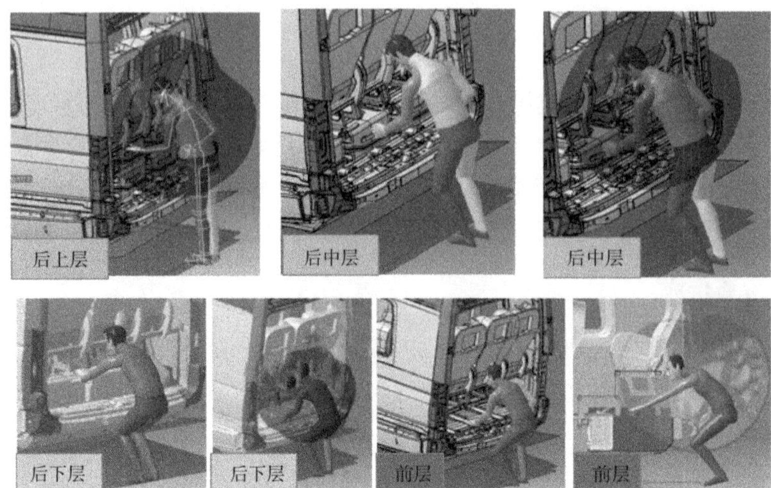

图 3-3　行李装卸各姿态及舒适性

从图 3-3 所示人体舒适度可看出：

(1)行李舱后上层、后中层为舒适度可接受状态，即满足装卸便利性。

(2)后下层人体报红，为不舒适度状态，不满足装卸便利性。

(3)前层人体报红，为不舒适度状态，且手伸范围触及不到行李，需头部或人体进入行李舱内，不满足装卸便利性。

3.4　操作动画生成

通过上述关键动作人体库的保存，通过 CATIA 模拟编辑加载各状态人体，并插入视点，即可生成连续动作，如图 3-5 所示，同样可实现分析、仿真与生成 AVI 格式视频，如图 3-6 所示，动画全过程可通过颜色显现人体各肢体舒适度，如图 3-7 所示，具有较强的视觉艺术性及表现力，同时可直观展现运动错位与干涉。

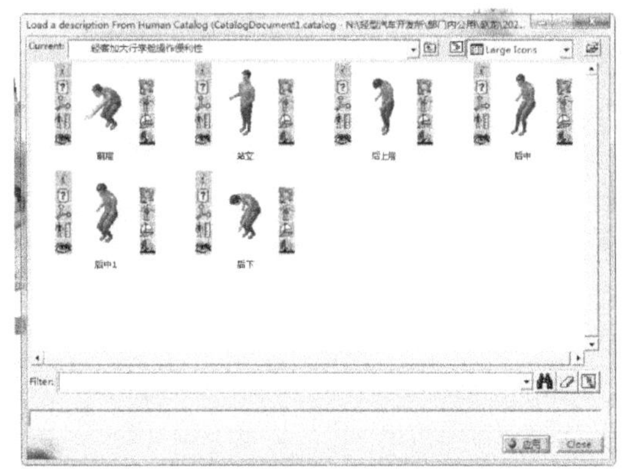

图 3-4　各姿态人体库

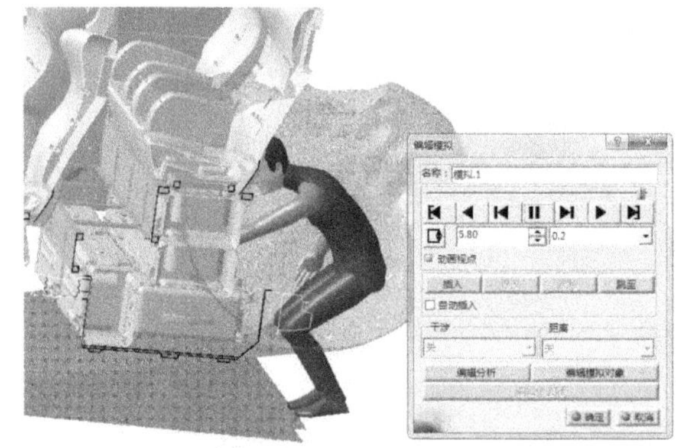

图 3-5　模拟动画

图 3-6　动画导出

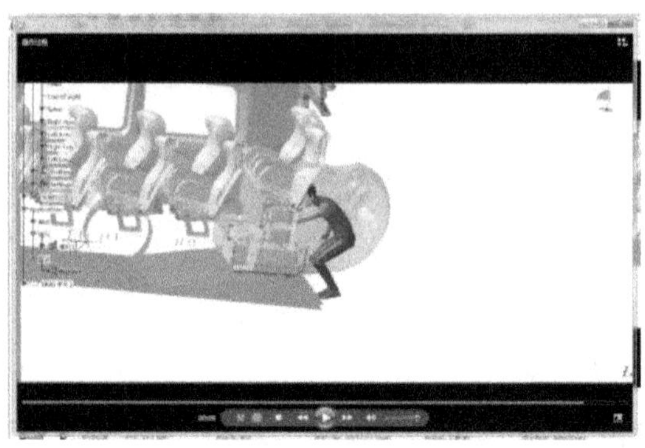

图 3-7　动画播放

4 结语

本文基于 CATIA 开发的车辆操作便利性三维动画设计,成功应用于某轻型客车加大行李舱行李装卸的校核及舒适度评价。利用 CATIA 软件建立符合中国人体特征数据的人体模型,通过对人体各姿势模型库的建立与舒适度分析,为设计优化提供指导;通过动画视频的生成,可为正确熟练操作提供指导。总之,该方法可为设计提供更加适合目标人群的尺寸特征和动作习惯的整改指导。

参考文献

[1] 季伟. 基于 CATIA 车门总成三维设计及机构动态模拟[J]. 机械工程与自动化,2010(05):0051-03.
[2] 杨枫. 基于生物力学的汽车驾驶室人机工程设计研究[D]. 长沙:湖南大学,2015.
[3] 温吾凡. 驾驶室内操作钮件布置合理性的检验方法[J]. 汽车技术,1988(10):25-28.
[4] 温吾凡. 驾驶员手伸及界面与驾驶室尺寸综合因子 G[J]. 汽车工程,1991(1):57-64.
[5] 温吾凡. 人体工程学在汽车设计中的应用[J]. 汽车工程,1988(1):15-25.
[6] 彭潇. 基于 CATIA、RAMSIS、OPTIS 对汽车中控液晶屏的炫目仿真分析[C]. 2016 中国汽车工程学会年会论文集,2016CG-TT0091.
[7] 文勃. 基于 CATIA 模型的拆装动画制作方法研究[J]. 机械设计与制造,2020(03):023.
[8] 刘杨. 基于 CATIA 与 RAMSIS 的商用车驾驶室手伸及界面应用分析[J]. 软件导刊,2018(04):017.
[9] 王登峰. CATIA V5 机械(汽车)产品 CAD/CAE/CAM 全通教程 [M]. 北京:人民交通出版社,2007.
[10] 李洪文. 基于 CATIA 三维机械模型的动画设计[J]. 科技展望,2017,27(18).

某车型紧急制动跑偏的原因分析及解决方案

秦 宬,盛 君,华朝辉,徐达豪
(比亚迪汽车工业有限公司,深圳 518118)

摘 要:针对某车型在特定时速紧急制动时出现制动跑偏现象,分析导致制动跑偏的各项因素,采用排除法确定问题真因,解决车辆紧急制动跑偏问题。

关键词:车辆制动;跑偏;原因;分析;解决方案

0 引言

车辆制动时,车辆自动向左或向右偏驶称为"制动跑偏",是造成交通事故的主要原因之一,严重影响车辆的安全性。导致车辆制动跑偏的原因多种多样,本文将针对某车型在特定时速紧急制动时出现制动跑偏问题,分析可能导致制动跑偏的各项因素,并就可能导致问题出现的因素进行确认排查及相关测试,以确定问题的真正原因,并提出解决方案。

1 问题描述

某车型在正常道路直线行驶时(车速 60km/h),进行紧急制动,车辆向左跑偏。

2 原因分析及筛查

总结前期处理的类似跑偏问题的经验,将可能导致车辆出现制动跑偏的因素归结为以下 4 类:

(1)路试路况:路面不平,左低右高。

(2)行驶跑偏:转向零位标定、轮胎磨损、胎压、四轮定位。

(3)ABS 未作用或制动力不均衡:

①制动器异常,出现"拖刹"或回位慢问题。

②ABS 未起作用,气管接反,各轴制动力不正常。

(4)系统匹配:悬架与转向运动干涉量上跳值偏大,转向杆系硬点选取不合适。

上述因素以鱼骨图的形式表示,如图 2-1 所示。针对鱼骨图中列出的可能因素,逐一进行筛查测试,确认问题出现的真正原因。

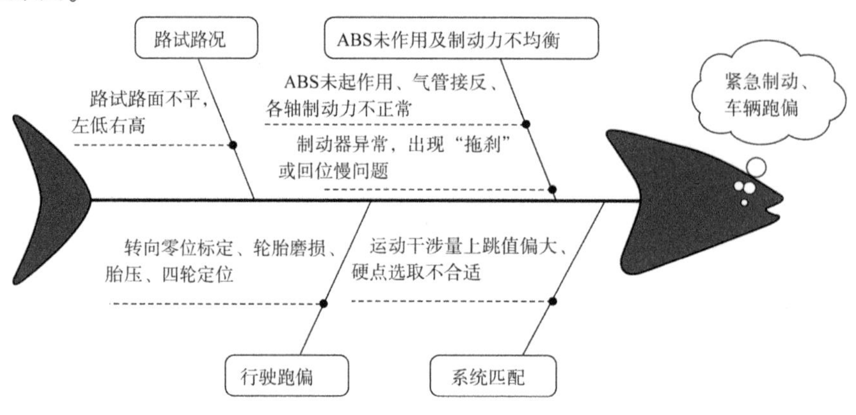

图 2-1 制动跑偏因素鱼骨图

2.1 路试路况

当道路左右高度不一致，车辆行驶时会往路面低的一边轻微跑偏。因此猜测出现制动跑偏问题的车辆行驶路况可能为左低右高，从而导致紧急制动时车辆向左跑偏。

针对上述的猜想进行测试验证，测试时选取的试验场地直线路段区域，路面左右高度一致，进行紧急制动时车辆仍然会出现向左跑偏的问题。且其他车辆在相同路段进行测试均无跑偏问题，因此猜想不成立，导致紧急制动跑偏的原因非道路左右高度不一致。

2.2 行驶跑偏

2.2.1 前桥轮胎及胎压异常确认

汽车想要实现制动，除了需要制动系统提供足够的制动力，还需要轮胎与路面之间有足够的附着系数。如果同轴上的轮胎状态差异较大，如左右轮胎胎压不一致，轮胎花纹或磨损的程度不一致，则左右轮胎的附着系数也会不同，而附着系数的差异可导致车辆出现制动跑偏。

对测试车辆进行轮胎检查发现，前桥左右轮胎磨损无异常，花纹一致，左右轮胎胎压也一致。因此可以排除是轮胎的原因导致的车辆紧急制动跑偏。

2.2.2 四轮定位参数

车辆的四轮定位参数需在规定的范围内，才能保证车辆行驶或制动时不出现跑偏的现象。当车架变形或其他因素导致车辆的前轮定位不正确，前后轴移位等问题时，也会导致车辆出现制动跑偏。

按照整车四轮定位参数要求（表2-1），重新进行四轮定位，调整后参数（图2-2）符合整车四轮定位参数要求。

整车四轮定位参数要求 表2-1

项目		参数
前轮外倾角		0.25°~1°
前轮前束		1~3mm
主销内倾角		7°±1°
主销后倾角		2.5°±45′
后轮外倾角		0°±0.5°
前轮最大转角	外角	29.5°±0.5°
	内角	36.5°±1°
后桥偏移量		-5~5mm

四轮定位参数调整完成后，直线行驶未出现跑偏问题。在相同路段以相同速度进行紧急制动，车辆仍会出现制动跑偏问题。因此可以排除是四轮定位参数不正确的原因，导致车辆出现紧急制动跑偏。

2.2.3 转向零位标定

转向零位标定不准，也会导致车辆出现制动跑偏问题。整车过线后，重新进行转向零位标定。在试验场地以同样的行驶状态进行测试，车辆仍存在紧急制动跑偏问题。因此可以排除制动跑偏问题是该因素导致。

2.3 ABS未起作用或制动力不均衡

2.3.1 制动器异常，出现“拖刹”或回位慢问题

如果某一侧制动器出现异常，则将导致左右制动器产生的制动力不同，制动力不同也会导致制动时出现跑偏问题。

针对出现紧急制动跑偏的车辆，更换新制动器，并进行相应的检查测试。

2.3.2 ABS未起作用排查

实车排查左、右气室管路及线束连接正常，无串气或控制紊乱问题。实车采集报文发现，制动过程中ABS调节正常。

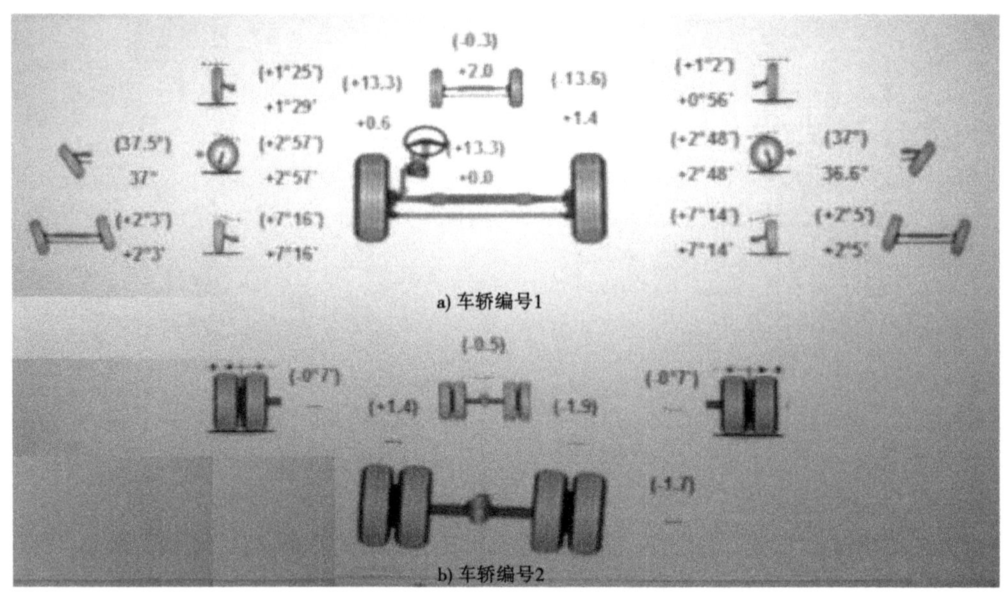

a) 车轿编号1

b) 车轿编号2

图 2-2　调整后四轮定位参数

2.3.3　各轴制动力不均

汽车在制动过程中,同轴上的制动器如果产生的制动力不相等,或者某一侧制动力在相同时间内较另一侧增长更快,都会造成车辆制动跑偏。

重新进行制动力过线检测,制动力过线数据正常(表 2-2),符合设计要求。

制动力检测数据　　表 2-2

台式检测项目		轮荷(kg)		最大行车制动力(10N)		过程差最大差值点(10N)		空载制动			
		左	右	左	右	左	右	行车制动率(%)	不平衡率(%)	驻车制动力(10N)	驻车制动率(%)
制动	一轴	960	949	739	724	579	555	78.2	3.2		
	二轴	892	898	548	517	394	331	60.7	11.5	1147	
	整车	3699		2528				69.7			
	驻车	3699								1147	31.6

在原先行驶跑偏处理的基础上,进行制动各项排查及检测正常后,实车测试紧急制动,仍然出现制动跑偏问题,因此该车辆紧急制动跑偏现象,非制动系统问题所造成的。

2.4　系统匹配

2.4.1　转向系统数据校核分析

(1)悬架与转向运动干涉量校核。针对前桥上下跳进行运动干涉量校核,测得结果见表 2-3。

前桥上下跳运动干涉量　　表 2-3

运　动	设计值(mm)	参考值(mm)
前桥上跳 78mm	4.34	≤5
前桥下跳 91mm	1.45	≤10

(2)转向直拉杆后球头中心点与板簧主簧中性层和中心螺栓的交点的 Z 向高度差(图 2-3、图 2-4),见表 2-4。

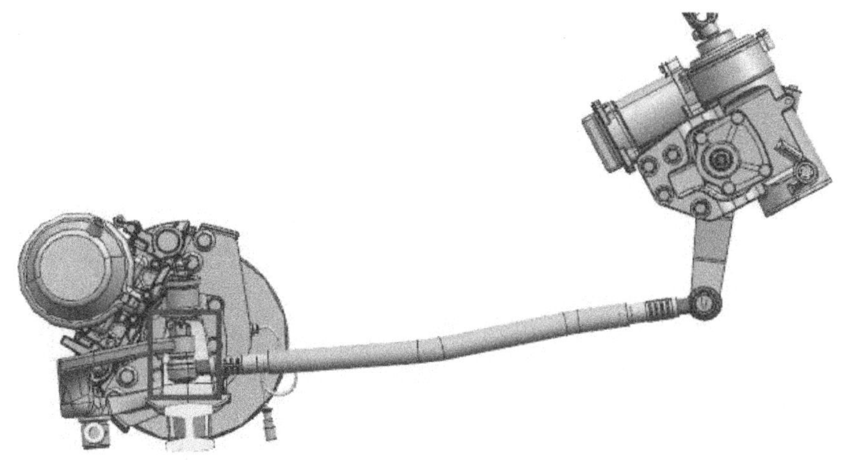

图 2-3 转向直拉杆后球头

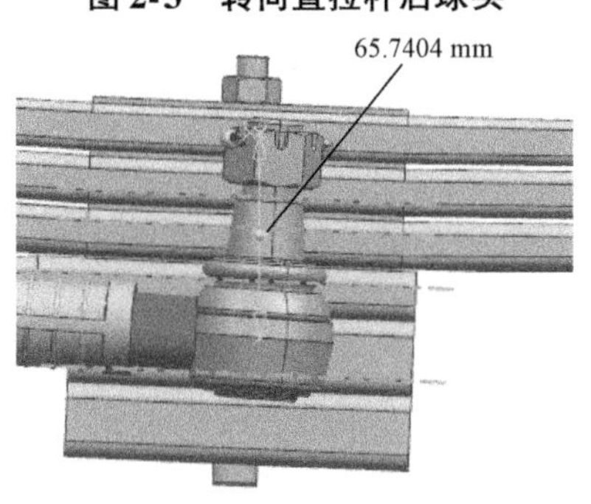

图 2-4 *Z* 向高度差

Z 向高度差 表 2-4

装配方式	*Z* 向高度差（mm）	备注
后球头从下往上安装	65.74	球头中心比板簧中心低

上述转向系统运动干涉量校核符合设计要求，转向杆系硬点布置后球头中心点与板簧中心层中心点 *Z* 向高度差偏大。

查阅相关资料得知，在紧急制动时，钢板弹簧会发生 S 形变形，如图 2-5 所示。钢板弹簧在发生 S 形变形时，一般近似认为其转动中心在钢板弹簧第一片的中心 *A* 的下方一个卷耳半径处。钢板弹簧及前桥将绕该转动中心转动。如图 2-5 所示，*E* 点布置得较高，离转动中心有相当距离。在钢板弹簧发生 *S* 形变形时，*E* 点将绕该转动中心转动一个角度 φ，从而使其向前移动一个距离，这是由悬架决定的运动。但是，在转向直拉杆不发生变形或断裂的情况下，*E* 点到 *G* 点的距离保持不变，即迫使 *E* 点基本不向前移动，这相当于使 *E* 点向后移动了一个距离。从图 2-5 可以看出，这会使前轮向右转动一个角度。因此，在 *E* 点相对于 S 形变形的转动中心布置得较高的情况下，在制动时车辆将发生向右的制动跑偏。

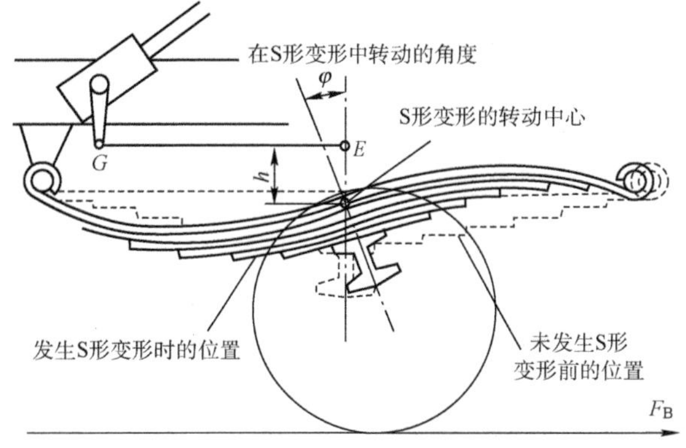

图 2-5 钢板弹簧 S 形变形图

结合某车型转向直拉杆后球头实际位置低于板簧中心进行分析，转向直拉杆后球头中心点（*E* 点）距离 S 形变形的转动中心点布置得较低，高度差为 65.74mm。当车辆进行紧急制动时，使 *E* 点相当于向前移动了一个距离，从而使车轮向左转动一个角度，紧急制动时车辆将发生向左的制动跑偏。因此该项才是导致车辆制动跑偏的真正原因。

3 解决方案

针对该车型,进行转向直拉杆总成和垂臂总成的优化调整,将转向直拉杆后球头原先从下往上的安装方式变更为从上往下安装,如图 3-1 所示。

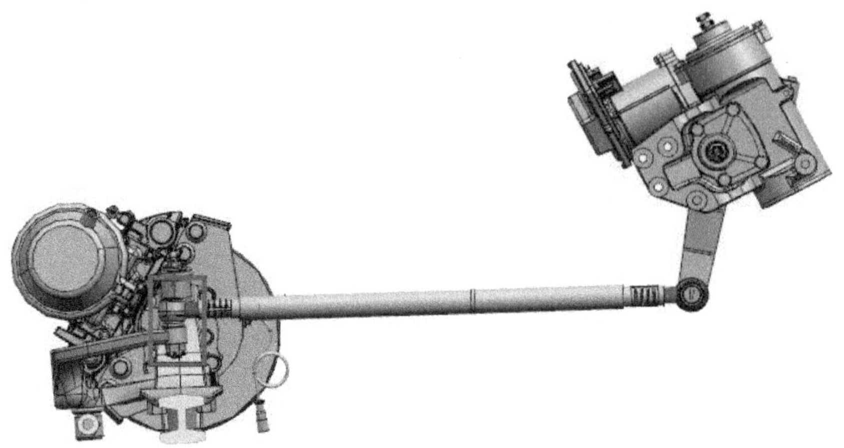

图 3-1 优化后的球头安装方式

3.1 优化硬点数据校核

(1)优化后运动干涉量校核。针对优化后的转向直拉杆,进行前桥上下跳运动干涉量校核,测得结果见表 3-1。

优化后前桥上下跳运动干涉量 表 3-1

运　动	设计值(mm)	参考值(mm)
前桥上跳 78mm	2.65	≤5
前桥下跳 91mm	9.49	≤10

(2)优化后转向直拉杆后球头中心点与板簧主簧中性层和中心螺栓的交点的 Z 向高度差(图 3-2),见表 3-2。

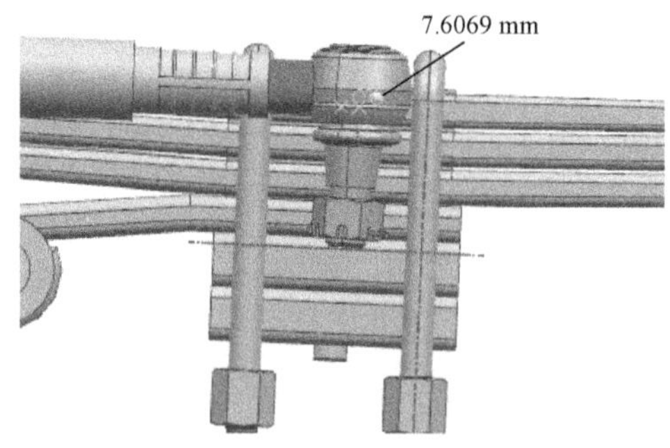

图 3-2 优化后 Z 向高度差

优化后 Z 向高度差 表 3-2

装配方式	Z 向高度差(mm)	备　注
后球头从上往下安装	7.6	球头中心比板簧中心高

3.2 方案验证

优化调整转向杆系硬点数据,换装新的转向直拉杆总成,整车下线检测后,进行紧急制动测试,未出现制动跑偏问题。

4 结语

本文通过对可能导致某车型紧急制动跑偏的原因进行排查分析及测试,最终确定制动跑偏问题的原因为转向直拉杆后球头中心点与板簧主簧中性层和中心螺栓的交点的 Z 向高度差偏大。针对该点进行转向直拉杆和转向垂臂总成的重新设计,减小 Z 向高度差后,问题得以解决。

通过汇总分析公司所有商用车相关数据及紧急制动时的表现得出,转向直拉杆后球头中心点与板簧主簧中性层和中心螺栓的交点的 Z 向高度差应控制在 ±40mm 的范围内。后续新设计车型,按该数值进行管控。

参 考 文 献

[1] 王霄峰. 汽车底盘设计[M]. 北京:清华大学出版社,2014.

关于空气弹簧悬架用某型号推力杆的故障分析及优化

张秋芳,许利林,刘守斌

(中国公路车辆机械有限公司,北京 100055)

摘 要:空气弹簧悬架上匹配的某型号推力杆锥销端在样车试验阶段出现了断裂,通过 CAE 分析,对结构进行了优化,并通过了样车的试验验证。

关键词:推力杆;空气弹簧悬架;CAE 分析;试验验证

0 引言

悬架作为车身与车桥连接的重要总成,对汽车的行驶平顺性、操纵稳定性、通过性、燃油经济性等有着直接的影响。近年来随着国内道路建设的发展以及燃油价格的上涨,用户对车辆的环保性、经济性以及乘坐舒适性提出了更高的要求,空气弹簧悬架由此得到了广泛的发展和普及。

在空气弹簧悬架中,推力杆作为导向机构的组成部分,它主要承受车辆的纵向力、侧向力和力矩,汽车制动和加速时能保证车身的稳定。因此必须布置合理,且具有一定的强度和抗变形的能力,属于空气弹簧悬架的关键零部件。

2021 年某公司生产的一款 7m 公路客车用后空气弹簧悬架在海南试验场进行样车试验时,推力杆一端的锥销出现了断裂(图 0-1、图 0-2),本文通过分析推力杆锥销的结构形式,进行虚拟样机的 CAE 受力分析等方法,找出了问题的原因;据此提出了优化方向,重新选用了合适的推力杆,并通过了试验验证。

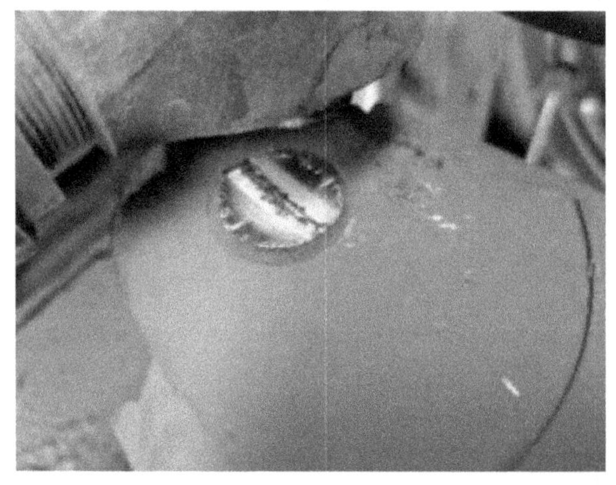

图 0-1 故障推力杆球销断裂

图 0-2 故障推力杆安装位置

1 推力杆的安装布置

推力杆在空气弹簧悬架上的布置图如图 1-1 所示。推力杆布置于后桥桥包上方,一侧锥销式球铰与车桥上的锥销孔连接,大端直径为 ϕ30mm,大径右端平直端外径为 ϕ25mm;本次断裂即大端 ϕ30mm 与平直段 ϕ25mm 的过渡区域。

此类型的推力杆广泛用于连接接口是锥销的悬架方案上,匹配的车桥吨位区间为 5 ~ 8.5t。针对不同的吨位,选用不同规格尺寸的锥销。本次断裂的推力杆用于 5.5t 的后空气弹簧悬架上,锥销的结构及尺寸如图 1-2 所示。

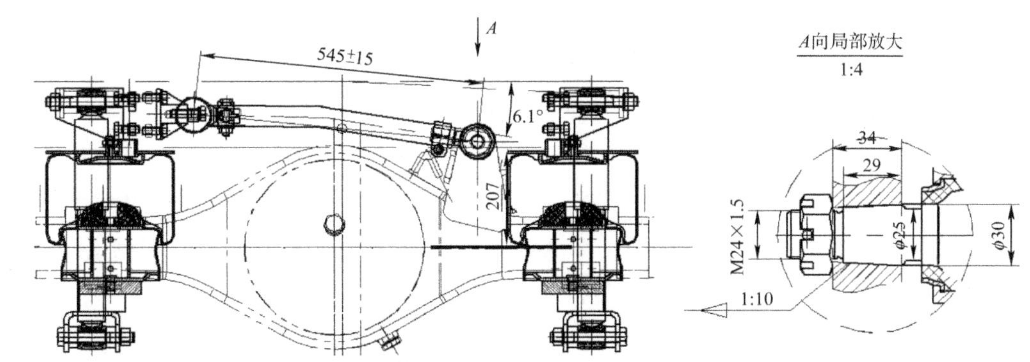

图 1-1 故障推力杆在空气弹簧悬架上的布置(尺寸单位:mm)

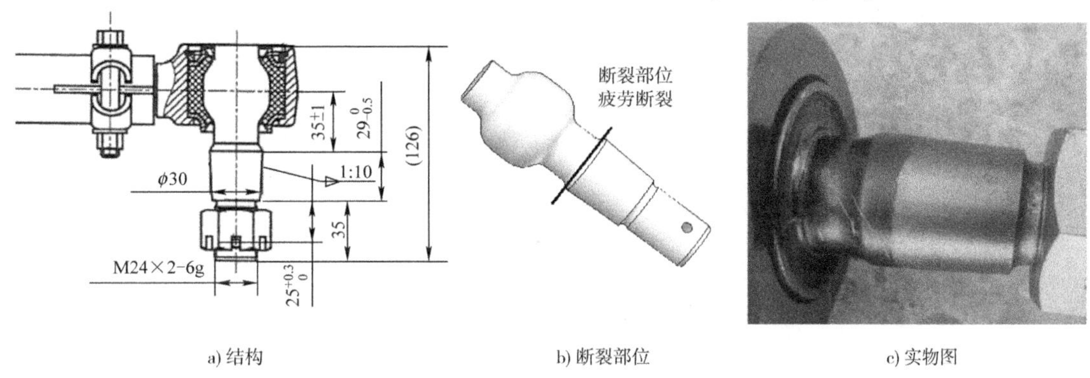

图 1-2 故障推力杆的锥销结构示意图

2 故障原因分析

推力杆的断裂端面如图 0-1 所示,从断裂面来看,属于应力集中导致的疲劳断裂;此推力杆应用于 7m 的客车上,在海南试验场进行各种路况的试验,工况恶劣,侧倾角速度较大;综合分析,此锥销的断裂是由于频繁受到较大应力的冲击,结构设计不适应使用环境所致。

为进一步确认原因,拟采用 Solidwoks 软件进行虚拟样机的 CAE 分析,过程如下。

将推力杆的分析简化为锥销处的局部受力分析,其主要承受车辆侧倾时的离心力,根据客车稳态回转试验时的侧向加速度经验,车辆评估按照 $0.4g$ 侧向加速度执行,行驶中客车一般最大不会超过 $0.6g$ 的侧向加速度,故本次分析的侧向离心加速度按照 $0.4g$、$0.6g$ 共两种来加载。

此锥销所在的悬架设计承载 5.5t,簧载质量 M 为 5t,根据图 1-2 所示推力杆的布置方案,推力杆两铰接点连线与水平面呈 6.1°的夹角,车辆侧倾时锥销处所受合力 $F = Mg/\cos 6.1°$。加载点在不同加速度下的侧向力计算如下:

$F_1 = 0.4 \times 9.8 \times 5000/\cos 6.1° = 19711.6(\mathrm{N})$

$F_2 = 0.6 \times 9.8 \times 5000/\cos 6.1° = 29567.4(\mathrm{N})$

加载点及约束点如图 2-1 所示。

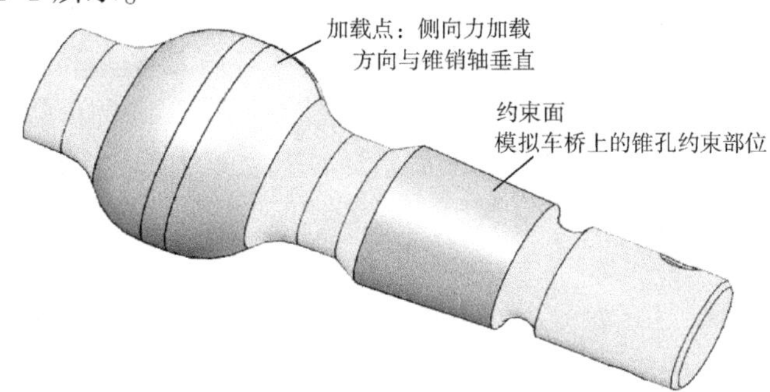

图 2-1 锥销约束面及加载点示意图

此锥销的材质为40Cr,材料参数见表2-1。

材料参数表　　表2-1

名　称	材　质	抗拉强度(MPa)	屈服强度(MPa)	弹性模量(GPa)	泊松比	延伸率(%)
锥销	40Cr	810	785	211	0.277	9

下面就0.4g及0.6g两种加速度工况下进行CAE分析,分析结果如图2-2、图2-3所示。

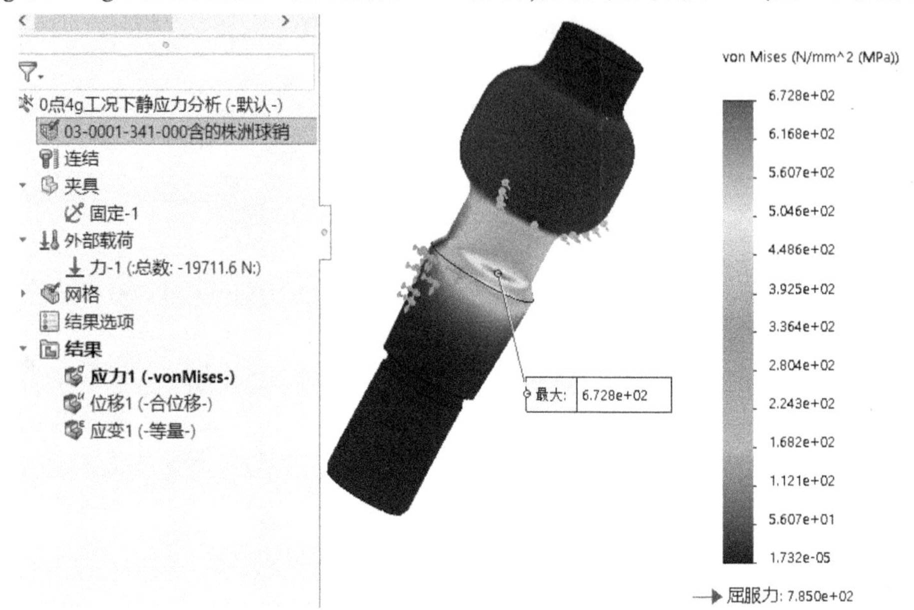

图2-2　0.4g加速度下锥销应力分析结果

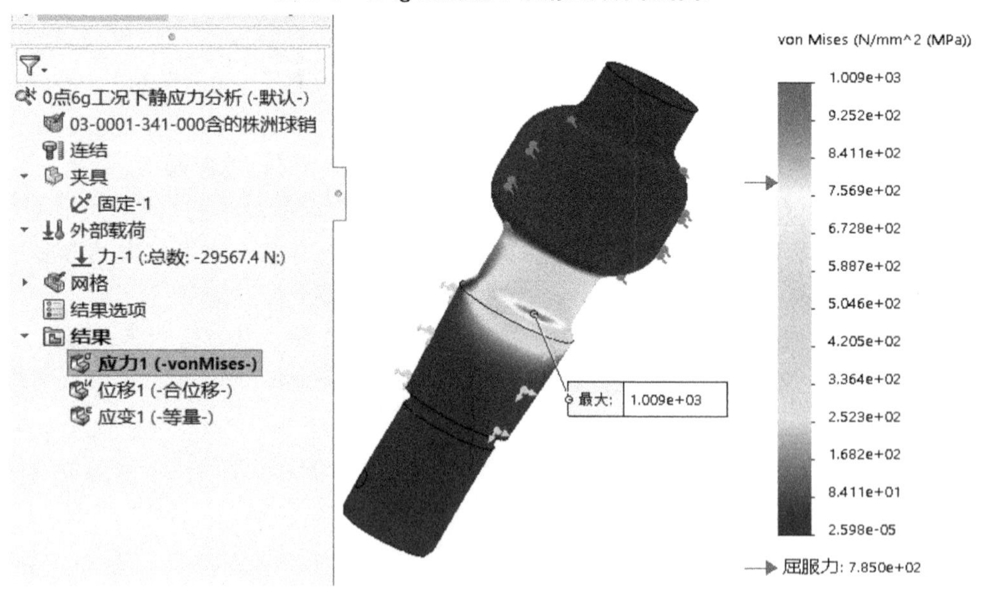

图2-3　0.6g加速度下锥销应力分析结果

当侧向加速度达到0.4g时,应力为672.8MPa,已接近材料屈服极限,安全系数为1.16,偏低;当侧向加速度达到0.6g时,应力为1009MPa,已超过材料屈服极限。应力集中部位与锥销断裂部位吻合。

3　优化改进

综合以上的分析,优化的主要目标为解决应力集中问题,另外还需同时考虑车桥连接端的接口一致性。具体优化两点:

(1)将锥销大径右端平直段直径Φ25mm加大至Φ27mm。

(2)锥销断裂区域的斜线加圆角的过渡改为2个圆角平滑过渡,如图3-1所示。

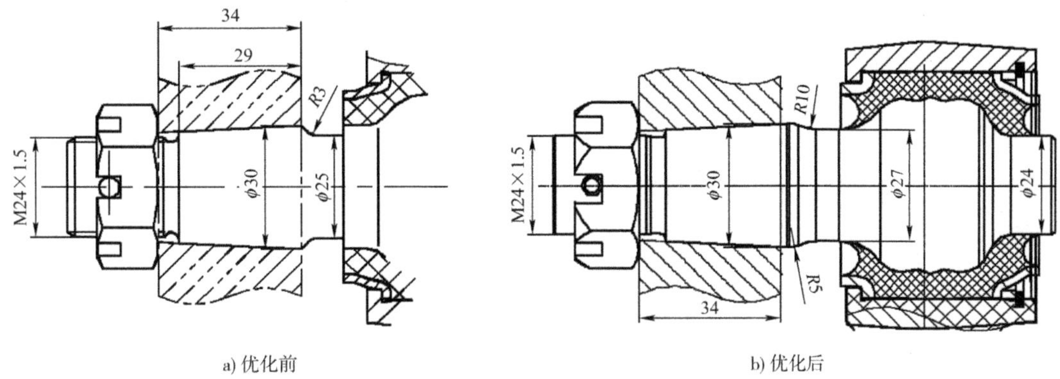

图3-1 锥销结构的优化示意图(尺寸单位:mm)

将优化后的锥销按0.4g及0.6g两种加速度工况下进行CAE分析,加载及约束同故障锥销,其应力结果如图3-2、图3-3所示。

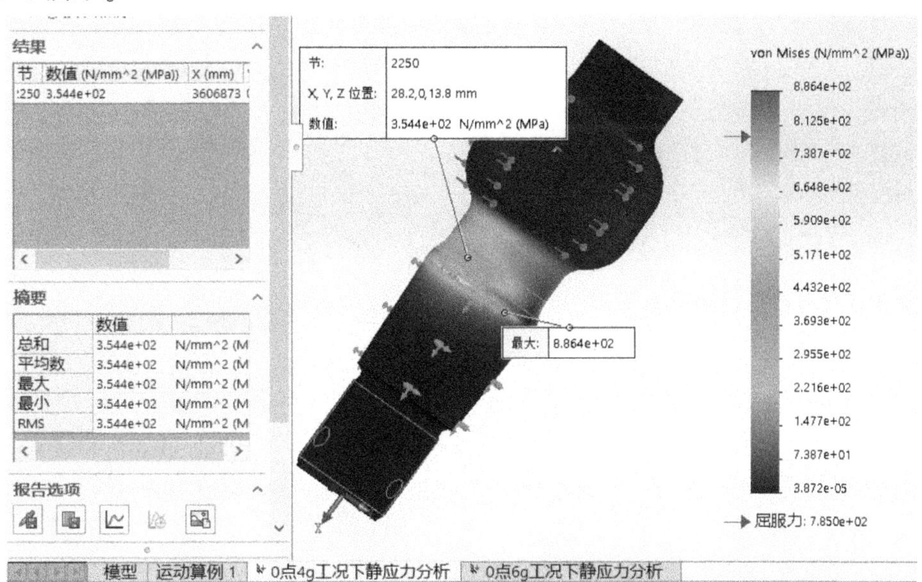

图3-2 0.4g 侧向加速度工况下锥销应力分析结果

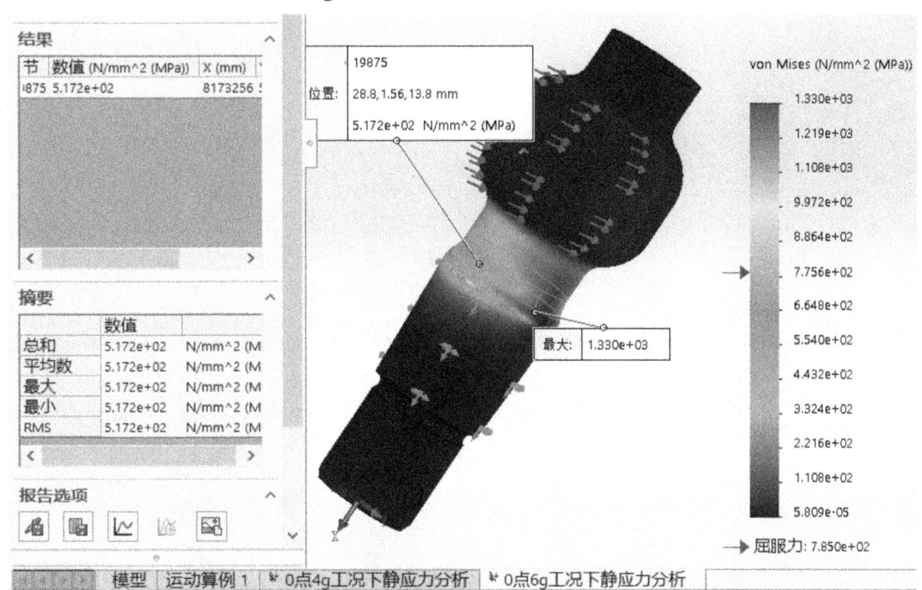

图3-3 0.6g 侧向加速度工况下锥销应力分析结果

图 3-2 中最大应力点为个别极点,未形成区域,可以忽略不计;比对断裂区域的应力值,在 0.4g 加速度工况下,应力值为 354.4MPa,安全系数 = 785/341.7 = 2.21;图 3-3 中最大应力点为个别极点,未形成区域,可以忽略不计;比对断裂区域的应力值,在 0.6g 加速度工况下,应力值为 517.2MPa,安全系数 = 785/517.2 = 1.52。

由以上分析可以看出,即使在 0.6g 的加速度工况下,此锥销仍有 1.52 的安全系数,满足设计要求。基于以上的分析结果,公司制作了新的锥销推力杆,换装到样车上,重新在海南试验场进行路试,并于 7 月初已顺利通过试验验证,进一步验证了此结构的可靠性。

4 结语

本文找出了故障推力杆锥销断裂的原因,主要是由于车辆试验工况强度大,在侧倾角速度较大情况下,球销频繁受到较大应力,而应力集中部位的直径又偏小,圆角过渡不平滑,从而进一步加剧了应力的集中与强度的削弱,锥销长期处于极限疲劳状态,锥销的结构选型与车型的吨位、实际工况极限不适应等造成的。

针对故障原因,本文提出了优化方向,并针对新结构进行了 CAE 分析及样车的试验验证,验证了优化后的结构的合理性,解决了故障车辆的问题,对今后同类产品的设计优化提供了一定的指导方向。

参考文献

[1] 陈家瑞. 汽车构造[M]. 北京:人民交通出版社,1996.

[2] 刘惟信. 汽车设计[M]. 北京:清华大学出版社,2001.

[3] 成大先. 机械设计手册[M]. 4 版. 北京:化学工业出版社,2002.

客车减振器螺栓拧紧力矩研究及筒身跟转原因分析

朱文浩，谢　东

（中国公路车辆机械有限公司，北京　102600）

摘　要：介绍了一种在客车总装工艺中，安装减振器时出现因橡胶衬套摩擦力不足导致筒身跟转而无法将螺母拧紧至厂家规定力矩的情况，分析跟转原因，并提出拧紧跟转的优化改进方向。可解决生产工人在减振器安装过程中出现拧紧时减振器筒身跟转而无法拧紧至规定力矩的情况。减振器的拧紧跟转优化及正确安装，对于客车生产质检过检及日常行驶安全都有重大意义。

关键词：减振器；橡胶衬套；客车安装工艺；客车悬架；空气弹簧悬架；总装

0　引言

随着国家标准的提高和自身技术的升级，国内各大客车厂的整车开发过程和技术标准逐渐趋于向乘用车看齐。对于客车等商用车整体载荷较大，总质量相比乘用车大得多。因此在生产线上总装安装时对各紧固件、连接件的拧紧力矩也会比乘用车大得多。因底盘悬架的布置空间非常紧凑，悬架零部件在安装时需要使用扭力扳手进行拧紧螺栓螺母等。但在实际安装过程中，由于筒身和螺杆为一体式，发现某国产品牌的某型减振器在拧紧减振器端头螺母时，常常会出现减振器筒身与扭力扳手跟转。底盘车间作为客车总装线的前端方，如何提高生产效率、降低成本，并且运用精益生产工具来优化对公司具有重大意义。基于以上这种情况，工人通常会采用手动握紧或者辅助工装等措施来固定筒身以期拧紧至厂家推荐力矩。但同时拧紧力矩较大，工人们后期也无法通过人工握紧等方式来固定减振器筒身，外部工装也会使筒身产生磨损等。对比某进口品牌减振器，其厂家推荐拧紧力矩值更大，但是拧紧过程中并没有出现跟转的迹象，也不需要人工固定筒身进行辅助等。由于某国产品牌的减振器装车量较大，因此深入探究其拧紧力矩与筒身跟转之间的关系，对提高整车生产效率，降本提质有重要意义。

1　减振器结构介绍及特点分析

本文主要研究减振器端头螺栓拧紧时筒身跟转原因，而减振器上下部在圆周方向并无刚性连接，因此减振器内部结构非本文研究重点，故可简化内部结构。图 1-1 所示为客车用油压阻尼式减振器，分为外部结构与内部结构。其外部结构主要分为筒身、端部安装结构两部分。其中端部安装结构包括防松螺母、垫片、橡胶衬套等。内部为液压阻尼机构。对于本文探究方向，需测量减振器中与安装固定有关的相关尺寸，如图 1-2 所示，其中标注为顶部螺杆长度 L_1；套筒尺寸（外径 B、长度 L_2、壁厚为 2mm）；上、下橡胶衬套压缩后高度 H_1、H_2 等，其中厂家推荐安装支架板厚为 10mm。

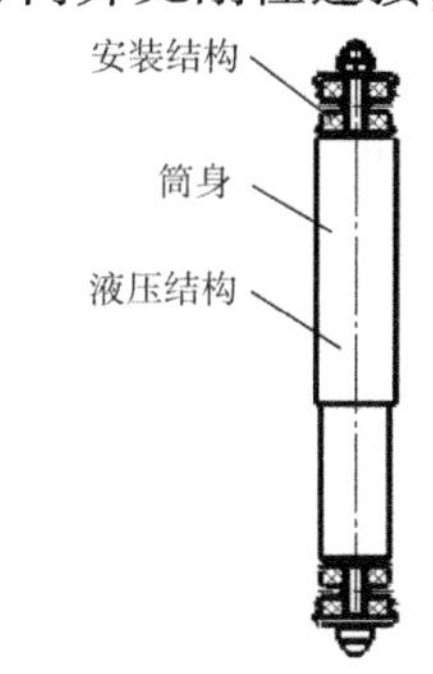

图 1-1　客车用油压阻尼式减振器

图 1-3 所示为减振器安装结构。从减振器固定螺栓及衬套、套筒的相关位置可以看出，螺母与上盖板接触，上部的衬套夹在上下盖板中间，在螺栓外围还有一个内径比螺栓稍大的套筒直接与衬套接触。下部的衬套则只有一个下盖板，衬套上平面直接与减振器车架支架接触。

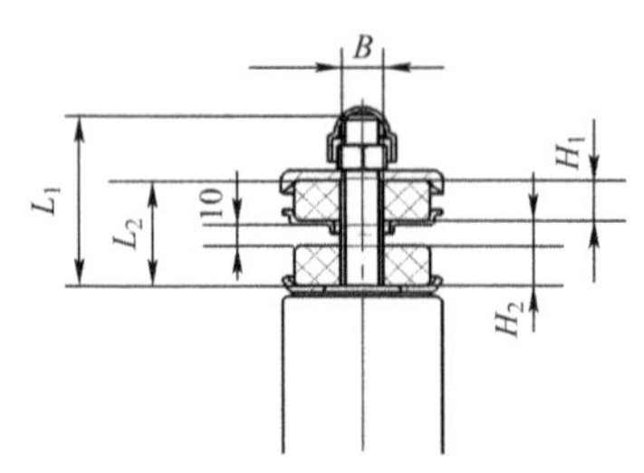

图 1-2 减振器中与安装固定有关的相关尺寸(尺寸单位:mm)

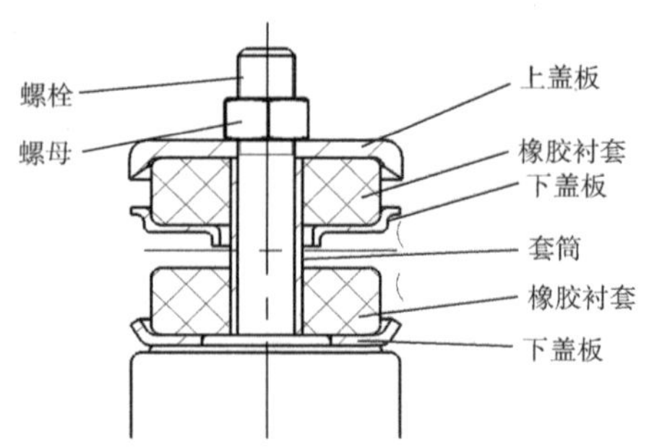

图 1-3 减振器安装结构

2 减振器固定结构受力分析

将整个减振器固定结构视为一个系统,受力分解如图 2-1 所示。通过扭力扳手等拧紧螺母时的力矩为系统输入主动力矩 M_1,而根据系统受力平衡,可得减振器系统还受到减振器车架支架上表面和下表面产生的阻碍减振器跟转的摩擦力矩 M_{f1} 和 M_{f2}。可分析得,对于减振器固定结构系统,螺母拧紧时跟转是因为减振器车架支架上下平面所能提供的摩擦力矩不足以抵抗拧紧力矩,衬套与支架之间由静摩擦变为滑动摩擦。

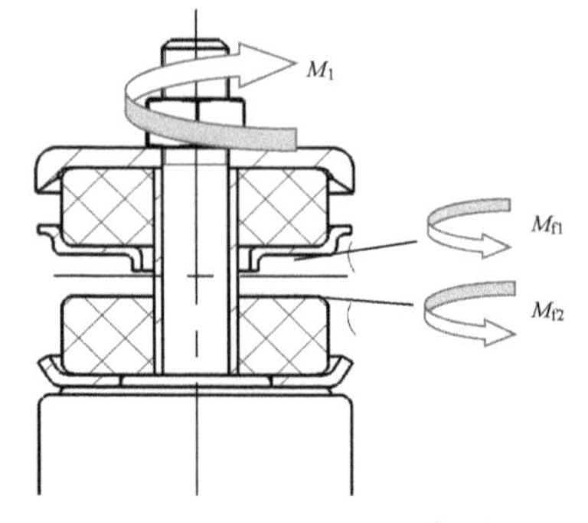

图 2-1 减振器固定结构系统受力分析

对于减振器固定结构系统内部,在螺母拧紧时,螺母往螺栓根部移动,挤压衬套,使得衬套高度方向压缩并向径向膨胀。由于橡胶的不可压缩性,高度方向体积压缩量等于径向膨胀量。此情况下对固定螺栓与螺母系统进行受力分析,根据牛顿第三定律,可以看出,螺母拧紧力矩作为外力矩输入,与筒身一体的螺栓本身也受到 M_1 的力矩跟随螺母转动,但因为与套筒、衬套、垫片等接触,减振器车架支架产生阻碍其转动的摩擦力 M_{f1}、M_{f2},进而产生拧紧螺母而不跟转的情况。

顶部固定结构分析可得,拧紧力矩作为唯一外力矩拧紧时,可分解为轴向拉伸螺栓和水平拧紧螺母的两个力。可以认为橡胶衬套产生的摩擦力是由轴向拉伸螺栓后挤压橡胶衬套所产生的。各衬套及垫片、车架支架平面等各接触面均为水平。进而使得系统受力平衡时即所受表面摩擦力和外力矩的水平方向分力应为等大反向。若衬套所产生的静摩擦力不足以抵抗拧紧力矩的水平分力,即会发生跟转现象。

3 减振器螺栓端头拧紧试验介绍及试验结果

经过对减振器端部安装结构分析,猜测减振器跟转是由于衬套、垫片、套筒等对减振器筒身产生的摩擦力不足以抵抗拧紧螺母所需的力矩,即摩擦力不足,过早地出现了滑移情况。因此设计了以下几个试验方案以探究某国产品牌与某进口品牌的摩擦力情况。试验方案均为在减振器安装台架上使用扭力扳手和普通螺母进行实际安装测试,记录安装时跟转情况及产生跟转时的最大拧紧力矩。

减振器螺栓端头拧紧试验方案为直接拧紧对比试验。即为模拟实际装车情况下,直接分别安装两个品牌的减振器时的拧紧跟转情况。测得跟转情况及实际拧紧力矩见表 3-1。从表 3-1 中可以看出:在同等螺栓螺母的螺纹尺寸 M16 ×1.5 的情况下,某进口品牌的减振器的厂家推荐力矩为 90N · m、实际拧紧力矩为 90N · m、跟转时最大力矩为 95N · m,其要比某国产品牌的减振器拧紧力矩为 78N · m 要大得多。

减振器直接拧紧对比试验 表 3-1

厂 家	推荐力矩	实测出现跟转的力矩
进口品牌	90N · m	95N · m
国产品牌	(78 ±7.8)N · m	50N · m,(固定螺杆顶部凸台可打到 80N · m)

直接拧紧对比试验的现象为一转一不转,分析具体结构差异和因差异而可能跟转的原因。控制变量对比分析:换橡胶、换套筒。

针对两种品牌减振器出现的较为明显的跟转力矩差异。本试验采用控制变量的方法进行探究。

(1)对换两个品牌的衬套。

(2)对换两个品牌的套筒,分别如图3-1、图3-2所示。

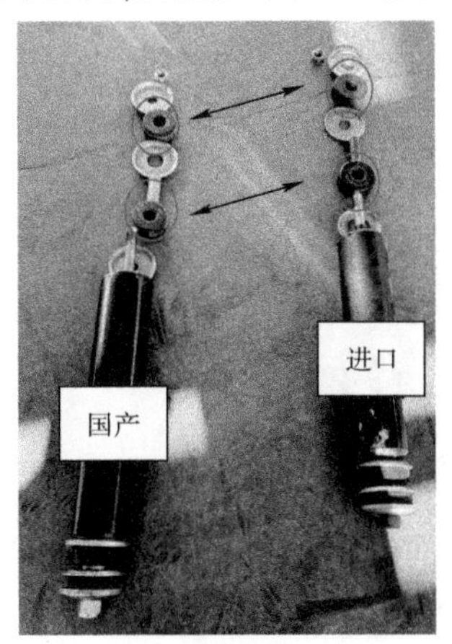

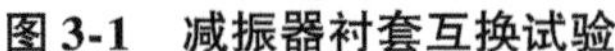

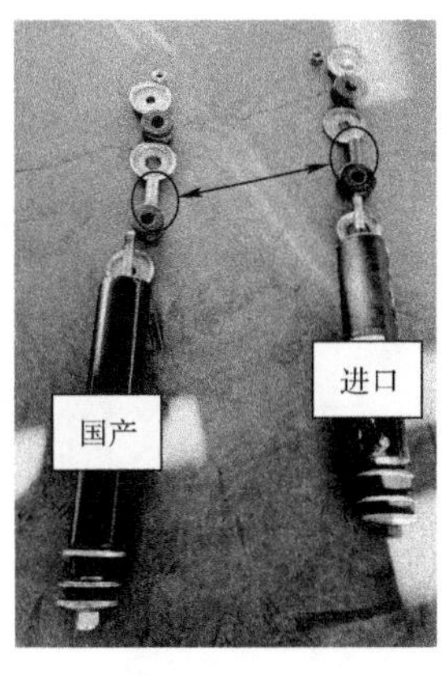

图3-1 减振器衬套互换试验　　图3-2 减振器套筒互换试验

在(1)试验中,收集试验数据见表3-2,可以看到互换衬套后,国产品牌减振器跟转时拧紧力矩从50N·m提升到85N·m;而进口品牌减振器从95N·m降低到55N·m,两个减振器的拧紧力矩均出现了较大变化。

减振器衬套互换对比试验　　表3-2

厂　家	原厂衬套的跟转力矩(N·m)	互换衬套后的跟转力矩(N·m)
进口品牌	95	55
国产品牌	50	85

在(2)实验中,将两者橡胶衬套恢复为对应品牌。首先测量两个不同品牌减振器的套筒尺寸及材料属性。经测得两者表面洛氏硬度值HRC均为12。且两个套筒尺寸相同,均为外径20mm、内径16mm、高度$h=50$mm,固定螺栓螺纹长度均为26mm。

收集试验数据见表3-3,在表3-3中可以看出互换套筒后,两者跟转时拧紧力矩基本没有变化,因此可以排除套筒对减振器拧紧力矩的影响。

减振器套筒互换对比试验　　表3-3

厂　家	原厂套筒的跟转力矩(N·m)	互换套筒后的跟转力矩(N·m)
进口品牌	95	95
国产品牌	50	50

从上述两个试验中的试验结果可以得出,跟转时拧紧力矩的大小与橡胶衬套有较大的关系,故将深入研究两者橡胶衬套之间的差异及与跟转的关系。首先是外形尺寸,进口品牌与国产品牌橡胶衬套的实测尺寸见表3-4。

减振器套筒互换对比试验　　表3-4

厂　家	外径(mm)	内径(mm)	高度(mm)
进口品牌	61.5	23.5	24.4
国产品牌	54.6	20	25

两个厂家的橡胶衬套均为圆柱形,如图3-3所示。

忽略尺寸测量误差等,两种橡胶衬套高度均为25mm,且各个金属垫片的厚度都对应相等。因此在螺母拧紧到最低点(上部金属垫片压紧到套筒高度)时,橡胶衬套轴向压缩量一致,而橡胶件被认为是不可压缩的。因此橡胶衬套的轴向压缩量会以径向膨胀的方式进行补偿。两种橡胶衬套的主要差别在于外径,进口品牌橡胶衬套B较国产品牌橡胶衬套A外径大7mm,即橡胶衬套B外径更大。在轴向压缩量基本一致的情况下,压缩后的进口品牌橡胶衬套跟减振器车架支架的接触面积更大,能提供更大的摩擦力。

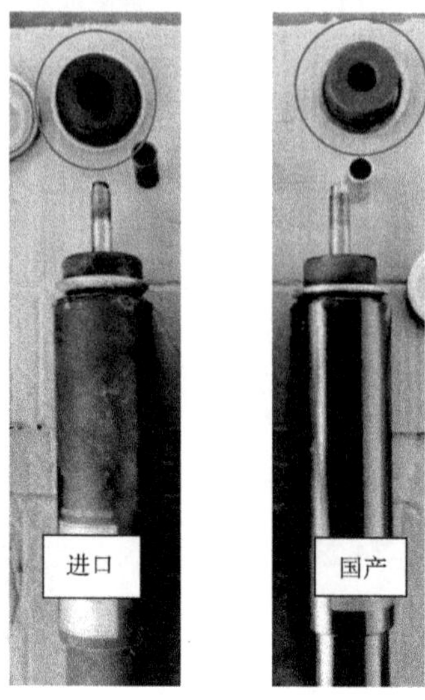

图 3-3 橡胶衬套

4 结语

本文通过对比某进口品牌与某国产品牌减振器的实际装车固定螺栓拧紧力矩,探究了某国产品牌减振器拧紧过程中,过早地出现了跟转情况无法拧紧至推荐力矩的情况。经过进行减振器端部结构差异、橡胶衬套尺寸及性能差异、套筒尺寸及性能差异等对比试验。得出两种减振器安装时性能差异结论如下:

(1)原厂状态下,经多次试验得某进口减振器能拧紧螺母至推荐力矩而无跟转,而某国产减振器普遍在拧紧力矩 50N · m 左右开始跟转而无法达到推荐力矩。

(2)进口橡胶衬套与国产橡胶衬套相比,两种橡胶衬套表面硬度一致,高度及内径一致,而进口橡胶衬套外径更大,因此进口橡胶衬套比国产衬套体积大了 26.87% 。在轴向压缩量一致的情况下,压缩后的橡胶衬套跟减振器车架支架、垫片之间的接触面积更大,能提供更大的摩擦力。

(3)进口减振器端部结构中壳体上平面有一圈小凸台,并与橡胶衬套直接接触。因此凸台与橡胶衬套压紧后直接接触的部分,能增大壳体与橡胶衬套之间的摩擦力,以抵抗跟转。而国产减振器端部结构为纯平上平面,无凸台结构。

(4)经试验及分析后,提出如下针对国产减振器跟转问题的解决方案:做好安装前清洁工作,保证衬套与垫片、衬套与减振器车架支架之间接触充分、良好、无砂石等异物;向厂家建议增大衬套外径尺寸,从而增大衬套与垫片、衬套与车架支架之间的接触面积,增大摩擦力;减振器壳体上平面增加对应的凸台结构,增大壳体与橡胶衬套的直接接触面积。

参 考 文 献

[1] 袁葭杰,陈稷栋,汪随. 浅议整车减振器测试调校技术[J]. 客车技术,2019(05):26-29.

[2] 闫杰. 精益生产在客车底盘装配流水线的应用研究[D]. 长春:吉林大学,2019.

某10m纯电动城市客车空气弹簧悬架优化

孙荣军,陈慧清,朱　毅

(珠海广通汽车有限公司,珠海　519040)

摘　要:通过对空气弹簧悬架系统相关部件的优化,提升空气弹簧悬架的侧倾角刚度,达到整车侧倾稳定性的要求。介绍可能影响整车侧倾稳定性相关因素,为空气弹簧悬架的选用及优化提供借鉴作用。

关键词:空气弹簧悬架;侧倾角;侧倾角刚度

0　引言

随着人们对车辆乘坐舒适性要求的提高和我国客车悬架技术的发展。空气弹簧悬架得到越来越广泛的使用,在满足舒适性的同时必须要考虑到车辆的稳定性,特别是侧倾角刚度方面的保证。相对于钢板弹簧悬架而言,空气弹簧悬架的结构更加复杂,影响车辆侧倾角刚度的因素更多。本文针对市场普遍使用的六气囊非独立悬架客车,重点介绍通过对空气弹簧悬架各部件的优化设计,加强整车的侧倾角刚度,满足车辆的侧倾稳定性的要求。

1　整车概况

某款新开发的10m二级踏步空气弹簧悬架纯电动城市客车,样车路试转弯时,侧倾角大,尤其车辆后方感觉明显。通过测试,空载时,0.4g侧向加速度,客车侧倾角达5.5°。根据整车参数推算可得,满载时,0.4g侧向加速度,客车的侧倾角可达8°,超出了侧倾角不大于6°的设计要求。

故障原因分析:

(1)本款车采用前2后4空气弹簧悬架,后悬架采用结构简单,占用空间小的小直梁结构空气弹簧悬架,缺点气囊间左右跨距小,后悬架气囊侧倾角刚度小。悬架结构如图1-1、图1-2所示。

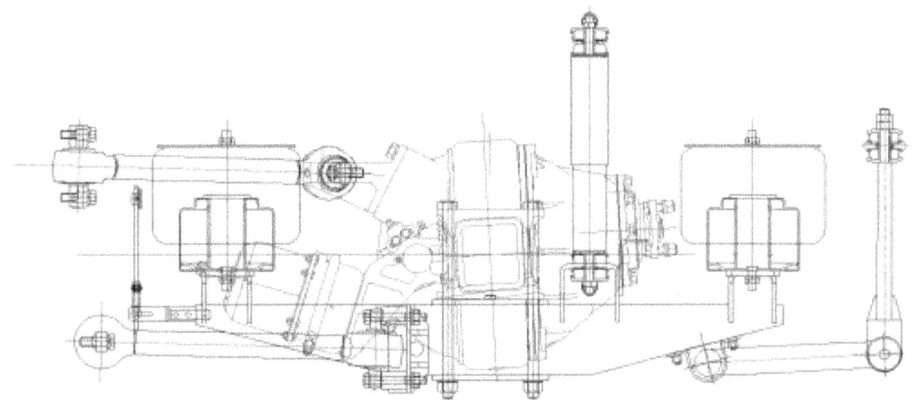

图1-1　小直梁空气弹簧悬架主视图

(2)动力电池位于后桥上部车顶及整车尾部后上方,整车的实际质心高度高于设计时估计值。

减小整车侧倾角的途径主要有两种:

(1)降低整车簧载质量质心高度,减小侧倾力臂。

(2)增加悬架的侧倾角刚度。对于已制作的客车,降低整车簧载质量质心高度比较困难,一般考虑对悬架系统进行优化。

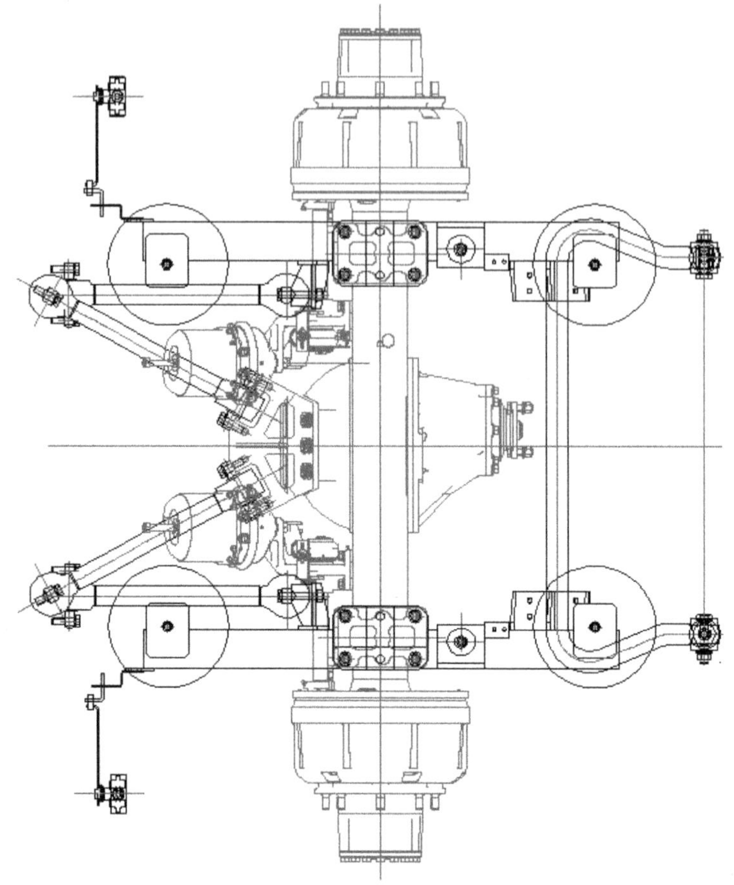

图 1-2 小直梁空气弹簧悬架俯视图

2 优化方案

本款车空气弹簧悬架采用前 1 后 2 高度阀控制。转弯时整车后部侧倾较明显,主要对后悬架系统进行优化。前悬气囊规格及横向稳定杆直径都比较合适,不再进行调整。

2.1 调整后横向稳定杆直径

横向稳定杆示意图如图 2-1 所示,倾侧角刚度与稳定杆直径的 4 次方成正比,稳定杆直径对侧倾角刚度影响明显。将后横向稳定杆直径由 40mm 加大至 50mm,加大后的横向稳定杆侧倾角刚度是原稳定杆的2.44 倍。同时应该注意稳定杆直径加大,车架、悬架稳定杆连接的部位受力相应变大,需充分评估,以免损坏车架,造成附加伤害。

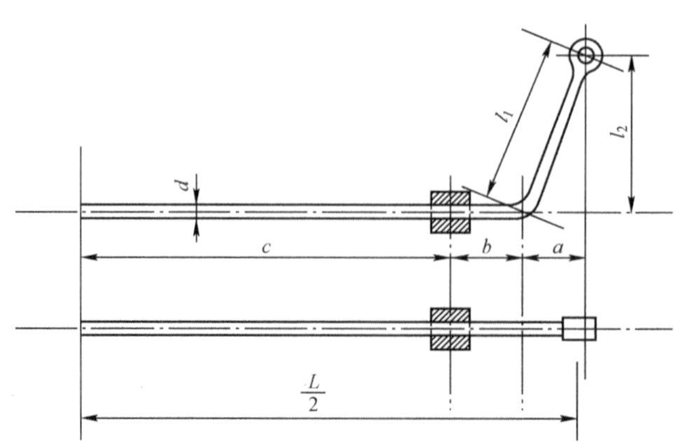

图 2-1 横向稳定杆示意图

$$C_{\Phi b} = \frac{3EI L^2}{2\left[l_1^3 - a^3 + \frac{L}{2}(a+b)^2 + 4 l_2^2(b+c)\right]}$$

式中：$C_{\Phi b}$——稳定杆刚度，N · mm/rad；

E——弹性模量，N/mm^2；

$I = \pi d^4/64$，截面惯性矩，mm^4；

L——两端点间距，mm；

c——稳定杆固定端距中心位置，mm；

b——固定端距离稳定杆平直段距离，mm；

a——端点距离下部平直段距离，mm；

l_1——稳定杆臂长，mm；

l_2——稳定杆垂直臂长，mm。

2.2 更换后悬架气囊

后悬架原采用进口某品牌769气囊，现更换为进口某品牌0557气囊。根据气囊厂家提供数据，相同负荷的情况下，0557气囊刚度大于769气囊刚度。气囊侧倾角刚度计算如下：

$$C_{\Phi 2} = \frac{n}{4} \times 2 \times C_2 B_{S2}^2$$

式中：n——高度阀的数量，个；

$C_{\Phi 2}$——后悬架气囊侧倾角刚度，N · mm/rad；

C_2——后悬架单个气囊垂直刚度，N/mm；

B_{S2}——后空气弹簧左右中心距，mm。

2.3 整车侧倾角计算

后悬稳定杆及气囊调整前后，整车侧倾角变化见表2-1，调整后整车满足设计要求。

$$\theta = \frac{0.4 \times 9.81 m_s h_\Phi}{C_\Phi - 9.81 m_s h_\Phi} \times \frac{180}{\pi}$$

式中：θ——0.4g转弯侧倾角，(°)；

m_s——整车簧载质量；

h_Φ——侧倾力臂；

C_Φ——整车侧倾刚度；

整车参数及计算　　表2-1

参　数	空载	满载	空载（优化后）	满载（优化后）
整车质量 M_a（kg）	10246	14000	10246	14000
前轴质量 M_1（kg）	3763	6000	3763	6000
后轴质量 M_2（kg）	6483	8000	6483	8000
整车簧载质量 M_s（kg）	8436	12190	8436	12190
前悬簧载质量 M_{s1}（kg）	3053	5290	3053	5290
后悬簧载质量 M_{s2}（kg）	5383	6900	5383	6900
轴距 L（mm）	6085	6085	6085	6085
前空气弹簧中心距 B_{S1}（mm）	1270	1270	1270	1270
后空气弹簧左右中心距 B_{S2}（mm）	924	924	924	924

续上表

参　数	空载	满载	空载(优化后)	满载(优化后)
客车重心高 h(mm)	1250	1300	1250	1300
车轮滚动半径 r(mm)	452	452	452	452
前悬架单侧刚度 C_1(N/mm)	130	222	130	222
前稳定杆角刚度 C_{b1}(1000N · mm/rad)	212053	212053	212053	212053
前悬架侧倾角刚度 C_1(1000N · mm/rad)	264472	301568	264472	301568
后悬架气囊刚度 C_2(N · mm/rad)	88	105	108	137
后稳定杆角刚度 C_{b2}(1000N · mm/rad)	76671	76671	171187	171187
后悬架侧倾角刚度 $C_{\Phi 2}$(1000N · mm/rad)	151803	166317	263395	288155
整车侧倾角刚度 C_{Φ}(1000N · mm/rad)	416275	467886	527868	589724
侧倾力臂 h_{Φ}(mm)	952.1	992.3	952.1	992.3
0.4g 侧向加速度车身侧倾角 θ(°)	5.5	8.0	4.1	5.9

2.4 前后侧倾角刚度分配

侧倾角刚度调整,要满足整车的前悬侧倾角刚度大于后悬侧倾角刚度,保证整车转向时具有一定的不足转向。

3 影响侧倾角刚度其他因素

3.1 高度阀的布置

高度阀的布置对整车的侧倾稳定性也有一定的影响。由于高度控制阀对空气弹簧的充、放气具有直接影响,侧倾时高度控制阀的反应快慢直接影响侧倾角度,所以布置时两侧的高度控制阀间距应尽可能大。

3.2 悬架的选择

设计时还可选用侧倾中心高的悬架结构或调整整车布置,将质量大的部件尽量布置在下方,如动力电池等,降低整车质心高度,从而达到减小侧倾力臂,增加整车的抗侧倾能力。

4 结语

通过对悬架系统相关部件的优化调整,整车的侧倾角刚度大大提升,满足了整车的操纵稳定性的要求。车辆运行后反馈良好,符合设计要求。希望本文能对悬架选用和优化设计时起到一点借鉴作用。

参 考 文 献

[1] 余志生. 汽车理论[M]. 北京:机械工业出版社,2007.
[2] 陈耀明. 汽车空气悬架抗侧倾能力的分析[J]. 东风汽车工程研究院,2009.
[3] 郝志宇. 客车空气悬架侧倾稳定性设计要点及误区[J]. 客车技术与研究,2011(5).
[4] 杨国库. 客车空气悬架高度控制阀种类及布置[J]. 客车技术与研究,2010(5).

某客车驱动桥的模态分析与优化改进

陈　啸，陈家磊，居晓华
［金龙联合汽车工业（苏州）有限公司，江苏苏州　215026］

摘　要：针对某 8.5m 纯电动城市客车反馈 50km/h 时车内噪声较大的问题，从驱动后桥齿轮振动噪声机理出发进行分析，对驱动后桥的主减速器主动锥齿轮的激励频率和模态分析进行对比分析，并提出优化改进方案，解决 50km/h 时车内噪声较大的问题。

关键词：驱动后桥；模态分析；噪声；刚度

0　引言

驱动后桥是客车的重要组成部件，也是车辆传递动力的重要组成部件。由于纯电动客车没有传统内燃机运行时的噪声，所以驱动后桥工作时的噪声成了纯电动客车的主要噪声来源，而且也是传动系统里最重要的激励源之一。驱动后桥内部的主动锥齿轮的动态激励和冲击经过轴承、半轴等零部件传递后引起的减速器壳体、差速器壳体、桥壳等结构振动进而产生了辐射噪声是影响整车 NVH 水平的一个重要因素。因此，针对某 8.5m 纯电动城市客车反馈 50km/h 时车内噪声较大的问题，从后桥总成结构刚度对 NVH 的影响出发进行分析和优化，切实降低后桥噪声。

1　驱动后桥齿轮振动噪声机理

齿轮的动态激励是齿轮产生振动噪声的根本原因，通常情况下齿轮的动态激励包括两部分，由齿轮自身啮合产生的动态激励称为内部激励，由齿轮系统外部如发动机二阶激励、传动轴不平衡激励等引起的激励称为外部激励。由于齿轮的轮齿啮合点在其切线方向上存在一定的相对滑动，主动齿轮和从动齿轮的相对速度会伴随着转速的增大而增大。主动齿轮和从动齿轮在啮合的过程中相对滑动速率是先减小后增大，齿轮之间的摩擦力在啮合过程中相对滑动速度为零时同时转变了方向，所以摩擦力就产生了周期性的激励。

理想状态下的齿轮传动，内部激励只有摩擦力。实际上由于齿轮啮合过程中同时啮合的齿数是呈现周期性变化的，这也就导致了主动齿轮和从动齿轮的啮合刚度也是随着时间变化而发生变化的。由于啮合刚度的变化而引起的内部激励我们称为刚度激励，这个刚度激励在系统振动模型中表现为弹性力项的时变系数，所以它是一种参数激励。

主动齿轮和从动齿轮在啮合的过程中，由于不可避免地存在制造误差、安装误差以及齿轮的弹性变形，所以实际啮入点与理论啮入点会存在一定程度的偏差，这样就会产生啮入冲击。同样的道理，在啮出时，实际啮出点与理论啮出点也会存在一定程度的偏差，这样也就产生了啮出冲击。除此之外，由于齿轮的故障如磨粒磨损、装配不当等都会引起啮合冲击，啮合冲击对系统的激励是一种周期性的冲击力，属于力激励。

在不考虑外部激励的情况下，由于齿的周期性弹性形变、制造误差以及装配误差的存在破坏了完美的啮合，齿轮传动过程中不可避免的会产生一定的内部激励，从而产生了冲击和振动。

2　后桥噪声过大案例解析

某 8.5m 纯电动城市客车在车速 50km/h 时，出现整车噪声大的问题，且位于后桥正上方的车内噪声值最大，后桥正上方座椅处车内噪声达到 75dB(A)，严重影响乘客舒适性。由此判断噪声主要是来源于驱动后桥产生的噪声传入车内。

该车型采用驱动电机直驱方案,匹配255/70R22.5轮胎,轮胎滚动半径为0.451m,后桥减速器齿数比为7/43。

主减速器主动锥齿轮的激励频率可以通过下式计算得出:

$$f_n = \frac{nv}{2\pi r}$$

式中:n——从动齿轮齿数;

v——车辆的行驶速度,km/h;

r——轮胎滚动半径,m。

根据发生车内噪声过大时的车速,结合轮胎的滚动半径以及主减齿数,可计算出车速50km/h时主减速器的齿轮啮合频率为210.5Hz。

3 驱动后桥的模态分析

驱动后桥的振动是驱动后桥设计的重要研究内容,同时也是研究汽车传动系统振动、噪声控制以及故障诊断的基础,通过对后桥模态分析可以得到其的固有频率和模态振型等振动系统的模态参数,为后桥振动系统的动态设计以及故障诊断提供依据。常见的模态分析手段主要有两种:第一种是利用有限元分析软件(如Abaqus、Hypermesh、Ansys、Nastran等软件)进行模态分析,将零部件的三维数模、质量分布情况、相关的边界条件、材料属性等参数输入有限元分析软件进行模态分析;另一种是通过实际试验测试,用锤敲击零部件给予激励,通过敲击零部件的某些挑选的特定点然后实测到对应这些点的响应,再从测得的频响函数来计算出零部件的模态数值和振型情况。

通过运用LMS Test. Lab软件进行模态分析试验,将驱动后桥放置在废旧轮胎改制的弹性工作台架上来模拟驱动后桥的自由状态,采用上述的第二种模态分析手段。用锤敲击桥壳进行激励,激励方向与XOY、XOZ、YOZ三个平面均成一定的倾斜角度,测试结果如图3-1所示。

由图3-1c)可知驱动后桥的三阶模态频率为208.8Hz,而车速50km/h时的主减速器主动锥齿轮的激励频率为210.5Hz。驱动后桥的三阶模态和车速50km/h时的主减速器主动锥齿轮的激励频率高度重合,从而引发了了共振。

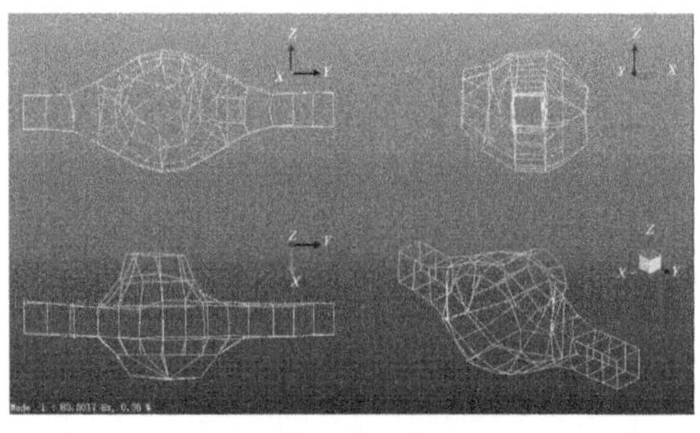

a) 一阶模态:83.3Hz

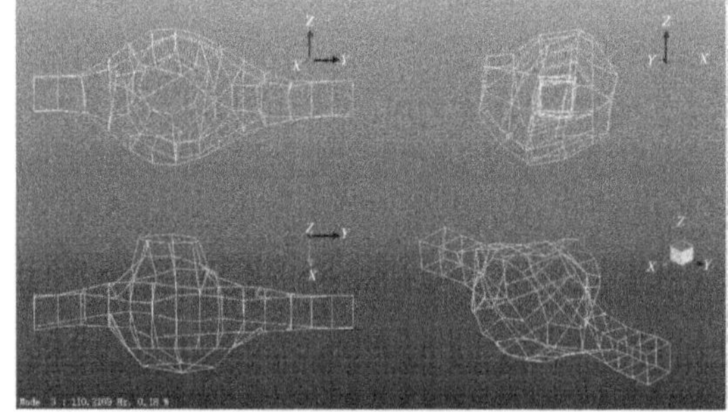

b) 二阶模态:110.2Hz

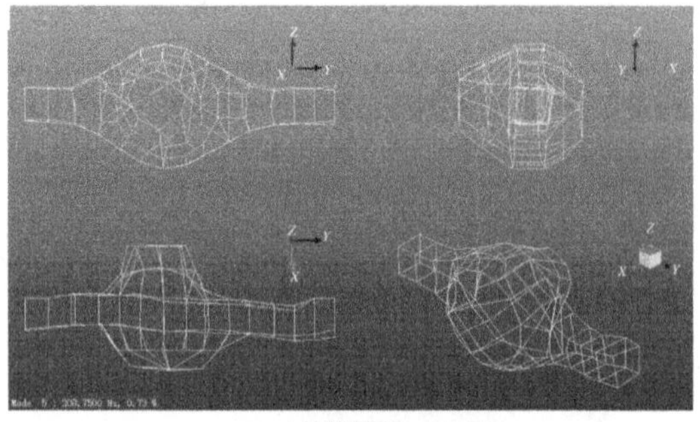

c) 三阶模态:208.8Hz

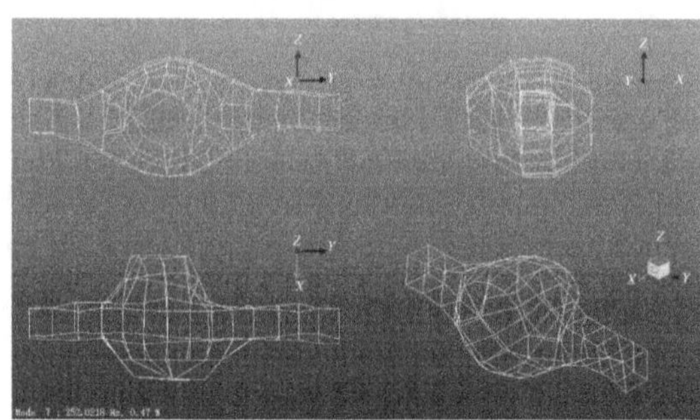

d) 四阶模态:252.2Hz

图 3-1

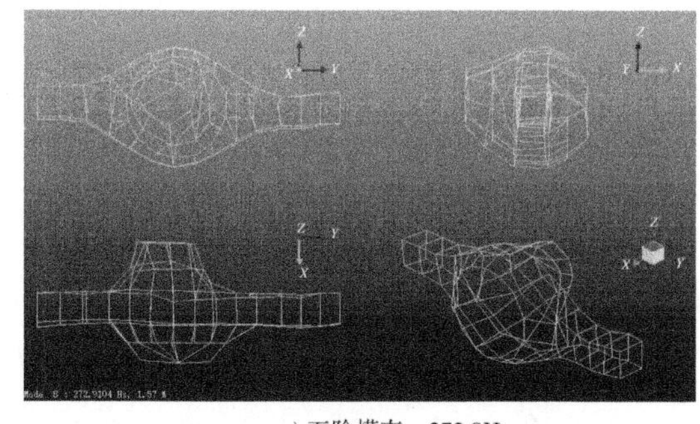

e) 五阶模态：272.9Hz

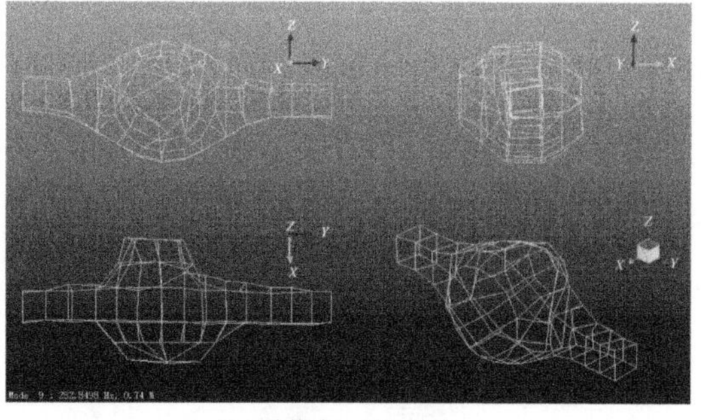

f)六阶模态：282.85Hz

图 3-1　驱动后桥模态

4　改进措施及试验验证

为了消除上述共振情况，同时考虑到改进的成本和便利性，此次采用的方案是对于驱动后桥的桥壳刚度进行加强。具体的措施就是在桥壳上下端面以及其他非安装面上增加井字型或米字型加强筋，用来加强结构提升桥壳刚度。

对改进后的驱动后桥再次放置在废旧轮胎改制的弹性工作台架上进行第二次模态分析试验，试验方法和设备与改进前相同，模态分析试验结果如图 4-1 所示。

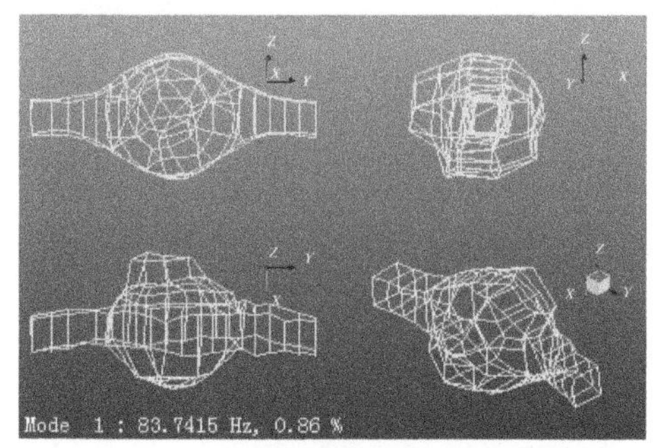

a) 一阶模态：83.7Hz

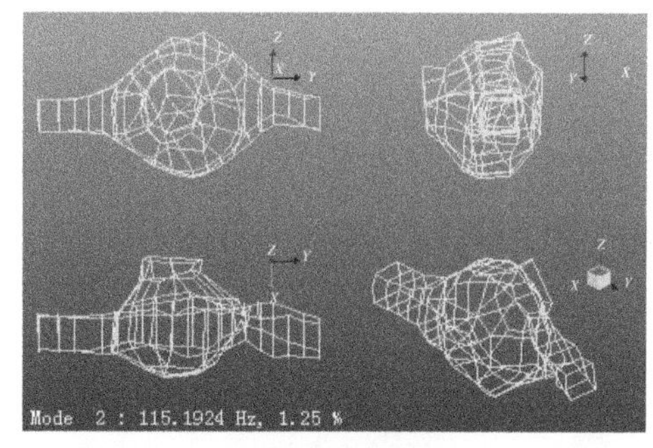

b) 二阶模态：115.2Hz

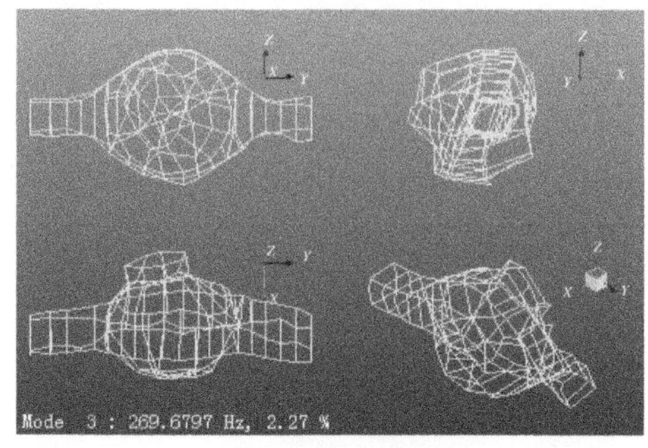

c) 三阶模态：269.7Hz

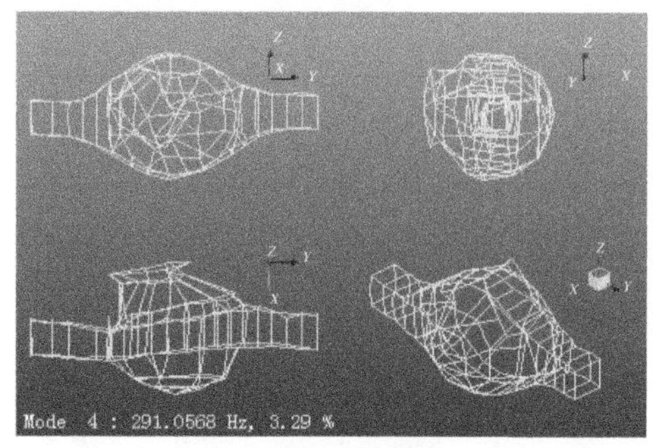

d) 四阶模态：291.1Hz

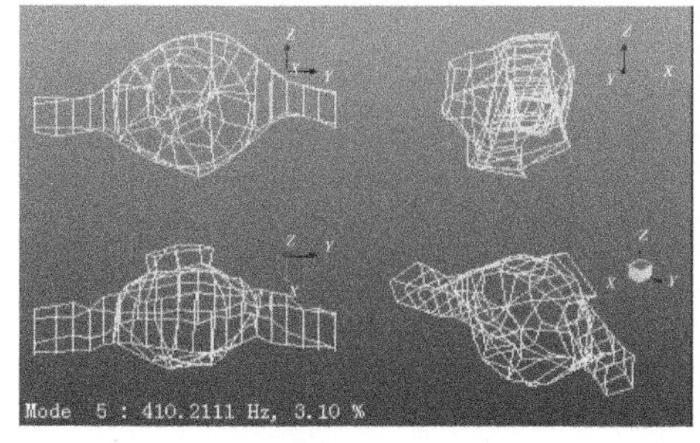

e) 三阶模态：410.2Hz

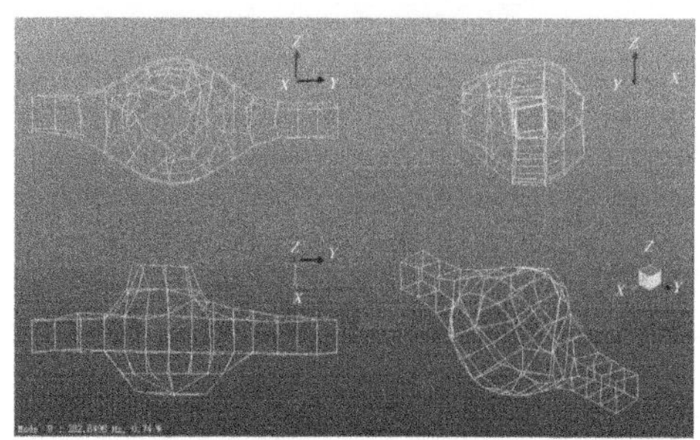

f) 四阶模态：454.4Hz

图 4-1　桥壳刚度加强后的驱动后桥模态

将改进后的后桥安装到整车上进行车内噪声试验,试验工况与改进前相同,50km/h 时后桥正上方座椅处噪声为 68dB(A),降低了 7 dB(A),噪声过大的问题得到了解决。车内噪声过大的问题解析途径和优化改进方案对于相似故障的处理具有一定的参考价值。

5 结语

本文对于驱动后桥齿轮的振动噪声机理进行了分析,同时以某 8.5m 纯电动城市客车在车速 50km/h 时出现整车噪声大的问题为例,通过模态分析试验确定了后桥的三阶模态频率与主减速器主动锥齿轮的激励频率二者重合产生了共振导致车速 50km/h 时整车噪声大。采用加强后桥桥壳结构刚度的方法,使后桥三阶模态频率与主减速器齿轮啮合频率错开,解决了车内噪声过大的问题。

参考文献

[1] 钱汪焘. 汽车驱动后桥 NVH 分析及优化[D]. 湖南:湖南大学,2014.

[2] 李润方,王建军. 齿轮系统动力学-振动、冲击、噪声[M]. 北京:科学出版社,1997.

[3] 李芳龙. 轿车转向系统振动的 CAE 分析[D]. 安徽:合肥工业大学,2009.

客车电气
与车身附件

车载卫星导航定位系统性能测试方法研究

张　静[1],曹　钟[2],刘青松[2],覃延明[2]

(1. 招商局检测车辆技术研究院有限公司　国家客车质量检验检测中心,重庆　401329;
2. 重庆市电磁兼容工程技术研究中心,重庆　401329)

摘　要:目前对于车载卫星导航定位系统还没有建立完备的标准体系,本文提出了针对车载卫星导航定位系统测试项目和测试方法,较为系统地评价车载导航定位系统性能,且测试实例表明该方法切实可行。

关键词:车载卫星导航定位系统;测试标准;测试项目;测试方法

0　引言

随着 C-V2X 服务从辅助驾驶到自动驾驶的发展,对车辆导航定位功能要求日趋严苛,因此车载卫星导航定位系统性能测试也越来越重要,但目前国内尚未建立完备的道路车辆卫星导航定位系统测试标准体系。因此,本文将着重对国内涉及车载卫星导航定位系统测试标准现状、性能测试项目和检测方法做一些探讨和研究,为车载卫星导航定位系统的研发以及标准体系的建立工作提供参考。

1　涉及车载卫星导航定位系统测试标准

国内汽车行业现行涉及全球导航卫星系统(GNSS)产品的测试标准主要有 JT/T 794—2019、JT/T 1253—2019、GB/T 19392—2013、GB/T 30290.4—2013、GB 17691—2018、AQ 3004—2005、GB/T 19056—2012 以及一些地方性道路运输车辆终端检测标准等,虽然不是专门针对车载终端卫星定位模块而制定,但同样对定位模块性能做出了规定。国内汽车行业主要的涉及 GNSS 的测试标准见表 1-1。

国内汽车行业主要涉及 GNSS 的测试标准　　表 1-1

国内标准号及其名称	性能要求
JT/T 794—2019《道路运输车辆卫星定位系统　车载终端技术要求》	卫星接收通道数量(≥12 个)、灵敏度(优于 -130dBm)、水平定位精度(≤15m)、高程定位精度(≤30m),速度定位精度(≤2m/s)、差分定位精度(可选)(≤1m)、最小位置更新率(1Hz)、热启动(≤10s)
JT/T 1253—2019《道路运输卫星定位系统　车载终端检测方法》	同 JT/T 794—2019
GB 17691—2018《重型柴油车污染物排放限值及测量方法(中国第六阶段)》	水平定位精度(≤1m)、最小位置更新率(1Hz)、冷启动(≤120s)、热启动(≤10s)
JT/T 1076—2016《道路运输车辆卫星定位系统　车载视频终端技术要求》	卫星接收通道数量(≥12 个)、灵敏度(优于 -130dBm)、水平定位精度(≤15m)、高程定位精度(≤30m),速度定位精度(≤2m/s)、差分定位精度(可选)(1~5m)、最小位置更新率(1Hz)、热启动(≤10s)
GB/T30290.4—2013《卫星定位车辆信息服务系统　第 4 部分:车载终端通用规范》	静态精度(≤20m)、动态精度(≤15m)冷启动(≤180s)、温启动(≤90s)、热启动(≤20s)
GB/T 19056—2012《汽车行驶记录仪》	定位精度(≤15m)

续上表

国内标准号及其名称	性 能 要 求
GB/T 19392—2013《车载卫星导航设备通用规范》	定位精度(<15m)、位置更新率(≥1Hz)、设备启动时间(≤2min)
AQ 3004—2005《危险化学品汽车运输安全监控车载终端》	定位精度(<15m)、速度精度(<0.2m/s)、位置更新率(1Hz)、冷启动(≤120s)、热启动(<10s)

这一类标准对于定位模块的性能测试,主要是针对国家交通运输部强制要求“两客一危”车辆安装的卫星定位系统车载终端所提出的技术要求,规定了车载终端卫星定位模块的捕获灵敏度、速度精度、最小位置更新率、热启动等测试项目,但各个标准试验方法不统一、测试项目不全面且所规定的技术指标要求较低。除了 GB 17691—2018 要求安装应用在重型汽车上用于采集、存储和传输车辆 OBD 信息和发动机排放数据的设备装置的定位精度不大于 1m 以外,其余标准规定定位模块的定位精度不大于 15m、最小位置更新率 1Hz,这显然不能够适应自动驾驶技术的快速发展,在统一性、合理性和可操作性等方面需要进一步完善。

2 主要测试项目分析

结合卫星定位接收机测试相关基础性标准,针对车载卫星导航定位系统的应用特点,对车载卫星导航定位系统测试项目及测试方法进行分析。

2.1 一般性要求

车载卫星导航定位系统应支持 BDS B1I 信号的多频多模系统,具备仅接收北斗公开服务信号实现导航定位的能力,且输出统一版本标准 NMEA0183 格式信息。

当车载卫星导航定位系统接收到符合国际电联无线电规定的信号产生的噪声时,能够达到预定性能。并且能够确保不会因为常见的系统级事件而停止工作、输出错误信息或出现严重偏差,保障其他与 GNSS 相关功能正常运行。

2.2 性能要求

2.2.1 测试项目解析

性能要求是评价车载卫星定位系统最主要的技术指标,主要包含首次定位时间(TTFF)、重捕获时间、灵敏度、定位精度、动态性能、位置更新率等,见表 2-1。

性能测试项目解析 表 2-1

性能要求	检 测 方 法	检 测 意 义
首次定位时间	接收已知信号后的定位时间	衡量定位的速度
重捕获时间	在正常定位状态时,中断信号一段时间后再次定位	在经过隧道等无信号环境后,再次定位的速度
灵敏度	调节模拟器输出信号(由低到高、由高到低或中断),监测定位状态	在特殊场景下,可以(开机、持续或再次)定位的能力
定位精度	记录连续定位时的数据,并与标准值进行比较	衡量定位精准度
动态性能	模拟在各种加速度下的卫星信号	在加速运动或高速运动中的定位能力
位置更新率	统计记录每次位置数据的更新时刻	衡量输出数据更新速度

2.2.2 动态测试场景设置

定位精度、动态性能以及位置更新率测试都需要在一定的测试场景中进行,相比 JT/T 1253—2019 或《北斗/全球卫星导航系统(GNSS)导航单元性能要求及测试方法》中的运动场景,3GPP TS 34.171 中规定的动态轨迹会更加适合道路车辆,如图 2-1 所示。由于汽车运动速度更快,本文提出的动态场景在 3GPP 定义的轨迹基础上,提高了最高车速和转弯车速。

从起始位置开始,从 30km/h 车速在 250m 内加速到 300km/h,然后保持车速运动 400m,再在 250m 内减速到最终车速 30km/h；然后转 90°，转弯半径为 20m 车速为 30km/h；之后在 250m 内加速到最终车速 300km/h，然后保持车速运动 900m，再在 250m 内减速到最终车速 30km/h。重复这个轨迹来完成矩形。

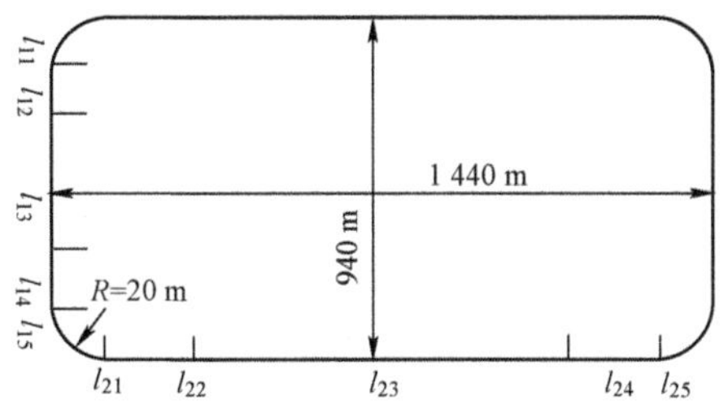

图 2-1 运动场景轨迹示意

3 测试实例分析

导航定位接收机测试的一种方案是使用外部真实的卫星信号，这种方法虽然可以在最真实环境条件下进行测试，但测试环境的变化不可预知，无法保证测试一致性。利用 GNSS 模拟器进行测试具有可重复性、高度可控、低成本以及可测试极限值和临界值的优点，因此本次测试采用 GNSS 模拟器进行性能要求的仿真测试，车载卫星导航定位系统通过传导方式接收 GNSS 模拟器输出的模拟仿真信号，如图 3-1 所示。

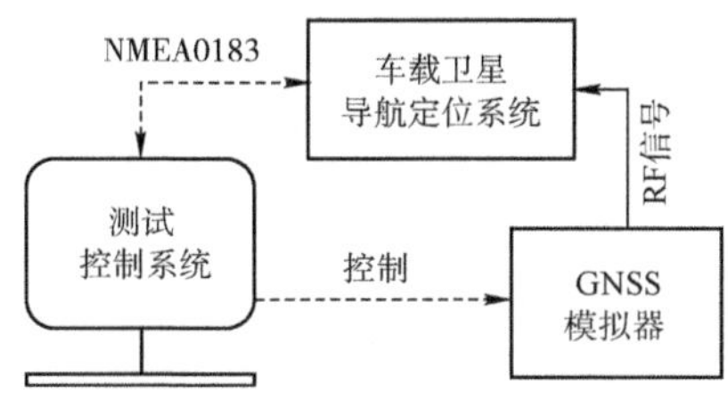

图 3-1 传导测试连接图

3.1 首次定位时间(TTFF)

分为冷启动和热启动，车载卫星导航定位系统在概略位置、概略时间、星历和历书未知或已知的状态下开机，分别记录接收 GNSS 模拟器信号后的首次定位时间。

3.2 捕获灵敏度

设置 GNSS 模拟器输出的信号电平从车载卫星导航定位系统不能捕获信号的状态开始，以 1dB 步进增加。在 GNSS 模拟器输出的每个信号电平值下，车载卫星导航定位系统进行冷启动开机，若其能够在 300s 内捕获导航信号，记录该电平值。

3.3 跟踪灵敏度

在车载卫星导航定位系统正常定位的情况下，设置 GNSS 模拟器输出的信号电平以 1dB 步进降低，找出能够使车载卫星导航定位系统满足该定位要求的最低电平值。

3.4 重捕获灵敏度及重捕获时间

车载卫星导航定位系统正常定位状态下，GNSS 模拟器信号短时中断 30s 后恢复，若车载卫星导航定位系统能够在信号恢复后 300s 内重新捕获导航信号，记录该设置电平值以及重捕获时间。

3.5 静态定位精度

GNSS 模拟器按照开阔环境测试场景，设置静态位置并将该位置作为标准值，将车载卫星导航定位系统输出的定位数据与标准位置进行比较，参照排序法计算静态定位精度(CEP95)。

3.6 动态性能测试

GNSS 模拟器按照开阔环境测试场景设置本文所介绍的运动轨迹,将 GNSS 模拟器仿真的动态位置和速度作为标准值,把车载卫星导航定位系统的输出数据与标准值进行比较,参照排序法计算动态定位精度和测速精度(CEP95),并记录每次位置数据的更新时刻以计算位置更新率。测试实例结果见表 3-1。

测试实例结果 表 3-1

测试项目	测试结果	测试项目	测试结果
冷启动首次定位时间	35.51s	水平定位精度(静态)	0.24m
热启动首次定位时间	4.88s	垂直定位精度(静态)	4.23m
重捕获时间	4.84s	水平定位精度(动态性能)	1.34m
捕获灵敏度	-144dBm	垂直定位精度(动态性能)	4.56m
跟踪灵敏度	-155dBm	测速精度(动态性能)	0.3m/s
重捕获灵敏度	-150dBm	位置更新率	1Hz

由于灵敏度、定位时间、定位精度这几个指标之前存在一定的互斥关系,根据 V2X 相关技术特点分析,车载卫星导航定位系统不需要极快的启动时间,但需要具备一定的灵敏度,且对定位精度要求以及位置更新率要求较高。因此,应在充分分析自动驾驶技术发展的基础上,通过广泛调研市场、试验验证等方式确定具体的技术指标。

4 结语

目前我国对于普适性的道路车辆卫星导航定位系统的测试还没有统一的测试标准,本文所提出的车载卫星导航定位系统的测试项目和测试方法,科学、合理、易操作,能够较好地应用于实际检测,但对于相应的技术指标要求还需要进一步探讨。

参考文献

[1] 李玉梅. 车载卫星导航系统在智能交通中的应用[J]. 综合运输,2000(09):26.

[2] 胡立志,董莲. 车载 GPS 接收机检测技术的研究[A]. 中国全球定位系统技术应用协会. 卫星导航系统应用与繁荣 2011[C]. 中国卫星导航定位协会,2011:4.

[3] 窦汝鹏,孙佳骏,吴飞燕. 车载导航接收机性能测试与分析[J]. 汽车电器,2019(11):7-10.

[4] 陈倩. 卫星导航定位系统应用设备标准体系探讨[J]. 全球定位系统,2000(04):33-37.

[5] 周永兵,朱靖玉. "两客一危"GPS 卫星定位系统车载终端设计[J]. 电子设计工程,2012,20(09):86-88.

[6] 张钦娟,王博,王娜,等. 车载导航定位技术与测试方法[J]. 电信网技术,2016(06):20-25.

[7] 周志春. GPS 车载终端校准方法探讨[J]. 中国计量,2010(01):91-92.

[8] 冯永宽,黄庆程. 营运车辆车载卫星定位装置快速检测检定系统的设计与实现[J]. 福建交通科技,2020(03):170-174.

[9] 祁永强,王林峰,张波. 车载 GNSS 终端应用重要参数分析与测试[A]. 中国高科技产业化研究会智能信息处理产业化分会. 第九届全国信号和智能信息处理与应用学术会议专刊[C]. 中国高科技产业化研究会智能信息处理产业化分会:中国高科技产业化研究会,2015:7.

[10] 李杰. 卫星定位系统车载终端测速装置检测方法[J]. 计量与测试技术,2012,39(04):27-29+31.

[11] 薛光辉,韩冬梅. 北斗卫星导航接收机定位精度测试方法探讨[J]. 科技创新导报,2014,11(23):53-56.

[12] 胡立志,董莲,陆福敏,等. 基于 GPS 模拟器的接收机测试方法研究[J]. 电子测量技术,2009,32(06):127-130+147.

[13] 楼益栋,敖水金,聂菊根. 车载导航型 GPS 接收机的性能分析[J]. 测绘与空间地理信息,2009,32(04):5-8.

一种基于大数据及人脸识别的车载乘客统计系统

王　哲，卓　池，倪晓鹤

（洛阳广通汽车有限公司，洛阳　471000）

摘　要：当前，寻找“新冠”密切接触者主要是依据大数据，通过流调确认确诊病例行动轨迹路线，但是在公交车上，乘客不需要实名制购票且行程不确定，官方通报确诊患者轨迹时也只是通报患者乘坐的公交车的车牌号，以及从某站上车到达某站下车的大致时间点。只能由乘客自发的上报在该时间段内的乘车信息，再通过车载监控视频对比才能确认，工作量巨大且会存在遗漏未上报的问题。为解决此问题，开发了一种基于大数据及人脸识别的车载乘客统计系统。

关键词：大数据；人脸识别；乘客统计

0　引言

在国内“新冠”疫情逐步得到控制，但是部分地区还是有发现零星的确诊病例，新型冠状病毒的疫情防控是当前国内各级政府、企业以及个人的当务之急，对疑似患者的发现以及及时隔离是疫情防控的关键。

当前寻找疑似患者主要是依据大数据，通过流调确认确诊病例行动轨迹路线，例如乘坐的公共交通工具、到过的超市及各餐馆饭店等地方。在公共交通领域，火车或者飞机等实名认证购票的交通工具，由于座位、行程与身份证是相对应的，可以快速准确地确认密切接触者。但是在公交车上，乘客不需要实名制购票且行程不确定，官方通报确诊患者轨迹时也只是通报患者乘坐的公交车的车牌号，以及从某站上车到达某站下车的大致时间点。且存在部分线路车辆发班密集，2～3min 发一班车，路上路况情况复杂，其他乘客也没有记录上下车具体的时间点及车牌号的习惯，导致其他乘客不能自行确认是否是密切接触者，只能由乘客自发的上报在该时间段内的乘车信息，再通过车载监控视频对比才能确认，工作量巨大且会存在遗漏未上报的问题。

本文提供一种基于大数据及人脸识别的车载乘客统计系统，以解决上述问题。

1　系统组成

该系统主要由以下部件组成，如图 1-1 所示。

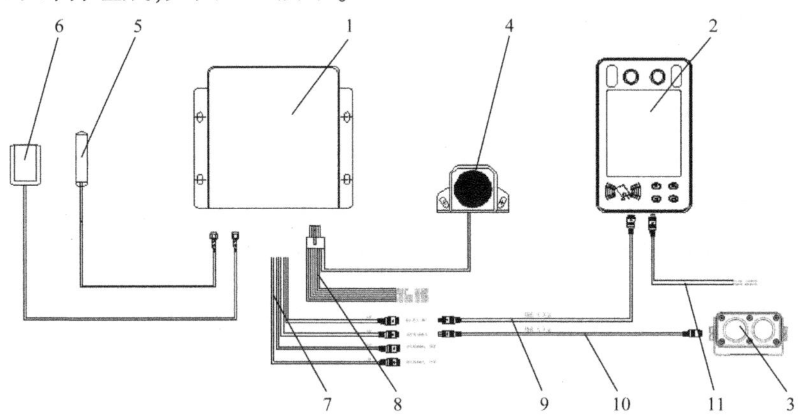

图 1-1　系统组成

1-系统主机；2-上客门一体机；3-下客门摄像头；4-驾驶员报警器；5-4G 天线；6-GPS 天线；7-主机转接线；8-主机电源通信线；9-上客门一体机延长线；10-下客门摄像头延长线；11-上客门一体机电源线

图 1-2 所示为上客门一体机功能示意图。主要由补光灯、红外热成像模组、激光测距模组、高清摄像头、综合信息显示屏、刷卡区、按键区、扬声器、USB 调试口、电源开关等部件组成。

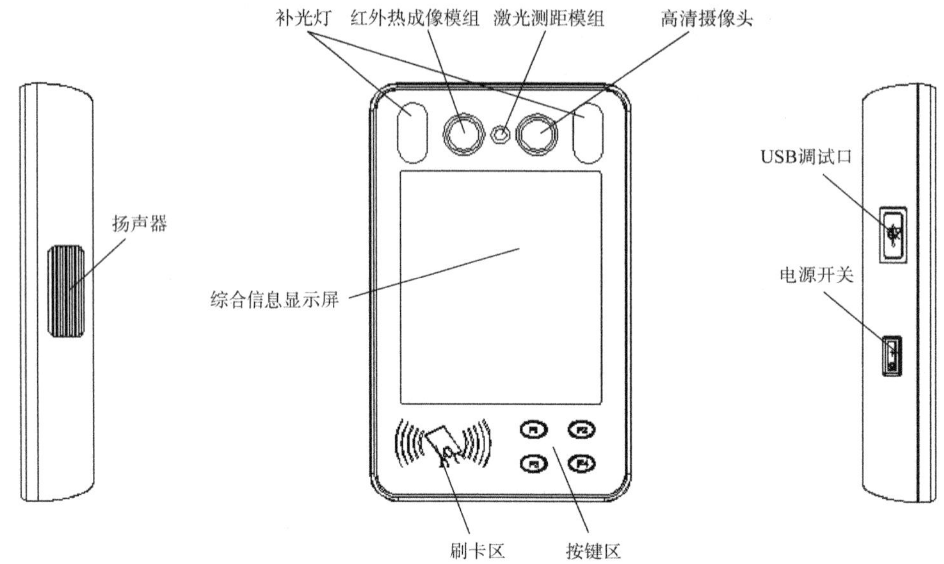

图 1-2　上客门一体机功能示意图

图 1-3 所示为下客门摄像头功能示意图。主要由红外热成像模组和高清摄像头组成。

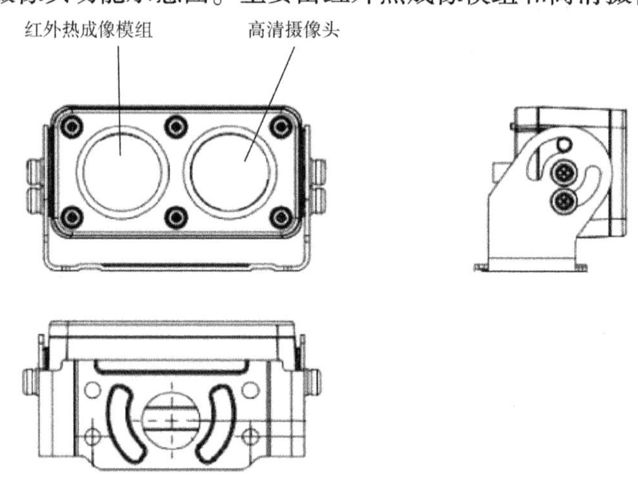

图 1-3　下客门摄像头功能示意图

2　系统主要控制方式

一种基于大数据及人脸识别的车载乘客流量统计系统，主要由系统主机、上客门一体机、下客门摄像头、驾驶员报警器、4G 天线、GPS 天线、主机转接线、主机电源通信线、上客门一体机延长线、下客门摄像头延长线、上客门一体机电源线等零部件组成，如图 2-1 所示。能实现非接触式测量体温、通过人脸识别检测健康码、通过人脸识别完成购票乘车、记录每个乘客上下车时间点及路径和体温，汇总统计每条班线每辆车的人员流动情况，协助车辆运营调度。

2.1　车载部分控制

2.1.1　乘客上车控制

驾驶员使用钥匙起动车辆时，系统通电并完成自检并待机，车辆到达指定站点，驾驶员开启上客门，检测到上客门门开信号后，激活系统并解除休眠，激活上客门一体机 2 上的激光测距模块。待乘客到达接近位置时，打开上客门一体机 2 上的补光灯，扬声器播放乘客上车提醒，提醒乘客参照上客门一体机 2 上的综合信息显示屏将面部放在指定位置,放置到位后,对比国家大数据平台,验证乘客健康码。若是红色或者黄色码时,上客门一体机2上的扬声器和驾驶员报警器4同时报警并将乘客数据上报平台,劝阻乘客阻止其上车,提醒驾驶员消毒杀菌。若检测到是绿码,同步判断乘客是否正确佩戴口罩,若没有佩戴或者佩戴不正确,上客门一体机上2的扬声器和驾驶员报警器4同时报警并将乘客数据上报平台。如果口罩佩戴正常,再开启上客门一体机2上的红外热成像模组,检测乘客体温。如果温度超过人体正常体温,上客门一体机2上的扬声器和驾驶员报警器4同时报警并将乘客数据上报平台,劝阻乘客阻止其上车,提醒驾驶员消毒杀菌。体温正常时,通过移动支付平台的人脸支付方式直接付费扣款完成上车购票。若乘客未开通人脸识别支付,上客门一体机2上的扬声器提醒乘客购票,待乘客刷卡或者扫描二维码购票后,系统将该乘客上车时间、上车站点、上车时体温等数据储存并上传后台平台,到此乘客上车流程完成。可循环上述步骤完成下一名乘客上车流程。乘客上车控制流程如图2-2所示。

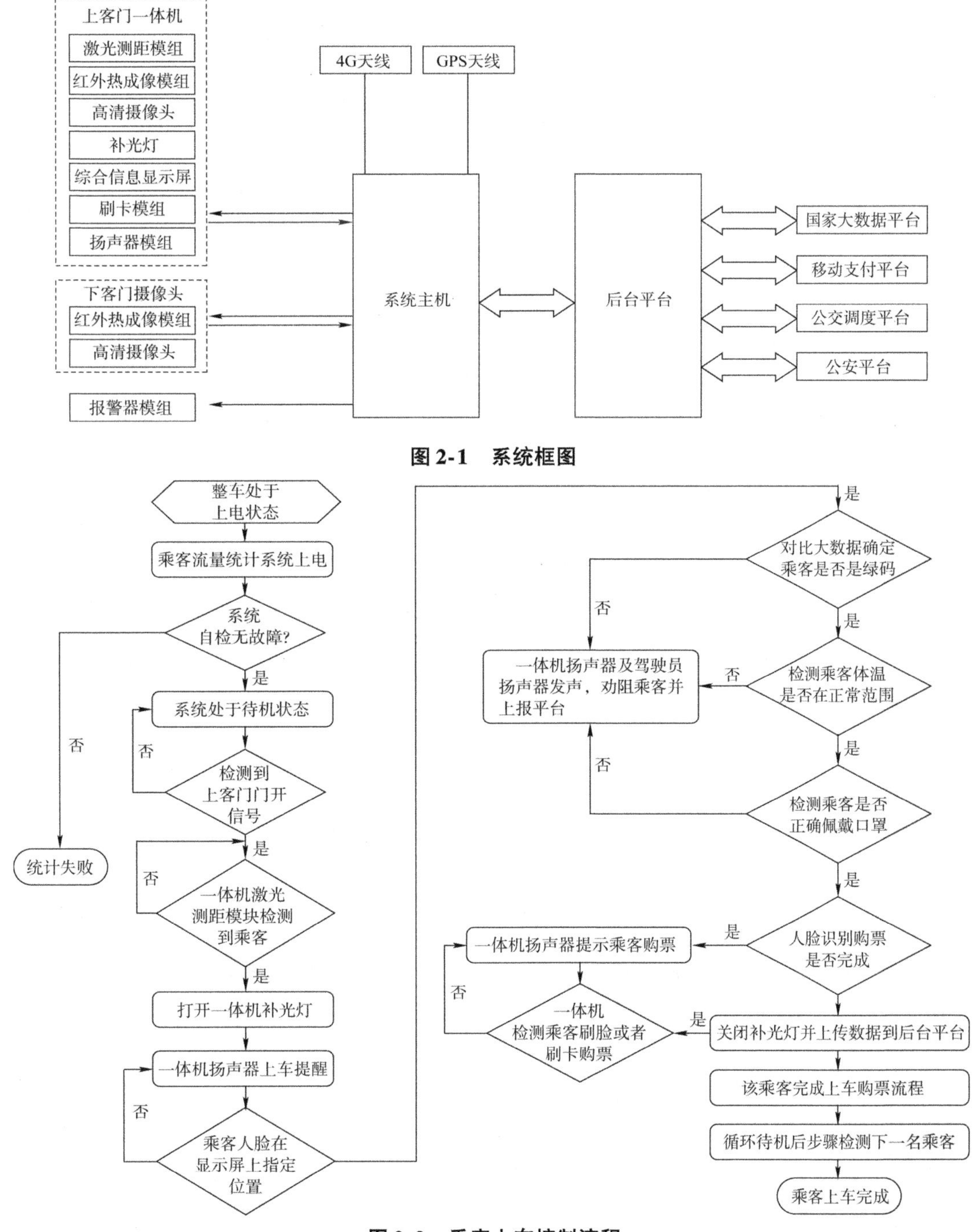

图2-1　系统框图

图2-2　乘客上车控制流程

2.1.2 乘客上车完成流程

待当前站点乘客全部上车后,驾驶员关闭上客门,系统检到关门信号后,若 30s 内上客门一体机 2 上的激光测距模块没有检测到乘客,统计汇总此站点上车的乘客数量,储存并上传数据至后台平台。若检测到乘客,则打开上客门一体机 2 上的补光灯,同时扬声器播报向车内走语音。30s 以内有乘客将面部放在指定位置且此站无此乘客相关数据,则延续上客流程继续核对健康码和购票等流程。若没有检测到乘客面部识别,或者识别到该乘客已有的相关数据(例如:乘客已检票上车)就关闭补光灯,统计汇总此处上车乘客数量,储存并上传数据至后台平台。系统进入休眠状态,上车统计流程完成,乘客上车控制流程如图 2-3 所示。

2.1.3 乘客下车控制流程

待车辆到站后,驾驶员开启下客门,系统检测到下客门开启信号后,激活下客门摄像头 3,通过下客门摄像头 3 上的高清摄像头,对比系统主机 1 储存的本班次上车的乘客数据,快速精准地识别乘客。再通过下客门摄像头 3 上的红外热成像模组检测乘客体温,上传该乘客的下车站点、下车时间、下车时体温等数据至后台平台,循环后续下客控制流程步骤,乘客下车控制流程如图 2-4 所示。

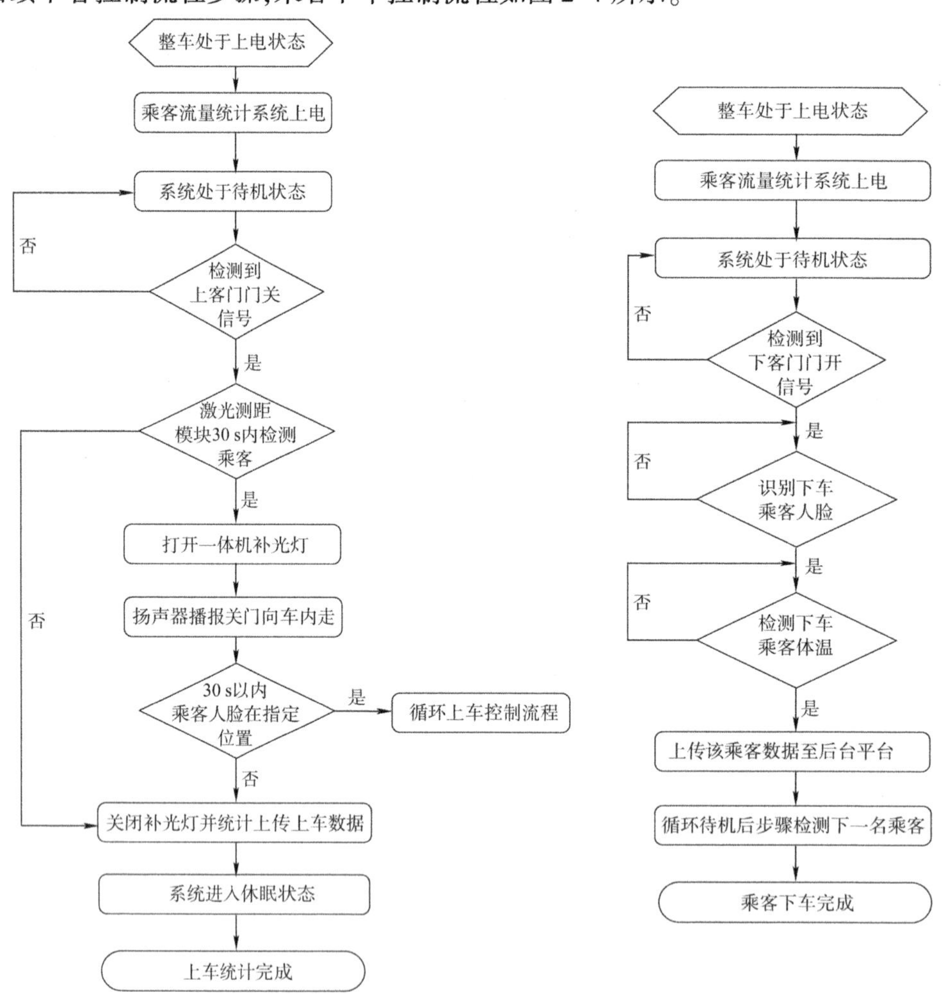

图 2-3　乘客上车控制流程　　**图 2-4　乘客下车控制流程**

2.1.4 乘客下车完成控制流程

待该站点到站乘客全部下车后,驾驶员关闭下客门,系统检测到关门信号后,统计汇总该站下客的乘客数据,储存并上传至后台平台,乘客下车完成控制流程如图 2-5 所示。

2.2 后台平台控制

后台平台接收到每辆车每个站点上下客的数据,整理、汇总、分析,形成每辆车每个班次、每日、每周、每月数据报表,结合公交公司调度指挥系统,可以合理优化运营班次路线、发车间隔;更好地调配车辆,节约资源，降低整体的运营成本，更加节能环保。

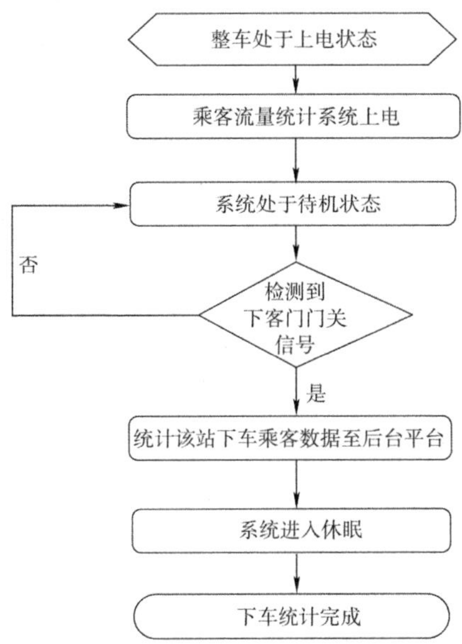

图 2-5　乘客下车完成控制流程

连接公安系统，通过大数据及人脸识别比对，鉴别在逃犯罪人员，实时上报及报警处理，为打击犯罪提供便利。

3　结语

本文主要是通过大数据对比，只需乘客 1 个步骤就可以完成绿码核对校验、体温检测及扫码购票流程，方便乘客及驾驶员，节约时间，提高乘客上车效率，主要有以下优点：

(1)非接触测量体温，防止交叉感染。

(2)异常体温报警并记录上传后台，阻止相关人员上车。

(3)人脸识别核对健康绿码并购买车票。

(4)1 个步骤就可以完成绿码核对校验、体温检测及扫码购票流程及信息上传。

(5)未佩戴口罩检测，发出报警阻止相关人员上车，防止交叉感染。

(6)鉴别在逃犯罪人员，实时上报及报警处理，为打击犯罪提供便利。

参考文献

[1] 孟小峰，李勇，祝建华. 社会计算：大数据时代的机遇与挑战[J]. 计算机研究与发展，2013，50(012)：2483-2491.

[2] 张翠平，苏光大. 人脸识别技术综述[J]. 中国图象图形学报，2015(11)：7-16.

[3] 赵敏. 基于多运动目标识别的自动乘客计数技术研究[D]. 重庆：重庆大学，2006.

[4] 刘小洋，伍民友. 车联网：物联网在城市交通网络中的应用[J]. 计算机应用，2012(04)：14-18.

一种客车用转筒式电涡流缓速器

柯宝平

(安徽安凯汽车股份有限公司,合肥 230051)

摘　要:为解决客车频繁或长时间制动易造成制动鼓(盘)和摩擦片(即制动衬片)引起的过热问题,目前国内已有部分大、中型豪华客车上加装辅助制动装置(缓速器),一般为盘式电涡流缓速器,且我国生产此类电涡流缓速器产品的厂商制造技术相对比较成熟。而转筒式电涡流缓速器通过电磁场和温度场的耦合设计,具有结构紧凑合理、质量轻、外形尺寸小、便于拆装等特点,出于对潜在市场的保护,国外公司很少公开发表自己产品的关键技术。

关键词:转筒式电涡流缓速器;电磁场;温度场

0　引言

车用转筒式电涡流缓速器具有结构紧凑、外形尺寸小等优点,本文通过理论设计方法和性能仿真为重点研究手段,对转筒式电涡流缓速器作了较为系统的探讨分析;本研究内容对于国内开发和研制自主知识产权且性能优良的转筒式电涡流缓速器产品具有重大意义。

1　缓速器参数与仿真模型

转筒式电涡流缓速器由机械装置和电控装置两部分组成。缓速器模型如图 1-1 所示,缓速器基本参数见表 1-1。

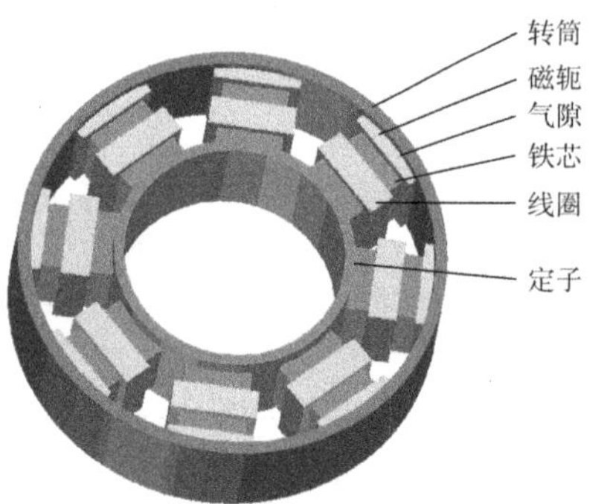

图 1-1　缓速器模型

缓速器基本参数　　表 1-1

参　数	数　值
转筒外径(mm)	470
转筒内径(mm)	424
轴向宽度(mm)	130
线圈匝数(匝)	246
气隙(mm)	1
铁心尺寸(mm)	70 × 70 × 100
励磁电流(A)	105
工作电压(V)	24

图 1-2　缓速器网格剖分图

结合缓速器的外形尺寸要求,采用 Maxwell 软件建立了缓速器仿真模型,线圈材料选用铜,铁心材料选用纯铁,定子材料选用 45 钢,磁轭选用 16 锰钢,转筒材料选用 12CrMoV 合金钢,气隙为 1mm,工作电压为 24V,在 Maxwell 中建立的转筒式电涡流缓速器的网格剖分图如图 1-2 所示。

应用软件计算,经过后处理后得到转筒式电涡流缓速器在转速 800r/min 时的磁感应强度 B 分布云图,如图 1-3 所示。从图 1-3 可以看出,通电励磁后铁心和转筒中的磁感应强度较大,磁轭正上方的转筒部分磁感应强度相对较小,这说明少数磁力线在穿过气隙后垂直地进入转筒,而大部分磁力线斜着进入转筒。磁力线在经过定子时也是如此。从图 1-3 可以看出,箭头代表磁力线的方向,磁力线从磁轭中出来，经过气隙后进入转筒，再从转筒经气隙进入相邻的磁轭。

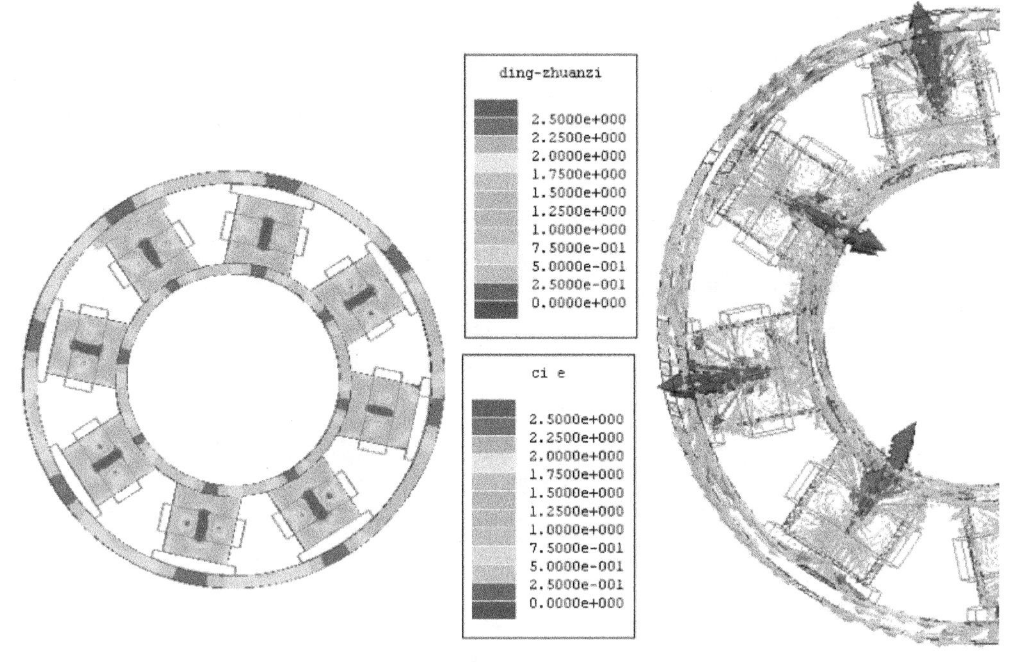

图 1-3　缓速器磁感应强度 B 分布云图

转筒式电涡流缓速器定子上一般有八个、十个或十二个高导磁材料制成的铁心，呈圆周分布。励磁绕组套于铁心上，共同构成磁极。圆周上相对两个励磁绕组串联或并联成一组磁极，并且相邻两个磁极均为N、S 相间，这样就形成相互独立的磁极。

表 1-2 是由电磁场模型计算得到的制动力矩与缓速器性能试验台上测得的制动力矩的对比。从表 1-2 中可以看出，模型计算得的制动力矩在转速低时与试验值相比偏小。这是因为在选择材料 $B-H$ 曲线时，尽量使转筒式电涡流缓速器在临界转速附近的最大制动力矩与试验值接近。

缓速器制动力矩比较　　表 1-2

转速(r/min)	仿真力矩(N·m)	试验测试力矩(N·m)
600	992	1112
800	1086	1164
1000	1220	1246
1200	1243	1262

2　缓速器温度场的有限元分析

2.1　计算模型

在 Ansys 仿真平台下，建立计算模型如图 2-1 所示。

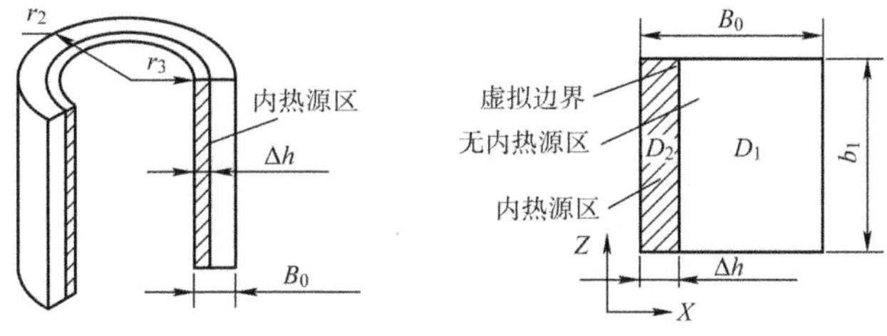

图 2-1　缓速器计算模型

模拟转筒式电涡流缓速器在1000r/min,对应车速在30km/h,持续制动0～500s时的工况,外界环境温度为20℃。运用Ansys软件分析测定了转筒不同制动时间的温度云图如图2-2所示。

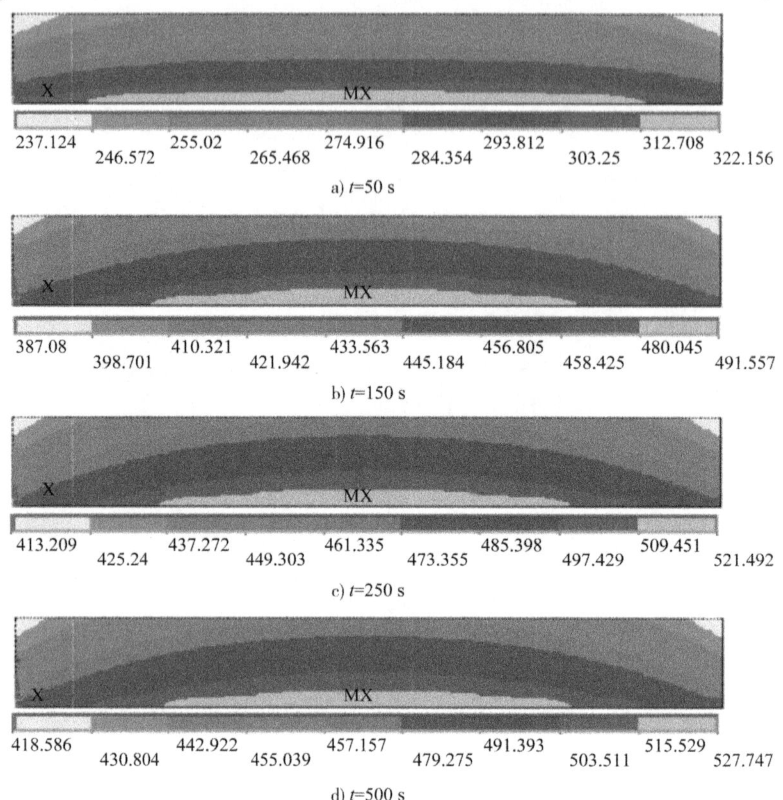

图2-2　转筒不同制动时间的温度云图

转筒节点温度随时间变化曲线如图2-3所示。

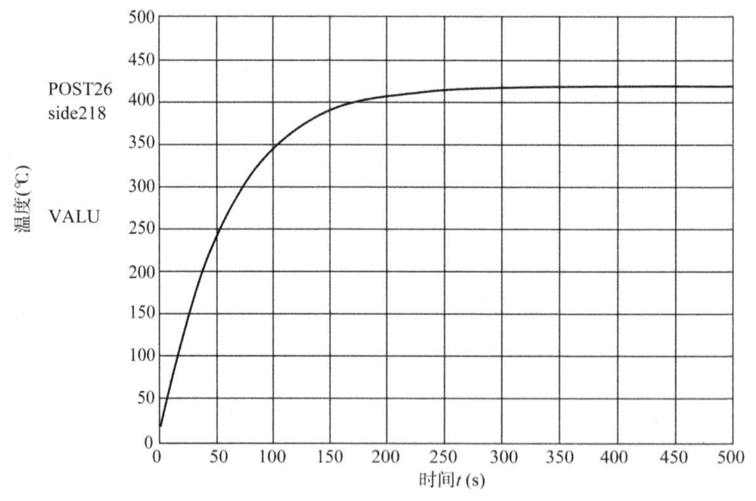

图2-3　转筒节点温度随时间变化曲线

2.2　试验验证

转筒式电涡流缓速器持续制动试验在专用的电涡流缓速器综合性能试验台上进行,通过红外热像仪测定了不同时刻测点的温度;欧洲标准ECE-R13规定车辆在坡度为6%或7%的长6km道路上采用缓速器制动,车辆应保持在30km/h速度行驶,因此测试试验时选择与转筒缓速器连接的主轴转速为1000r/min;试验中转筒节点温度与时间关系曲线图如图2-4所示。

由图2-4可知,转筒式电涡流缓速器试验结果和温度场仿真结果很接近,且满足实际工况整车需求。

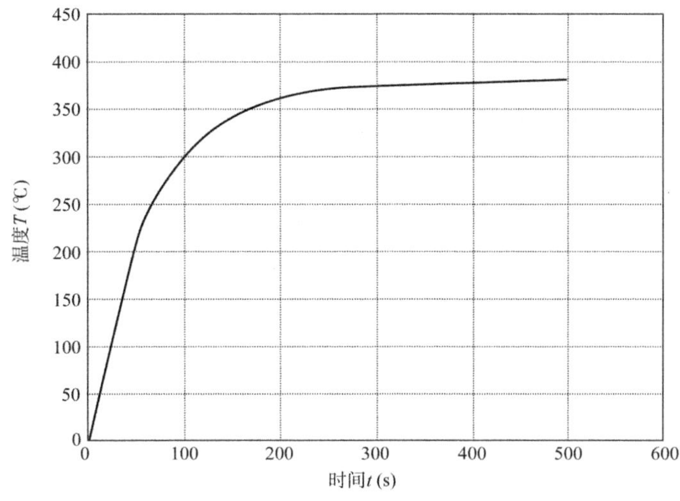

图 2-4 转筒节点温度与时间关系曲线

3 结语

本文首先建立了转筒式电涡流缓速器转筒的二维模型,运用电磁场仿真分析对转筒式电涡流缓速器进行电磁设计,然后通过转筒式电涡流缓速器模型计算,比较精确地计算了制动力矩输出情况。

通过转筒式电涡流缓速器转筒温度场有限元分析可知,转筒的温度随着制动时间增加,温度逐渐上升,最终温度在400℃左右,从缓速器台架试验结果,测得的温度值与有限元计算的温度值相当,因此,模型计算的温度值与试验值吻合较好。

参考文献

[1] 陈家瑞,汽车构造(下册)[M].3 版.北京:人民交通出版社,1994.
[2] 斯尚高,加装缓速器以解决制动鼓发烫并延长制动蹄片寿命[J].客车技术与研究,2003(5):32-33.
[3] 余强,汽车下坡持续制动性能研究[D].西安:长安大学,2000.
[4] 王俊,汽车用电磁缓速器[J].汽车研究与开发,2000(2):35-39.
[5] 王佩玲,永久磁铁电涡流式轻型减速器[J].北京汽车,1994(1):34-38.
[6] 朱宁,轻型永久磁铁式汽车缓速器[J].客车技术与研究,2002(4):19-20.
[7] 何建清,车用电涡流缓速器的设计方法及其性能分析[D].镇江:江苏大学,2004.
[8] 衣丰艳,车用电涡流缓速器设计理论与评价方法研究[D].镇江:江苏大学,2005.
[9] 林重博,液力缓速器和电涡流缓速器[J].汽车研究与开发,2001(6).
[10] 时军,车用液力减速制动器的现状与发展趋势[J].车辆与动力技术,2001(4):52-56.
[11] 唐仕明,电涡流缓速器在大客车上的应用[J].汽车电器,2002(3):30-32.
[12] 鲁毅飞,联合制动装置的部件及系统性能仿真研究[D].北京:北京理工大学硕士论文,2002.

基于多传感器信息融合的限高信息预警系统

冯成均

(招商局检测车辆技术研究院有限公司,重庆市高新区 400000)

摘 要: 随着社会经济的不断发展,公路桥梁等基础设施不断发展,超限超载车辆屡禁不止,为此多地在桥梁和立交桥等入口设置"限高龙门架",人为限定通行车辆的种类和尺寸,增加桥梁结构道路安全的同时也带来了不少安全隐患。近年来,超高车辆撞上"限高龙门架"的事故时有发生,造成了严重的人员和财产损失。因此提前识别并提示超高车辆在避免此类事故上显得尤为重要。为解决此类问题,研发了基于 V2X 的多传感器信息融合的限高信息预警系统。

关键词: 激光雷达;机器视觉;融合感知

1 概述

系统架构如图 1-1 所示,包含感知层、计算层和信息发布层,其中,主要的感知手段是视觉和雷达。计算层是部署在路侧的边缘计算单元,信息发布手段主要有 Web 网页和路侧 LED 屏。对于车辆的定位和尺寸识别,借助激光雷达有较高的精度,但是,仅有激光雷达是无法将数据世界的信息传递到真实世界的,因此仍然需要借助摄像头识别车辆的车牌信息。只有将车辆的车牌信息和车辆的实时尺寸、定位等信息绑定之后,才能准确及时地对车辆限高信息进行预警。因此,为了实现这一目的,需要解决三个问题:

(1)激光雷达识别目标车辆尺寸和定位目标车辆。

(2)摄像头识别目标车辆的车牌信息。

(3)确保激光雷达和摄像头识别的是同一目标车辆,并将视觉和雷达的信息融合到同一个目标属性并输出。

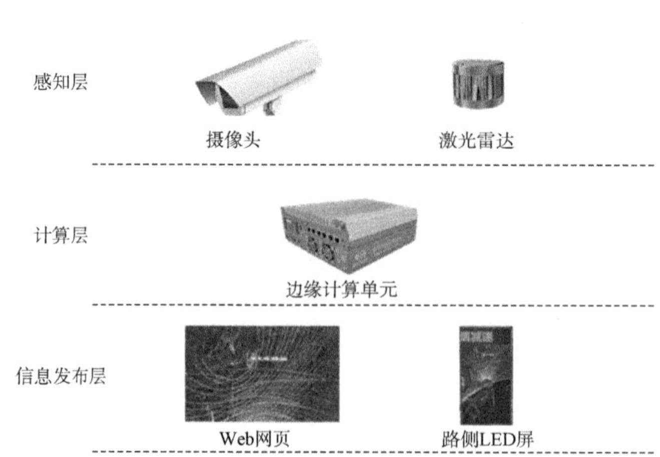

图 1-1 系统架构

2 激光雷达测量目标车辆尺寸原理

激光雷达本质上是通过激光测距的原理,通过旋转棱镜而改变激光发射方向,从而获得某个平面多个点与雷达的距离。本次用到的雷达是 32 线激光雷达,当激光雷达工作时,将获取一系列空间点云数据。点云数据经过滤波后,通过 RANSAC(随机抽样一致性)算法,将点云中的直线和平面分割出来,分割出的点云通过聚类算法将点云分为目标集合,最后根据每个目标 *XYZ* 方向的极值从而绘制出 bounding box,据此获得目标物体的外廓尺寸。获取到所有目标物体的信息之后,再以 10Hz 的频率通过 TCP 往外发送。

3 摄像头识别目标车牌原理

摄像头以每秒 25 帧的帧率采集图像,视觉识别车牌本质上就是对每一帧图像进行处理从而提取其中的车牌信息。大致分为三步:车牌粗定位、车牌精定位、车牌文字识别。

车牌粗定位主要是借助 Cascade 级联分类器,通过 Opencv 中的 detectMutiscale 方法对图像进行滑动遍历,经过该级联分类器处理后,对所有遍历的所有窗口进行计算,如果超过某个阈值(Cascade 模型在训练大量车牌特征后获得的阈值)则视为车牌区域,从而实现车牌粗定位。经过粗定位之后,借助 CNN 网络将粗定位后多余的区域切除,仅剩下车牌部分,从而实现车牌精定位。获取到仅剩下车牌区域的图像后,再采用 OCR 光学字符识别技术提取文字,这种方式相比于传统车牌识别算法的优势在于整体识别,而不再需要分割字符,再单独识别。

4 目标融合

由于激光雷达和摄像头都可以同时识别多个目标和多个区域的目标,因此对激光雷达和摄像头进行融合标定显得尤为重要。考虑时间和空间复杂度和实际场景的需求,笔者的处理方式为:激光雷达和摄像头分别划定相同的 ROI(region of interest),该区域位于摄像头的最佳识别区域,该区域的大小与一辆车的大小相近,从而确保了同一时刻,激光雷达和摄像头识别到的目标为同一目标。

5 系统实现

5.1 软件架构

软件架构如图 5-1 所示,系统分为三个线程执行:雷达线程从激光雷达获取到 ROI 内目标信息后,会将目标信息添加到 Lidar_list 中;而相机线程中,提取到经过相机 ROI 的车辆车牌信息后,会将目标车牌信息添加到 License_list 中;而主线程则一直检测 Lidar_list 是否有目标,如果有目标则会读取 License_list 中的最新一条车牌信息,并在读取之后,在 License_list 删除该车牌,确保不会导致雷达目标与车牌数据信息不对称。

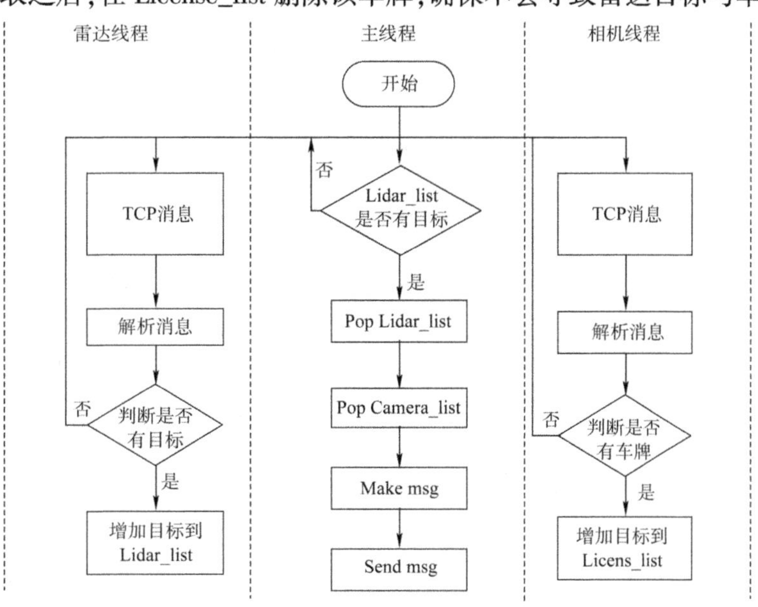

图 5-1 软件架构

5.2 结果展示

当车辆驶入雷达感知区域时,首先由激光雷达识别到车辆,并将实时感知结果通过 TCP 消息传给 MEC 计算单元,从感知结果中,根据目标类型和是否在感兴趣区域内筛选出经过目标区域的车辆。同时,相机线程中,当车辆驶入相机感兴趣区域时,会实时抓拍车辆,并识别抓拍照片中的车牌信息。同时获取到雷达识别的目标信息和相机获取的车牌信息后,构造新的消息,并通过 tcp 消息让 Web 端和 LED 屏发布。图 5-2 所示网页中识别到车辆的类型为【car】,车辆的长宽高尺寸为【4.4 2.1 2.5】,车牌为【渝 D1H919】。

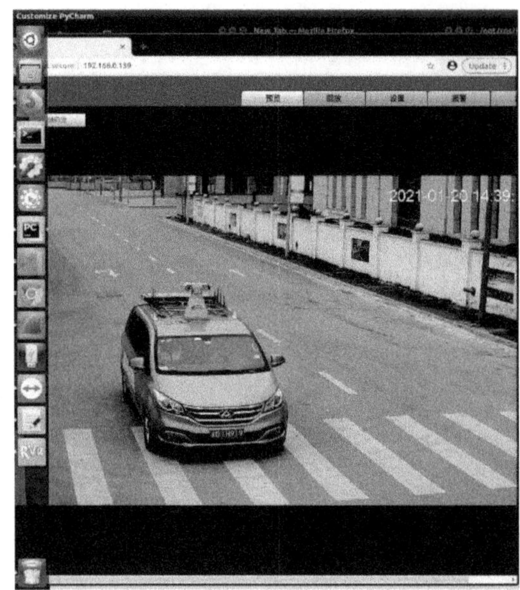

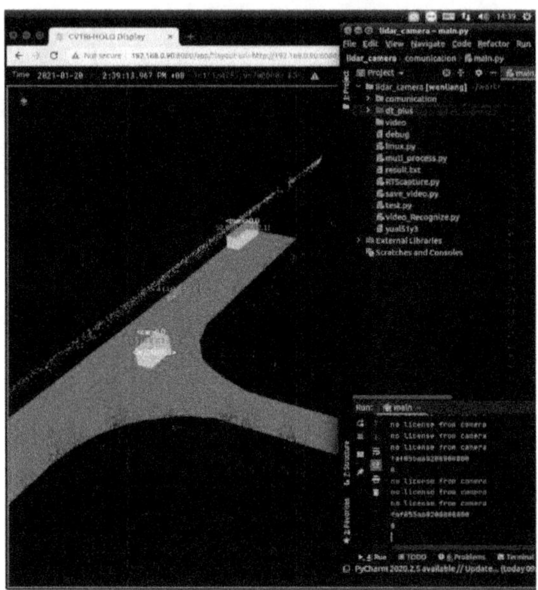

图 5-2 测试结果

参 考 文 献

[1] 王孖豪. 基于激光雷达的车辆外廓尺寸测量仪[D]. 杭州:浙江工业大学,2020.

[2] 张立斌,吴岛,单洪颖,等. 基于激光点云的车辆外廓尺寸动态测量方法[J]. 华南理工大学学报(自然科学版),2019,47(03):61-69.

[3] 吴兆勇. 三维激光雷达测量系统开发及其测量不确定度研究[D]. 上海:上海交通大学,2017.

[4] 何晓昀. 机动车外廓尺寸查验系统研究[J]. 交通世界,2016(24):116-117.

[5] 陈显龙,陈晓龙. 基于激光雷达的车辆几何尺寸超限检测系统设计[J]. 测绘通报,2014(03):9-11 + 16.

制造工艺
与质量管理

一种客车行业点焊电极材料的组织和性能研究

葛　静，石玉柏

（洛阳广通汽车有限公司，河南洛阳　471032）

摘　要：氧化物弥散强化铜基复合材料是在铜基体中引入热稳定性极高、呈弥散分布的第二相粒子，阻碍位错运动，抑制再结晶，从而使基体强度特别是高温强度得到大幅度提高的一种复合材料。复合材料不仅保持了铜基体高的导电、导热性能，而且具有优越的高温性能和抗蚀性能。点焊电极材料是汽车行业需求量极大的易耗材料，若能用弥散强化铜替代传统的铬锆铜，不仅能提高工效，而且能节约大量能源，因而该种材料的研制和开发具有深远意义。

本文利用纳米颗粒所具有的特殊物理性能和化学性能，通过粉末冶金法制备出具有高强度、高硬度和高导电率的 Al_2O_3/Cu 弥散强化铜基复合材料，分析具有不同体积分数的 Al_2O_3 纳米颗粒作为增强相时，铜基复合材料的力学性能和导电性能，探索它们对铜基复合材料的强化效果。

关键词：铜合金；组织；电导率；硬度

1　引言

1.1　弥散强化铜的制备方法

金属基复合材料的制备方法分为固态法和液态法，前者包括粉末冶金法、机械合金法、热还原反应法等，而后者包括铸造法、化学沉积法。

粉末冶金法是将一定比例的 Cu 粉与增强相颗粒粉末混合均匀，压制成型后进行烧结制成烧结体预制件。主要工艺过程为：制取复合粉末→复合粉末成型→复合粉体烧结。烧结是粉末冶金工艺中的关键工序，成型后压坯通过烧结可得到所需的物理性能、力学性能。烧结分单元系烧结和多元系烧结，根据烧结温度的不同又分为固相烧结和液相烧结。粉末冶金法常与精整、浸油、机加工、热处理，以及轧制、热锻等制造工艺紧密结合。其中，复合粉体的制备包括内氧法、共沉淀法和颗粒表面包覆法。

1.2　研究内容、目的及和意义

1.2.1　研究内容

本文研究内容主要包括：

（1）粉末冶金法制备氧化铝弥散强化铜基复合材料试样。

（2）弥散强化铜基复合材料微观组织观察与分析。

（3）氧化铝弥散强化铜基复合材料的制备过程中经不同工艺处理后，硬度、电导率的变化。

1.2.2　目的和意义

弥散强化铜基复合材料是在铜基体中加入或通过一定条件原位生成弥散分布、热稳定性极高的第二相颗粒，能钉扎位错、晶界、亚晶界，从而阻碍位错的运动，抑制再结晶，达到提高基体强度的目的。弥散强化铜合金具有高强度、高导热性和导电性等优良的力学性能和物理性能，广泛应用于机械、电力、电子等领域。作为导电、导热材料，被广泛应用于点焊电极、电动机电刷、电触头、大功率异步牵引电动机转子、电子元器件引线框架、高脉冲磁场导体材料、核聚变系统中导热部件等。而随着科技的进步，对铜合金的性能提出了更高的要求。目前,我国在高性能铜合金方面还主要依赖进口。因此,研制和开辟新型生产工艺对制备弥散强化铜合金具有重大意义。

2 试验

2.1 试验仪器及设备

试验仪器包括:烧杯(量程1000mL)、游标卡尺、电子天平(量程1000g),试验设备见表2-1。

试验设备 表2-1

设备名称	型号	设备名称	型号
高效混合机	V-0.05m^3	金相试样抛光机	P-2
数字金属电导率测量仪	D60K	金相显微镜	XJL02
四柱万能液压机	315t	倒置式光学金相显微镜	日产-OLYMPUS-PMG3型
氨分解钟罩炉		精密万能材料试验机	岛津AG-I250KN
砂轮机	S3ST-KW-250	扫描电镜	日产-JSM-5610LV型
布氏硬度计	HB-3000	能谱仪	美国-EDAX

2.2 试验原料

表2-2为本次试验所用的原料。

试验原料 表2-2

原料	规格	颗粒体积分数(%)				
Al_2O_3颗粒	粒径50nm	1.0	1.5	2.0	2.5	3.0
Cu粉	200目					

2.3 试验流程

试验流程如图2-1所示。

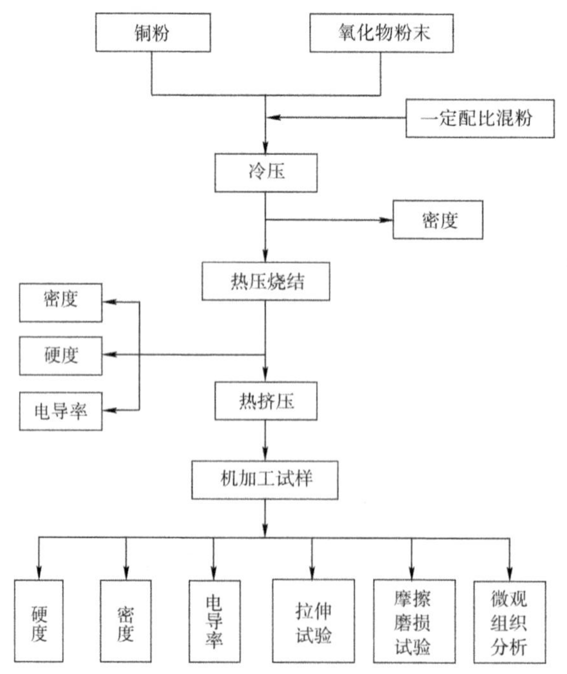

图2-1 试验流程

3 试验结果与讨论

3.1 组织观察及分析

材料的成分、组织与性能是一个有机的统一体，微观组织结构决定了材料的使用性能。增强颗粒在基体中的分布状况，在很大程度上取决于混粉的结果。图 3-1 所示为 Al_2O_3/Cu 热挤压后的微观组织，所用的腐蚀液为 $FeCl_3$、HCl 和酒精的混合溶液。

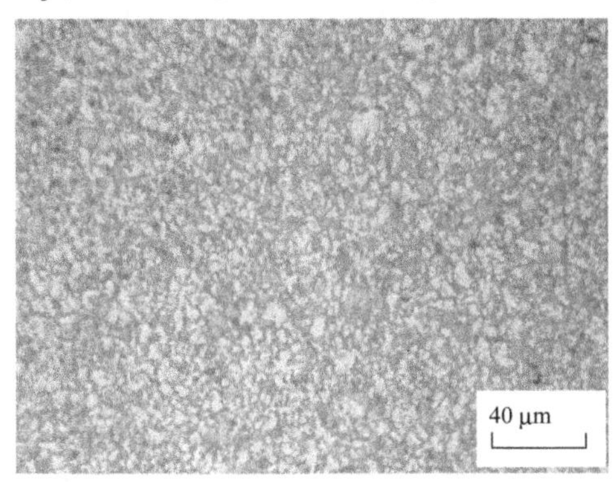

a) 1 %Al_2O_3横切面

b) 3 %Al_2O_3横切面

图 3-1 不同氧化物体积分数的 Al_2O_3/Cu 的微观组织

从图 3-1 的横截面图看，晶粒明显较小，原粉末颗粒间界面变得模糊，合金基本上均呈致密的和具有相当程度冶金化结合的状态。深色的 Al_2O_3 颗粒均匀分布在浅色的铜基体上，看不到明显的空隙。当氧化物颗粒的含量较小时[图 3-1a)]，可以看到，弥散相均匀地分布在铜基体上，几乎没有团聚，细化了晶粒；当氧化物颗粒含量较大时[图 3-1b)]，可以看到纳米颗粒有团聚现象，且晶粒明显变大。

为了进一步观察 Al_2O_3/Cu 复合材料的组织，从而了解其性能和微区成分，还对材料进行了扫描组织的观察。图 3-2 所示为 Al_2O_3/Cu 复合材料的扫描照片（形貌）及能谱图。可看出，能谱主要打在试样 SEM 形貌中的黑洞区域，从而分析了此处的成分含量，Al_2O_3/Cu 复合材料中的孔洞中氧化物的含量比较高，并且没有其他杂质元素的存在，由此可知，这些孔洞是由氧化物脱落而形成的剥落坑，这与金相组织的分析相符合。

a) 形貌

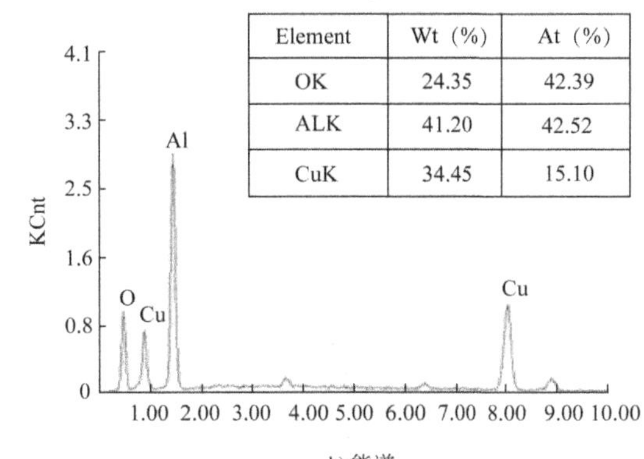

Element	Wt (%)	At (%)
OK	24.35	42.39
ALK	41.20	42.52
CuK	34.45	15.10

b) 能谱

图 3-2 1%的 Al_2O_3/Cu 的 SEM 形貌及能谱

3.2 密度的测量结果及分析

密度对于粉末冶金来说是一个重要的物理量，它很大程度上决定着材料的物理性能和力学性能。分别对冷压、烧结和热挤压后试样的密度进行测定，并进行比较，从而说明各个工艺步骤对材料密度的影响，结果如图 3-3 所示。

由图 3-3 可看出，冷压后和烧结后，Cu 基复合材料的密度都小于 8.3g/cm^3，由此说明，粉末冶金法制备的 Cu 基复合材料密度很难达到纯铜密度（8.92 g/cm^3）。随着复合材料中纳米颗粒体积分数的增加，烧结后材料的密度总的趋势是下降的。

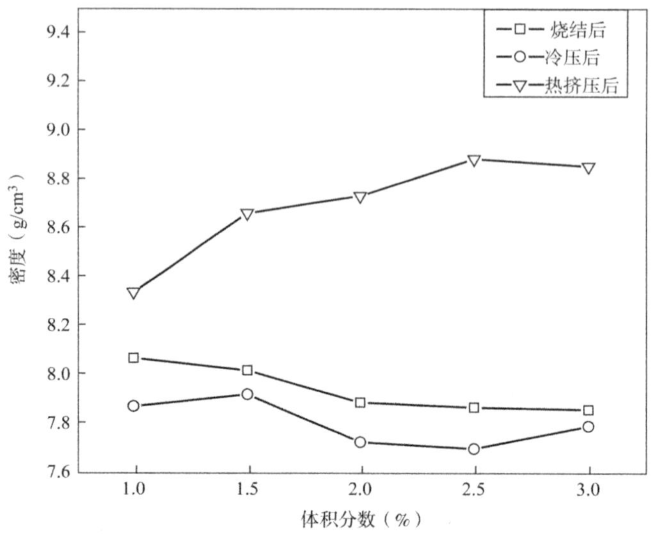

图 3-3 Al_2O_3/Cu 不同体积分数下的密度

其原因一方面是由于增强相的密度比 Cu 基体密度小得多,故随着纳米颗粒质量分数的增加。必然会降低 Cu 基复合材料的密度;另一方面,铜的熔点为 1083℃,因此在 900℃下的烧结属于固相烧结,根据烧结理论,此时压坯烧结致密化的主要机制以各种固态扩散和黏性流动机制为主,而纳米颗粒的弥散分布阻碍了 Cu 原子的扩散。在相同压制压力下增强相含量越高,阻碍作用越明显,基体变形困难,孔隙也就越难填充,故 Cu 基复合材料密度下降。

3.3 硬度的测量结果及分析

烧结和热挤压后的硬度测量结果如图 3-4 所示。由图 3-4 可以很清晰地看出,热挤压后试样的硬度明显提高。并且随着氧化物颗粒含量的增加,硬度呈先上升后下降的趋势。而且纳米颗粒对铜基体起到了良好的强化和硬化效果,所得到的 Cu 基复合材料硬度都高于纯铜。其中个别试样可能因为冷压、烧结或挤压过程中出现裂纹,或者端面处组织的不均匀等原因,出现不规律的数据。

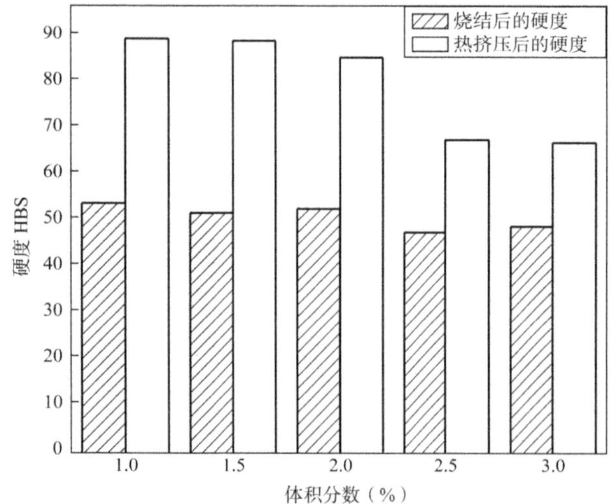

图 3-4 Al_2O_3/Cu 不同体积分数下的硬度测量结果

根据 Orwan 机理 ,随着强化相复合量的增加,材料的硬度和强度随之增加。由于纳米氧化物颗粒硬度高,细小的颗粒在晶粒内部及晶界弥散分布,提高了位错及亚晶界移动的阻力,使位错难以开动,从而提高复合材料的强度和硬度。当材料中氧化物加入量很少时,由于弥散质点之间的间距太大,位错线比较容易绕过微粒,强化效果并不明显。而当氧化物颗粒含量由 0 增加到 2% ~ 2.5% 时,位错的钉扎作用越来越明显,材料的硬度也越大,耐磨性越好,但并非成正比关系。当其添加量增加到一定量时,硬度不仅不上升,反而下降。这是由于纳米颗粒含量增加,铜基体晶界上的增强相颗粒分布过多,影响到烧结过程中相邻颗粒间结合和材料的致密化,致使材料的硬度和强度下降。

3.4 电导率的测量结果及分析

烧结和热挤压后的电导率测量结果如图 3-5 所示。

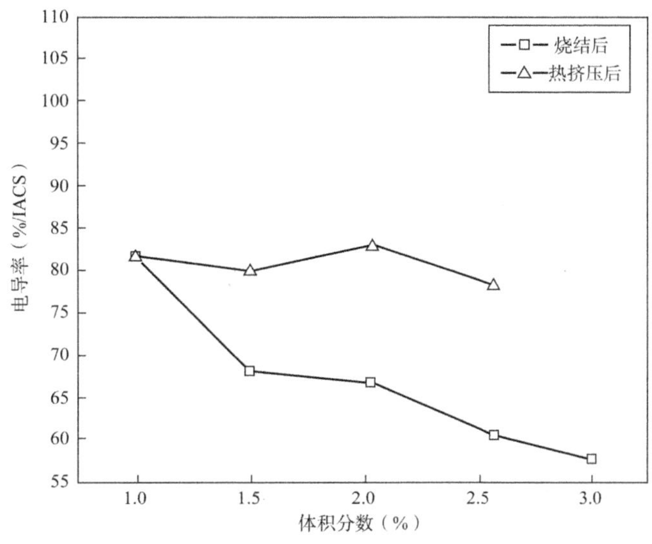

图 3-5 Al_2O_3/Cu 不同体积分数下的电导率测量结果

从图 3-5 可以看出，随着增强相含量的增加，材料的导电性急剧下降。导电性能下降主要有三方面原因：

(1)增强相纳米颗粒都是绝缘体，随着其含量的增加，具有良好导电性能的铜基体的体积分数减少，根据理论电导率公式 $E_C = E_m(1 - V_\tau)/(1 + V_\tau/2)$（式中 E_C为复合材料的电导率，E_m为基体的电导率，V_τ为增强物的体积分数），可知，电导率将随之减小。

(2)烧结过程中增强相纳米颗粒阻碍了复合材料的致密化过程，在材料中存在一定的孔隙率，导致相对密度的降低，对导电性有较大影响。

(3)增强相颗粒在一定程度上阻止了晶粒长大，使复合材料中的晶界增多，增加了对电子的散射作用是造成电阻率增大的又一原因。

经过热挤压后，材料致密度提高，晶粒彼此直接接触，且晶界趋于有规则排列，所以导电性能变好。

3.5 拉伸试验的结果及分析

图 3-6 和表 3-1 分别为不同氧化物体积分数的 Al_2O_3/Cu 的拉伸曲线和性能数据。

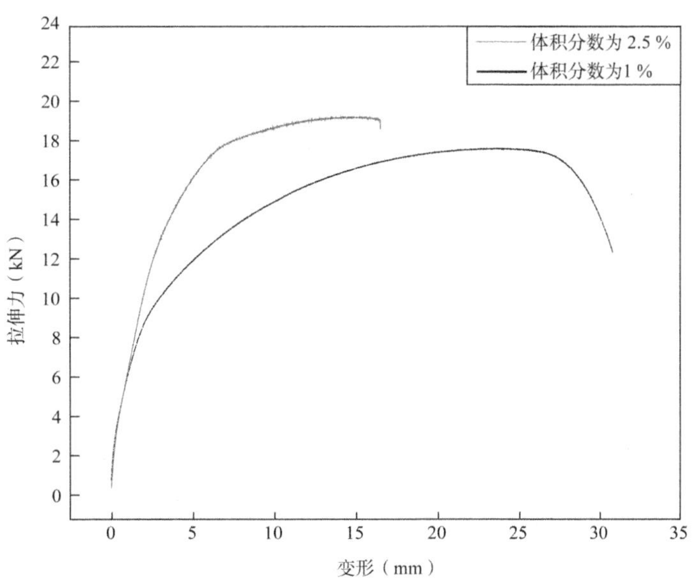

图 3-6 Al_2O_3/Cu 体积分数为 1%和 2.5%拉伸曲线

不同体积分数下的拉伸试验性能数据 表 3-1

颗粒种类	体积分数(%)	F_{max}(kN)	σ_b(MPa)	断后伸长率(%)	断后收缩(%)
Al_2O_3/Cu	1.0	19.4218	247.287	14.68	18.64
	2.5	17.8437	227.193	25	67.177

由图 3-6 和表 3-1 可知，随着氧化物体积分数的增加，材料的抗拉强度比纯铜大大提高(已知纯铜的抗拉强度为 200MPa)，塑性降低。但是 Al_2O_3/Cu 2.5% 可能由于烧结或挤压时出现裂纹等原因，数据出现异常。

弥散强化铜合金材料的强度提高是因为细晶强化和弥散强化两种强化机制，并且强化效果随着氧化物的含量的增加而增加。首先在烧结的过程中，弥散分布在铜基体中的氧化物纳米颗粒细化了晶粒，从而硬度强度提高。其次，合金经热挤压后，产生了大量的亚结构组织，弥散分布的氧化物粒子对合金的形变组织中的这些亚结构起到了强烈的稳定化作用。纳米级氧化物弥散相的存在，阻碍了合金变形时位错的长程运动，使变形产生的位错在基体中趋于平均、随机分布。纳米氧化物弥散粒子具有高度的耐热稳定性，在高温下也难以长大，对位错起着强烈的钉扎作用，有效地阻碍了变形合金在热挤压时位错的重排，使合金只能通过回复形成低可动性的小角度亚晶界，并使亚晶粒长大的过程受到抑制，从而阻碍了大角度晶界的形成，引起弥散强化。可以说，挤压态材料强度的提高可以部分归因于挤压过程中引入的细小的位错亚结构的存在。

4 结语

(1)粉末冶金法制备的 Al_2O_3/Cu 弥散强化铜基复合材料，氧化物体积分数小的复合材料中，铜基体上均匀分布着细小的弥散相颗粒，体积分数较高的复合材料中氧化物颗粒有偏聚现象。

(2)Al_2O_3/Cu 复合材料，随着氧化物颗粒体积分数的增加，密度降低，电导率降低，硬度先上升后下降，并且硬度在体积分数为 2.5% 时达到最大值，Al_2O_3/Cu 弥散强化铜基复合材料的硬度最大值达到 89.7HBS。

(3)Al_2O_3/Cu 弥散强化铜基复合材料，经过冷压、烧结，热挤压处理后，改善了其强度，Al_2O_3/Cu 的 σ_b 最大分别达到 247.287MPa，σ_b 比纯铜大大提高。

参考文献

[1] 梁淑华. 超细颗粒增强铜基复合材料的研究[J]. 复合材料学报，1998，15(3)：43-45.

[2] 黄培云. 粉末冶金原理[M]. 北京：冶金工业出版社，2000.

[3] 汤佩剑. 复合材料及其应用技术[M]. 重庆：重庆大学出版社，1998.

[4] 李进学，胡锐，李金山，等. 细晶 Al_2O_3/Cu 复合材料的研究[J]. 粉末冶金技术，2002，20(5)：275-279.

法规标准
与产品认证

基于 GB 17675 新旧标准的客车转向力测试分析

张　鑫，王子龙，沈林邦，谭万里

（招商局检测车辆技术研究院有限公司　国家客车质量监督检验中心，重庆　401122）

摘　要：《汽车转向系　基本要求》（GB 17675—2021）正式发布，标准充分考虑车辆应该具有轻便、迅速转向的能力，并根据客车的分类不同分别提出转向力和转向时间要求。对新旧标准客车转向力测试条款进行对比解读，解读结果有利于设计和试验人员对标准理解。

关键词：GB 17675；客车；汽车转向系统；对比分析

0　引言

客车作为重要的公共运输载体，安全性是标准制定中首要考虑的因素。客车转向系统能够改变或保持车辆方向，同时涉及操纵稳定性、高级辅助驾驶等功能，和制动系统并列为车辆基础主动安全系统。客车转向系统应能保证客车按照驾驶员意图轻便和迅速地进行转向操纵。因此 GB 17675—1999（以下简称旧标准）和 GB 17675—2021（以下简称新标准）《汽车转向系 基本要求》均规定了客车的转向力和转向时间要求。旧标准中未充分考虑客车分类，要求宽泛，因此不再适应当前和未来转向系统要求。新标准根据客车分类分别提出转向力和转向时间要求，对旧标准中的不足进行补充和修订。

1　新旧标准客车转向力测试方法对比

1.1　客车转向系统正常

客车转向系统作为改变或保持客车行驶方向的系统，应能保证客车按照驾驶员意图轻便和迅速地进行转向操纵。在转向系统正常状态下，新标准与旧标准测试方法一致，客车以 10km/h 的速度从直线行驶进入转向状态，在客车转向半径达到半径为 12m 的转向圆时，最大转向力和所需转向时间均应该满足标准要求。

在转向力要求上，旧标准按照是否带转向助力装置进行区分，不带转向助力的客车转向力应小于 245N，带转向助力装置的客车在正常状况下不考核转向力。而新标准不区分是否带转向助力装置，而是依据车辆分类不同提出不同的转向力要求。M_2转向力不超过 150N，M_3转向力不超过 200N；新旧标准中转向时间均要求不超过 4s。表 1-1 为客车转向系统正常时新旧标准对比。

客车转向系统正常时新旧标准对比　　表 1-1

标　准　号	车 辆 类 别	转向力（N）	转向时间（s）	转向半径（m）
GB 17675—2021	M_2	≤150	≤4	12
	M_3	≤200		
GB 17675—1999	不带助力转向	≤245	≤4	12
	带助力转向	—		

1.2　客车转向系统故障

在客车转向系统故障时，存在完成相应转向操纵的转向力超过驾驶员能施加的最大转向力的风险。因此新旧标准都对故障后的转向力和时间进行了要求。旧标准中，客车以 10km/h 速度从直线行驶状态进入转向状态，在客车达到的转向半径为 12m 转向圆，转向力和时间应满足旧标准要求。新标准规定车辆以

10km/h 的速度从直线行驶状态进入转向状态,使客车达到转向半径为 20m 的转向圆时,转向力和时间应该满足新标准要求。

旧标准规定客车带助力转向而故障后转向力不超过 588N,转向时间不超过 6s。而新标准依据客车分类提出不同的转向力和时间要求,M_2类客车故障后不超过 300N,M_3类客车故障后不超过 450N,使标准更加符合实际场景。表 1-2 为客车转向系统故障时新旧标准对比。

客车转向系统故障时新旧标准对比 表 1-2

标准号	车辆类别	转向力(N)	转向时间(s)	转向半径(m)
GB 17675—2021	M_2	≤300	≤4	20
	M_3	≤450	≤6	
GB 17675—1999	带助力转向	≤588	≤6	12

通过分析新旧标准,转向力测试时重要的变化为客车转向系统故障状态时,改变转向半径,同时依据车辆分类来确定转向力和转向时间要求,更加符合实际场景。

2 客车转向力测试分析

对某 M_3客车按照 GB 17675 新旧标准进行转向力测试分析,客车按照最大允许总质量和转向轴最大允许轴荷进行加载,轮胎气压充至规定气压。安装转向参数测试仪、车速仪、通用数据采集系统,用于记录转角、转矩、时间、速度等信息。

按照如下步骤进行转向力测试:

(1)客车分别按照转向半径为 12m 和 20m 的圆行驶(车在圆内行驶),确定客车转向操纵输入转角。

(2)客车按照 10km/h 的车速从直线进入转向行驶状态,记录从开始转向操纵到转向操纵输入达到规定的有效半径对应的角度时所需的时间和最大转矩。

(3)按照下式换算转向力,并进行记录。

$$F = \frac{T}{r}$$

式中:F——最大转向力;

T——转向过程中的最大转矩;

r——转向盘半径。

该客车在转向系统正常和失效状态下的结果分别见表 2-1、表 2-2。表 2-1 结果表明,该客车转向系统正常时,所需操纵力小,转向迅速轻便。在转向系统故障状态,该客车也均能满足新旧标准的要求,但由于新旧标准要求的转向半径发生变化,新标准要求的转向半径变大,所以转角相对应变小,因此新标准所需转向力和转向时间也相应减小。

客车转向系统正常时转向力对比 表 2-1

方向	角度(°)	转向力(N)	转向时间(s)
左转	915	43	1.57
右转	850	39	2.03

客车转向系统故障时转向力对比 表 2-2

方向	标准	角度(°)	转向力(N)	转向时间(s)
左转	新标准	585	238	3.85
	旧标准	915	345	5.05
右转	新标准	560	231	3.92
	旧标准	850	334	5.13

3 结语

国家标准 GB 17675—2021 充分考虑车辆应该具有轻便、迅速转向的能力，并根据客车的分类不同分别提出转向力和转向时间要求，新标准更加符合实际情况，试验结果表明，在失效状态时，新标准要求的转向半径变大，所以转角相对应变小，因此新标准所需转向力和转向时间也相应减小，更利于车辆通过法规。

参考文献

[1] 全国汽车标准化技术委员会. 汽车转向系 基本要求：GB/T 17675—1999[S]. 北京：中国标准出版社，1999.

[2] 全国汽车标准化技术委员会. 汽车转向系 基本要求：GB 17675—2021[S]. 北京：中国标准出版社，2021.

[3] 于洋，高明秋，王久明，等. 国内外汽车转向系统相关标准对比分析[J]. 汽车工程师，2013，000(006)：13-14.

客车 ESC 标准体系现状分析

蔡鹏飞

(招商局检测车辆技术研究院有限公司　国家客车质量检验检测中心,重庆　401329)

摘　要:ESC 装备水平是评价汽车安全性能的重要指标。本文梳理了 ECE、FMVSS、CMVSS、GTR 及我国标准体系中客车 ESC 标准法规现状及测试方法,分析了各标准体系中客车 ESC 评价方法及存在的不足,为客车 ESC 体系建设、性能评价、设计研究提供参考。

关键词:ESC;标准体系;现状分析;客车

0　引言

电子稳定性控制系统(ESC)是一项通过控制车轮制动力以调整极限工况中车身姿态的主动安全技术。该技术能够有效阻止车辆失控及侧翻,尤其对于客车能够保证其在紧急情况下的行驶稳定性,从而确保人民生命财产安全。为促进 ESC 技术应用,提高汽车安全装备水平,欧洲、美国、加拿大、中国等不同地区、国家均制定了 ESC 装备要求法规及标准体系。其中客车 ESC 性能是评价客车安全水平的重要方面,是确保客车安全运营的重要保障,不同标准体系虽对客车 ESC 性能做了相关规定,但评价方法及限值等方面存在一定差异,为客车统一规范的安全评价体系及出口认证等带来诸多不便。高效识别客车 ESC 技术状况,准确评价客车 ESC 性能水平,对构建客车 ESC 科学评价体系具有重要意义。本文通过分析 ECE 法规、FMVSS 法规、CMVSS 法规、GTR 法规及国内法规体系中客车 ESC 的相关要求,梳理了该功能的法规现状及测试方法,为我国客车 ESC 体系建设、ESC 性能检测认证及设计开发提供参考。

1　ECE R13 法规要求

联合国欧洲经济委员会(ECE)汽车法规体系仅对装配 ESC 的 M_2、M_3类客车做了要求,对 M_1类客车未做明确规定,按照 ECE R13《M、N 和 O 类车辆制动系统型式认证的统一规定》附件 21《Special requirements for vehicles equipped with a vehicle stability function》的相关规定,应在 M_2、M_3类客车空载、满载以及 ESC 功能正常、失效的情况下分别开展测评,主要评价其转向控制能力及防侧翻控制能力,并针对该指标给出了可供选择的试验方法,见表 1-1,但对具体试验规程、试验条件等未作明确规定,未形成统一的客车 ESC 功能测评方案。

ECE R13 法规 ESC 测评方法　　表 1-1

转向控制能力	防侧翻控制能力
转向半径减小试验	稳态回转试验
转向盘转角阶跃输入试验	J 转向试验
正弦停滞试验	
J 转向试验	
对开路面单移线试验	
双移线试验	
鱼钩试验	
转向盘转角脉冲输入试验	

2 FMVSS 及 CMVSS 法规要求

美国汽车安全技术法规(FMVSS)体系中对于客车 ESC 的性能要求在 FMVSS 126《Electronic stability control systems for light vehicles》及 FMVSS 136《Electronic stability control systems for heavy vehicles》中做了详细规定。其中 FMVSS 126 主要适用于最大总质量小于或等于 4536kg 的客车,主要通过慢增量转向试验、正弦停滞转向试验计算客车的横摆角速度及侧向加速度,以评价客车 ESC 功能的方向稳定性和响应特性,同时需满足 ESC 故障监测、ESC 关闭控制装置以及 ESC 关闭信号装置功能。FMVSS 136 适用于最大总质量大于 11793kg 的客车,要求客车配备 ESC,并具备车道保持能力、转向控制能力及防侧翻控制能力,同时明确了客车 ESC 装配时间节点:最大总质量大于 14969kg 的客车自 2018 年 6 月 24 日执行上述规定,自 2019 年 8 月 1 日后其余客车需满足 ESC 相关要求。FMVSS 136 明确提出了采用 J-转向法测评客车的 ESC 性能,按照顺时针和逆时针方向车道分别进行,如图 2-1 所示。采用逐次增加车速的方法分别进行顺时针和逆时针两个方向的 J-转向试验,以确定初始参考车速,进而确定参考车速。基于参考车速,依据发动机转矩减小量及防侧翻控制能力两项指标,进一步评价客车电子稳定性控制系统性能。相比 ECE R13,FMVSS 136 具有更加明确的试验方法和限制,为客车 ESC 评价提供了更为科学的参考。

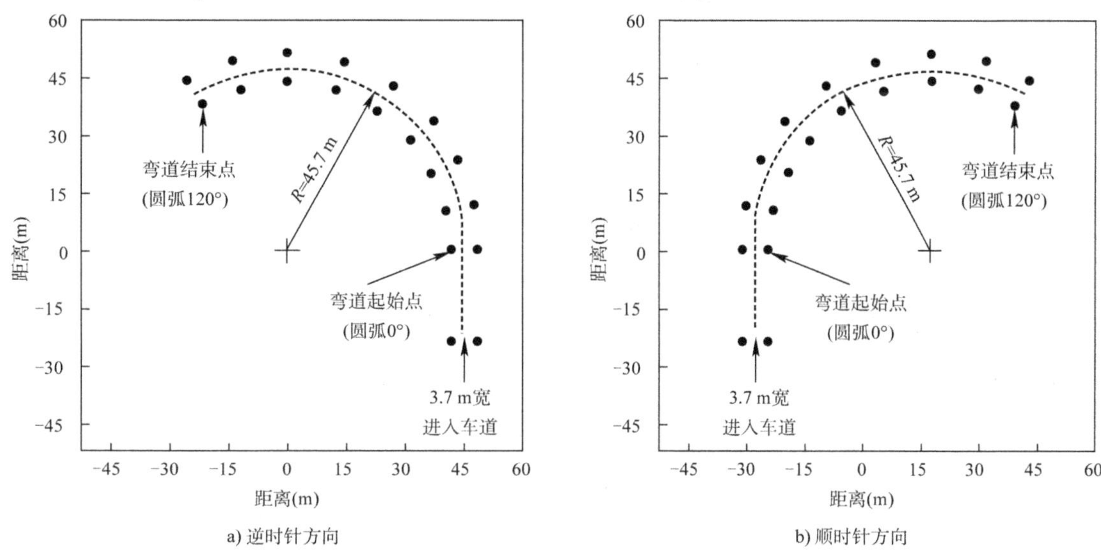

图 2-1 J-转向试验车道示意图

加拿大汽车安全标准(CMVSS)体系中,基于 CMVSS 126《Electronic Stability Control Systems for Light Vehicles》、CMVSS 136《Electronic Stability Control Systems for Heavy Vehicles》开展客车 ESC 性能评价。CMVSS 126、136 分别等效采用美标 FMVSS 126、136 法规,与 FMVSS 体系具有相同的 ESC 评价规程。

3 GTR 法规要求

全球技术法规(GTR)体系和 FMVSS 体系对于轻型客车 ESC 具有相同规定,GTR 8《ELECTRONIC STABILITY CONTROL SYSTEMS》中对最大总质量小于或等于 4536kg 的客车做了要求,规定客车需配备 ESC 功能,且应满足 ESC 故障监测、ESC 关闭控制装置以及 ESC 关闭信号装置等功能,通过慢增量转向试验和正弦停滞转向试验评价其方向稳定性和响应特性。然而 GTR 体系对重型客车 ESC 装配要求、性能要求、试验方法等未作相关规定。

4 GB 及 JT/T 法规要求

针对客车 ESC 装备及性能要求,我国汽车主管部门根据管理职责逐步建立了国家标准、行业标准等标准体系,现行标准体系下,对于客车 ESC 监管及性能评价,主要依据《机动车运行安全技术条件》(GB 7258—2017)、《轻型汽车电子稳定性控制系统性能要求及试验方法》(GB/T 30677—2014)、《商用车辆电子稳定性控制系统性能要求及试验方法》(GB/T 38185—2019)、《营运客车安全技术条件》(JT/T 1094—2016)等标准。

其中 GB 7258—2017 规定“车高大于或等于 3.7 m 的未设置乘客站立区的客车应装备电子稳定性控制系统,以保证对车辆的防侧翻控制”。该规定为防止车身高度较高、稳定性较差的客车发生侧翻,从车身高度角度提出了客车 ESC 装备要求,并要求于 2020 年 1 月 1 日起对新生产的客车开始实施。

GB/T 30677—2014 修改采用 GTR 8 的规定,拓宽了轻型客车的适用范围,适用于最大总质量小于或等于 3500kg 的客车,对于最大总质量大于 3500kg 但小于或等于 5000kg 的客车可参照执行。在 ESC 性能评价方面,GB/T 30677—2014 根据我国客车在冰雪路面上行驶稳定性,增加冰雪道路试验,通过双移线及稳态回转试验(定转弯半径法),进一步评价客车 ESC 在冰雪路面上的可靠性。该项规定严于 GTR 8 相关要求,通过 ESC 开启/关闭状态下双移线及弯道行驶工况,评价 ESC 系统对客车转向不足、转向过度、发动机/驱动电机转矩的控制能力。

GB/T 38185—2019 参照 FMVSS 136 对最大总质量大于 3500kg 的 M_2、M_3类客车 ESC 性能及试验方法做了相关规定。针对 ESC 性能评价等效采用 FMVSS 136 中 J-转向试验,同时等效采用 ESC 故障监测、ESC 关闭控制装置以及 ESC 关闭信号装置等功能相关要求。值得一提的是,基于 FMVSS 136,GB/T 38185—2019 增加了定圆加速试验和单变道试验。其中定圆加速试验是在 ESC 开启状态下,客车沿着设定的定圆轨道逐渐加速,直到发动机/驱动电机限扭,车速不再增加,该项试验主要是评价客车在弯道运行时,ESC 系统对发动机/驱动电机输出转矩的控制能力。单变道试验主要是客车以一定速度从高附着系数路面变道进入低附着系数路面,以评价客车在变道工况中,ESC 系统对车轮实施选择性制动的能力,进而保证客车变道行驶安全性及行驶稳定性。

JT/T 1094—2016 规定:“营运客车应装备电子稳定性控制系统(ESC),总质量不大于 3500kg 的营运客车装备的 ESC 应符合 GB/T 30677 的要求,其他营运客车装备的 ESC 应符合附录 A 的要求”。该规定附录 A 等效采用 FMVSS 136 法规中 J-转向试验,通过发动机转矩减小量试验和防侧翻控制能力试验实现客车 ESC 性能评价。

5 结语

(1)ECE 法规对 M_2、M_3类客车 ESC 性能评价提供了可供选择的试验方法,但未规定具体评价规程。

(2)FMVSS 法规、CMVSS 法规具有相同的评价方法及限值要求,主要采用慢增量转向试验、正弦停滞转向试验评价轻型客车 ESC 性能,采用 J-转向法测评重型客车 ESC 性能。

(3)GTR 法规规定了轻型客车 ESC 慢增量转向试验和正弦停滞转向试验,对重型客车未作相关要求。

(4)GB/T 30677—2014 修改采用 GTR 8 规定,GB/T 38185—2019 采用 FMVSS 136 法规,JT/T 1094—2016 修改采用 GTR 8 及 FMVSS 136 的相关规定对客车 ESC 展开测试评价。

参考文献

[1] Lu Dang, Ma Yao, Yin Hengfeng, et al. Development and Validation of Electronic Stability Control System Algorithm Based on Tire Force Observation [J]. Applied Sciences, 2020, 10(23): 8741-8741.

[2] 杨清凯,陈玉祥,荣玉良,等. 客车 ESC 系统性能试验及评价方法研究[J]. 客车技术,2019(01):32-36.

[3] FMVSS No. 136. Electronic Stability Control Systems On Heavy Vehicles [S].

[4] 中华人民共和国国家标准. 机动车运行安全技术条件:GB 7258—2017[S]. 北京:中国标准出版社. 2017.

[5] 中华人民共和国交通运输行业标准. 营运客车安全技术条件:JT/T 1094—2016[S]. 北京:人民交通出版社股份有限公司,2016.

满足现行国家标准的客车座椅在 50km/h 碰撞速度下的乘员保护性能分析

徐海澜，王若璜

（招商局检测车辆技术研究院有限公司，重庆　401329）

摘　要：本文通过试验的方法，对主流客车企业满足现行国家标准《客车座椅及其车辆固定件的强度》（GB 13057—2014）的客车座椅在 50km/h 碰撞速度下的乘员保护性能进行了研究。试验结果显示，在结构强度方面，目前结构较强的座椅还是有可能承受 50km/h 的碰撞速度下的假人撞击，通过率在 50% 左右，主要的失效模式为靠背限制机构失效、座椅横移装置失效以及座椅与车辆的连接失效。乘员伤害方面，主要是头部损伤值难以满足相关要求，假人的其他部位损伤值均未超过相关限值。所以当碰撞速度提升至 50km/h 后，现阶段的客车座椅在调节装置的强度、与车辆的连接强度等方面均需要进行加强，并且需要在降低假人头部损伤方面针对性的对座椅靠背头部撞击区域的缓冲设计进行设计，尽可能避免硬物出现在头部撞击区域内。

关键词：客车；客车座椅；车辆固定件；乘员保护

0　引言

现行《客车座椅及其车辆固定件的强度》（GB 13057—2014）作为客车乘员保护领域唯一的国家强制性标准，对于客车发生碰撞事故时保护乘客的生命安全起着重要的作用。该标准主要考核的是客车座椅在客车发生正面碰撞时对乘员的保护性能，其试验速度为 30km/h。但随着国民经济的高速发展，到目前为止，国内高速公路总里程已经达到 16 万 km，各大中型城市也在积极建设城市快速道路网。公路客车作为目前重要的城际和市内交通工具之一，平均行驶速度也随着路网的建设而在逐年提升。而目前高速公路上公路客车的最高限速是 100km/h，最低限速是 60km/h，速度差为 40km/h；一些城市快速路上，只规定了最高限速 80km/h，所以速度差会更大。这些数值已经非常接近于小型乘用车的限速范围。近年来，与公路客车相关的大部分导致群死群伤的恶性交通事故都是发生在高速公路或者城市快速路上，据统计客车发生正碰碰撞的事故占整个客车事故的 50% ~60%，并且一些事故调查报告也指出国内客车座椅标准需要提升。鉴于此，客车乘员保护试验速度应提升至与乘用车正面碰撞相同范围，即 50km/h，才能适应目前国内公路客车在高速公路或者城市快速路行驶状态下的实际工况。

所以研究满足现阶段 GB 13057—2014 的客车座椅在 50km/h 碰撞速度下乘员保护性能的表现，不仅能够初步了解目前国内客车行业在客车乘员保护领域的水平，也能够对开发 50km/h 碰撞速度下的客车座椅及车辆结构提供方向性的指导，并对标准修订提供数据支撑。

1　试验方案设计

1.1　试验方法

现行 GB 13057—2014 主要通过动态试验对客车座椅及其车辆固定件的乘员保护性能进行考核，分为试验 1 和试验 2 两种试验。试验 1 主要考核座椅和车辆与座椅连接处的强度（为方便区分，以下称为强度试验），其试验方法为将两排客车座椅安装在模拟车身地板上，座椅间距为 750mm，前排座椅不放置假人，后排座椅放置无约束假人如图 1-1a）所示，然后对模拟车身地板施加一个在图 1-2a）区域内的加速度波形，该波形积分得到的速度应为 30 ~ 32km/h，平均加速度大于 8.5g，试验时不对假人的损伤值进行测量，试验后假人的任何部位不得超过其乘坐座椅 R 点前方 1.6m 的位置，且座椅及其连接不得失效。试验 2 主要考核座椅的乘员保护性能（为方便区分，以下称为损伤试验），在前面试验 1 的基础上将假人换成 Hybrid Ⅲ型 50%假人，并且用座椅自身的安全带将假人约束在座椅上进行试验，其他条件不变，如图 1-1b）所示。试验时需测量假人的头部、胸部、大腿的损伤值，判定条件为假人的头部 HIC≤500，胸部 ThAC≤30g，大腿压缩力 F≤10kN。

a) 强度试验　　b) 损伤试验

图 1-1　客车座椅乘员保护试验

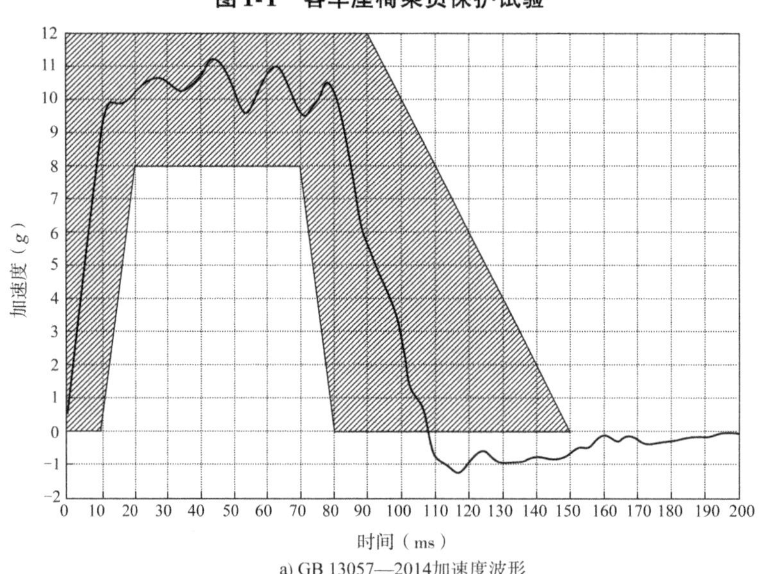

a) GB 13057—2014加速度波形

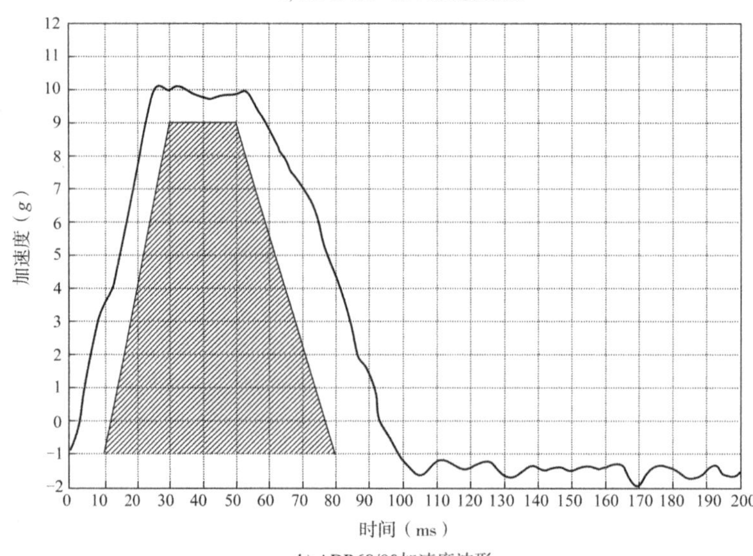

b) ADR68/00加速度波形

图 1-2　客车加速度波形

为了控制变量,仅将试验速度变为50km/h±1km/h,试验加速度波形参照澳洲标准ADR68/00(30ms内加速度达到20g持续至少20ms)如图1-2b)所示,其余试验条件不变。对于强度试验的判定要求也为试验后假人的任何部位不得超过其乘坐座椅R点前方1.6m的位置,且座椅及其连接不得失效。对于损伤试验的判定要求参照ADR68/00的要求为HIC≤1000,ThAC≤60g,ThCC≤76mm,F≤10kN。该损伤要求也和乘用车正面碰撞要求接近。试验时,还测量了肩带力、腰带力以及颈部损伤值,对颈部损伤值的判定依据参照GB 11551—2014。本研究旨在对当前主流企业的客车座椅在50km/h的碰撞速度下对乘员的保护性能做一个全方位的了解。

1.2 试验对象

为了尽可能的摸清国内客车行业在乘员保护性能方面的发展水平,总共对8家主流客车企业的8款满足现行GB 13057—2014的客车座椅分别进行了强度试验和损伤试验。这8款座椅均为8家企业产品线中强度最好的型号,这8家企业在中国客车的市场占有率约70%。说明本次研究反映的是目前主流客车企业在国家标准座椅方面的最高水平。虽然有3家企业成功将客车出口到澳洲,满足目前国际上最严的客车成员保护标准要求ADR68/00,但这些出口澳洲的车上所安装的座椅有以下几个特点:

(1)这些座椅都是专门开发的,每家企业仅有极少数的座椅能够满足ADR68/00的要求。

(2)调节功能少,一般为不可调座椅,最多做到靠背角度可调。

(3)出口车型座椅间距较大,试验的时候均按照座椅间距为800mm进行试验。

在国内销售的客车座椅也有其自身的特点,首先,由于营运客车等级评定的存在,很多客车想要评上高三级车,其客车座椅就必须带横移和靠背调节功能,在GB 13057—2014刚实施的时候就大面积地出现了横移功能失效的情况,后来经过不断地改进,才满足了GB 13057—2014中30km/h的碰撞速度,所以50km/h碰撞速度下横移功能的失效风险会大大增加。其次,国内客车载客人数普遍较高,座椅间距较小,所以标准要求是按照750mm的座椅间距来进行试验的。研究表明,在靠背刚度足够的情况下,间距为800mm的损伤试验假人的头部可能不会撞击到前方座椅靠背,但是在750mm间距的情况下假人的头部肯定会撞击到前方座椅靠背,这就对靠背的吸能水平提出了更高的要求。本次研究针对8家主流客车企业提供的8款带三点式安全带的座椅分别进行了50km/h碰撞速度下的强度试验和损伤试验。

2 试验结果分析

2.1 强度试验结果

强度试验的结果见表2-1和图2-1,结果显示8款座椅中有一半的座椅能够满足强度要求。由于参与本次试验的座椅均为满足现行国家标准的座椅,故由此可知还是有相当一部分企业在设计座椅时在座椅强度上提高了要求,满足能够承受住50km/h碰撞速度下后排假人的撞击。但我们也发现,3款带横移功能的座椅仅有1款能够承受住假人的撞击,其他2款的横移机构均发生了失效,说明目前横移机构的设计需要进行较大幅度的改进才能承受住50km/h碰撞速度下的载荷。而只有靠背调节功能的座椅仅1款发生了失效,并且不是靠背调节功能的问题,所以说明现有的靠背调节机构设计基本上能够满足50km/h碰撞速度下的载荷。

强度试验结果* 表2-1

座椅代号	是否满足要求	结构特点	失效方式
A	否	带靠背调节,带横移	横移机构失效
B	是	带靠背调节	—
C	否	带靠背调节	座椅靠背结构强度不足
D	是	带靠背调节	—
E	否	带靠背调节	座椅椅腿强度不足

续上表

座椅代号	是否满足要求	结构特点	失效方式
F	是	带靠背调节	—
G	否	带靠背调节,带横移	横移机构失效
H	是	带靠背调节,带横移	—

注:灰色表示不满足要求。

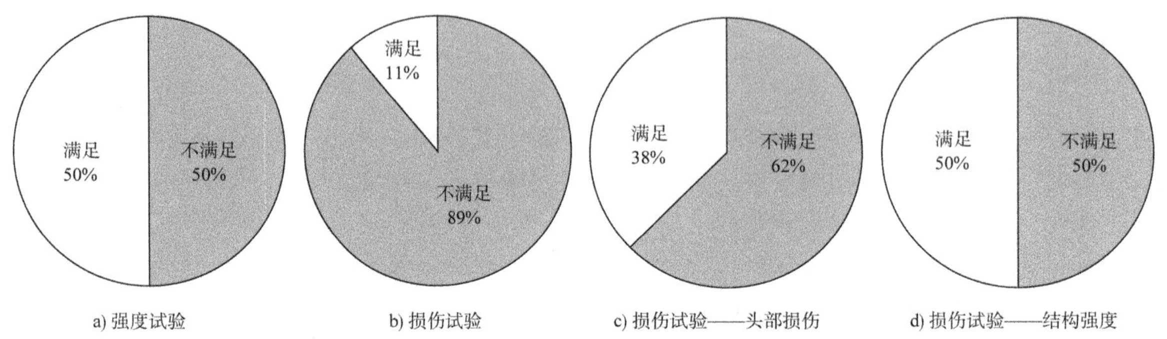

a) 强度试验　b) 损伤试验　c) 损伤试验——头部损伤　d) 损伤试验——结构强度

图 2-1　强度和损伤试验结果百分比图

2.2　损伤试验结果

损伤试验采集了假人头部损伤、胸部加速度、胸部压缩量、大腿力等假人的伤害指标。综合所有损伤试验评价指标,仅有一款现行座椅能够完全满足损伤试验的所有评价指标要求。具体损伤数据见表 2-2。

损伤试验结果*　表 2-2

座椅代号	头部损伤 HIC36		胸部损伤 ThAC (g)		胸部压缩量 ThCC (mm)		大腿压缩力 FAC (kN)				结构失效
	L	R	L	R	L	R	LL	LR	RL	RR	
A	694	409	28.99	25.07	30.75	22.96	1.78	5.94	5.99	2.98	横移机构失效
B	1741	1527	36.71	37.43	27.99	NA	5.75	5.12	8.94	1.17	—
C	469	775	40.44	41.46	26.7	32.11	3.46	4.00	5.80	3.80	靠背限位失效
D	1545	NA	38.46	NA	36.54	NA	2.35	2.16	NA	NA	—
E	658	1404	23.2	20.52	26.29	19.41	5.25	4.79	5.87	4.17	座椅和椅腿的连接失效
F	598	965	28.29	29.23	19.00	24.43	3.39	3.25	1.37	5.14	—
G	1112	NA	27.94	34.19	24.92	18.56	4.02	3.88	2.46	2.13	横移机构失效
H	1061	892	43.36	28.78	22.31	21.90	0.80	0.97	2.54	3.00	—

注:灰色表示不满足要求。

结合图 2-1 的分析可知,8 款座椅中,损伤试验满足要求的只有 1 款座椅,占比仅为 11%。并且从不满足要求的因素进行分析,头部损伤超标 5 款座椅,占比为 62%,座椅结构失效 4 款座椅,占比为 50%。通过表 2-1 可知,结构未失效的 4 款座椅中,头部损伤超标的座椅就占了 3 款,说明座椅的结构强度对于头部损伤有一定的负面影响,如何平衡头部损伤和座椅强度是损伤试验能否通过的关键,设计座椅时就需要进行综合考虑。对于假人胸部加速度、胸部压缩量、大腿力这 3 个指标,所有 8 款座椅均在限值范围内,说明这 3 个指标以现阶段的座椅水平就能达到。值得注意的是 3 款带横移结构的座椅也仅有 1 款横移机构未失效,其余 2 款横移机构均失效了,进一步说明了目前带横移的座椅其横移机构大部分需要进行重新设计或者加强。

3　影响因素的探究与开发建议

碰撞速度从 30km/h 提升至 50km/h,碰撞能量增加了约 2.8 倍,从而导致座椅强度需要有较大幅度的提升。从试验结果来看,座椅和车辆固定件的强度是前提,只有保证了强度的情况下,讨论损伤才有意义。所以开发能够满足50km/h碰撞速度的座椅,首先要从增加座椅的结构强度入手防止以下几种失效方式的出现:①座椅本身连接失效;②座椅靠背强度不足;③座椅与车辆固定件的连接失效。

横移机构失效属于座椅本身连接失效的一种形式,而目前横移机构的强度普遍无法满足50km/h碰撞速度的需要。横移机构目前主要采用滑轨式的,但滑轨能够承受较强的纵向载荷,在承受侧向载荷时,滑轨容易变形,从而导致滑轨滑动部分脱落的情况如图3-1a)所示,所以不建议使用滑轨来承受侧向载荷,滑轨可以起到导向作用,但承受载荷的主要还是靠固定滑轨的两根座椅横梁。

椅腿与地板连接失效主要反应在地板螺栓从车辆固定件中拔出,目前很多企业由于考虑到安装的方便性,大多采用攻螺纹的方式进行椅腿固定,在50km/h的碰撞速度下,攻螺纹的方式无法满足强度要求,大概率会拔出,如图3-1b)所示,所以需要采用螺栓加螺母的方式进行固定。

座椅靠背强度不足主要体现在座椅对靠背向前倾的限位强度不足,目前座椅靠背向前的限位主要靠的是气弹簧和座框在靠背铰链处的翻边,由于力臂的关系,气弹簧所作的贡献非常小,基本上试验时都会被拉脱。在50km/h的碰撞速度下,单靠简单的翻边很难限制住座椅靠背的前倾,如图3-1c)所示。所以需要提升翻边抗弯曲的能力或者采用其他更有效的设计来将力按照箭头所示路径传递到座椅的两根横梁以及椅腿上,并且尽量减小靠背的变形,尽量通过横梁和椅腿的变形来吸收碰撞能量,如图3-2所示。

a) 横移机构失效

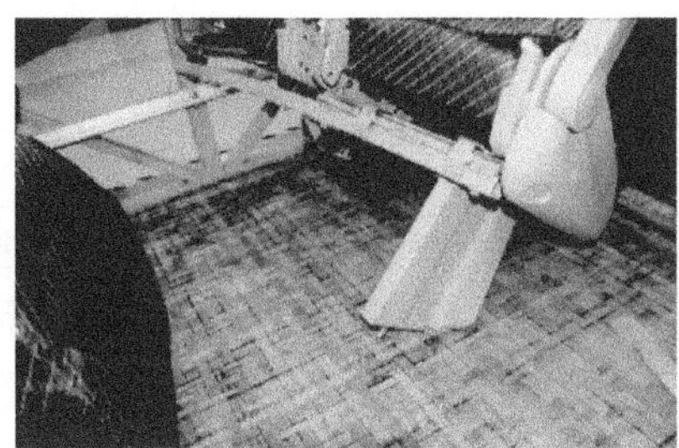

b) 椅腿与地板连接失效

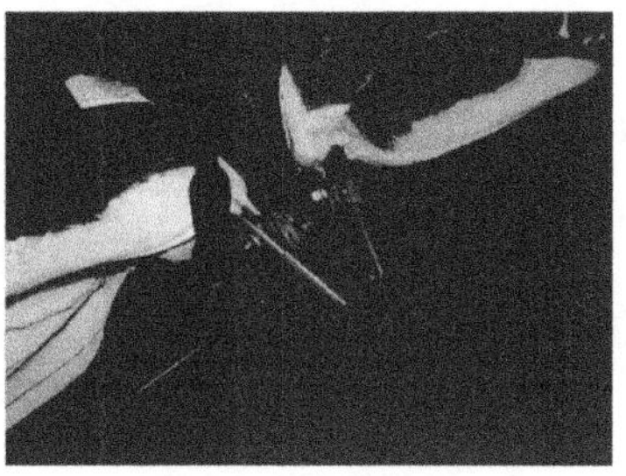

c) 靠背限位失效

图3-1 不同的失效模式

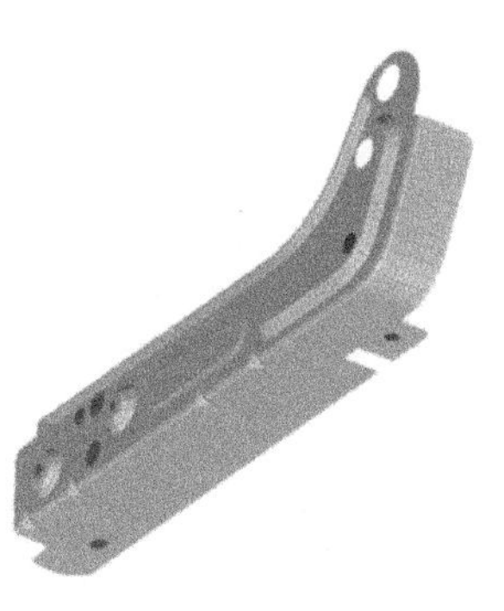

a) 通过冲压成型提升抗弯性能

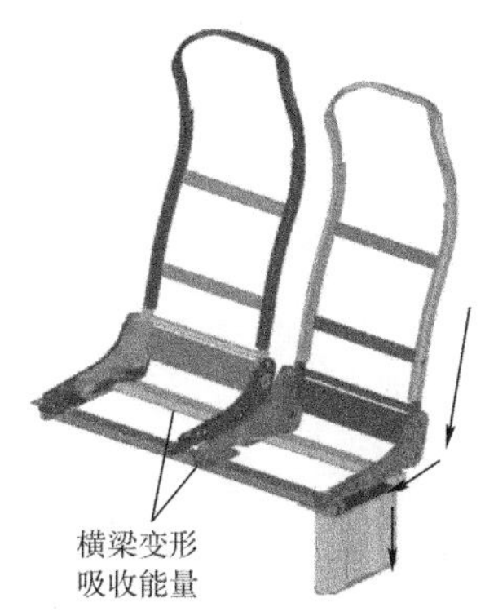

b) 力的传递路径

图3-2 50km/h碰撞速度下座椅结构设计关注点

在结构强度满足要求的前提下,考虑假人损伤才有意义。从试验结果来看假人损伤超标的主要因素就是头部撞击到硬物,由于50km/h碰撞速度下,假人头部撞击座椅靠背的速度是比较大的,所以在应对现行标准中通过加厚泡沫来减少假人头部损伤的方式已经不能满足需求,由于泡沫的压缩是有极限的,所以即使通过增厚泡沫减小了头部受到的加速度峰值,但是如果泡沫内部还是有硬物,其加速度脉宽还是很大,积分出来的头部损伤值(HIC)也一样会超标。所以设计思路应该是头部撞击区域避免有任何硬物,让靠背尽量少的阻挡假人头部在整个撞击过程中的弧形运动,这样才能将头部损伤值(HIC)降下去。假人头部运动轨迹和撞击区域如图3-3所示。

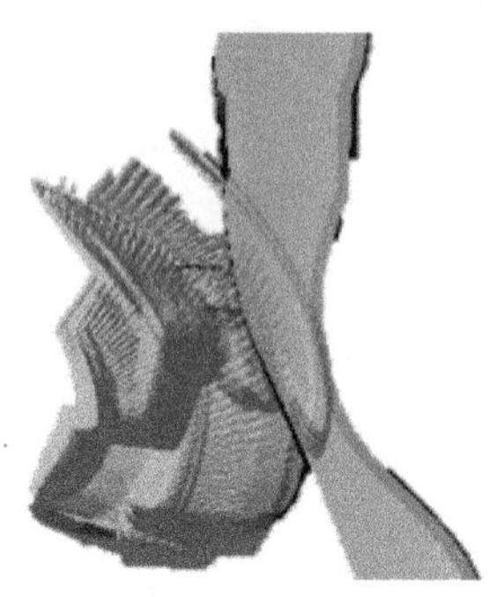

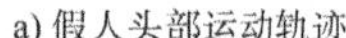
a) 假人头部运动轨迹

b) 假人头部撞击区域

图3-3 头部运动轨迹和撞击区域

4 结语

GB 13057—2014 新开发座椅一次试验合格率已经超过90%,说明绝大部分企业已经完全掌握30km/h碰撞速度下客车座椅的开发。但在50km/h碰撞速度下,现有的座椅骨架结构、调节装置以及固定方式均很难满足要求,主要的失效模式为:

(1)靠背强度不足。

(2)横移装置强度不足。

(3)座椅与地板连接强度不足。

(4)头部损伤值超标。

所以想要使客车座椅能够在50km/h碰撞速度下也能够很好的保护乘客,需要从座椅靠背自身抗弯强度、座椅靠背限位强度、横移装置强度、座椅与车身连接强度、座椅靠背头部撞击区域结构优化等方面进行综合考虑。最好能够引入乘用车座椅开发思路和流程,应用计算机仿真等手段进行辅助设计。

参 考 文 献

[1] 安监总管二(2018)9号 附件,陕西安康京昆高速"8·10"特别重大道路交通事故调查报告[R].

[2] 中华人民共和国国家标准.客车座椅及其车辆固定件的强度:GB 13057—2014[S].北京:中国标准出版社,2014.

[3] ADR 68/00,Occupant protection in buses[S].

[4] 中华人民共和国交通运输行业标准.营运客车类型划分及等级评定:JT/T 325—2018[S].北京:人民交通出版社股份有限公司,2018.

稳态回转试验中初始转弯半径对不足转向影响研究

曾　柯，王子龙，姚　波，叶　磊

（招商局检测车辆技术研究院有限公司　国家客车质量监督检验中心，重庆　401122）

摘　要：本文研究发现商用车在低速时动力学性能和车身姿态不稳定，造成该阶段数据波动大，无明显特征或者量化数据点以指导进行数据截取，仅凭经验进行截取得到的初始转弯半径（R_0）计算结果不确定度大。因此本文提出了怠速稳定法以使车辆在试验初始前达到稳态，以得到稳定的 R_0，并将车速从稳态开始上升的转折点作为数据截取起点以规范数据截取，试验结果表明上述方法可以使得 R_0的计算更准确，并能够确保数据处理结果的可复现性。

关键词：商用车；稳态回转试验；初始转弯半径；数据截取

0　引言

稳态回转试验是整车动力学性能测试中一个重要组成，其测试结果能够反映出整车的不足转向趋势，同时该测试结果也是整车产品定型测试、道路运输车辆达标车型测试等法规检测项目中的重要组成部分。其测试方法主要参考的 GB/T 6323—2014 中稳态回转试验部分，另外 JT/T 1094—2016 和 JT/T 1178.1—2018 中对车辆稳态回转试验的不足转向度提出了要求，稳态回转试验具有一票否决权。但是影响稳态回转试验中测试评价结果的影响因素很多，比如轮胎胎压和温度、驾驶员对转向盘的把控、驾驶员换挡平顺性、驾驶员加速度控制和仪器设备是否安装在质心位置附近等试验操作的具体情况都对车辆不足转向度结果有很大的影响。本文作者在长期的工程实践中发现，除了上述试验操作因素外，对于试验数据的处理方法也会较大地影响不足转向测试结果的一致性，特别是对于初始转弯半径的计算准确性最终将误差传递到不足转向度计算结果中。GB/T 6323—2014 试验标准中并未对数据的截取方法进行明确细化，因此就导致了上述问题的存在，因此本文从数据处理的角度来研究初始转弯半径对不足转向结果的影响，为提升改试验结果的一致性和准确性提供一些参考。

1　初始转弯半径结果影响

针对某款城市客车（图 1-1）进行稳态回转试验，试验地点为重庆机动车强检试验场。试验前将轮胎胎压充气到厂定标准胎压，并对试验车辆进行充分热车，利用转向盘固定装置对转向盘进行固定，车辆从速度为 0km/h 开始起步，试验过程中驾驶员控制车辆加速度不超过 0.25m/s^2，得到一组测试结果。

图 1-1　试验样车

对该组测试结果进行分析，绘制车速 v，转弯半径 R 随时间变化曲线，如图 1-2 所示。从图 1-2 可以看出，车辆从速度为 0km/h 起步经历了逐渐加速的过程，速度平缓上升，转弯半径同时也随着车速的增加总体具备上升的趋势。但是在低速阶段，也就是车速从 0 ~ 2km/h 附近，转弯半径上升趋势很快，并且在 2 ~ 10km/h 附近转弯半径波动非常明显，也就是说在 0 ~ 10km/h 阶段，转弯半径变化不稳定波动很大。由于商用车质量大惯性同时也大，在初始提速阶段动力学响应和车身姿态会非常不稳定，这就会给数据的分析截取带来困难，到底是从哪一个速度值开始截取数据目前还未有统一的判定方法,但是若从不同的初始车速开始截取在其他分析方法不变的条件下,是否会对车辆的初始半径计算值和最终的不足转向度计算结果造成影响,若存在影响,其量化值有多大,下文将对该问题进行展开研究。

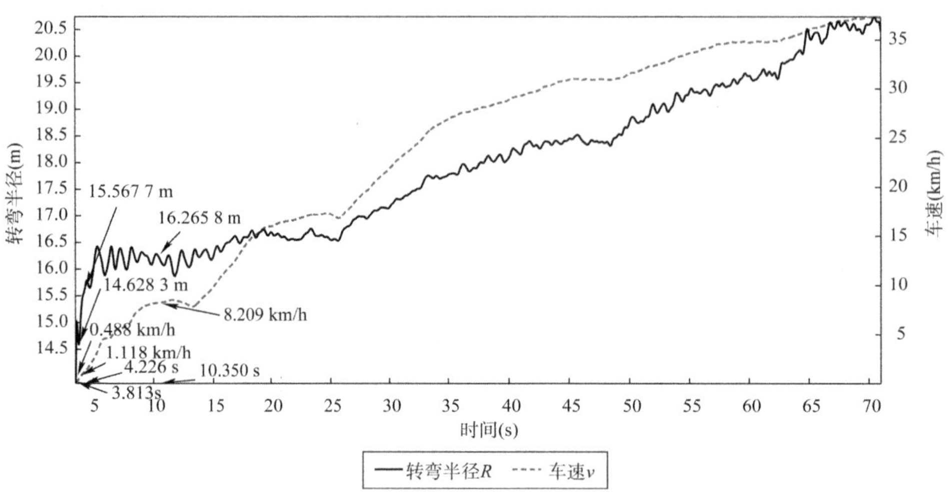

图 1-2　车速转弯半径变化曲线

分别选取第 3.813s、4.226s、10.350s 作为起始截取点,选择同一点也即最大侧向加速度对应车速点作为终止截取点,并分别绘制侧向加速度与转弯半径曲线图,图 1-3 所示为起始截取点为 3.813s 时对应曲线图,图 1-4 所示为起始截取点为 4.226s 时对应曲线图,图 1-5 所示为起始截取点为 10.350s 时对应曲线图,图中蓝色曲线为原始曲线,红色曲线为经拟合后的曲线。GB/T 6323—2014 中规定,初始转弯半径为转弯半径与侧向加速度关系拟合曲线中在侧向加速度为 $0m/s^2$ 时所对应的转弯半径,拟合曲线图中 X_0 对应的值即为初始转弯半径,由此可见当截取点在 3.813s 时计算得到的初始转弯半径为 15.93m,当截取点在 4.226s 时计算得到的初始转弯半径为 16.04m,当截取点在 10.350s 时计算得到的初始转弯半径为 16.32m。可以看出对于起始截取点选取的不同对初始转弯半径计算结果存在较大的差异,这主要是由于在低速阶段转弯半径变化趋势不稳波动性大,起始位置转弯半径波动影响引入到了转弯半径—侧向加速度拟合曲线中,造成了拟合曲线方程各阶常数项取值的不同,进而造成了初始转弯半径计算结果的差异,从计算的初始转弯半径结果来看最大误差达到了 2.4%。

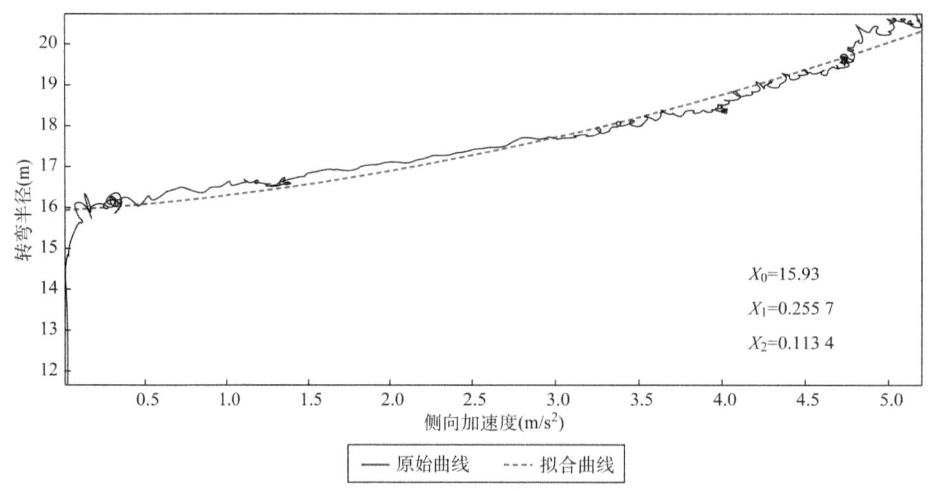

图 1-3　转弯半径侧向加速拟合曲线

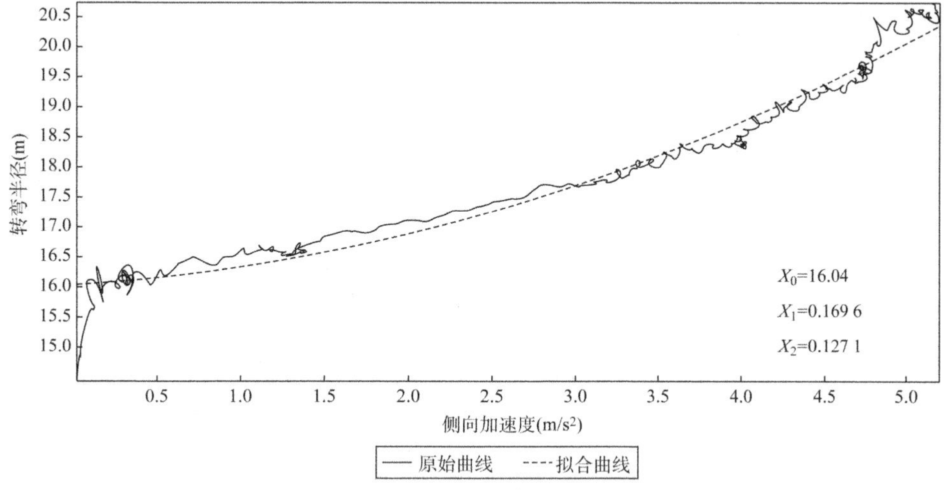

图 1-4 转弯半径侧向加速拟合曲线

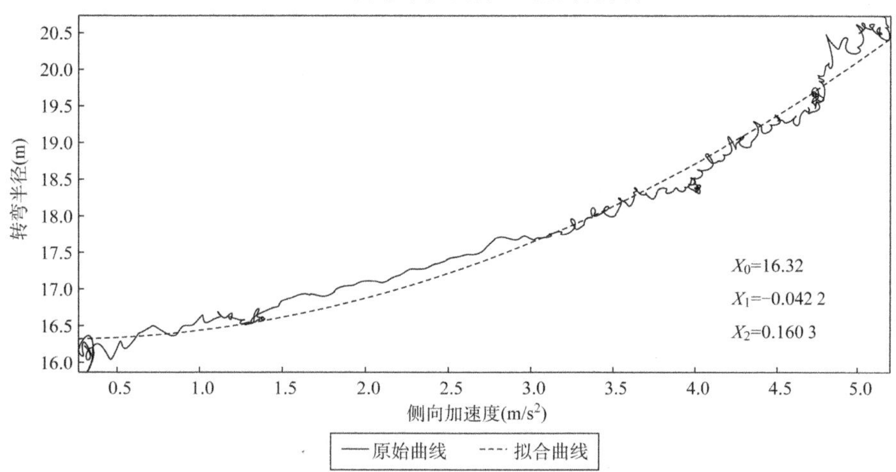

图 1-5 转弯半径侧向加速拟合曲线

而不足转向度是根据前后轴侧偏角差与侧向加速度关系曲线中侧向加速度为 $2\mathrm{m/s^2}$时的平均斜率的值作为不足转向度的结果。前后轴侧偏角差的计算公式如下：

$$\delta_1 - \delta_2 = 57.3 \times L \times \left(\frac{1}{R_0} - \frac{1}{R_k}\right)$$

从上式可以看出，在 R_k转弯半径不变的前提下，影响前后轴侧偏角差的变量就是初始转弯半径 R_0，上文已经对初始截取点的选取对初始转弯半径 R_0的影响作了深入分析，由此可见初始截取点的选取会进一步影响前后轴侧偏角差，并最终影响不足转向度。下面将对此开展进一步分析。

图 1-6 所示是不同初始截取点根据公式计算得到的，前后轴侧偏角差与时间的关系曲线，其中图例“曲线 3813”为起始截取点为 3.813s 时对应曲线图，图例“曲线 4226”为起始截取点为 4.226s 时对应曲线图，图例“曲线 0350”为起始截取点为 10.350s 时对应曲线图。从图中可以看出，同样是由于初始截取点的不同，进而对前后轴侧偏角差的计算结果差生了较大的误差，例如在图中第 45.647s 处的值，前后轴侧偏角差最大为 1.6501°，最小为 1.3673°，偏差有近 0.2828°。

为了更进一步分析对不足转向度的影响，绘制前后轴侧偏角差与侧向加速度关系曲线，如图 1-7 所示，其中图例“曲线 3813”为起始截取点为 3.813s 时对应曲线图，图例“d1dd2accy_4226”为起始截取点为4.226s 时对应曲线图，图例“d1dd2accy_0350”为起始截取点为 10.350s 时对应曲线图，图例“d1dd2accy_3813”为起始截取点为 3.813s 时对应曲线图。从图中可以看出由于 3 个截取点所得到的前后轴侧偏角差的偏差，所以绘制前后轴侧偏角差与侧向加速度关系曲线该偏差同样存在。将该原始曲线进行拟合，得到图 1-8 所示结果，取侧向加速度为 $2\mathrm{m/s^2}$附近的前后轴侧偏角差值，“d1dd2accy_4226”为 0.6268°，“d1dd2accy_0350”为

0.4170°,“d1dd2accy_3813” 为 0.7151°。由此计算得到的不足转向度结果见表 1-1。

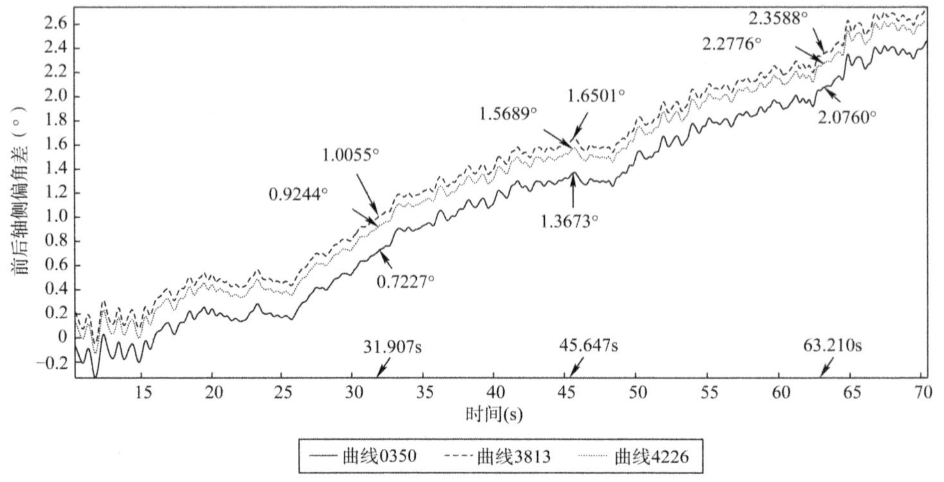

图 1-6　前后轴侧偏角差随时间变化曲线

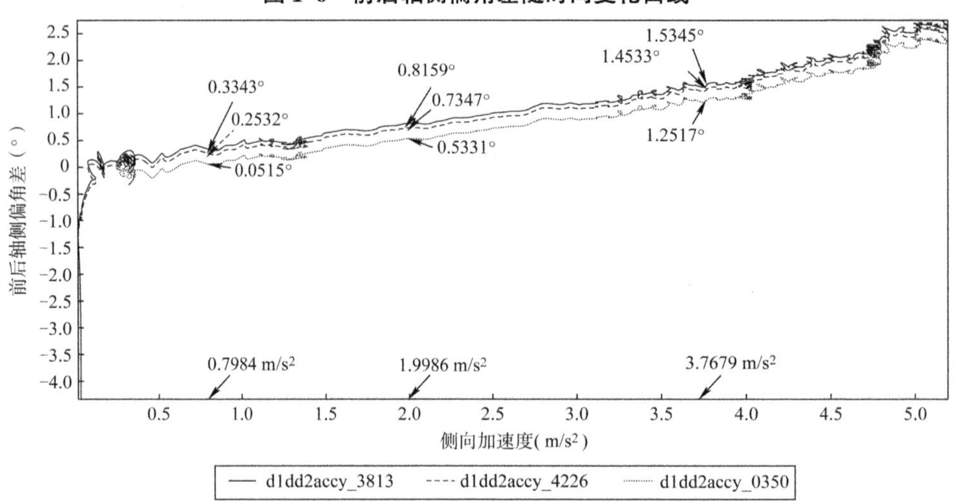

图 1-7　前后轴侧偏角差与侧向加速度关系曲线

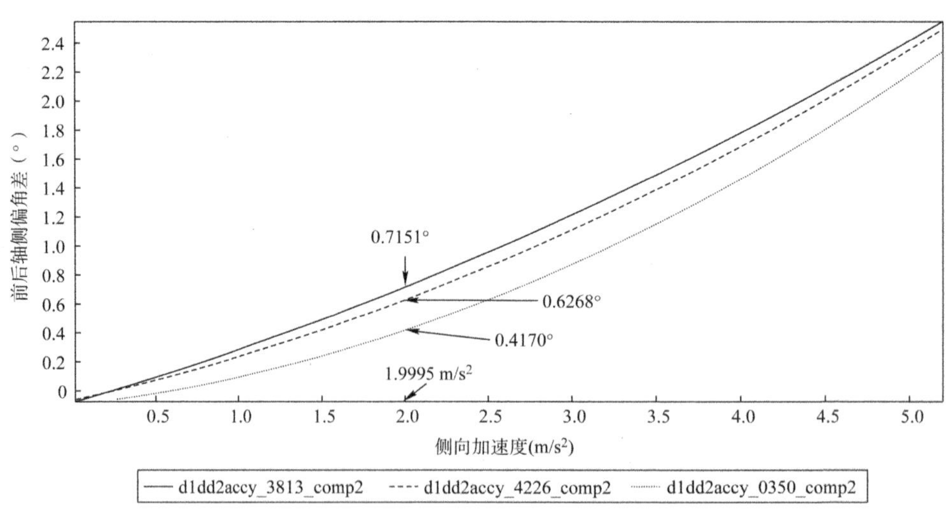

图 1-8　前后轴侧偏角差与侧向加速度拟合曲线

从表 1-1 中可以看出,当初始截取时间点为 3.813s 时不足转向度为 0.36[°/(m/s^2)],当初始截取时间点为 4.226s 时不足转向度为 0.31[°/(m/s^2)],当初始截取时间点为 10.350s 时不足转向度为 0.21[°/(m/s^2)],最大偏差达到了 71%。由此可见在车辆初始状态下转弯半径波动性较大,若没统一的初始时间点截取方法，随意截取会对最终的不足转向度的计算结果一致性产生非常大的影响。

不足转向度结果 表 1-1

项 目		左 转			
		第一次	第二次	第三次	均值
载荷状态		满载			
初始半径(m)		15.93	16.04	16.32	16.10
$a=2\text{m/s}^2$	$U[°/(\text{m/s}^2)]$	0.36	0.31	0.21	0.29

为了解决前文提到的由于商用车质量大惯性大，在其初始状态下车辆动力学性能和车身姿态并不稳定，将该段试验数据引入计算会影响车辆的真实试验结果，同时初始段并无特征规律对于数据截图并无太多的帮助。基于以上原因本文提出一种进一步完善稳态回转试验控制的怠速稳定法，即驾驶员开始正式加速度之前先利用车辆的最低挡怠速稳定行驶一段时间，待车身的动力学性能和车身姿态稳定后开始加速度测试。同样取该样车按照该测试方法在保证其他因素不变的情况下进行稳态回转试验，得到测试结果如图 1-9 所示。从图 1-9 可以看出，在第 100 ~ 133s 段为车辆怠速行驶段，该段车速曲线和转弯半径曲线基本保持稳定，然后在大于第 133s 驾驶员开始提速，可以看出速度曲线在该点开始有明显上升，特征非常明显，因此可以将该点作为数据截取的起始点。

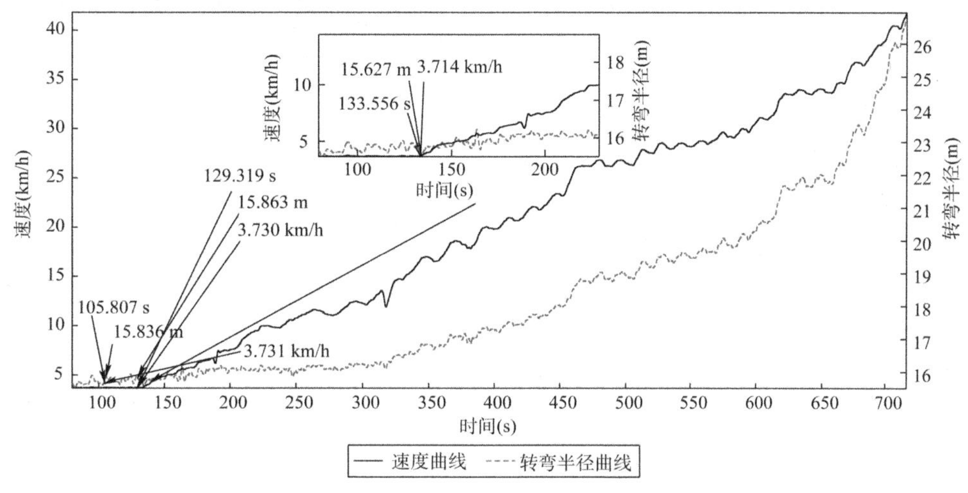

图 1-9 怠速法速度及转弯半径曲线

将第 133s 时间点作为数据截取的起始点后，计算车辆的初始转弯半径为 16.11m，如图 1-10 所示。

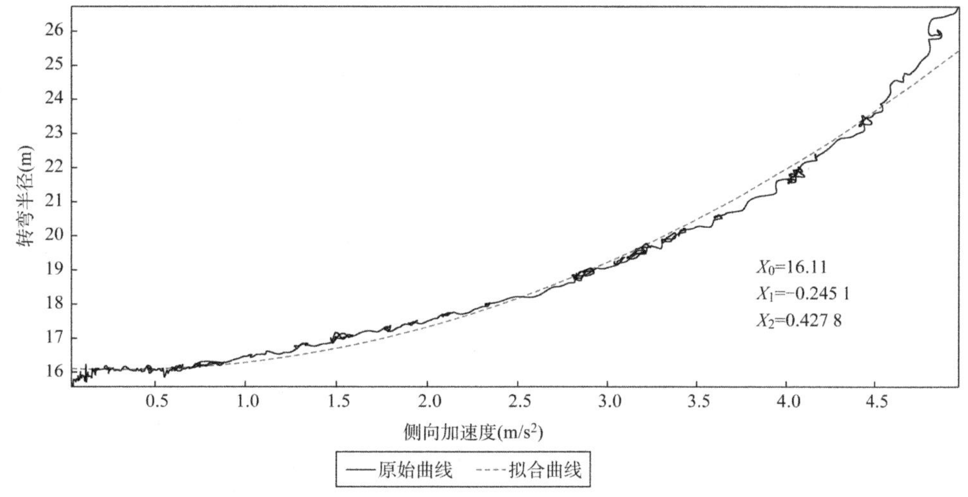

图 1-10 转弯半径与侧向加速度曲线

同时绘制该曲线前后轴侧偏角差与侧向加速度关系曲线，如图 1-11 所示，取 2m/s^2 处的平均斜率计算得到不足转向度为0.45[°/(m/s^2)],与上文得到的同一辆车的不足转向度相比,经过该方法处理的试验结果具有更高的可信度。

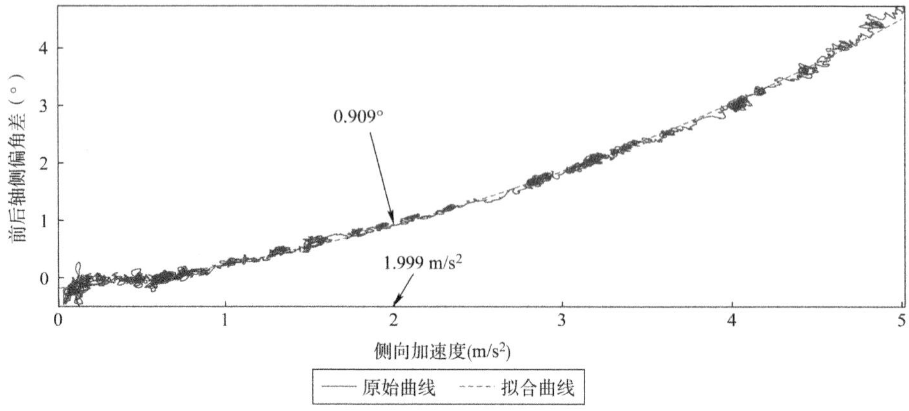

图1-11 前后轴侧偏角差与侧向加速度曲线

该测试方法首先可以利用车辆怠速行驶过程避开低速阶段的不稳定过程,直接让车辆在怠速状态下等待车辆性能保持稳定,省略了数据处理过程中对于低速不稳定段的考虑。车辆怠速稳定后开始提速,并且车辆开始提速时刻点在曲线图中有非常明显的特征可以作为数据截取的初始时刻点,因此该特征点对于数据的后处理有很好的指导意义,能够避免由于数据处理对试验结果一致性的影响。

2 结语

本文研究发现商用车由于质量和惯性大在低速时存在动力学性能和车身姿态不稳定,并且在该阶段并没有很好的数据处理方法及数据截取依据,仅凭经验进行截取容易将车辆动态随机部分引入数据计算过程,造成试验结果随机性大、一致性不好。因此本文提出了以怠速稳定法来避开车辆数据的不稳定段,并将具备较强区分特征的开始提速点作为数据截取的起点,试验结果证明该方法得到的车辆不足转向度具有更高的可信度,并且能够保证数据处理结果的一致性。

参考文献

[1] 中华人民共和国国家标准.汽车操纵稳定性试验方法:GB/T 6323—2014[S].北京:中国标准出版社,2014.

[2] 中华人民共和国交通运输行业标准.营运客车安全技术条件:JT/T 1094—2016[S].北京:人民交通出版社股份有限公司,2017.

[3] 中华人民共和国交通运输行业标准.营运货车安全技术条件 第1部分:载货汽车:JT/T 1178.1—2018[S].北京:人民交通出版社股份有限公司,2018.

[4] 曾柯,夏小均,郝刚,等.商用车预热状态对稳态回转试验的影响[J].汽车实用技术,2020,306(03):101-103.

[5] 曾柯,何大军,王倩.汽车稳态回转试验中方向盘对试验一致性影响研究[J].汽车实用技术,2018,278(23):135-138.

[6] 曾柯,夏小均,姚波,等.驾驶员加速控制对商用车稳态回转试验的影响[J].客车技术与研究,2020,208(06):61-63.

重型甲醇单燃料发动机型式检验依据解析

吴　滴，刘　波，刘　冰，康见见，张　超

（招商局检测车辆技术研究院有限公司，重庆　401122）

摘　要：甲醇汽车相关配套标准规范不断完善，可以有效地促进降低汽车有害尾气排放，改善空气质量，同时对引导甲醇汽车的可持续性发展，推动行业技术进步有重要意义。本文解析了重型甲醇单燃料发动机型式检验相关标准依据，有助于生产企业全面了解甲醇发动机排放法规的发展，更好地开展甲醇发动机新产品的申报工作。

关键词：重型甲醇单燃料发动机；型式检验；排放法规

0　引言

随着国民经济的迅速发展，人民生活水平不断提高，货运需求增加，家用汽车和商用车的保有量均逐年上升，国家能源需求剧增，我国原油生产量与消费量之间的缺口不断扩大。在我国油气对外依存度不断攀升、环境问题严峻的情况下，研究开发车用替代燃料，减少汽油、柴油的使用量，减轻对石油的依赖，对保障我国能源安全、降低对石油的依赖和保护环境都具有重要的现实意义。

潜在的车用替代燃料包括天然气、液化石油气、醇类、醚类和氢燃料等，其中，醇类燃料中的甲醇和乙醇原料来源广泛，理化性质、热工参数等与汽油接近，可以直接应用在汽车上，无须对现有汽车燃油系统进行太多改造。甲醇几乎可以从已知的各种能源中制取，如天然气、石油、煤炭、页岩气化石能源，还可以从木材、农作物（稻草、秸秆）、生物原料（藻类）等生物质中获取，甚至还可以从城市垃圾中制取。甲醇是一种无色、中性、极性和易燃液体，与汽油相比，甲醇具有低碳、氧含量高、辛烷值高和更高的汽化热值，有利于充分燃烧，而且发动机可以选择更高的压缩比来提高发动机热效率。自 2012 年，工业和信息化部会同有关部门在山西、上海、陕西、贵州、甘肃 5 省市开展甲醇汽车试点工作，对社会关注的甲醇汽车适用性、可靠性、经济性、安全性、环保性等性能进行了科学系统地验证，为甲醇汽车推广应用奠定了重要基础。

但甲醇燃料燃烧过程中，由于燃烧不完全会产生未燃甲醇和中间产物甲醛等特殊污染物排放；而汽油、柴油燃烧过程中，很少产生甲醇、甲醛这类非常规污染物。醛类化合物是大气的主要污染物之一，甲醛对人的眼睛、皮肤和呼吸道有着强烈刺激作用，还会导致新生儿体质下降，造成儿童心脏病，已经证实甲醛等对动物具有致癌作用。我国室内空气质量标准和车内空气质量标准中，都将甲醛列为重要的控制物质，对大气中甲醛的监测和研究一直是环境科学研究的重点。甲醇本身具有毒性，甲醇毒性对人体的神经系统和血液系统影响最大，甲醇经消化道、呼吸道或皮肤摄入会产生中毒反应，甲醇蒸气损害人的呼吸道黏膜和视力。

以前汽车、发动机排放标准主要针对汽油、柴油，或者天然气燃料，限值及测量方法的规定主要是针对常规污染物（CO、NO_X、HC、CH_4）、PM，没有考虑替代燃料汽车排放的特殊污染物，如甲醛、甲醇等的排放限值，以及相关采样和测量分析方法。

为了加快推进甲醇汽车应用，实现车用燃料多元化，保障能源安全，2019 年 3 月 19 日，工业和信息化部、国家发展和改革委员会、科学科技部、公安部、生态环境部等八部委联合发布了“关于在部分地区开展甲醇汽车应用的指导意见（工信部联节〔2019〕61 号）”，以下简称“61 号文件”，该文件明确指出了新生产轻型甲醇汽车和重型甲醇车的型式检验标准，并提出了非常规污染物甲醇、甲醛的限值要求。

为了贯彻落实《中华人民共和国环境保护法》和《中华人民共和国大气污染防治法》，保护生态环境、保障人体健康，规范甲醇汽车环境监督管理管理工作，2020 年 11 月 11 日生态环境部发布了《甲醇燃料汽车非常规污染物排放测量方法》(HJ 1137—2020),该标准规定了燃用甲醇燃料的轻型汽车、重型汽车和发动机,包括使用甲醇单燃料和柴油/甲醇双燃料汽车和发动机排气中甲醛和甲醇的测量方法。

1 重型甲醇单燃料发动机型式检验依据

目前甲醇燃料的重型汽车和发动机的检验依据由三部分构成,如图1-1所示。在《甲醇燃料汽车非常规污染物排放测量方法》(HJ 1137—2020)中甲醇发动机主要可以分为两种类型,具体如下:

(1)甲醇单燃料发动机:以车用燃料甲醇为燃料的发动机,可采用汽油作为辅助燃料用于发动机起动。

(2)柴油/甲醇双燃料发动机:具有柴油和车用燃料甲醇两套燃料供给系统,两种燃料在发动机电控单元控制下分别进行喷射,以压燃柴油引燃甲醇的方式工作,在缸内混合燃烧。

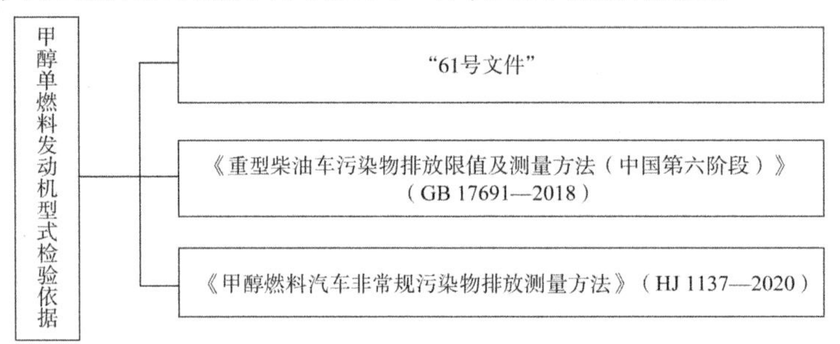

图1-1 甲醇燃料的重型汽车和发动的型式检验依据

目前已经量产的甲醇单燃料发动机大多是火花塞点燃式,采取一定的低温辅助冷起动措施,如低温汽油起动、改进燃料配方技术、加装预热塞等。甲醇本身不易被压燃,在柴油机上使用甲醇燃料时需要先用柴油起动,待发动机温度达到设计要求后,甲醇通过进气道喷入由柴油引燃,使两者在柴油机内开始进行柴油/甲醇二元燃料混合燃烧。柴油/甲醇双燃料组合燃烧技术的甲醇替代率为35%~45%。

重型车国六标准(GB 17691—2018)中,根据能量比、怠速能否单独使用柴油、有无柴油模式将双燃料发动机划分为不同类型,由于燃料比较复杂,其排放测量和纯柴油、纯气体燃料发动机的测量方法不同,有很多特殊要求,本文型式检验依据的解析主要针对重型甲醇单燃料发动机。

2 标准主要内容

2.1 "61号文件"

"61号文件"重点在甲醇汽车制造体系建设、甲醇燃料生产及加注体系建设、甲醇汽车标准体系建设、甲醇汽车应用等四方面提出了指导意见。为了促进甲醇汽车可持续发展,落实安全可控原则,"61号文件"要求甲醇汽车生产、进口企业依法实施环保和维修技术信息公开;严格执行甲醇汽车排放标准;同时要求各级生态环境主管部门加强甲醇汽车环保达标监管。

该文件在第十六条严格执行甲醇汽车排放标准中规定:新生产重型甲醇汽车按《重型柴油车污染物排放限值及测量方法(中国第六阶段)》(GB 17691—2018)规定的方法和限值进行型式检验,在相关排放标准出台前,甲醇、甲醛排放限值暂分别按不大于20mg/(kW·h)控制。重型甲醇汽车与其他重型汽车统一按照有关规定实施国六排放标准。该文件给出了非常规污染物甲醇、甲醛的限值要求,以及型式检验的标准依据;推动了《甲醇燃料汽车非常规污染物排放测量方法》(HJ 1137—2020)标准的制定工作。

2.2 重型车国六标准(GB 17691—2018)

根据"61号文件"文件的规定,新生产重型甲醇汽车按《重型柴油车污染物排放限值及测量方法(中国第六阶段)》(GB 17691—2018)规定的方法和限值进行型式检验,以下简称"重型车国六标准"。该规定为重型甲醇燃料发动机所排放的常规气态污染物的排放限值及测量方法、OBD等检验提供了依据。

"重型车国六标准"文本包括前言、正文和附录三个部分。正文部分主要规定了标准限值及实施管理的总体要求，有 11 个章节：适用范围、规范性引用文件、术语和定义、污染控制要求、发动机(车辆)标牌、技术要求和试验、在车辆上的安装、系族和源机、新生产车的达标要求及检查、在用符合性要求及检查、标准实施；附录部分主要是对各种测量方法、测量设备等进行规定，包含 17 个附录。

根据“重型车国六标准”要求重型甲醇燃料车辆在正常使用条件下的全寿命周期内，能够有效控制车辆排气污染物排放，在设计生产使用等阶段都提出了污染物排放控制要求，如设计定型阶段的型式检验、批量生产阶段的生产一致性检验和使用阶段的在用符合性检验。车辆的污染物排放主要来源于发动机，发动机污染物的排放量直接决定了整车的排放水平。考虑到车辆实际行驶过程中工况的复杂性和使用条件多样性，“重型车国六标准”增加了整车道路排放试验要求，同样甲醇燃料车辆也需要进行整车道路排放试验。

2.2.1 测试循环及标准限值

“重型车国六标准”要求在整车和发动机上同时进行排放测试，在标准测试循环(WHSC、WHTC)的基础上，增加了发动机非标准循环(WNTE)和整车实际道路测试(PEMS)的排放测试要求。“重型车国六标准”针对车载诊断系统(OBD)和 NO_x 控制系统、发动机系统的耐久性等型式检验也提出了测试要求，型式检验试验项目见表 2-1。

试验项目 表 2-1

<table>
<tr><th colspan="3">试验项目</th><th>柴油机</th><th>单一气体燃料机</th><th>甲醇发动机</th></tr>
<tr><td rowspan="6">标准循环</td><td rowspan="3">稳态工况(WHSC)</td><td>气态污染物</td><td rowspan="3">进行</td><td rowspan="3">—</td><td rowspan="3">—</td></tr>
<tr><td>颗粒物(PM)
粒子数量(PN)</td></tr>
<tr><td>CO_2 和油耗</td></tr>
<tr><td rowspan="3">瞬态工况(WHTC)</td><td>气态污染物</td><td rowspan="3">进行</td><td rowspan="3">进行</td><td rowspan="3">进行①</td></tr>
<tr><td>颗粒物(PM)
粒子数量(PN)</td></tr>
<tr><td>CO_2 和油耗</td></tr>
<tr><td rowspan="3">非标准循环</td><td rowspan="2">发动机台架
非标准循环(WNTE)</td><td>气态污染物</td><td rowspan="2">进行</td><td rowspan="2">—</td><td rowspan="2">—</td></tr>
<tr><td>颗粒物(PM)</td></tr>
<tr><td colspan="2">整车车载法(PEMS)试验②</td><td>进行</td><td>进行</td><td>进行</td></tr>
<tr><td colspan="3">曲轴箱通风</td><td>进行</td><td>进行</td><td>进行</td></tr>
<tr><td colspan="3">耐久性</td><td>进行</td><td>进行</td><td>进行</td></tr>
<tr><td colspan="3">OBD</td><td>进行</td><td>进行</td><td>进行</td></tr>
<tr><td colspan="3">NO_x 控制</td><td>进行</td><td>—</td><td>—</td></tr>
</table>

注：①需要测量非常规排气污染物甲醇和甲醛。

②发动机的整车 PEMS 试验，可以是标准规定的该发动机所安装车型的 PEMS 试验之一。

单一气体燃料发动机和甲醇单燃料发动机都是采用点燃式，同柴油发动机压燃式的着火方式不同，尾气处理方式也不相同，目前大多国六柴油发动机采用 DOC + DPF + SCR 的后处理型式，而单一气体燃料发动机和甲醇燃料发动机后处理一般采用 TWC。因此重型甲醇单燃料发动机型式检验项目同单一气体燃料发动机的型式检验项目一致，都采用 WHTC 循环进行排放测试，不进行 WHSC、WNTE 循环测试；二者常规污染物、PM、PN、NH_3 排放限值及推荐劣化系数是一样的，见表 2-2；且在 WHTC 循环试验过程中都需要测量曲轴箱排放，要求在整个测试循环过程中曲轴箱压力不得高于环境大气压力。

“重型车国六标准”中的瞬态工况采用全球统一重型发动机瞬态循环(WHTC)，如图 2-1 所示，且引入了冷起动的排放控制要求，发动机排放值由冷起动和热起动测量值加权计算而来，冷起动排放占 14% 权重，热起动排放占 86% 权重。WHTC 循环充分考虑了道路情况和车辆行驶特征，整个循环包括城市工况

(49.6%)、郊区工况(26.1%)和高速工况(24.3%),增加了低速低负荷的占比,整体平均排气温度低,能够更加有效地考核排放控制装置在低速低负荷工况下是否起作用。

发动机标准循环排放限值及推荐劣化系数 表 2-2

试 验	CO [mg/(kW·h)]	THC [mg/(kW·h)]	NMHC [mg/(kW·h)]	CH_4 [mg/(kW·h)]	NO_x [mg/(kW·h)]	NH_3 ($\times 10^{-6}$)	PM [mg/(kW·h)]	PN [#/(kW·h)]	甲醇 [mg/(kW·h)]	甲醛 [mg/(kW·h)]
WHTC 工况(柴油机)	4000	160	—	—	460	10	10	6.0×10^{11}	—	—
WHTC 工况(燃气发动机)	4000	—	160	500	460	10	10	6.0×10^{11}	—	—
WHTC 工况(甲醇发动机)	4000	—	160	500	460	10	10	6.0×10^{11}	20	20
推荐劣化系数	1.3	1.3	1.4	1.4	1.15	10	1.05	1.0	1.3	1.3

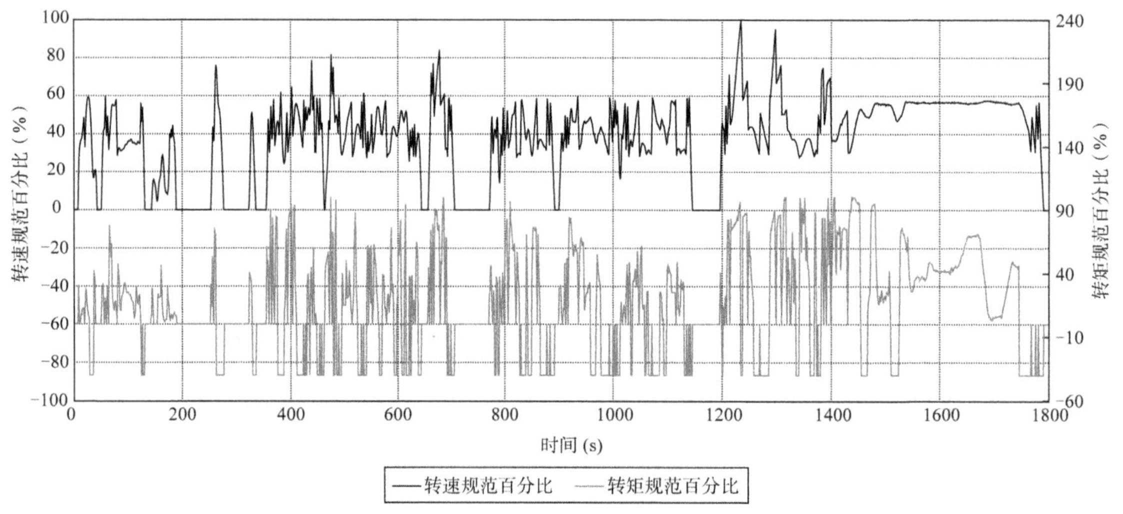

图 2-1 WHTC 试验循环

虽然单一气体燃料发动机和甲醇发动机大部分采用的是 TWC 后处理系统,没有使用 SCR 后处理系统,不存在因为尿素溶液过量喷射而出现的 NH_3 逃逸的问题,但是重型车国六排放法规中还是对二者尾气中 NH_3 排放限值进行了限定。这是因为在理论空燃比状态下,三元催化器中的催化剂会促使三元催化器中的气体发生反应:$NO + H_2 \longrightarrow N_2O + NH_3$,从而使尾气中产生 NH_3,如果不对 NH_3 的排放量进行有效的控制,尾气中 NH_3 排放量会达到很高的水平,远远超过 10×10^{-6} 标准限值范围。

2.2.2 车载诊断系统(OBD)

车载诊断系统(OBD),其目的是监控排放关键零部件是否正常运行或出现故障,保证车辆在整个使用寿命期内满足排放法规要求。主要是对发动机及汽车生产企业提出的要求,确保采用的排放控制装置正常工作。

随着国内外相关技术的进步,“重型车国六标准”对 OBD 提出了更加严格的要求,“重型车国六标准”在参考欧六法规(6C 阶段)的 OBD 基础上,参考美国法规增加了永久故障码要求,并比欧六法规增加了超 OBD 限值限速限扭的规定。为了便于对实际道路上运行的车辆排放状况进行实时监测,“重型车国六标准”中增加 OBD 远程终端要求,规定 OBD 系统具备发送监测信息的功能。生态环境主管部门可以通过远程终端读取车辆 OBD 的实时信息,判断车辆的实际排放状况、各项排放控制措施及 OBD 是否有效发挥作用,以及排放相关故障是否及时维修等。

OBD 系统的 OBD 限值(OTLs)见表 2-3,NO_x、PM 和 CO 的 OBD 限值分别是发动机台架 WHTC 限值的

2.6 倍、2.5 倍和 1.9 倍。由于点燃式发动机大多采用 TWC 后处理系统,没有 NO_x 控制系统要求,其 OBD 限值要求中没有 PM 要求,增加了 CO 限值要求。重型甲醇单燃料发动机采用的也是点燃式发动机的 OBD 限值。

OBD 限值 表 2-3

发动机类型	污染物		
	NO_x [mg/(kW·h)]	CO [mg/(kW·h)]	PM [mg/(kW·h)]
压燃式	1200	—	25
点燃式	1200	7500	—

2.2.3 实际道路行驶污染物排放测试(PEMS)

整车实际道路车载排放试验(PEMS),是为了考核整车实际上路时排放是否达标,与轻型车国六标准实际道路行驶排放(RDE)类似,都是利用便携式排放测试系统(PEMS)进行整车实际道路行驶时的污染物排放测试,包括气态污染物(NO_x、CO、THC)和颗粒物粒数(PN),同时测量 CO_2 排放量。

型式检验时,应按照“重型车国六标准”规定的 PEMS 演示试验程序,在整车上进行实际道路车载排放试验,要求有效窗口中,90% 以上要满足 PEMS 排放限值要求,限值见表 2-4,气态污染物是发动机 WHTC 排放限值的 1.5 倍,粒子数量是发动机 WHTC 排放限值的 2.0 倍。

整车排放试验限值 表 2-4

发动机类型	CO [mg/(kW·h)]	THC [mg/(kW·h)]	NO_x [mg/(kW·h)]	PN [#/(kW·h)]
压燃式	6000	—	690	1.2×10^{12}
点燃式	6000	240(LPG) 750(NG)	690	—

注:NG = 燃料为天然气,LPG = 液化石油气。

试验环境温度要求 −7℃ 以上,海拔要求 2400m 以下。试验过程按照不同的车速范围,分为市区(平均车速为 15 ~ 30km/h)、市郊(平均车速为 45 ~ 70km/h)、高速(平均车速 > 70km/h)三个部分并连续运行。轻型车 RDE 中规定三种工况要满足相应的“距离”比例,而重型车 PEMS 中规定三种工况要满足相应的“时间”比例,车辆类型不同,“时间”比例不同。另外,“重型车国六标准”中 6a 和 6b 阶段对 PN、海拔、车辆载荷要求不同,具体见表 2-5。

6a 和 6b 阶段 PEMS 试验技术要求差异 表 2-5

序号	标准规定要求	6a 阶段	6b 阶段
1	PN 的测量要求	没有要求	需要满足限值要求
2	需满足排放限值要求的车辆海拔范围	1700m 以下	2400m 以下
3	需满足排放限值要求的车辆载荷范围	50% ~ 100%	10% ~ 100%

2.3 HJ 1137—2020

HJ 1137—2020 标准规定了燃用甲醇燃料的轻型汽车、重型汽车和发动机,包括使用甲醇单燃料和柴油/甲醇双燃料汽车和发动机排气中甲醛和甲醇的测量方法。其他燃用与甲醇燃料相关的汽车、发动机排放的非常规污染物,可参照该标准方法测量。

HJ 1137—2020 标准文本包括前言、正文和附录三个部分。正文部分主要规定了非常规污染物测量分析方法、试验用燃料、标准的实施要求,有 6 个章节;附录部分主要是对甲醇和甲醛采样方法、甲醛和甲醇测量方法、测量设备等进行规定,包含 3 个附录。

根据 HJ 1137—2020 标准要求,在瞬态 WHTC 测试循环过程中需要使用采样管分别采集冷起动稀释排气采样气袋以及热起动稀释排气采样气袋中的甲醛和甲醇(也可以在稀释通道中同步采样),甲醛的测定采用高效液相色谱法,甲醇的测定采用顶空—色谱质谱联用法。甲醇、甲醛的测量结果需要进行耐久修正,劣化系数可以按照 GB 17691—2018 中的要求进行耐久性试验获得,也可以选择使用 GB 17691—2018 中推荐的 THC 裂化系数,即 1.3,见表 2-2。

甲醇作为车用燃料一直未能在我国全面推广的重要原因之一是公众对甲醇燃料汽车排放的非常规污染物的担忧,HJ 1137—2020 颁布实施后,通过规范测量方法和测试规程,能够实现对排气中甲醇和甲醛的规范定量测量,有利于对非常规污染物排放的规范化管理。结合八部门"61 号文件"的相关规定,可以促进汽车生产企业采取有效的技术措施进一步严格控制醇类燃料汽车特有的甲醛和甲醇排放,消除公众对甲醇车排放非常规污染物甲醛和甲醇的担忧,有利于甲醇燃料汽车的推广应用和可持续发展,对推动我国车用燃料的多样性,保障能源安全具有重要的社会效益。

3 结语

经过多年实践,甲醇作为替代燃料在内燃机汽车上的应用技术已经十分成熟,甲醇汽车相关配套标准规范不断完善,可以有效地促进降低汽车有害尾气排放,改善空气质量。另外公众对甲醇汽车排放的甲醛和甲醇的担忧,也是影响甲醇燃料汽车推广使用的重要因素。因此制定甲醇汽车的甲醛和甲醇排放标准对引导甲醇汽车的可持续性发展,推动行业技术进步,消除公众困扰和担忧具有重要意义。

参 考 文 献

[1]《甲醇汽车非常规污染物排放测量方法》编制说明.

[2] 周文辉. 国内外甲醇汽车发展和使用情况及对策建议[J]. 汽车与安全,2020(10):65-68.

[3] 金盼盼. 汽车非常规污染与甲醇含量测试方法研究[D]. 西安:长安大学,2013.

[4] 中华人民共和国环境保护标准. 甲醇燃料汽车非常规污染物排放测量方法:HJ 1137—2020[S]. 北京:中国标准出版社,2020.

[5] 杨雪,郑腾师,黄栋杰. 我国甲醇汽车冷启动技术研究发展综述[J]. 汽车实用技术,2021,46(01):194-196.

[6] 白秀军. 甲醇汽车的应用技术及发展趋势分析[J]. 汽车实用技术,2021,46(13):19-22.

[7] 工业和信息化部 发展改革委 科技部 公安部 生态环境部 交通运输部 卫生健康委 市场监管总局关于在部分地区开展甲醇汽车应用的指导意见[J]. 中华人民共和国国务院公报,2019(19):58-60.

[8] 工信部解读《关于在部分地区开展甲醇汽车应用的指导意见》[EB/oL]. http://www.scio.gov.cn/xwfbh/gbwxwfbh/xwfbh/gyhxxhb/Document/1653795/1653795.htm.

[9] 朱赞,邓远海,董伟,等. 当量燃烧天然气发动机的氨处理装置及控制方法:CN108730006A[P]. 2018.

[10] Qiang Zhang, et al. Ammonia emissions of a natural gas engine at the stoichiometric operation with TWC[J]. Applied Thermal Engineering, 2018, 130 :1363-1372.

客车检测与实验技术

基于卡尔曼滤波的汽车三轴加速度计自动标定

李　涛，刘宗剑，黄　琨，何　亮，王小娟，曹鹭萌

（宇通客车股份有限公司，郑州　450000）

摘　要：针对三轴加速度计在实际使用过程中存在集成误差大、信号波动大的问题，根据传感器与车辆姿态三维几何关系，设计出一种自动校准的控制算法，为确保信号真实可靠，基于卡尔曼滤波算法对信号进行滤波处理，在不影响信号可信度前提下，大幅降低了信号的波动幅值和频率。

关键词：汽车；三轴加速度计；误差补偿；自动标定；卡尔曼滤波

0　引言

三轴加速度计作为惯性导航系统的基本组成元件，广泛应用于航空、汽车等领域，在汽车领域的应用主要有航位推算、远程信息处理、冲击检测和碰撞重构、防盗系统、驾驶舒适、振动监测和补偿。本文针对三轴加速度计存在系统集成误差大、信号噪声大的问题，提出了一种基于车辆方位的自动校准方法，结合车辆状态能够自动消除零漂、集成、安装带来的系统误差，设计了一种基于卡尔曼滤波的信号处理算法，通过信号转换可以降低信号噪声幅值和频率。

1　三轴加速度计系统特性

本文采用一种高性能超低功耗三轴数字加速度计作为分析对象，模块可以通过标准的数字串行 SPI 接口进行访问，可配置 $\pm 2g/\pm 4g/\pm 8g$ 3 种量程，数据速率为 0.5 ~ 1.0Hz，在实际使用过程中，加速度计存在系统误差大、信号噪声大的问题，这与传感器的系统特点和工作原理密不可分。加速度计受温度、电压等信号影响，存在一定的零漂误差，在集成控制器电路中，焊接工艺会造成集成误差，控制器安装在车辆时会存在安装误差，在使用信号前必须消除系统中的综合误差。三轴加速度计主要采用压阻式、压电式和电容式的工作原理，系统产生的压力和位移分别正比于电阻、电压和电容的变化，然后通过相应的放大电路、滤波电路进行采集处理。由于电路或环境中有各种信号干扰，所以加速度计输出的信号存在较大的噪声，在使用前必须进行信号滤波处理。

2　三轴加速度计坐标自动校正

三轴加速度计受系统零漂、制造安装工艺等因素影响，导致加速度三个轴可能不会完全正交。图 2-1 所示为集成加速度计的整车控制器相对车辆的安装位置姿态，根据三轴加速度计布置特性，图 2-1 表示整车控制器插件水平朝下，正面朝前布置，为方便坐标转换与补偿，当车辆静止停靠在水平基准面时，加速度计的三轴坐标系为理想正交坐标系，记录当前车辆状态为加速度计的初始状态，当车辆处于非水平基准面时，由三维空间几何可以得到任意状态下 3 个轴与水平坐标系的角度值（图 2-2），进而可以计算出车辆静态坡度值，具体公式如下。

加速度传感器与理想正交坐标系 z 轴夹角：

$$\alpha = \tan^{-1}\left(\frac{\sqrt{Ax^2 + Ay^2}}{Az}\right)$$

加速度传感器与理想正交坐标系 x 轴夹角：

$$\beta = \tan^{-1}\left(\frac{Ax}{\sqrt{Ay^2 + Az^2}}\right)$$

加速度传感器与理想正交坐标系 y 轴夹角：

$$\gamma = \tan^{-1}\left(\frac{Ay}{\sqrt{Ax^2 + Az^2}}\right)$$

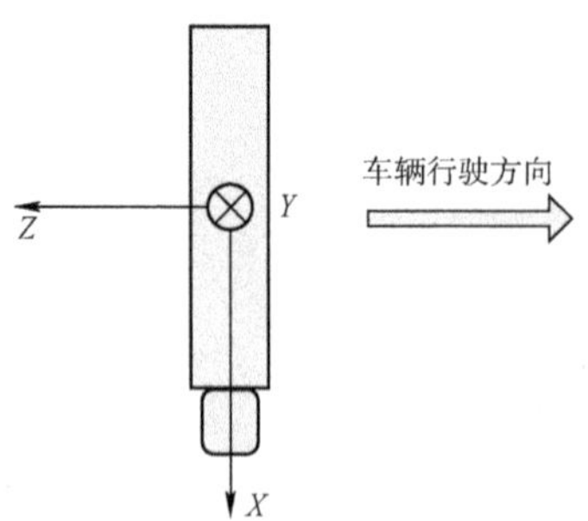

图 2-1 加速度计安装位置姿态

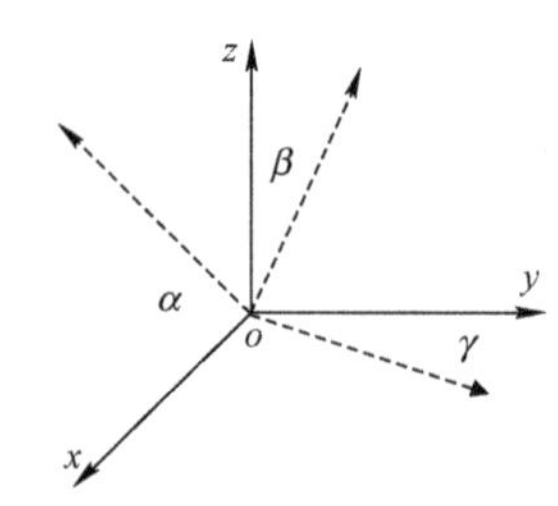

图 2-2 非水平基准面角度偏差示意图

3 基于卡尔曼滤波的加速度计信号处理

加速度计用于测量物体的加速度，在车辆系统中，可以测量出车辆行驶方向的加速度，并利用重力加速度对加速度计的特性参数进行处理，根据第 2 部分的假设，认为加速度计的三轴是正交的，那么策略模型为：

$$a_{mx} = k_x a_x + a_{0x} + w_x \tag{3-1}$$

$$a_{my} = k_y a_y + a_{0y} + w_y \tag{3-2}$$

$$a_{mz} = k_z a_z + a_{0z} + w_z \tag{3-3}$$

式中：a_{mx}、a_{my}、a_{mz} ——加速度计的测量值；

a_x、a_y、a_z ——真实加速度值；

k_x、k_y、k_z ——因数；

a_{0x}、a_{0y}、a_{0z} ——初始偏差；

w_x、w_y、w_z ——噪声。

在静止状态下三轴加速度计矢量的模即为重力加速度，假定测量过程中无噪声，则存在以下条件：

$$g^2 = ax^2 + ay^2 + az^2 \tag{3-4}$$

把式(3-4)带入式(3-1)、式(3-2)、式(3-3)中整理可以得式(3-5)：

$$1 = [2a_{mx} + a_{mx}^2 + 2a_{my} + a_{my}^2 + 2a_{mz} + a_{mz}^2]\begin{bmatrix} \dfrac{2a_{0x}k_x}{g^2 - a_{0x}^2 - a_{0y}^2 - a_{0z}^2} \\ \dfrac{k_x^2}{g^2 - a_{0x}^2 - a_{0y}^2 - a_{0z}^2} \\ \dfrac{2a_{0y}k_y}{g^2 - a_{0x}^2 - a_{0y}^2 - a_{0z}^2} \\ \dfrac{k_y^2}{g^2 - a_{0x}^2 - a_{0y}^2 - a_{0z}^2} \\ \dfrac{2a_{0z}k_z}{g^2 - a_{0x}^2 - a_{0y}^2 - a_{0z}^2} \\ \dfrac{k_z^2}{g^2 - a_{0x}^2 - a_{0y}^2 - a_{0z}^2} \end{bmatrix} \tag{3-5}$$

其中式(3-5)中最右侧为常值向量。

根据卡尔曼理论基础，在 Matlab – Simulink 软件中建立了三轴加速度计信号滤波算法模型(图 3-1)，模型的输入和输出分别为自动校正后的和滤波后的加速度计值。

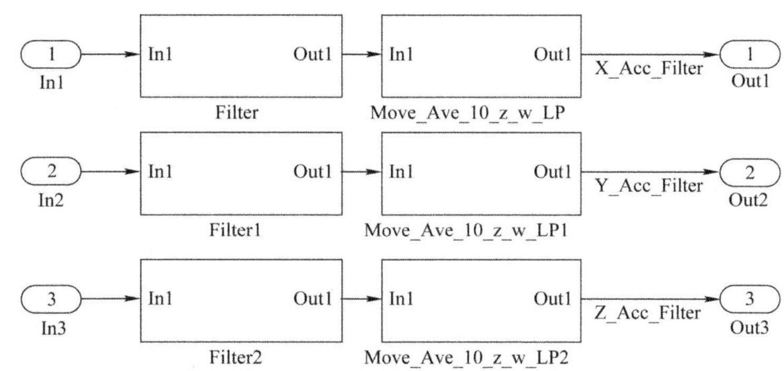

图 3-1 三轴加速度计信号滤波算法模型

4 试验结果

本文以 12m 纯电动客车为试验对象,采集标定前后的 X 轴、Y 轴加速度数据,如图 4-1 所示,在标定前 X 轴、Y 轴分别存在上偏差和下偏差,标定之后可以看到 X 轴、Y 轴的加速度值基本在零点范围内,但是由于加速度计存在较大的波动,此时无法直接用于车辆控制。如图 4-2 所示,在采用滤波算法后,X 轴和 Z 轴的加速度值无明显跳变和滞后,滤波前后的趋势保持一致。对车辆加速度计信号标定和滤波后,在 0 ~ 20s 水平静止状态下测量的坡度值为 0%,与坡度仪测量值误差不超过 0.5%,为车辆的进一步控制提供数据基础。

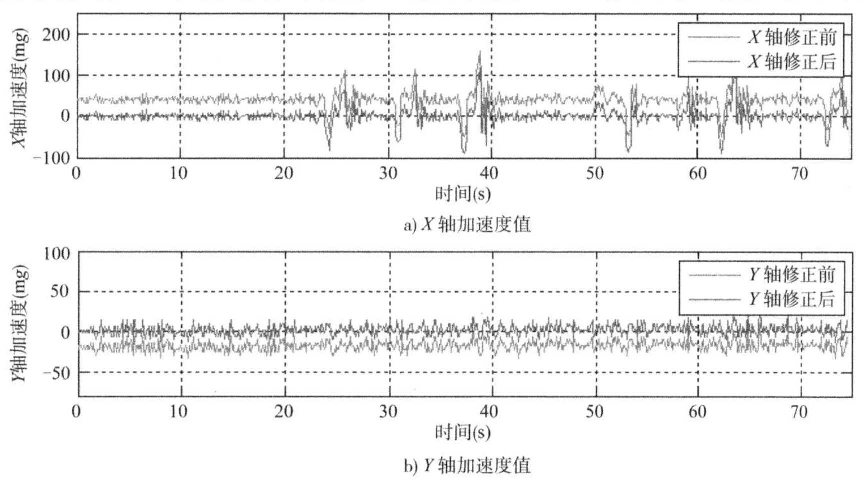

图 4-1 加速度计补偿前后对比

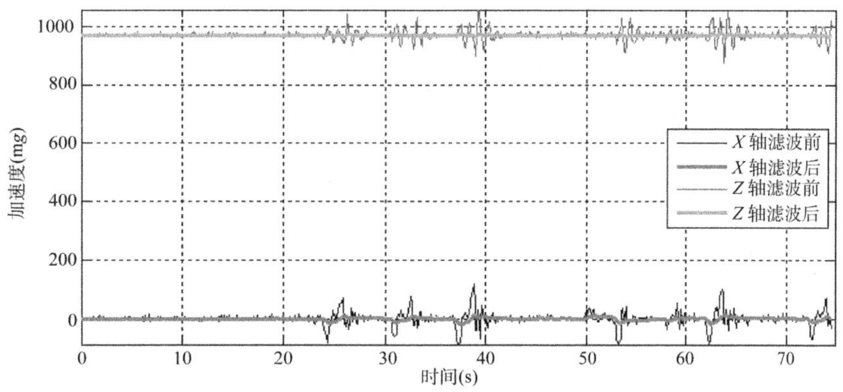

图 4-2 加速度计滤波前后对比

5 结语

本文针对三轴加速度计系统集成误差大、信号噪声大的问题,设计出基于车辆方位的自动校准方法,实现了对加速度计输出值的初值补偿,解决了因系统零漂、集成、安装带来的误差影响。通过使用卡尔曼滤波算法,静态坡度识别精度达到0.1%,加速度计信号的变换补偿及滤波处理为车辆的坡道辅助控制、振动检测实现提供了技术前提。

参考文献

[1] 景希,高国伟.基于六轴MEMS器件姿态测量系统[J].机械工程,2021,29(06).
[2] 陈剑,孙金海,等.惯性系统中加速度计标定方法研究[J].仪器仪表学报,2012,29(9):130-133.
[3] 张红宇,叶新生.一种改进的IMU无定向动静混合高精度标定方法[J].仪器仪表学报,2008,29(6):11-13.
[4] 易可夫,陈托,郝威.基于卡尔曼滤波-LSTM模型的车速估计方法[J].公路与水路运输,2021,09.
[5] 秦永元.卡尔曼滤波与组合导航原理[M].西安:西北工业大学出版社,2012.
[6] 张红磊.陀螺随机误差的分析、建模与滤波研究[D].哈尔滨:哈尔滨工业大学,2018.

客车弯道行驶安全测试应用研究

刘卫星[1]　谢张军[2]

（1. 宇通客车股份有限公司，郑州　450016；
2. 招商局检测车辆技术研究院有限公司　国家客车质量检验检测中心，重庆　401329）

摘　要：简要介绍了《营运客车安全技术条件》（JT/T 1094—2016）中对客车弯道行驶安全的技术要求和测试方法，对标准执行过程中存在的问题进行了分析，并根据问题提出了建议。

关键词：客车；弯道行驶安全；测试方法；问题及建议

0　引言

弯道是交通事故的多发路段，其事故的发生概率大、事故严重程度高，相关统计表明，我国一半以上的客车重特大交通事故发生在弯道路段。客车弯道行驶安全问题，特别是我国现行标准对客车弯道行驶安全的规定受到人们广泛关注。本文从以交通行业标准《营运客车安全技术条件》（JT/T 1094—2016）为基础，简要介绍了弯道制动、弯道爆胎、弯道转向、弯道预警等多种弯道行驶安全技术要求和测试方法，并结合实际测试过程中发现的问题对标准的制定和修订提出了相应的建议，为我国从事客车行业的技术人员提供参考。

1　技术要求和测试方法

1.1　弯道制动稳定性

在制动稳定性方面，我国现行的国家标准尚未对客车弯道制动稳定性提出要求，《商用车辆和挂车制动系统技术要求及试验方法》（GB 12676—2014）仅对车辆直道制动稳定性进行了规定：车辆不能偏离3.7m宽的试验跑道。JT/T 1094—2016对营运客车弯道制动稳定性提出了要求：满载车辆在附着系数不大于0.5、车道中心线半径为150m、宽为3.7m的平坦圆弧车道上，以50km/h的初速度进行全力制动的过程中，车辆应保持在车道内。

1.2　弯道爆胎性能

爆胎应急装置作为一种内支撑型轮胎安全装置，能有效保证营运客车爆胎时的安全性能。JT/T 1094—2016要求车长大于9m的营运客车前轮安装符合《营运车辆爆胎应急安全装置技术要求和试验方法》（JT/T 782—2020）规定的爆胎应急安全装置，并能通过仪表台向驾驶员显示。JT/T 782—2020对车辆弯道爆胎后的性能要求体现在转向盘良好的可掌控能力及车辆良好的制动稳定性两个方面。具体为车辆沿着半径为150m的弯道以50km/h的车速行驶，模拟转向轴外侧轮胎发生爆胎，测量车辆爆胎前后维持弯道行驶过程中施加于转向盘外缘的切向力增量，要求切向力增量不大于50N；在测量切向力增量的同时，爆胎后立即根据GB 12676—2014的试验方法进行发动机结合的0-型制动试验，记录车速、制动力、制动距离等参数，并确认试验车辆是否符合制动稳定性要求。

1.3　车道偏离报警系统（LDWS）

LDWS能在驾驶员无意识造成汽车偏出车道线时，发出警报信号，提醒驾驶员进行修正。JT/T 1094—2016要求车长大于9m的营运客车应装备符合《营运车辆行驶危险预警系统技术要求和试验方法》（JT/T

883—2014)规定的 LDWS。JT/T 883—2014 中对 LDWS 的规定等效引用了《智能运输系统 车道偏离报警系统性能要求与检测方法》(GB/T 26773—2011)。GB/T 26773—2011 要求商用车在弯道路段的最迟报警线位于车道边界外侧 1m 处,弯道路段最早报警线位置见表 1-1,弯道路段报警参数测试方法见表 1-2。

弯道路段最早报警线的位置　　表 1-1

偏离速度 v(m/s)	车道边界内的最大距离(m)
$0.0 < v < 0.5$	0.75
$0.5 < v \leqslant 1.0$	$1.5v^2$
$v > 1.0$	1.5

弯道路段报警参数测试方法　　表 1-2

偏离速度(m/s)	右转弯		左转弯	
	向左偏离	向右偏离	向左偏离	向右偏离
0.0~0.4	测试一次	测试一次	测试一次	测试一次
0.4~0.8	测试一次	测试一次	测试一次	测试一次

1.4 自动紧急制动系统(AEBS)

AEBS 在探测到车辆前方障碍物时,能结合车速计算出与障碍物的碰撞时间,并分步进行报警和自主制动的操作,避免碰撞事故的发生。JT/T 1094—2016 要求车长大于 9m 的营运客车应装备符合《营运车辆自动紧急制动系统性能要求和测试规程》(JT/T 1242—2019)的 AEBS。JT/T 1242—2019 规定 AEBS 应能在曲率半径不大于 250m 的弯道上检测到目标车辆。测试方法为自车(1 号车)和目标车辆(3 号车)在同一车道内行驶,相邻车道前车(2 号车)在目标车辆外侧车道行驶,且车间距离不会触发预警。测试开始前,曲率半径 R 为 250m 和 150m 时,1、2、3 号车均分别以不低于 50km/h 和 40km/h 的速度行驶;测试开始后,2 号车减速至 25km/h 以下,在 1 号车超过 2 号车的过程中 AEBS 不应预警且不执行制动,然后 3 号车减速至 1 号车能发出碰撞预警的速度,当 1 号车开始减速时测试结束,AEBS 弯道横向目标识别示意如图 1-1 所示。

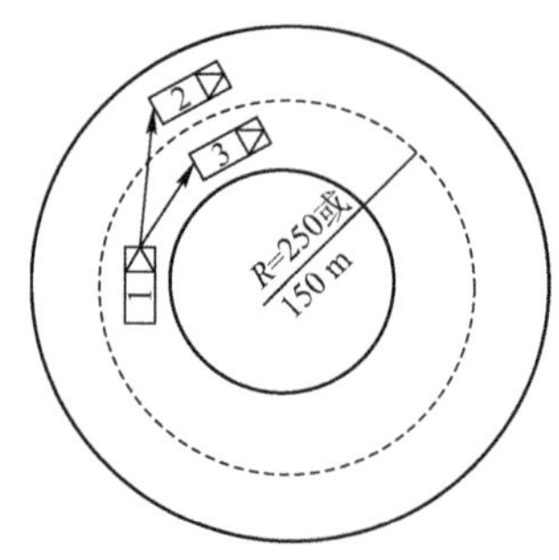

图 1-1　AEBS 弯道横向目标识别示意

1.5 电子稳定性控制系统(ESC)

ESC 在车辆转弯时,可以通过限制发动机转矩和调节制动力来最大限度地保持车身姿态稳定,大幅度降低弯道侧滑、转向不足等情况下引发的交通事故,是截至目前最为有效的主动安全装备之一。国家标准中《轻型汽车电子稳定性控制系统性能要求及试验方法》(GB/T 30677—2014)对最大设计总质量不大于 3500kg 的轻型车 ESC 性能进行了规定。JT/T 1094—2016 附录 A 对重型车 ESC 性能及测试方法进行了规定,要求在车道中心线半径为 45.7m、角度为 120°的圆弧弯道上测试装备 ESC 的重型车的轨迹保持能力、发动机转矩减小量和侧倾稳定性,行驶轨迹像大写的英文字母 J,又称 J-转向试验,如图 1-2所示。

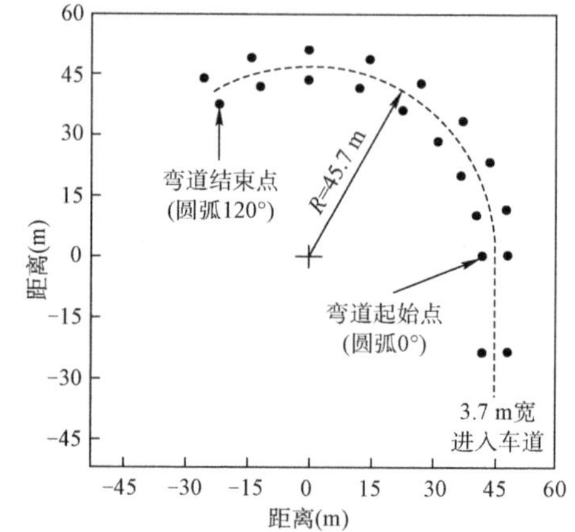

图 1-2　J-转向试验示意

除上述技术要求外,JT/T 1094—2016 还等效引用了《机动车运行安全技术条件》(GB 7258—2017)中对转向切向力、转向助力装置、不足转向特性、抗侧翻稳定性、通道圆和外摆值等方面的技术要求和测试方法,在此不一一赘述。

2 存在的问题及分析

2.1 9m 以下客车弯道行驶安全要求较低

JT/T 1094—2016 要求所有营运客车均满足弯道制动稳定性、ESC 性能和不足转向特性的要求；但是，仅要求车长大于 9m 的营运客车满足弯道爆胎性能、LDWS 和 AEBS 性能要求，该要求具有一定的局限性。实际上所有营运客车在弯道行驶时，均有爆胎的风险，均存在由于驾驶员精神不集中或疲劳造成的偏离车道、追尾等风险，与车长并无关系。

2.2 未考虑城市道路弯道工况

根据 ESC、LDWS、AEBS、弯道制动、弯道爆胎等的测试方法可知，这些性能要求最适合高速公路等高速转弯行驶工况，并不适合车速低、道路窄、路况复杂的十字路口等城市弯道工况。客车车身较长、驾驶室较高、后视镜存在较大视野盲区，在十字路等城市道路行驶时容易与路旁的非机动车或行人发生刮擦、碰撞、碾压等事故。测试表明，客车在转弯时，后轮与前轮的行驶轨迹不是在一条弧线上，前轮与后轮存在 0.6 ~ 2.0m 的“轮迹差”，该“轮迹差”是造成客车在城市道路转弯时发生交通事故的主要原因。

2.3 没有弯道超速预警功能

弯道路段客车的主要交通事故形态是侧滑和车翻，造成侧滑和侧翻的主要原因是车速过高，弯道超速预警是减少弯道交通事故发生的关键。LDWS 和 AEBS 只能防止车辆不超出车道和不发生追尾等事故；ESC 只能在发生侧滑和侧翻时一定程度上协助驾驶员维持车身姿态的稳定；弯道制动和弯道爆胎属于被动安全技术，主要作用在于事故发生后最大限度地降低事故的严重程度。这些技术均不能在车辆进入弯道前就提醒驾驶员降低车辆进入弯道的行驶速度。

2.4 ESC 性能要求不完善

JT/T 1094—2016 附录 A 规定的 ESC 测试方法也存在一定问题。一方面表现在未对 ESC 激活车速下限值进行限定，导致部分客车在没有侧翻危险的情况下也会触发 ESC 功能，即车辆在缓速转弯的过程中由于 ESC 的存在会出现无法加速或突然制动的情况，给驾驶员带来困扰。另一方面表现在 ESC 测试过程中的初始参考车速和参考车速以及以(32 ± 1.6) km/h 的车速开始试验等要求对试验本身均没有实质性的指导意义，导致 ESC 测试效率低。

3 标准修订建议

3.1 加强 9m 以下客车弯道行驶安全性能

建议 JT/T 1094—2016 修订时，要求所有营运客车单胎均安装符合 JT/T 782—2020 要求的爆胎安全应急装置，要求所有营运客车均配备符合 GB/T 26773—2011 要求的 LDWS 和符合 JT/T 1242—2019 要求的 AEBS。

3.2 增加直角转弯通过性测试

目前，没有标准针对城市道路的客车直角转弯通过性进行规定。《营运货车安全技术条件 第 1 部分：载货汽车》(JT/T 1178.1—2018) 对货车直角转弯通过性进行了规定，要求空载车辆以 5km/h 的车速在半径为 12.5m 的 90°圆弧路段行驶时，转弯通道最大宽度不大于 5m，如图 3-1 所示。建议在 JT/T 1094—2016 修订时增加对 9m 以上营运客车的直角转弯通过性要求，并按照 JT/T 1178.1—2018 附录 B 中的测试方法进行测试。

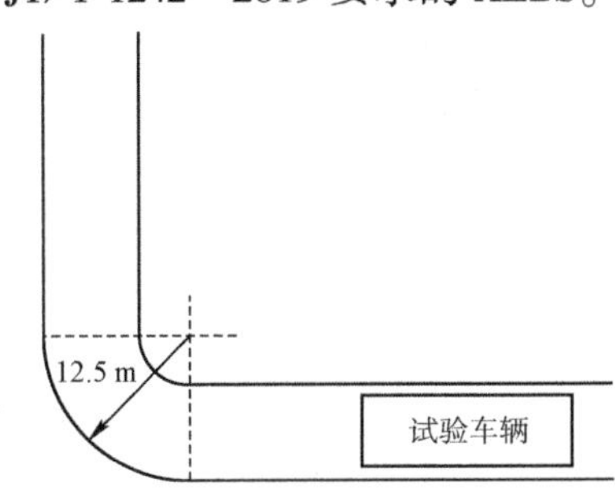

图 3-1 直角转弯通过性测试示意图

3.3 增加弯道速度预警系统(CSWS)

CSWS 利用车载摄像头采集前方道路信息,利用车载传感器采集车速、横摆角速度、侧向加速度等汽车行驶参数,利用电子控制单元和决策算法判断车速是否过高,若过高,系统会发出报警提醒驾驶员及时采取措施降低车速,避免车辆侧滑或侧翻事故的发生。《营运车辆弯道速度预警系统性能要求和测试规程》(JT/T 1374—2021)要求 CSWS 在单弯道工况和多弯道工况下均能准确发出预警,即车辆以 v 的速度行驶时,在距离弯道起点的距离小于 S_w 时要成功发出预警。S_w 的计算公式为:

$$V_w = 3.6 \times \sqrt{a_{lateral-max} \times R}$$

$$S_w = \frac{V}{3.6} \times \left[0.8 + \frac{\left(\frac{V}{3.6}\right)^2 - \left(\frac{V_w}{3.6}\right)^2}{\frac{V}{3.6} \times g} \right]$$

式中:$a_{lateral-max}$——车辆侧向加速度;

R——弯道曲率半径;

V_w——预警速度;

V——车辆行驶速度;

S_w——预警距离。

预警侧向加速度限值见表 3-1。

预警侧向加速度限值 表 3-1

车 辆 类 型	M_1类	M_2类	M_3类、N 类、O 类	车 辆 类 型	M_1类	M_2类	M_3类、N 类、O 类
一级预警a_{later_max}(g)	0.45	0.4	0.3	二级预警a_{later_max}(g)	0.6	0.5	0.4

鉴于 JT/T 1094—2016 缺少客车弯道超速行驶预警功能,建议标准修订时增加所有营运客车均应装备符合 JT/T 1374—2021 要求 CSWS 的条款。

3.4 设置 ESC 最低激活车速

通过大量试验表明,ESC 最低激活车速在不低于 40km/h 时可在不给驾驶员驾驶过程带来困扰的前提下有效稳定车辆在转弯过程中的车身姿态,确保车辆不侧翻,并且 60% 左右的营运客车 ESC 最低激活车速在 40 ~ 45km/h 之间,而另外 40% 左右 ESC 最低激活车速均小于 40km/h 的营运客车,其最低激活车速均可以通过 ESC 标定进行设置,不存在技术难题。因此,建议将 JT/T 1094—2016 附录 A 中的参考车速和初始参考车速删除,用 ESC 最低激活车速代替,并规定 ESC 的最低激活车速不应低于 40km/h。

4 结语

JT/T 1094—2016 在客车弯道行驶安全方面具有弯道制动稳定性、弯道爆胎、LDWS、AEBS、ESC 等一系列重要的技术要求,对确保我国营运客车弯道行驶安全具有重要作用。但是,也存在对 9m 以下营运客车弯道行驶安全性能要求过低、ESC 测试方法需进一步完善等问题;同时也需新增直角转弯通过性、弯道速度预警等方面的技术要求。

参 考 文 献

[1] 刘卡. 基于车路协同的高速公路弯道危险预警系统研究[D]. 西安:长安大学,2017.

[2] 蔡鹏飞. 营运车辆爆胎应急安全装置测试标准对比研究[J]. 质量与标准化,2020(09):41-44.

[3] 马厚岩,王新明,李海,等. 商用车车道偏离测试评价方法[J]. 中国汽车,2020(10):43-47.

[4] 谢张军,朱江华,刘卫星,等. 客车 AEBS 性能水平国内外对比分析[J]. 客车技术与研究,2021,43(03):60-62.

[5] 牛成勇,游国平,徐建勋,等. 客车装备 ESC 后的性能测试与研究[J]. 客车技术与研究,2018,40(04):50-53.

[6] 交通运输部公路科学研究院. 营运货车安全技术条件 第 2 部分:牵引车辆与挂车:JT/T 1178.2—2019[S]. 北京:人民交通出版社股份有限公司. 2019.

美标客车座椅认证试验的研究

林建明,王大海,邹家健,廉 铭

(比亚迪汽车工业有限公司,深圳 518118)

摘 要:本文主要研究北美地区客车座椅认证试验,通过简述美国联邦机动车安全标准 FMVSS 207&210 法规中要求客车座椅系统必须满足的相关性能要求,解读座椅试验的要求,然后对导致座椅试验失效的因素分析,提出改善方案,不断总结试验经验,提高座椅试验的通过率。

关键词:FMVSS207&210;客车座椅;认证试验

0 引言

客车座椅系统是客车组成的重要部分,主要由驾驶员座椅总成与乘客座椅总成两部分组成,为车内乘客及驾驶员提供了必要的支撑与安全防护。全球各地区的客车体系法规也对座椅系统提出相关的安全性能要求,尤以北美市场标准最为严苛,FMVSS207&210 座椅认证试验通过率低,一直困扰诸多客车企业。本文主要通过解读北美地区的座椅法规和测试要求,分析导致座椅试验失败的因素,总结经验成果,不断改善座椅及其固定结构,提高座椅认证试验的通过率。

1 FMVSS207&210 法规解读

为了满足北美座椅的认证试验要求,下面先介绍 FMVSS207&210 法规要求。

1.1 FMVSS 207 座椅系统

S4.2 一般性能要求 座椅能承受以下条件的力:

(1)在座椅可调整到的任一位置,沿纵向前进方向对座椅施加 20 倍座椅重力的力。

(2)在座椅可调整到的任一位置,沿纵向后退方向对座椅施加 20 倍座椅重力的力。

(3)如果座椅安全带总成固定在座椅上,而且座椅面朝前,则按(1)施加力,如果座椅面向后,则按(2)施加力。在这个情况下,这个力与根据第 201 号标准的 S4.2 施加在安全带总成上的力同时施加在座椅上;

(4)当座椅在最后位置上时,将对各指定乘坐位置上所具有的乘坐基准点产生 373N · m 的力矩,该力矩施加到座椅靠背上的横梁或座椅靠背上部。对面前的座椅,该力矩为纵向向后方向。对面朝后的座椅,该力矩为纵向向前方向。

1.2 FMVSS 210 安全带总成安装固定点

S4.2.1 除了面向侧向的座椅外,对于以下任何一种安全带组件的安装固定点、连接件以及连接螺栓,在按照该标准 S5.1 的要求测试时,均应该能够承受 5000lbf(磅力)(1 lbf = 4.44822N)的拉力。

(1)Ⅰ型安全带组件。

(2)如果该安全带装有可分离躯干带,Ⅱ型或者自动带全带的要求部分。

S4.2.2 除了侧视座椅,对于以下任何一种安全带组件的安装固定点、连接件以及连接螺栓,在按照该标准 S5.2 的要求测试时,安全带的腰带部分以及肩带部分均应该能承受 3000lbf(磅力)的力。

(1)满足 208 号标准要求的Ⅱ型座椅安全带和自动安全带。

(2)Ⅱ型安全带和自动安全带组件安装在满足 208 号标准要求的Ⅰ型或Ⅱ型安装带位置处。

1.3 法规对比与解读

对比 FMVSS 207 和 FMVSS 210 法规可以看出:针对前向座椅的施力要求而言,FMVSS 210 中的施力要求与 FMVSS 207 中施力要求相差 20 倍座椅重力。但在 FMVSS210 法规的测试 TP-210-09 文件规定:若是安全带固定点在座椅上,则需要增加 FMVSS207 中要求的 20 倍重力。这就意味着对自带安全带的座椅而言这两个法规要求对座椅前向施力要求而言是一致的。不同的是 FMVSS207 另有(b)、(d)两项要求,然而这两项要求相比座椅前向施力要求而言难度大大降低,在此我们不做特别说明与研究。

解读法规及测试要求后,可以梳理出座椅试验施力要求表(表 1-1),座椅试验施力图(图 1-1)以及试验施力时间图(图 1-2),进而可以清晰了解座椅的试验要求。

座椅试验要求　　表 1-1

	安全带类型	上人体模块	下人体模块	惯性载荷
载荷值	Ⅰ型	—	22241N(5000 磅力)	20 倍座椅重力
	Ⅱ型	13345N(3000 磅力)	13345N(3000 磅力)	
	备注	当安全带固定点在座椅上时,需要对座椅施加 20 倍重力的惯性载荷		
试验时间	从施力 10% 开始计时,30s 内达到规定载荷值,并至少保持 10s。(如图 1-2 所示,注意过程中允许座椅形变)			
试验速度	对于Ⅰ型安全带,施加载荷的速度不得超过 222411N/s;对于Ⅱ型安全带,施加载荷的速度不得超过 133447N/s			
载荷方向	安全带载荷方向平行于汽车中心纵向平面并与水平线所成角度在 5°~15°之间。惯性载荷方向保持水平			

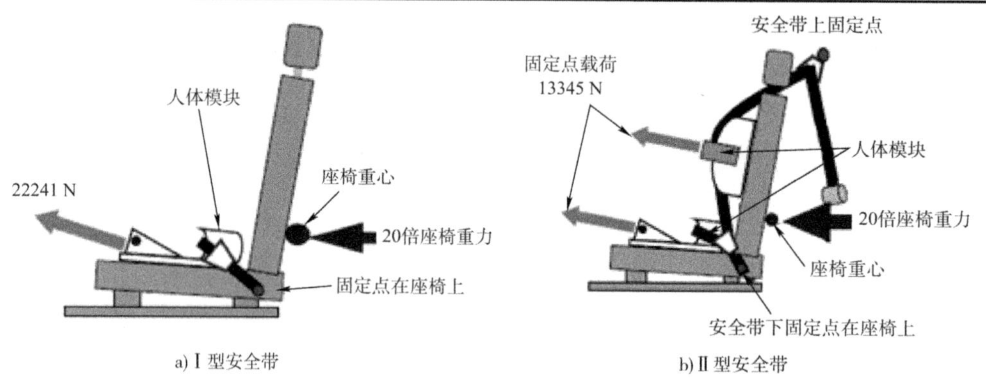

图 1-1　座椅试验施力

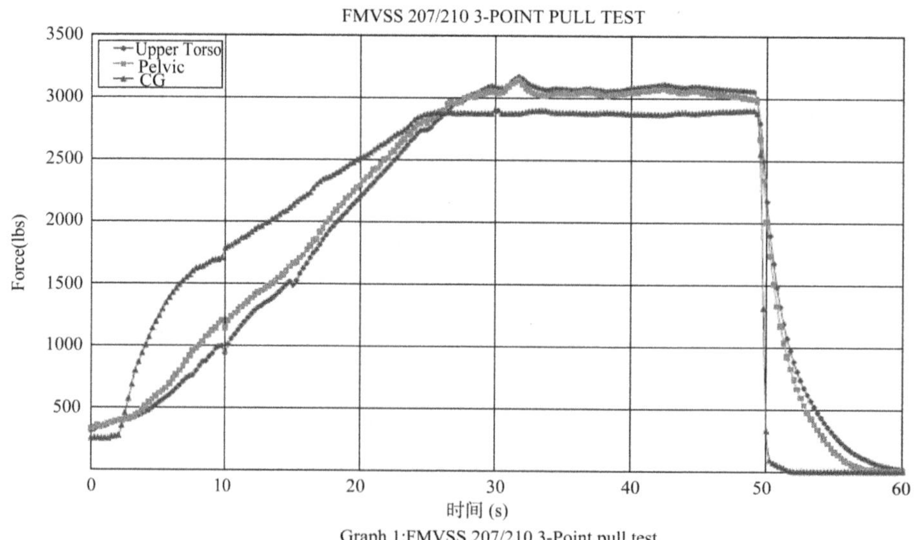

图 1-2　试验施力时间

2 座椅试验型式

客车内座椅的类型一般来说包含以下几种:①驾驶员座椅;②乘客双人座椅;③乘客单人座椅;④最后排乘客座椅。有些车型因存在 ADA 轮椅区,也有 ADA 折叠座椅。座椅的试验也因座椅类型不同需要分别通过试验。以下以驾驶员座椅及乘客双人座椅为例展示座椅测试图,如图 2-1 和图 2-2 所示。

图 2-1　驾驶员座椅测试图

图 2-2　乘客双人座椅测试图

3 试验改善

针对座椅试验的改善,通过研究此前一系列的座椅试验,分析导致座椅试验失败的因素,不断总结经验及改进。座椅试验失败的情况相对复杂,按失效因素的类型主要分为:①紧固件失效;②台架失效;③座椅本身失效。

3.1 紧固件失效

紧固件失效是紧固件受力过大,螺栓或螺母无法承受导致断裂或滑牙,如图 3-1 所示。

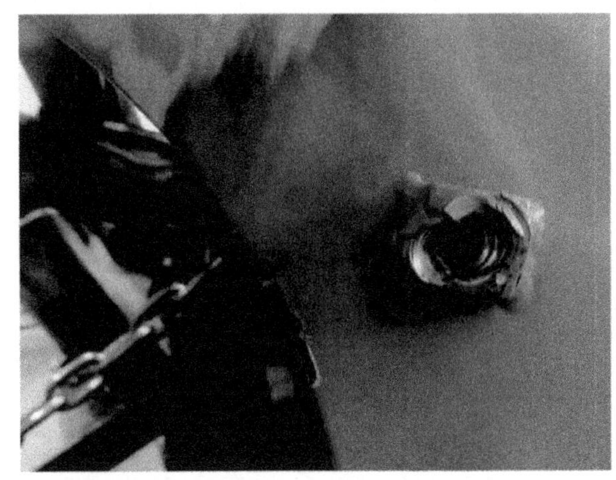

图 3-1　紧固件失效图

下面以某双椅脚乘客座椅(配置Ⅱ型安全带)为例来分析单侧椅脚螺栓受力情况,如图 3-2 所示。

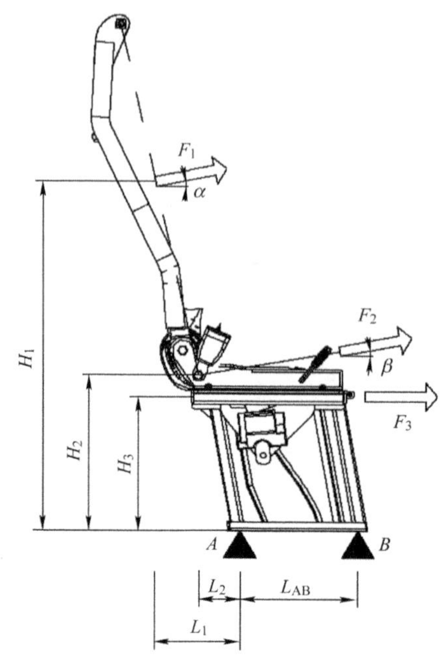

图 3-2 座椅受力分析图

其中 F_1（肩带力）施力位置在上下两安全带固定点连线的中点处，F_2（腰带力）施力位置在安全带下固定点位置，F_3（惯性力）施力位置一般位于椅脚与本体连接位置。α、β 是施力角度。A、B 两点是座椅螺栓固定点。当然，在此需要假设座椅骨架受力过 程不发生形变。

根据力矩平衡定理，假定 B 点为平衡点，计算 A 点力矩：

$$F_A \times L_{AB} = F_1 \times \cos\alpha \times H_1 + F_2 \times \cos\beta \times H_2 + F_3 \times H_3 + F_1 \times \sin\alpha \times L_1 + F_2 \times \sin\beta \times L_2 \quad (3\text{-}1)$$

假设 A 点为平衡点，计算 B 点力矩：

$$F_B \times L_{AB} = F_1 \times \cos\alpha \times H_1 + F_2 \times \cos\beta \times H_2 + F_3 \times H_3 - F_1 \times \sin\alpha \times (L_1 + L_{AB}) - F_2 \times \sin\beta \times (L_2 + L_{AB}) \quad (3\text{-}2)$$

A、B 两点所受总剪切力为：

$$F_{AB} = F_1 \times \cos\alpha + F_2 \times \cos\beta + F_3 \quad (3\text{-}3)$$

我们将某座椅相关数据带入公式，且假设 α、β 施力角度是 5°，可以计算得出：

A 点所受的向上的拉力 $F_A \approx 95\text{kN}$

B 点所受的向下的压力 $F_B \approx 90\text{kN}$（B 点因受压，螺栓不存在影响）

剪切力 $F_{AB} \approx 36.2\text{kN}$

如图 3-2 所示座椅椅脚结构，假设 A 受力点有两个螺栓固定，则单个螺栓所受的拉力接近 48kN。《紧固件机械性能　螺栓、螺钉和螺柱》(GB/T 3098.1—2010)标准有关规定见表 3-1。

最小拉力载荷(粗牙螺纹)　　表 3-1

螺纹规格	螺纹公称截面积 A (mm^2)	性能等级		
		6.8	8.8	10.9
		最小拉力载荷(N)		
M8	36.6	22000	29200	32900
M10	58	34800	46400	52200
M12	84.3	50600	67400	75900

从表 3-1 可以看出，A 点单个螺栓受力 48kN 已超过 M10 - 8.8 级螺栓的最小拉力载荷，意味着这个力可能将螺栓拉断。故在座椅紧固件选择上建议使用 8.8 级 M12 螺栓固定，且 A 处固定点数量不少于 2。

对于一般钢材,材料的许用剪切应力与许用拉力应力有如下关系:塑性材料$[\tau]=0.6\sim0.8[\sigma]$。$A$、$B$两点的剪切力一共约为36kN,故使用8.8级M12螺栓完全能满足要求。

对于安全带固定点位置使用的焊接螺母,建议按《汽车用安全带焊接螺母》(QC/T 712—2011)标准使用。其技术要求见表3-2。安全带固定螺栓匹配使用8.8级7/16in螺栓。

焊接螺母技术条件　　表3-2

材　　料		含碳量大不于0.25%,且具有较好焊接性能的钢
螺纹	公差	7/16-20UNF-2B
	标准	GB/T 20666、GB/T 20667
力学性能	保证载荷	53600N
	标准	GB/T 3098.2

另外对于北美地区的乘客座椅,为方便乘客座椅安装及拆卸,一般使用型材滑槽结构来固定乘客座椅。在此我们推荐使用滑块+螺栓的组合结构固定,使用滑块增大型材的受力面积,增加整体结构强度。滑块材质力学性能要求不得低于Q345,且A点滑块长度需大于或等于80mm,B点滑块长度可以适当减小,如图3-3所示。

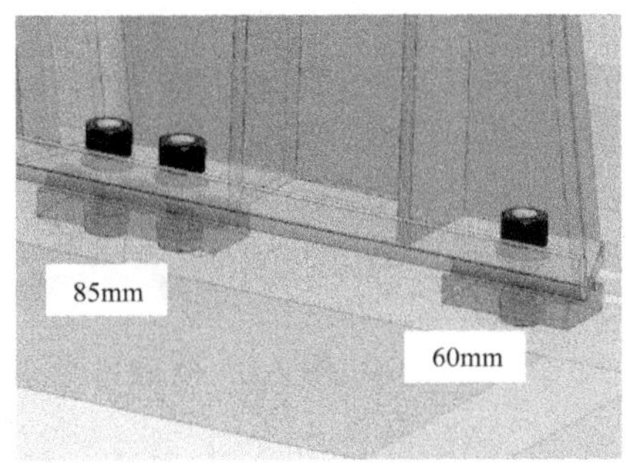

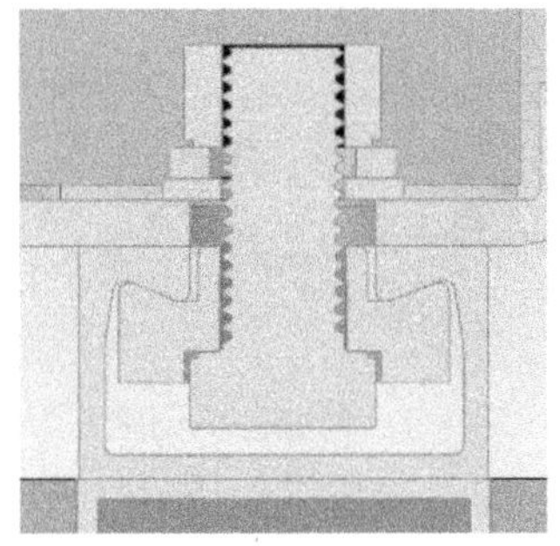

图3-3　座椅安装图

其他座椅型式紧固件的选用可同理计算得知,在此我们不作详细分析。

3.2　台架失效

台架失效模式有两种:一种是焊接失效,拉力过大导致梁在焊缝处直接撕裂;另一种是台架本身的整体刚度不足,台架梁被拉断裂,如图3-4所示。

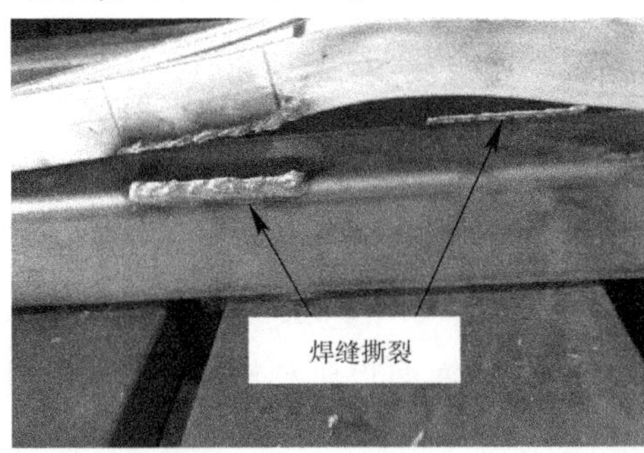

a) 焊缝撕裂　　b) 梁断裂

图3-4　台架失效情况

北美市场旅游车一般使用不锈钢型材滑槽结构来固定乘客座椅,型材固定为焊接结构。要求型材的焊接严格规范:首先不锈钢型材需对称焊,以防座椅试验受力时因单侧焊导致焊缝处受力不均而撕裂。其次焊缝的长度要求50mm以上,且焊缝间距不大于150mm。

焊接缺陷可以在焊接过程控制,台架焊接好后,可组织专业人员对焊接质量进行评估确认。

台架刚度不足问题可通过CAE力学分析,对分析出的薄弱点进行加强来实现规避。如图3-5所示,分析得出台架最大变形量为 12.1mm,台架型材最大塑性变形为 0.9%,小于材料允许值 5%,满足要求。如 CAE 分析变形量超过要求值,则需要对型材或埋板结构加强。通过 CAE 分析及结合台架试验的经验得出:一般台架主要受力位置型材不得小于 40mm×40mm×2.0mm。如下方安装是埋板,则埋板厚度大于或等于 5mm,且埋板两侧需折边加强,折边长度大于或等于 25mm。

3.3 座椅本身失效

座椅失效模式一般来说是座椅骨架或者椅脚支架断裂失效。

对于座椅失效而言,有条件的企业也可以进行 CAE 受力分析来对薄弱点加强改善,但因试验过程是允许变形的,故 CAE 分析一般用于分析薄弱点,结果不作判定。如图 3-6 所示,座椅骨架形变量超过 400mm。

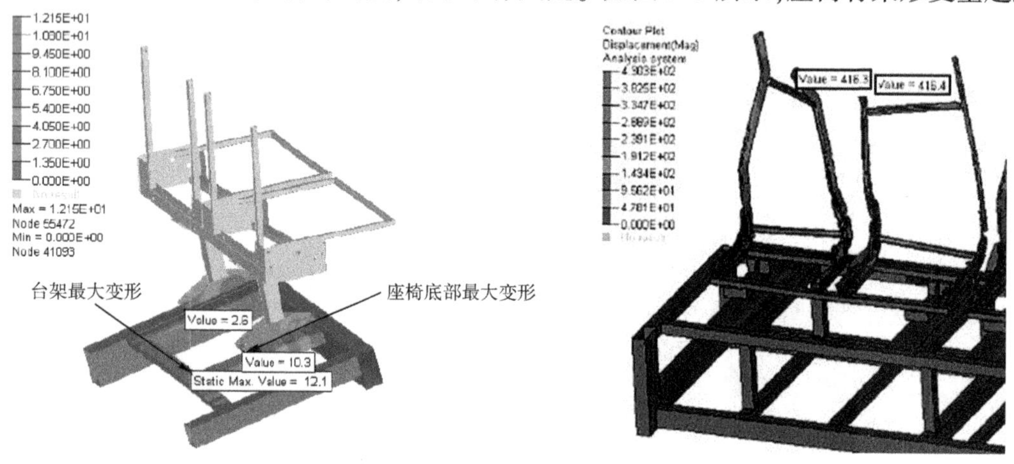

图 3-5 台架受力云图　　图 3-6 座椅受力云图

结合座椅受力情况,一般来说会对座椅受力点位置进行重点加强改善。如骨架底部圆管受力折弯位置需内塞衬管、安全带固定位置及座椅安装位置板材厚度不小于 5mm,且需设置加强板等。

另外,根据座椅受力分析(图 3-2)得知:

(1)椅脚固定点间距L_{AB}越大,则 A 处螺栓受力越小。

(2)固定结构使用单椅脚 + 侧挂结构,可以缩短力臂 H,减小 A 处螺栓的受力。

(3)A 处固定点安装紧固件越多,单个螺栓受力越小。

3.4 其他情况分析

在试验过程中,也可能出现因带扣或织带失效而导致试验失败,在此可以按照原安全带的连接方式使用其他结构对其进行替换,如采用钢丝绳或铁链等。

4 结语

通过上述分析,可以得出:在座椅试验前完成以下工作,可以降低试验失效的风险,提高试验通过率。

(1)台架制作前需要对台架数模进行 CAE 受力分析,提前识别风险点。台架焊接完后进行必要的检查,以免出现生产缺陷。

(2)座椅的结构试验前需要确认清楚,如为外购件,需与供应商沟通确认保证座椅的质量稳定可靠。

(3)座椅安装的紧固件在台架安装前确认清楚,且紧固件安装需满足扭力要求。

当然,座椅试验最后还是需要回归到车辆本身的设计与使用,试验中台架、座椅及紧固件等的使用还需与实车保持一致。否则,试验也变得毫无参考价值。

参考文献

[1] 美国 CFR. 运输-第 571 部分:联邦机动车安全标准-第 571.207 节:207 号标准:座椅系统:CFR 49-571.207—1998[S].

1998:5.

[2] 美国 CFR. 运输-第 571 部分:联邦机动车安全标准-第 571.210 节:210 号标准:座椅系统:CFR 49-571.210—1998[S]. 1998:6.

[3] U. S. Department of transportation national highway traffic safety administration laboratory test procedure for FMVSS 207:TP-207-09.

[4] U. S. Department of transportation national highway traffic safety administration. laboratory test procedure for FMVSS 210:TP-210-09.

[5] 中华人民共和国汽车行业标准. 汽车安全带焊接螺母:QC/T 712—2011[S]. 北京:中国计划出版社,2011.

[6] 中华人民共和国国家标准. 紧固件机械性能 螺栓、螺钉和螺柱:GB/T 3098.1—2010[S]. 北京:中国标准出版社,2010.

汽车侧碰法规及测试方法的研究与分析

胡　伟[1],谢木男[2],谭定杰[1]

(1. 招商局检测车辆技术研究院有限公司　国家客车质量检验检测中心,重庆　401122;
2. 招商局重庆交通科研设计院有限公司,重庆　4000000)

摘　要:全面介绍汽车侧面碰撞乘员保护测试标准现状,重点分析不同国家地区测试标准的差异。阐述汽车侧面碰撞测试壁障的发展趋势,对比分析不同侧碰假人差异,为汽车侧面防护设计研发工作提供参考。

关键词:汽车;侧碰;测试标准;假人

0　引言

伴随着经济社会发展及人们对生活水平要求的不断提升,我国汽车保有量屡创新高。伴随而来的是车辆道路事故导致的乘员伤亡率的不断攀升。统计数据表明,在所有碰撞形式中,汽车侧面碰撞事故的占比超过 30%,成为最主要的事故形态之一;在出现人员伤亡的事故中,侧面碰撞占比接近 35%。因此,侧面碰撞一直是汽车行业被动安全领域关注的重点之一。规划制定合理有效的碰撞测试法规,保证道路车辆的被动安全性能对于改善我国交通安全状况,提升人们出行安全感、幸福感有着重要意义。

1　我国外侧面碰撞标准技术发展概况

汽车侧面碰撞测试法规主要分为国家地区的行政强制性法规、检测机构推出的汽车安全星级评定以及保险公司自身或联合其他机构推出的保险指数三大类。

1.1　各国强制性法规

FMVSS 标准是在美国《国家交通及机动车安全法》的框架下由美国运输部下属的国家公路交通安全管理局制定的。美国标准侧面碰撞为 FMVSS200 系列——发生事故时减少驾驶员及乘员伤害中的第 214 项。

欧洲提高车辆安全性委员会在 1974 年组织开展了对车辆侧面碰撞试验的研究并于 1994 年 5 月正式提出侧面碰撞法规,即 ECE R95。

日本在 20 世纪 30 年代初开始研究侧面碰撞试验并于 1998 年将侧面碰撞法规应用于日本保安基准。日本侧面碰撞试验采用与欧盟 ECE R95 一样的测试方案。

为建立我国自主的汽车碰撞国家强制性标准体系,21 世纪初工信部将汽车侧面碰撞标准制定工作列入汽车强制性国家标准制修订“十五”发展规划并在 2006 年正式公布。

1.2　汽车安全星级评定(C-NCAP)与保险指数(C-IASI)

为了促进中国汽车产业的健康发展,加速国内汽车市场的全球化进程,加速保险行业与汽车产业的协同创新,探索保险角度的汽车安全技术研究路径,中国汽车技术研究中心、中国汽车工程研究院分别于 2006 年和 2017 年推出中国新车评价规程(C-NCAP)和中国保险汽车安全指数(C-IASI)。这两项标准均为国家第三方检测机构独立推出,考核标准远超国家强制性标准要求。

2 我国外侧面碰撞标准差异对比分析

2.1 试验壁障

我国、日本、欧盟及海湾国家的强制性标准都统一采用同一移动变形壁障，即 MDB 壁障。该试验壁障在 950kg ± 20kg 之间且在试验过程中壁障要与车辆垂直发生碰撞，试验速度为 50km/h。该侧面碰撞试验壁障由两部分组成：前部可变性蜂窝铝和移动车。前部可变性蜂窝铝碰撞块由 6 个独立的蜂窝铝块、两个前铝面板和一个后铝面板组成且蜂窝状铝块经过处理使其随着变形的增大，力的大小逐渐增加。对于美国标准则采用大壁障试验，即 NHTSA 214 MDB。该移动壁障重达 1368kg，试验过程中壁障要与车辆垂直发生碰撞但壁障车轮与碰撞方向呈 27°夹角且试验速度规定为 54km/h。

2.2 试验测试假人

我国、日本、欧盟及海湾国家都统一采用 ES-2 假人，假人放置于驾驶员位置；美国标准同时采用 ES-2 re 假人和 SID IIs 女性假人，ES-2 re 假人放置于驾驶员位置，SID IIs 女性假人放置于后排左侧。

2.3 评价指标

ES-2 假人主要考核假人头部 HPC 值、肋骨变性指标、胸部黏性指标、耻骨结合力峰值、腹部力峰值；ES-2 re假人和 SID IIs 女性假人考核胸腔伤害指数 TTI、腰部加速度。

各国侧面碰撞强制性标准区别见表 2-1。

各国侧面碰撞强制性标准区别 表 2-1

项目	中国 GB 20071—2014	ECE R95(日本保安基准)	海湾标准 GSO 38	美国标准(FMVSS214)
碰撞形式	可变形壁障侧面碰撞 50 km/h			27°
适用范围	基准质量时，最低座椅的 R 点与地面的距离不超过 700mm 的 M_1 和 N_1 类车辆	基准质量时，最低座椅的 R 点与地面的距离不超过 700mm 的 M_1 和 N_1 类车辆	基准质量时，最低座椅的 R 点与地面的距离不超过 700mm 且最大总质量不超过 3500kg 的轿车、多用途乘用车和轻型货车	适用于所有乘用车和质量小于 4536kg 的多用途乘用车、载货汽车和客车
试验速度	49 ~ 51 km/h	49 ~ 51 km/h	49 ~ 51 km/h	53.9 km/h
试验壁障	(950 ± 20)kg	(950 ± 20)kg	(950 ± 20)kg	1368kg
试验温度	18 ~ 22℃	18 ~ 22℃	18 ~ 22℃	66 ~ 78℉(华氏温度)
试验假人	ES-2 假人	ES-2 假人	ES-2 假人	ES-2 re 假人和 SID IIs 女性假人
考核指标	假人头部 HPC 值 ≤ 1000 或车辆部件没有与假人头部发生接触、肋骨变性指标 ≤ 42mm、胸部黏性指标 ≤ 1.0m/s、耻骨结合力峰值 ≤ 6kN、腹部力峰值 ≤ 2.5kN	假人头部 HPC 值 ≤ 1000 或车辆部件没有与假人头部发生接触、肋骨变性指标 ≤ 42mm、胸部黏性指标 ≤ 1.0m/s、耻骨结合力峰值 ≤ 6kN、腹部力峰值 ≤ 2.5kN	假人头部 HPC 值 ≤ 1000 或车辆部件没有与假人头部发生接触、肋骨变性指标 ≤ 42mm、胸部黏性指标 ≤ 1.0m/s、耻骨结合力峰值 ≤ 6kN、腹部力峰值 ≤ 2.5kN	胸腔伤害指数 TTI ≤ 85G(四门车)、胸腔伤害指数 TTI ≤ 90G(二门车)、腰部加速度 ≤ 130G

3 我国侧面碰撞技术发展及建议

我国乘用车侧面碰撞强制性标准是参照欧洲经济委员会法规 ECE R95 标准制定,该标准于 2006 年 7 月实施,已有 15 年有余。在此期间,科学技术迅猛发展,各种设计方法、新工艺、新材料和新技术不断涌现并应用于工程实际中。各国的汽车安全问题又出现新的形式,因此汽车碰撞安全法规必须不断发展和完善。

3.1 试验壁障

在进行侧面碰撞试验时,我国采用的是 MDB 移动壁障,用以模拟车辆行驶过程中遭受其他车辆侧面撞击的形态。由于我国道路行驶车辆复杂,该壁障的代表性有待商榷。目前国内外机构一直在研究碰撞相容性的相关测试技术。汽车相容性是指汽车在碰撞过程中保护自己乘员的同时也保护对方车辆乘员的能力。在侧碰过程中,只有当两辆车乘员的伤亡率都很低时,才能表明两辆车具有较好的相容性。强制性法规也要考虑到汽车碰撞相容性才能更好地为乘员提供一个安全的乘坐环境。

3.2 试验假人

当前我国强制性标准试验中采用的是 ES-2 假人,目前国内外安全标准委员会针对 WorldSID 50th假人开展应用研究。WorldSID 50th假人与 ES-2 假人本质上有很大的差别,不仅在外形尺寸、内部结构上有很大区别,而且在身高、体重上也有很大的不同,同时还包括其内部的使用的传感器以及信号输出形式等。表 3-1 中列出了相关的侧面碰撞中等男性成年假人仿真的水平。

假人仿真度的对比

表 3-1

标 准	仿真度评价						整体
	头部	颈部	肩部	胸部	腹部	骨贫	仿真度
WorlddSID	10.0	5.6	7.1	8.3	7.8	6.1	7.6
BioSID	6.7	6.7	7.3	6.3	3.8	4.0	5.7
ES-2	5.0	4.4	5.3	5.2	2.6	5.3	4.6
EuroSID-1	5.0	7.8	7.3	5.4	0.9	1.5	4.4
USDOT-SID	0.0	2.5	0.0	3.1	4.4	2.5	2.3

根据 ISO/TR 9790 侧面碰撞假人仿真度等级,WorldSID 假人的总体仿真度等级达到“Good”水平,与其他侧面碰撞假人相比,WorldSID 假人的仿真度是最好的,而 ES-2 假人仿真度较低。

4 结语

目前我国已成为世界第一大汽车生产国、消费国。我国机动车生产企业对国产汽车被动安全性能的提升作出了重要贡献。我国汽车安全技术法规也应该与时俱进,积极与国际最先进汽车安全技术法规接轨,紧跟国外汽车技术安全技术法规的修订动态以修订我国汽车技术法规标准,更好地为我国汽车产业发展服务。

参 考 文 献

[1] 公安部交通管理局. 中华人民共和国交通事故统计年报(2013 年度). 北京. 公安部交通管理局,2013.

[2] 徐业平,汪晓红,陶绪强. 美国联邦机动车安全标准介绍 [J]. 中国检验检疫,2010(2):39-40.

[3] 胡芳芳,李伟,胡可钊. 我国与欧美日的汽车标准法规体系分析[J]. 客车技术与研究,2009(3):43-45.

[4] 李丽,朱西产,马志雄. 基于 Madymo 的 WorldSID 与 ES-2 假人性能比较[J]. 佳木斯大学学报:自然科学版,2013(6):822-828.

[5] 刘磊,朱海涛,朱充. WorldSID 50 百分位男性假人研究[J]. 天津科技,2014,41(8):50-54.

[6] Iwata K,Trosseille X,Praxl N,et al. Comparision of dummy kinematics and injury response between World-SID and ES-2 in side impact[J]. SAE Tnt'l J Trans safety,2013,1(1):192-199.

轻型客车平顺性试验研究

吴永强[1],刘 威[2]

(1. 招商局检测车辆技术研究院有限公司,重庆 401122;2. 安徽江淮汽车集团股份有限公司,合肥 230000)

摘 要:轻型客车在我国客运网络中起重要作用,其平顺性是影响乘客乘坐感受的重要因素。本文通过对不同载荷和车速状态下两款轻型客车驾驶员和驾驶员同侧后桥上方座椅处竖直方向加速度均方根值的研究,发现轻型客车在较低车速范围和较高车速范围的平顺性表现可以用其在60km/h 和 90km/h 车速状态的平顺性表现来表征。据此提出对轻型客车平顺性评价方法的建议。

关键词:轻型客车;平顺性;试验

1 我国汽车平顺性研究现状

轻型客车在我国城际客运中发挥着重要作用,作为中远距离载客车辆,其平顺性表现直接影响乘员的舒适性,但目前国内对其平顺性的研究很少。对轻型客车平顺性的研究有助于消费者选择合适的产品,有助于生产企业研发舒适性更好的车辆,也助于国内平顺性评价方法的改进。

目前国际上用于评价平顺性和舒适性的方法主要包括 ISO 标准 ISO 2631:1997、英国标准 BS 6481—1987、德国标准 VDI 2057—2002 以及北约组织使用的平均吸收功率法。前三者在原理上基本相同,采用加权加速度均方根(RMS)值作为平顺性基础评价指标。平均吸收功率法则采用平均吸收功率(AAP)和垂直方向加速度峰值作为平顺性评价指标。我国国家标准 GB/T 4970—2009 是参照 ISO 2631:1997 评价体系编写的,标准给出脉冲输入和随机输入下的汽车平顺性试验方法和评价指标。与 ISO 2631:1997 相比,国家标准 GB/T 4970—2009 也采用座椅坐垫、座椅靠背及驾驶室地板三处的加权加速度均方根值作为平顺性评价指标,但较 ISO 2631:1997 缺少了人体臀部支撑面的角振动。客车行业还采用 QC/T 474—2011 来评价随机输入下客车的平顺性,其推荐的测试车速依据客车种类和设计最高车速而确定,仅考虑驾驶员同侧后桥正上方座椅的垂直振动。

在汽车平顺性试验研究方面,陈德兵分析了 QC/T 474—1999 的局限性,结合客车平顺性试验数据论证了 QC/T 474—2011 新版本修订的合理性;他提出基于车辆行驶工况和车内测点分布的加权加速度均方根值方法来评价客车平顺性。他的数据均来源于中型客车和大型客车,缺少对轻型客车的关注。徐中明对比 GB/T 4970—2009 与 ISO 2631:1997 的区别,指出 GB/T 4970—2009 一定程度上对人体振动响应的低估,但他的样本量小,他提出的平顺性评价方法的建议仍需要进一步验证。张志飞通过平顺性道路试验提出一种平顺性客观评价方法,同样存在样本量小、缺乏验证的问题。何仁等通过悬架系统设计和试验验证对轻型客车和城市客车的平顺性进行了优化,他们的研究具有实际意义,但缺乏理论价值。

上述研究或缺少对轻型客车的关注,或缺乏对试验结果的验证,或缺少理论总结。本文着眼轻型客车,对不同载荷和车速状态下两款轻型客车驾驶员座椅和驾驶员同侧后桥上正方座椅的垂直振动进行分析,总结出不同载荷状态下轻型客车平顺性变化趋势,通过对结果的计算分析给出轻型客车平顺性评价方法的建议。

2 试验设置

选取某汽车生产企业两款轴距 3.0m 左右的轻型客车作为研究对象,其设计总质量、载质量等信息见

表2-1。根据车辆设计的载质量和轴荷分配,分别按照0.5倍、1.0倍和1.5倍载质量对其进行加载。选取驾驶员座椅和驾驶员同侧后桥正上方座椅布置传感器,同时测量两位置的垂直方向加权加速度均方根值。传感器选择 Brüel & Kjær 公司4447型人体振动分析仪,其频率加权系数取自 ISO 2631:1997。人体在汽车行驶处于全身振动的环境中,选取全身振动模式。测量点的载荷为身高1.70m±0.05m、体重65kg±5kg的自然人。测试时可同时采集测量点 x、y、z 方向的加权加速度均方根值、测量时间、最大瞬时振动值(MTVV)、振动剂量值(VDV)等参数。试验道路为国内某汽车试验场性能路,路面情况良好。试验车速选取40~100km/h,车速间隔10 km/h。路面随机输入下,采集尽可能长距离的数据有助于提高测量准确性。受测试车速和场地限制,数据采集距离设置为800m。每个车速进行往返共6次测量,测量结果取平均值。

两款轻型客车的主要参数　　表2-1

样 车 参 数	总质量(kg)	载质量(kg)	轴距(mm)	载客人数(人)
样车1	3510	1250	2960	5
样车2	3550	980	3050	9

3 试验结果分析

ISO 2631:1997将加权加速度均方根(RMS)值作为振动的基础评价指标,其计算公式为:

$$a_w = \left\{\frac{1}{T}\int_0^T [a_{w(t)}]^2 dt\right\}^{\frac{1}{2}} \tag{3-1}$$

式中:$a_{w(t)}$——加权加速度的时间历程函数;

T——测量经历的时间。

然而,当路面激励导致振动响应的加速度峰值很高时,加权加速度均方根值对振动响应的评估是偏低的。ISO 2631:1997将加权加速度时间历程函数的峰值与加权加速度均方根值的比值定义为峰值因子。当峰值因子小于或等于9时,认为以RMS值评价振动响应是有效的。由于加速度峰值不能很好反映整个时间历程的振动响应情况,通过短时间积分将偶然和短暂振动计入,定义运行加权加速度均方根值,其计算公式为:

$$a_w(t_0) = \left\{\frac{1}{\tau}\int_{t_0-\tau}^{t_0} [a_{w(t)}]^2\right\}^{\frac{1}{2}} \tag{3-2}$$

式中:$a_{w(t)}$——瞬时频率加权加速度;

τ——积分时间;

t_0——积分开始时刻,标准中推荐的积分时间是1s。

定义运行加权加速度均方根值的最大值为最大瞬时振动值($MTVV$)。当满足:

$$r = \frac{MTVV}{a_w} < 1.5 \tag{3-3}$$

时,认为以RMS值评价振动响应是有效的。本次试验在路况良好的平直路面开展,测量结果 r 值均小于1.4,采用RMS评价振动响应是合理的。

图3-1和图3-2分别展示了样车1和样车2在不同载荷和车速状态下驾驶员和驾驶员同侧后桥正上方座椅竖直方向的RMS值。低速时的RMS值较接近,为方便观察,Y 轴以对数坐标显示。从图中可以看出:随着载荷从0.5倍载质量增加到1.5倍载质量,两测量点处的RMS值递减,说明载荷增加使样车平顺性变好。还能看出,在车速处于较低车速范围(40~70km/h)时,RMS值呈现平稳和缓慢增加趋势,车速处于较高车速范围(80~100km/h)时,RMS值迅速增大。

样车每个车速下的平顺性表现都不相同,为简便地了解车辆的平顺性特征,选取合适的评价方法来研究样车在低速范围和高速范围的平顺性特征具是必要的。定义 a_i 是车速为 i(i =40、50、60、70)时测量点的竖直方向加权加速度均方根值。定义 a_j 是车速为 j(j =80、90、100)时测量点的竖直方向加权加速度均方根值。σ_i 和 σ_j 表示 a_i 或 a_j 与低速和高速范围内竖直方向加权加速度均方根值平均值的偏差。σ_i 和 σ_j 的计算公式为:

$$\sigma_i = \left(\frac{\sum_{40}^{70} a_i}{4\, a_i} - 1 \right) \times 100\% \tag{3-4}$$

$$\sigma_j = \left(\frac{\sum_{80}^{100} a_j}{3\, a_j} - 1 \right) \times 100\% \tag{3-5}$$

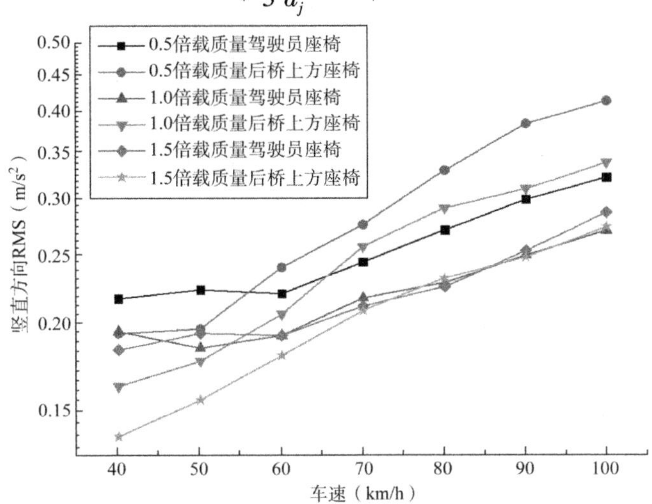

图 3-1　样车 1 不同载荷和车速状态下驾驶员和后桥上方座椅竖直方向 RMS 值

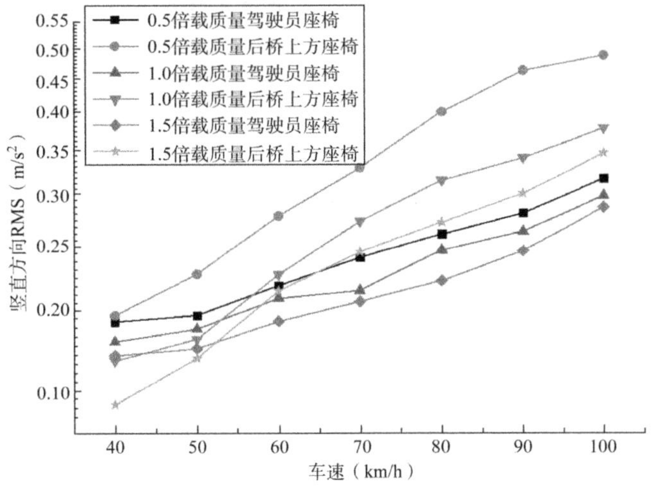

图 3-2　样车 2 不同载荷和车速状态下驾驶员和后桥上方座椅竖直方向 RMS 值

设定以车速范围内测量点竖直方向 RMS 值的平均值来表征该车速范围内车辆的平顺性表现，如果某车速下的 RMS 值接近平均值，则可以用它来代替平均值法，以一次测量代替多次测量。σ_i 和 σ_j 的值越小，表示 a_i 或 a_j 越接近平均值。表 3-1 列出了不同载荷状态和位置部分车速对应的 $|\sigma_i|$ 和 $|\sigma_j|$ 范围。表 3-2 列出了不同载荷状态和位置的偏差 σ_{60} 和 σ_{90} 的值。

不同载荷状态和位置部分车速偏差绝对值的范围　　　表 3-1

偏差(%)		$\lvert\sigma_{40}\rvert$	$\lvert\sigma_{50}\rvert$	$\lvert\sigma_{70}\rvert$	$\lvert\sigma_{80}\rvert$	$\lvert\sigma_{100}\rvert$
样车 1	驾驶员	1.2 ~ 6.4	0.8 ~ 6.9	7.4 ~ 9.2	9.4 ~ 13.4	7.6 ~ 11.0
	后桥上方	17.1 ~ 23.5	9.5 ~ 15.4	18.0 ~ 21.9	7.5 ~ 14.0	7.3 ~ 9.2
样车 2	驾驶员	9.1 ~ 10.2	5.3 ~ 7.7	7.9 ~ 11.9	9.2 ~ 13.5	9.7 ~ 12.3
	后桥上方	26.5 ~ 34.3	13.5 ~ 17.2	21.3 ~ 22.3	9.4 ~ 12.6	7.7 ~ 11.5

不同载荷状态和位置的偏差σ_{60}和偏差σ_{90} 表3-2

偏差(%)		0.5倍载质量		1.0倍载质量		1.5倍载质量	
		驾驶员	后桥上方	驾驶员	后桥上方	驾驶员	后桥上方
样车1	σ_{60}	2.66	-5.70	2.54	-2.59	1.55	-5.31
	σ_{90}	-0.68	-2.16	-0.09	0.97	0.69	1.21
样车2	σ_{60}	-2.81	-7.37	-5.37	-6.43	-3.30	-9.77
	σ_{90}	1.98	-2.69	2.31	1.18	2.15	1.81

表3-2数据表明,偏差σ_{60}在±10%以内,偏差σ_{90}在±3%以内。对比表3-1数据,其他车速下的偏差σ明显偏大。样车在60km/h车速下的RMS值和90km/h车速下的RMS值更接近较低车速范围和较高车速范围RMS的平均值,可以较好地反映样车在不同车速下的平顺性表现。但经计算,60km/h车速下的RMS值和90km/h车速下的RMS值相差较大,在驾驶员座椅处该偏差分布在26%~36%之间,在后桥上方座椅处该偏差分布在38%~66%之间。因此单独采用样车在60km/h或90km/h车速下的RMS值来评价样车的平顺性好坏是不合理的。QC/T 474—2011中建议对于城市客车外的其他客车,以设计最高车速不大于100km/h和大于100km/h为区分,客车平顺性分别以60km/h和90km/h车速的平顺性表现作为评价依据。根据本文的分析结果,建议在评价轻型客车平顺性时,同时考虑样车在60km/h和90km/h车速下的平顺性表现。

4 结语

本文通过对不同载荷状态下两款轻型客车40~100km/h的平顺性表现的研究,发现车辆平顺性表现随载荷增加而变好,车辆在低速和高速状态的平顺性趋势不同,提出以60km/h和90km/h车速状态的平顺性表现来评价轻型客车平顺性的建议。

后续工作从增加样本覆盖率、增加车内测点数量以及适当选取加速度指标出发,可能得出对轻型客车平顺性评价更具参考价值的建议。

参考文献

[1] International Standard Organization. ISO 2631-1:1997. Mechanical vibration and shock-evaluation of human exposure to whole-body vibration-Part 1:General requirements[S]. 1997.

[2] British Standards Institution. BS 6841—1987. Measurement and evaluation of human exposure to whole-body mechanical vibration and repeated shock[S]. 1987.

[3] Verein Deutcher Ingenieure. VDI 2057—2002 Human exposure to mechanical vibration whole-body vibration[S]. 2002.

[4] Lundstrom R,Holmlund P. Absorption of energy during whole-body vibration exposure[J]. Journal of Sound and Vibration,1998,215(4):789-799.

[5] 全国汽车标准化技术委员会. 汽车平顺试验方法:GB/T 4970—2009[S]. 北京:中国标准出版社,2009.

[6] 全国汽车标准化技术委员会. 客车平顺性评价指标及限值:QC/T 474—2011[S]. 北京:中国计划出版社,2011.

[7] 陈德兵,陈涛. 客车平顺性评价指标及限值标准新旧版对比分析[J]. 客车技术与研究,2010(5):44-46.

[8] 陈德兵. 客车平顺性测量及评价方法探讨[J]. 客车技术与研究,2013(5):40-43.

[9] 全国汽车标准化技术委员会. 客车平顺性评价指标及限值:QC/T 474—1999[S]. 北京:中国标准出版社,1999.

[10] 徐中明,张志飞,贺岩松. 对汽车平顺性评价方法的探讨与建议[J]. 汽车工程,2010,32(1):73-76.

[11] 张志飞,徐中明,贺岩松. 汽车平顺性客观评价方法[J]. 重庆大学学报,2010,33(4):14-20.

[12] 何仁,孙丽. 轻型客车平顺性优化设计与试验评价[J]. 重庆理工大学学报(自然科学),2010,24(10):13-17.

[13] 王成立. 某轻型客车驾乘舒适性的改进设计[J]. 设计研究,2021(11):55-57.

[14] 周保成,史先松. 城乡客运城市客车平顺性及悬架可靠性改进[J]. 客车技术与研究,2020(5):41-42.

车用氢气及燃料电池关键材料检测技术研究

张　雄[1],马金玲[2]

(1. 电动汽车安全评价重庆市工业和信息化重点实验室　招商局车辆检测研究院有限公司,重庆　401329;
2. 重庆大学电气工程学院,重庆　400044)

摘　要:介绍车用氢气及膜电极、催化剂、质子交换膜、双极板等燃料电池关键材料测试标准及测试技术。

关键词:氢气;燃料电池关键材料;标准;测试技术

0　引言

近年来,为了应对能源限制及安全、环境压力、极端气候变化冲击等危机,全球各国加速多元化、去碳化能源革命,加大光伏发电、风电、水电等能源占比,减少煤炭、石油等化石能源的使用,持续降低碳排放,以达到世界各国提出的"碳达峰""碳中和"的目标。氢能作为一种来源广、清洁无碳、高效灵活、可持续的二次能源,是大规模储能的理想介质,通过氢燃料电池可进行氢-电灵活转换,在能源端及车端进行"氢-电"互动,以此为基础可构建零碳排放的氢能社会。氢能的应用符合我国碳减排大战略,同时有利于解决我国"多煤、少油、贫气"的能源安全问题,是我国能源革命的重要媒介。

随着国家双碳目标战略规划、"以奖代补"政策的加速落地,燃料电池汽车及零部件产业将以更快的速度发展,燃料电池整车、燃料电池电堆及关键零部件、高压储氢系统等赛道加速涌进大量企业。随着新产品数量的增加,技术的提升成为大规模推广应用的关键,技术的发展离不开标准的支撑,为了保障燃料电池产业的健康快速发展,国内外已构建起比较完备的燃料电池相关标准体系来规范和引领发展。其中,氢气品质对燃料电池的输出性能、使用寿命密切相关,膜电极、催化剂、质子交换膜、双极板等材料关系燃料电池的本征性能,本文对氢能及燃料电池关键材料的测评技术进行梳理,以促进燃料电池产业的健康发展。

1　氢能及燃料电池标准及测试技术

1.1　燃料电池用氢标准及要求

氢燃料电池工作原理是通过催化反应将 H_2 和 O_2 化学能转化为电能,其使用性能和寿命受多方面影响,最直接的影响来源于燃料(H_2)品质。国内外相关机构早已开始对氢气中不同杂质对燃料电池的影响开展大量研究工作,形成了 ISO 14687-2:2012、ISO 14687:2019、ISO 21087:2019、ISO 19880-8:2020、EN 17124:2018、SAE J 2719—2015 等系类国际标准,参照国际标准,形成了我国的燃料电池汽车用氢气的产品 GB/T 37244—2018,并形成了测试氢气中杂质对燃料电池性能影响的测试方法 GB/T 31886。氢气中杂质主要包含 H_2O、N_2、CO、硫化物、CH_4、烃化物、固体颗粒等,不同物质的作用机制和所造成的后果不同,H_2O、N_2 会降低氢气浓度,不对性能造成根本性影响,有些物质即使只有 nmol/mol 含量也会引起燃料电池催化剂中毒,造成燃料电池系统的性能严重衰减。

FCV 用氢气并不是通常意义上的超纯氢,其总体含量≥99.97%即可,但对会造成催化剂中毒的物质含量要求极为严苛:CO、HCOOH 含量不超过 0.2μmol/mol,CO、HCHO 含量不超过 0.01μmol/mol,总卤化物含量不超过 0.05μmol/mol,总硫化物含量不超过 0.004μmol/mol。各物质本身特征不同,含量要求不一样,检测方法也不尽相同,目前多为离线检测为主,多种检测方法和设备联合进行检测。

(1)CO 在 Pt(铂)表面上的吸附比 H_2高出数量级,会优先吸附占据 Pt 催化活性位点,阻碍 H_2吸附,减少催化活性位点数量,阳极氢氧化催化反应总体速率降低,呈现低的电池性能,其影响是可逆的,通过超纯 H_2 或 N_2吹扫能使催化剂性能复原,CO 含量主要通过配置甲烷转化器的 GC-FID 进行分析:CO 经过色谱柱进行分离,然后在甲烷转化炉中通过镍催化剂转化为甲烷,最后通过色谱柱分离测定,其检出限可达 0.05μmol/mol。红外光谱法(FTIR)也可应用于氢燃料中的 CO 分析,其检出限可达 0.01μmol/mol 级,但操作过程冗杂。

(2)HCHO 与 HCOOH 主要来源于天然气或甲醇重整过程中产生的副产物,其作用机制同 CO,对电池的副作用是可逆的,有研究表明 HCHO 对 Pt 的中毒系数约为 CO 的0.1 倍,HCOOH 中毒系数约为 CO 的0.004 倍,标准对 HCHO 与 HCOOH 要求过严。可用气相色谱、质谱、红外光谱、高效液相色谱、离子色谱等多种方法测试分析。国际标准中主要采用预浓缩-GC-MS 并配置高灵敏度的 GC-PDHID 测定 HCHO;国家标准采用分光光度法测定 HCHO,首先利用三乙醇胺溶液吸收甲醛,高碘酸钾氧化使其显色,再通过分光光度计测定含量,其检出限满足要求,但操作烦琐、选择性差。对 HCOOH 的测定主要应用离子色谱法(IC)法,通过氢氧化钾等碱性水溶液吸收采集 HCOO-,然后通过 IC 法进行限量级测定,该方法操作简单、灵敏度高、选择性好。

(3)硫化物在催化剂表面形成 Pt-S 的强力吸附物种,难以脱落,导致电池性能不可逆下降,极少量的硫化物就可造成严重后果,因此其含量要求达到超限量级别 10-9(摩尔分数),其检测分析也成为 FCV 氢气分析的难点之一,由于其超低含量,需要进行预浓缩富集处理后通过气相色谱、离子色谱法进行分析。国内外标准主要采用预浓缩的硫化学发光气相色谱(GC-SCD)法,其检出限可达 10-9 级。氢气中硫化合物种类繁多、含量低,小分子硫化物还容易吸附在管壁上,在预浓缩富集过程中的采样材料需严格处理,浓缩过程也导致不确定度增加。因此,还需继续研究更有效、更简洁的对于硫化物的分析测量方法。

(4)卤化物会造成电池性能不可逆衰减,目前还未形成可以选择性地分析卤化物的单一分析方法,其总含量通过离子色谱 IC 和预浓缩-GC-MS 进行分析。

随着氢燃料电池汽车的推广示范的进行,对氢气的需求日益增加,氢气来源多种多样,不同的制取方式会产生不同的杂质,亟须开发出在氢气生产、运输、使用前端的快速、低检测限、多组分在线新分析方法,时刻监测氢气质量,以保障燃料电池的健康使用。

1.2 燃料电池关键材料检测标准及技术

当前国家对车用燃料电池的发展相当重视,最近几年连续制定了一系列与燃料电池相关的国家标准。主要包括燃料电池关键材料、燃料电池电堆和模块、燃料电池系统 3 个层面。本文主要介绍关键材料部分,主要涉及膜电极(MEA)、质子交换膜(PEM)、催化剂和双电板等。

1.2.1 膜电极

膜电极由质子交换膜、催化层与扩散层 3 个部分组成,是燃料电池中 H_2、O_2发生催化反应的直接场所,是燃料电池性能的基础来源,是其本征性能的综合体现,其功能好坏直接决定了燃料电池的输出性能和使用寿命。其测评结合了部分质子交换膜、催化层与扩散层的测试与评价方法,综合体现膜电极的输出性能和耐久性。国内主要依据的国家标准为《质子交换膜燃料电池 第 5 部分:膜电极测试方法》(GB/T 20042.5—2009),以及经修订团体标准《质子交换膜燃料电池膜电极测试方法》(T/CAAMTB 12—2020)。主要测试的内容包含以下几个方面。

(1)厚度。膜电极厚度直接由制备工艺决定,通过测试不同位置的厚度,用于评估其均匀度。

(2)Pt 载量。目前 PEMFC 中几乎均采用 Pt 作为催化剂,Pt 是贵金属,且储量有限,价格高,其成本占膜电极成本的 50% 以上,同等性能条件下 Pt 载量越少越好,降低其用量是各大企业的终极目标。Pt 化学稳定性好,也导致其测试方法较为复杂:需将膜电极上的 Pt 溶于王水中制成标准溶液,通过离子耦合发射光谱(IPC)测试其中 Pt 的浓度,其优点是设备检测限低、精度高;缺点是整个试验破坏性、步骤多,容易造成总体误差偏大的概率。随着技术的发展,T/CAAMTB 12—2020 提出借助手持元素分析仪(XRF)进行无损测试,快速测得到膜电极不同位置的局部面积上铂含量,测量结果可精确到0.01mgPt/cm^2,满足测试要求,但其有效性、稳定性还有待进一步验证。

(3)极化曲线。膜电极的输出性能可通过计划曲线进行测定。将膜电极组装成单片电池后进行测试,为了稳定性输出,在测试前需进行75℃下活化反应4h。通过设置电流线性增加,测试其电压随时间的变化曲线,当电压降至0.2V时终止试验,可重复多次测量,根据测试数据,测绘单电池质量比功率-电流密度曲线,可提取不同电流输出条件下功率特征,制定其合理高效工作区间,提高效率。

(4)透氢电流密度。氢气分子小,在质子交换膜中有一定的溶解度,由于膜两侧的浓差效益,溶解的氢容易渗透阴极测,和O_2反应,生成氧自由基,氧自由基与PEM脆弱的端链反应,导致膜减薄甚至穿孔,造成不可逆影响,加剧氢气的渗透率。在单电池模式下,通过控制电池阴极电位,将渗透进膜电极的氢气完全氧化,根据测试的氧化电流大小,可计算出氢气穿过膜电极的速度,评估氢气对PEM的渗透能力。

(5)过电位。膜电极输出电压往往低于理论电压,偏离值称为过电位,用于抵消外化学反应过充中的损失,主要损失来源于三个方面:欧姆极化过电位、电化学极化过电位、浓差极化过电位。电子在膜电极、集流体、导线中传导以及离子在PEM传导会有阻碍,会导致输出电压降低,称之为欧姆极化过电位,需要进行优化设计,尤其是降低膜电极与集流体之间的接触电阻。在催化反应过程中O_2在阴极表面被快速还原,而空气中O_2来不及扩散到催化剂附近,阴极电位比可逆电位更负;在阳极附近,H_2被氧化成H^+,H^+来不及传导离开(PEM离子传导率较低),阳极电位比可逆电位更正,总称为浓差极化,可通过双极板流场设计、气流控制等方式进行优化,降低浓差极化过电位。H_2、O_2催化反应过程有能垒,导致阴极的电位较平衡电位为负,使阳极的电位较平衡电位为正,称之为电化学极化电阻,可通过调节催化剂催化性能降低电化学极化电阻。过电位可通过电化学试验测得,GB/T 20042.5—2009采取电流中断技术进行测试,T/CAAMTB 12—2020提出用电化学阻抗谱仪进行测试,通过交流阻抗(EIS)快速测试出膜电极不同工况下的欧姆极化电阻、浓差极化阻抗、活化极化电阻等,分析膜电极性能,针对性进行改进。

(6)串漏率。由于薄膜针孔或者边框封装不到位等问题可能引发阴阳极两侧之间发生漏气问题,给电堆运行带来严重风险。因此需要对每一片膜电极进行串漏率检测。新标准提出在阳极侧加压,通过测试阴极的压力变化检测串漏情况。

(7)抗反极性能。燃料电池电堆在运行时,如果出现阳极氢气供气不足,可能导致该节电池电压低于0V甚至出现反转现象,导致发生碳的水解反应或水氧化反应,会严重腐蚀碳载体,影响输出性能。用停机反极运行时间和无损反极运行时间来评价燃料电池在发生反极现象时,膜电极性能保持不衰减的能力。

(8)耐久性。耐久性是膜电极评价中最为重要的参数,代表电池能工作寿命。不同的工况下耐久性有明显差异,而正常耐久性测试耗时长、成本高,一般会采用的是耐久性加速测试方案。T/CAAMTB 12—2020参考美国能源部2016年的测试方案,分别提出0.6~0.95V的方波扫描催化剂加速老化试验方法、1~1.5V的三角波循环催化剂载体加速老化试验方法、90℃高温OCV状态下质子交换膜的加速老化试验方法和干湿循环质子交换膜机械耐久性加速测试,从催化剂、催化剂载体、PEM等层面进行加速老化,评估膜电极整体耐久性。

1.2.2 质子交换膜

质子交换膜是PEMFC的核心部件,其主要作用为隔绝膜两侧的气体,提供质子运输通道,并阻值电子传导,主要从以下几个方面进行考量。主要依据《质子交换膜燃料电池 第3部分:质子交换膜测试方法》(GB/T 200042.3—2009),厚度均匀度、透气率与MEA检测类似。

(1)质子传导率测试。质子交换膜需要具备优异的质子传导率,降低欧姆极化阻抗,其检测通过交流阻抗法进行测定。

(2)离子交换当量测试。PEM中离子含量一定程度上决定了离子传导效率,通过与NaOH溶液反应,NaOH消耗量(mol)等同于离子交换当量。高的离子交换当量可实现质子的快速转移,降低欧姆极化阻抗。

(3)拉伸性能。PEM需要具备良好的延展性,保障在长期的气体压力冲击下的稳定性。通过拉伸试验机进行拉伸强度测试。

(4)溶胀率。PEM 工作过程中需要润湿,吸水后有一定膨胀,如吸水前后体积过大,容易导致膜两侧催化剂层分离脱落,需要其有一定的抗溶胀性。通过测试吸水前后体积变化来体现。

(5)吸水率。PEM 需有较强吸水性,提供较好的质子传导率介质环境。测试其在 25℃ ±2℃和 100℃ ±2℃水中浸泡 24h 前后的质量变化来体现吸水性。

1.2.3 电催化剂

氢燃料电池的催化材料是催化反应的直接场所,是电能的氢燃料电池结构中的核心材料部件,是电池正常、高效运行的最基础保障。目前主要使用 Pt 作为催化剂,主要存在成本高与稳定性问题。主要通过测试 Pt 含量测试、电化学活性面积、比表面积、孔容、孔径分布、形貌及粒径分布来评估其性能。主要依据《质子交换膜燃料电池　第 4 部分:电催化剂测试方法》(GB/T 20042.4—2009)。Pt 含量测试同 MEA 测试。

(1)电化学活性面积。催化反应发生在催化剂表面,但不是所有表面都能产生催化效应,只有在特色的活性位点能发生催化反应,通过特殊的方法增加活性位点成为催化剂开发重点,主要是通过旋转圆盘电极法测试其循环伏安曲线,通过氢脱附峰面积来表征其电化学活性面积。

(2)比表面积、孔容、孔径分布。催化反应只发生在催化剂表面,因此需要催化剂有更大的比表面;目前使用 Pt 作为催化剂,全部使用 Pt 会浪费颗粒内部部分,因此主要用碳搭载的 Pt 颗粒作为催化剂,这会遮蔽部分表面,其孔容、孔径分布能体现裸露在外的表面。主要通过气体吸附-脱附方法测量。

(3)形貌及粒径分布。小颗粒状态物质容易团聚,降低其比表面积,粒径越小比表面积越大,但也更容易团聚,需要进行良好的分散。通过投射电镜测试表面形貌级颗粒大小。

1.2.4 双极板

双极板又称集流板,具有分隔燃料与氧化剂、传导电流、引流气体、排出热量的重要作用,除了材料本身的性能外,其最重要的是流场的设计及加工,使气体均匀分布在催化剂表面,降低浓差极化过电位;与碳纸间的电流传导电阻要小,实现低的欧姆极化过电位。目前主要有 3 类:炭质材料、金属材料及金属与炭质的复合材料双极板。对双极板已经有通用型双极板测试标准:《质子交换膜燃料电池　第 6 部分:双极板特性测试方法》(GB/T 20042.6—2011),主要测试其物理性能如气密性、抗弯强度、密度、电阻(本体电阻和与碳纸间接触电阻)、平面度、厚度均匀性、面积利用率等;以及腐蚀电流密度(电化学腐蚀法)、阻力降等耐腐蚀性能。但对金属双极板的特征测试如热导率、涂层、腐蚀电流等难以通过现有方法进行,故补充了团体标准《质子交换膜燃料电池金属双极板测试方法》弥补其中的不足,该标准处于征求意见阶段。

总体而言,单体零部件的性能对燃料电池的整体性能起着决定性的影响,因此在电堆集成前需要对各个部件的性能进行全面检测评估,只有优异的部件性能才能保证良好的电堆及系统性能。

2 结语

燃料电池电动汽车用氢气中主要检测 CO、硫化物、卤化物等含量,其中最难的是衡量级硫化物测试,亟须开发在线式、多组分检测方法级设备,来保证车用氢气品质。燃料电池材料级测试主要包含膜电极、质子交换膜、双极板等,主要围绕催化性能提升、气密性加强、过电位降低实现性能的整体提升。

参 考 文 献

[1] 程一步,王晓明,李杨楠,等.中国氢能产业 2020 年发展综述及未来展望[J].当代石油石化,2021(04).

[2] 付甜甜.电动汽车用氢燃料电池发展综述[J].电源技术,2017,41(4):651-653.

[3] 郝冬,李林军,王晓兵,等.基于快速检测的燃料电池汽车用氢气品质分析[J].电池工业,2019,23(3):126-129.

[4] CHENG X,SHI Z,GLASD N,et al. A review of PEM hydrogen fuel cell contamination:impacts,mechanisms and mitigation[J]. Journal of Power Sources,2007,165(2):739-756.

[5] 王虎平,廖小珍,蒋淇忠,等.质子交换膜燃料电池中抗 CO 中毒的 Pt-M 阳极催化剂[J].化工进展,2003(11):1186-1189.

[6] 刘义民,周荣琪.高纯气体中微量一氧化碳、甲烷、二氧化碳的气相色谱测定[J].半导体技术,1990(3):62-63.

[7] American Society for Testing and Materials (ASTM) Committee D03 on Gaseous Fuels,Subcommittee D03.14 on Hydrogen Fuel Cells. Standard test method for determination of trace gaseous contaminants in hydrogen fuel by Fourier transform infrared (FTIR)

spectroscopy:ASTM D7653-10[S]. West Conshohocken,US:ASTM Internationa's Digital Library,2010.

[8] JAANAViitakangas,JARI Ihonen,PAULI Koski,et al. Study of formaldehyde and formic acid contamination effect on PEMFC[J]. Journal of The Electrochemical Society,2018,165 (9):F718-F727.

[9] American Society for Testing and Materials (ASTM) Committee D03 on Gaseous Fuels,Subcommittee D03.14 on Hydrogen Fuel Cells. Standard test method for determination of total organic halides,total non-methane hydrocarbons and formaldehyde in hydrogen fuel by gas chromatography/mass spectrometry:ASTM D7892-15[S]. West Conshohocken,US:ASTM International's Digital Library,2015.

[10] American Society for Testing and Materials (ASTM) Committee D03 on Gaseous Fuels,Subcommittee D03.14 on Hydrogen Fuel Cells. Standard test method for determination of ammonium,alkali and alkaline earth metals in hydrogen and other cell feed gases by ion chromatography:ASTM D7550-09[S]. US:ASTM International's Digital Library,2009.

[11] 石伟玉,衣宝廉,侯明,等. 阳极 H2S 杂质气体对 PEMFC 性能影响的研究[J]. 武汉理工大学学报,2006,28 (S1):454-461.

[12] 徐聪,徐广通,宗保宁,等. 氢燃料电池汽车用氢气中痕量杂质分析技术进展[J]. 化工进展,2021,40(2):688-702.

[13] MURUGAN A,BROWN A S. Review of purity analysis methods for performing quality assurance of fuel cellhydrogen[J]. International Journal of Hydrogen Energy,2015,40(11):4219-4233.

[14] O'Hayre R,车硕源,Colella W,等. 燃料电池基础[M]. 北京:电子工业出版社,2007

[15] 全国燃料电池及液流电池标准化技术委员会. 质子交换膜燃料电池　第 5 部分:膜电极测试方法:GB/T 20042.5—2009[S]. 北京:中国标准出版社,2009.

[16] 中国汽车工业协会. 质子交换膜燃料电池膜电极测试方法:T/CAAMTB 12—2020[S].

[17] 全国燃料电池及液流电池标准化技术委员会. 质子交换膜燃料电池　第 3 部分:质子交换膜测试方法:GB/T 20042.3—2009[S]. 北京:中国标准出版社,2009.

[18] 全国燃料电池及液流电池标准化技术委员会. 质子交换膜燃料电池　第 4 部分:电催化剂测试方法:GB/T 20042.4—2009[S]. 北京:中国标准出版社,2009.

[19] 全国燃料电池及液流电池标准化技术委员会. 质子交换膜燃料电池　第 6 部分:双极板特性测试方法:GB/T 20042.6—2011[S]. 北京:中国标准出版社,2011.

[20] 中国汽车工业协会. 质子交换膜燃料电池金属双极板测试方法(征求意见稿).

熔融特性试验方法在客车内饰材料中的应用

闫清泉,刘万里,陈　杰,傅大君
(招商局检测车辆技术研究院有限公司,重庆　401122)

摘　要:由于客车具有乘员多的特点,保障客车在运行过程中的安全具有重要的社会意义。提高客车使用内饰材料的阻燃特性在火灾发生时可以减少对乘员的伤害,并延长乘员逃生的时间。熔融特性是 UN R118《关于某些类型机动车内部结构所用材料的燃烧特性及抗燃油或润滑油性能的统一规定》中收录的试验方法。本文通过对该试验方法进行介绍,对我国客车内饰材料标准的修订提出了一些修改建议。

关键词:客车;内饰材料阻燃特性;熔融特性

0　引言

客车内饰材料的阻燃性能作为客车被动安全设计中的重要组成部分,在客车安全性能评价中是十分重要的评价参数。和乘用车相比,客车由于具有成员较多、逃生距离较长的特点,客车火灾发生的频率更高,发生时乘员伤亡数量也更多。为了防止重大客车火灾事故的发生,近几年我国陆续推出了两部关于客车内饰材料的强制性标准:交通运输部于 2016 年推出了《营运客车内饰材料阻燃特性》(JT/T 1095)。中国国家标准化管理委员会于 2019 年推出了《客车内饰材料的燃烧特性》(GB 38262)。同时我国作为客车的出口大国,也需要满足国外内饰材料标准的要求,熔融特性就是 UN R118 中收录的一项试验方法,并且该试验方法目前未被上述两个国内现行强制标准收录。

1　熔融特性试验介绍

1.1　试验目的

熔融特性考察的是内饰材料长时间处于高温的情况下,是否会熔化形成引燃其他内饰材料的高温滴落物。比如发动机舱处的材料,由于长期与有着较高温度的发动机相邻,可能会在炙烤下产生高温滴落物,高温滴落物滴到其他内饰材料上后,会存在引燃其他内饰材料的风险。同时,位于乘客舱顶的材料也有熔融滴落的风险,这是由于部分客车的空调散热器是放置在车顶的,空调散热器作为热源,也可能造成乘客舱顶部的内饰材料发生熔融滴落,高温的滴落物此时不仅仅会有滴落引燃其他内饰材料的风险,滴到乘员身上也会造成人员烫伤。通过熔融特性试验可以防止上述危害发生,提高客车的安全系数。

1.2　试验设备

试验设备示意如图 1-1 所示。

1.3　试样数量及尺寸

试样尺寸为长 70mm、宽 70mm、厚度不超过 13mm。

当内饰件厚度超过 13mm 时:

(1)内饰件为单一材料时,试样从靠近乘客面起用机器削薄到 13mm。试样数量为 4 块。

(2)内饰件为层积复合材料时,试样从靠近乘客面起用机器削薄到 13mm。远离乘客面也用机器削薄到

13mm。试样数量为正、反面各 4 块。

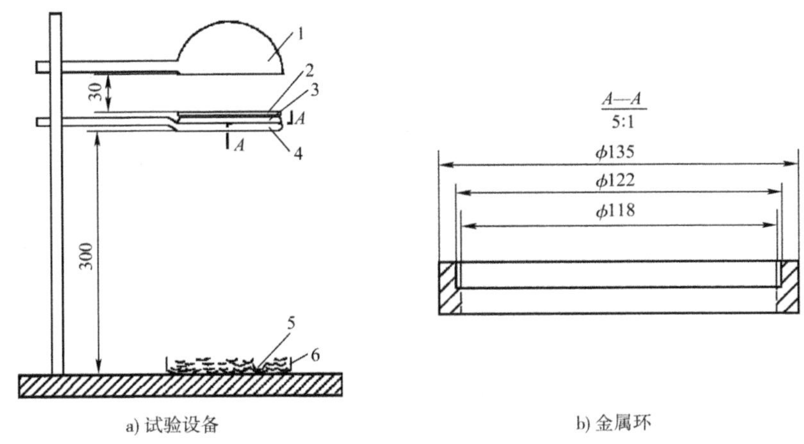

图 1-1　试验设备示意图(单位:mm)

1-电热器;2-试样;3-不锈钢网格;4-金属环;5-脱脂棉;6-容器

每块试样的质量应不小于 2g。如果质量小于 2g,可以通过叠加的方式,使试样质量达到试验要求。

1.4　试样和脱脂棉的预处理

试验前,试样应在温度为 23℃ ±2℃、相对湿度为 50% ±5% 的条件下至少放置 24h,脱脂棉应在温度 23℃ ±2℃、相对湿度不大于 20% 的条件下至少放置 24h。

1.5　试验方法

将试样放置于支架上,保证支架上试样与辐射面的距离为 30mm 同时调整装有脱脂棉的容器,使脱脂棉上方与支架网格下方距离保持 300mm。

试验前,先将电热器旋转远离试样,保证试样不被辐射,接着打开电热器开关,待辐射功率达到 $3W/cm^2$ 时,设置试验时间 5min,再将电热器旋转至试样正上方,并开始计时。

在试验过程中,5min 内如果试样未燃烧,则试验结束。5min 内如果试样燃烧,则将电热器远离试样,待火焰熄灭后,若试样有残余则将电热器移回原处,重复同样的操作直至 5min 结束,试样无残余则试验结束;若 5min 试验后试样仍有残余,应继续进行第二次 5min 试验。

1.6　判定要求

试验过程中无滴落物或者滴落物未点燃脱脂棉,则判定为合格。

2　标准修订建议

2016 年之前,国内并没有专门针对客车内饰材料的阻燃性能强制标准,客车内饰材料阻燃性能指标是通过《机动车运行安全技术条件》(GB 7258—2017)和《汽车内饰材料的燃烧特性》(GB 8410—2006)进行要求的,内饰材料仅需要满足的水平燃烧速率限值便可以满足要求,然而客车内饰材料的种类相较乘用车更多,工作环境更复杂,笼统的试验方法和限值要求使得客车内饰材料的阻燃性能难以被全方位的表征,这也导致了看似内饰材料的阻燃性能都较好,但是在复杂的工作环境中,客车内饰材料并不能达到预想的使用效果,客车火灾发生的频次仍然高居不下。

2016—2019 年期间,JT/T 1095—2016 和 GB 38262—2019 陆续发布,针对不同应用部位内饰材料,运用不同的试验方法、限值对内饰材料的阻燃特性进行要求,更加科学、全面、系统。但是对于某些特定部位的内饰材料阻燃性能的表征仍不够全面。

发动机处存在大量机油、汽油等助燃剂,因此发动机舱内饰材料起火一直是造成客车火灾的主要原因之一,JT/T 1095—2016 和 GB 38262—2019 均对发动机舱处的保温、隔热、降噪、减振材料要求十分严格,但是却未对其熔融特性进行要求限制。对在本公司开展的内饰材料出口认证熔融试验进行汇总时,我们发现常见的内饰材料中,泡沫类的内饰材料在试验过程中更易产生滴落物并且引燃脱脂棉(试验结果见表2-1),而泡沫由于具有质量轻、降噪、保温性能良好的缘故,又被大量的运用在发动机舱处,这表明JT/T 1095—2016和GB 38262—2019对发动机舱处的内饰材料仍然存在表征不到位的情况,在实际使用过程中,仍然会有一定的火灾风险隐患。

常见内饰材料的熔融试验结果 表2-1

序号	材料名称	标准要求	试验结果
1	PVC	试验过程中无滴落物或者滴落物未点燃脱脂棉	无滴落物
2	汽车波纹管		无滴落物
3	仪表台PVC发泡软质表皮		无滴落物
4	仪表台用PVC表皮		无滴落物
5	座椅用面料/皮革		无滴落物
6	顶篷表皮		无滴落物
7	PP蜂窝板表皮		无滴落物
8	风道用面料		无滴落物
9	石灰色侧围革		无滴落物
10	顶盖/侧围板内饰面料		无滴落物
11	汽车内饰面料		无滴落物
12	复合无纺布		无滴落物
13	PE板		无滴落物
14	座椅泡沫		有滴落物且点燃脱脂棉
15	聚氨酯发泡材料		有滴落物且点燃脱脂棉
16	PP蜂窝板		有滴落物且点燃脱脂棉
17	PVC+针织物+海绵+无纺布		无滴落物

3 结语

随着国家对客车火灾越来越重视,相继推出的JT/T 1095—2016和GB 38262—2019更加科学、全面、系统的对客车内饰材料的阻燃性能进行了表征。但是相比国外的先进标准UN R118,国内现行标准仍然存在提升的空间,建议在后续的标准修订过程中,针对客车现实存在的各种火灾隐患,通过更加深入、细致的研究,拟订出可行且可靠的试验方法,对客车内饰材料的阻燃性能进行表征,进一步提高客车在使用过程中的安全性,保证乘员的人身安全。

参考文献

[1] UN Regulation No. 118(Revision 2)Uniform technical prescriptions concerning the burning behaviour and/or the capability to repel fuel or lubricant of materials used in the construction of certain calegories of motor vehicles (E/ECE/324/Rev. 2/Add. 117/Rev. 2-E/ECE/TRANS/505/Rev. 2/Add. 117/Rev. 2) [S].

[2] 连玉蓉. 中欧客车内饰材料阻燃特性标准分析对比[J]. 机电技术,2018(6):83-85.

[3] 陈杰,李明,于雅丽,等. 客车内饰材料防火性能标准分析[J]. 客车技术与研究,2017,39(3):60-62.